Hans-Uwe Otto · Thomas Coelen (Hrsg.)

Grundbegriffe der Ganztagsbildung

Hans-Uwe Otto · Thomas Coelen (Hrsg.)

Grundbegriffe der Ganztagsbildung

Beiträge zu einem neuen Bildungsverständnis in der Wissensgesellschaft

VS VERLAG FÜR SOZIALWISSENSCHAFTEN

VS Verlag für Sozialwissenschaften
Entstanden mit Beginn des Jahres 2004 aus den beiden Häusern
Leske+Budrich und Westdeutscher Verlag.
Die breite Basis für sozialwissenschaftliches Publizieren

Bibliografische Information Der Deutschen Bibliothek
Die Deutsche Bibliothek verzeichnet diese Publikation in der Deutschen Nationalbibliografie;
detaillierte bibliografische Daten sind im Internet über <http://dnb.ddb.de> abrufbar.

1. Auflage August 2004

Alle Rechte vorbehalten
© VS Verlag für Sozialwissenschaften/GWV Fachverlage GmbH, Wiesbaden 2004

Der VS Verlag für Sozialwissenschaften ist ein Unternehmen von Springer Science+Business Media.
www.vs-verlag.de

Das Werk einschließlich aller seiner Teile ist urheberrechtlich geschützt. Jede Verwertung außerhalb der engen Grenzen des Urheberrechtsgesetzes ist ohne Zustimmung des Verlags unzulässig und strafbar. Das gilt insbesondere für Vervielfältigungen, Übersetzungen, Mikroverfilmungen und die Einspeicherung und Verarbeitung in elektronischen Systemen.

Die Wiedergabe von Gebrauchsnamen, Handelsnamen, Warenbezeichnungen usw. in diesem Werk berechtigt auch ohne besondere Kennzeichnung nicht zu der Annahme, dass solche Namen im Sinne der Warenzeichen- und Markenschutz-Gesetzgebung als frei zu betrachten wären und daher von jedermann benutzt werden dürften.

Umschlaggestaltung: KünkelLopka Medienentwicklung, Heidelberg

Gedruckt auf säurefreiem und chlorfrei gebleichtem Papier

ISBN 978-3-8100-4209-5   ISBN 978-3-322-97610-9 (eBook)
DOI 10.1007/978-3-322-97610-9

Inhalt

Zur Einführung

Hans-Uwe Otto / Thomas Coelen
Auf dem Weg zu einem neuen Bildungsverständnis:
Ganztagsschule oder Ganztagsbildung? 7

Vergewisserungen über Bildung

Rita Casale
Varianten des Erziehungskonzepts im neuzeitlichen Europa:
Zivilisieren, Moralisieren, Informieren 19

Peter Vogel
Zum Gebrauch des neuhumanistischen Wortes „Bildung" 33

Sabine Andresen
„Bildung" als fragile Denkfigur im 20. Jahrhundert:
Zur bildungstheoretischen Reduzierung von Komplexität 41

Bernd Overwien
Internationale Sichtweisen auf „informelles Lernen"
am Übergang zum 21. Jahrhundert 51

Bildung des Sozialen

Stephan Sting
Soziale Bildung 77

Albert Scherr
Subjektbildung 85

Winfried Marotzki
„Virtual Communities": Zum Verhältnis von Wissen, Bildung
und Vergemeinschaftung 99

Rainer Treptow
Bildung und Soziale Arbeit 111

Subjekte der Wissensgesellschaft

Thomas Höhne
Über das Wissen (in) der Wissensgesellschaft und einige
Konsequenzen für die Pädagogik 133

Heinz Sünker
Kindheitsforschung und Bildungsforschung –
Kinderpolitik und Bildungspolitik 149

Carola Groppe
Die Rolle der Familie im Kontext ganztägiger Bildungseinrichtungen .. 163

Isabell Diehm
Ganztagseinrichtungen als Inklusionshilfe für ethnische Minderheiten:
Nicht-formelles und informelles Lernen in der
Einwanderungsgesellschaft 179

Erziehungswissenschaftliche Sichtweisen auf ‚ganztägige Bildung'

Klaus-Jürgen Tillmann
Schulpädagogik und Ganztagsschule 193

Heinz Sünker
Sozialpädagogik und Ganztagsbildung 199

Heinz-Hermann Krüger
Allgemeine Pädagogik und ganztägige Bildungseinrichtungen 203

Vorläufer, Grundlegungen und Konzepte der Ganztagsbildung

Harald Ludwig
Die geschichtliche Entwicklung der Ganztagsschule in Deutschland 209

Jürgen Oelkers
Gesamtschule und Ganztagsschule – Politische Dimensionen
des deutschen Bildungswesens 221

Thomas Coelen
„Ganztagsbildung"– Integration von Aus- und Identitätsbildung durch
die Kooperation zwischen Schulen und Jugendeinrichtungen 247

Autorinnen und Autoren 269

Hans-Uwe Otto / Thomas Coelen

Auf dem Weg zu einem neuen Bildungsverständnis: Ganztagsschule oder Ganztagsbildung?

Seit dem so genannten ‚PISA-Schock' gelten die Ganztagsschule oder verwandte Formen als probate Lösung für die aufgezeigten Defizite des deutschen Schulsystems. Dabei wird aber vielerorts von einem traditionellen Bildungsverständnis ausgegangen, das Bildung weiterhin in erster Linie mit schulischer Ausbildung gleichsetzt. Somit wird übersehen, dass formelles, d. h. für alle Kinder und Jugendliche verpflichtendes Lernen und entsprechend erworbenes Wissen, zwar einen wichtigen Teil von Bildungsprozessen ausmachen, aber eben nur einen Teil, der zudem von seinem Umfang und seinen Wirkungen her für die individuelle Entwicklung im Vergleich mit informellen Bildungssphären außerhalb der Schule weitaus geringer ist (vgl. OECD 1977; Dohmen 2001). Analog zu der allgemeinen Verkürzung von Bildungsvorstellungen wird aktuell der schulische Anteil an Bildungsprozessen in Form der Ganztagsschule pars pro toto gesetzt. So wird kaum wahrgenommen, dass z. B. Einrichtungen der außerschulischen Jugendbildung – aber auch die Familien – ebenfalls relevante Beiträge zur Bildung von Kindern und Jugendlichen leisten.

Lernorte verknüpfen

Den Ergebnissen von PISA wird man daher nicht gerecht, wenn Bildung weiterhin auf schulisches Lernen verkürzt wird. Vielmehr muss es darum gehen, unterschiedliche gesellschaftliche Lernorte als Bildungssphären miteinander zu verknüpfen. Erst in der produktiven Zusammenführung dieser vielfältigen Dimensionen und Professionen kann es zu den notwendigen Neuansätzen kommen, die insbesondere auch den so genannten bildungsfernen Schichten eine Erhöhung ihrer Chancenstruktur ermöglichen, um damit zu einer Durchbrechung der ‚sozialen Vererbung' zu führen. In diesem Gedanken liegt somit auch der Ausgangspunkt für die Umsteuerung zu einer ‚gesellschaftlichen Bildung', die die tradierten Formen einer kognitiven Fokussierung durch die Orientierung auf den Erwerb von Lebenskompetenz und die Entfaltung von Identität als Bildungsaufgabe vom Grundsatz her erweitert und verändert. Institutionell betrachtet sichert aus Sicht der Sozialpädagogik nur eine problemorientierte und aufgabenzentrierte Arbeitsteilung zwischen Schulen und Kindertages- bzw. Jugendeinrichtungen eine nachhaltige Komplementarität von Ausbildung und Identitätsbildung bzw. formeller und nicht-formeller Bildung.

Gesellschaftlich erweiterter Bildungsbegriff

In der aktuellen Debatte über Bildungspotenziale und Bildungsnotwendigkeiten für Kinder und Jugendliche gilt es also, über den tradierten leistungsthematischen Bereich der Unterrichtsschule hinaus, ein Bildungsverständnis (weiter) zu entwickeln, das auf die Stärkung der gesamten Persönlichkeit zielt. Dabei geht es sowohl um formelle als auch um nicht-formelle Anteile, die sich in unterschiedlichen Angebotsstrukturen und Organisationsformen realisieren können. Personale Bezugsebenen sind hierfür ebenso relevant, wie gesellschaftlich definierte engere und weitere Handlungskontexte, in denen sich Bildungsprozesse abspielen: sei es z. B. die Familie, die Nachbarschaft, die Gleichaltrigengruppe, die Medien, die Jugendarbeit oder andere Bereiche der Jugendhilfe und Sozialpädagogik sowie öffentliche Foren des gesellschaftlichen Diskurses.

Notwendiger Ausgangspunkt für eine neue Qualität in der Überwindung des herkömmlichen Bildungsverständnisses ist eine reflexive Auseinandersetzung mit der sich herausbildenden „Wissensgesellschaft" (Stehr 1994) und mit der Grundlegung eines gesellschaftlich erweiterten Bildungsbegriffes. Erst hierüber wird der Blick frei für eine angemessene „Ganztagsbildung" (Coelen 2002), die nicht lediglich als zeitliche Verlängerung der Unterrichtsschule gestaltet werden kann, sondern auf neue Kooperationsformen mit anderen Sozialisations- und Bildungsinstanzen angewiesen ist. Bildung ist mehr als Schule, aber eine neue Schule ist auch mehr als Unterricht, genauso wie Jugendarbeit mehr ist als nur Betreuung (vgl. Bundesjugendkuratorium 2002; Otto/Rauschenbach 2004). Gerade im Betreuungsbegriff und in seiner gegenwärtigen politischen Instrumentalisierung für die Ganztagsschule zeigt sich eine theoretische und handlungspraktische Verkürzung gegenüber anderen pädagogischen Möglichkeiten und ein einseitiger Umgang mit den Potenzialen der damit verbundenen Bildungssphären.

Ganztagsschule – Ganztagsbetreuung – Ganztagsbildung

In Abgrenzung zur Ganztagsschule, wie auch zur Ganztagsbetreuung, sind unter „Ganztagsbildung" Institutionalisierungsformen zu verstehen, die formelle Bildung (Unterricht) und nicht-formelle Bildung (Jugendarbeit und andere außerschulische Bereiche) auf der Basis eines transversalen Prozesses verbinden und unter subjekttheoretischen Überlegungen zusammenführen. Die These, die durch den Begriff „Ganztagsbildung" transportiert wird, lautet: Wenn sich moderne, d. h. gesellschaftliche Bildung überhaupt organisieren lässt, dann nicht durch eine Ausweitung von Schule als Unterricht und auch nicht durch eine angehängte Betreuung, sondern nur durch die Integration von formellem und nicht-formellem Lernen, also vor allem durch eine neue institutionalisierte Zusammenarbeit von Schule und Jugendhilfe unter Einbeziehung von Eltern und Familien. Dies kann die Form eines multi-aktiven Bildungszentrums mit einer breit angelegten Zusammenführung von verpflichtenden, beratenden und freiwilligen Leistungen, Angeboten und Selbsthilfepotenzialen annehmen. Nicht der informelle Bereich als solcher definiert gesellschaftliche Bildung, vielmehr liegt die neue Perspektive in der systematischen Zusammenführung von formellen und informellen Bildungssphären. Gesellschaftliche Bildung ist keine allgemeine Zurüstung auf eine vielfach beschriebene – und ebenso oft favorisierte – bildungsbürgerliche Grundausstattung, sondern immer auch und insbesondere die Umsetzung zivilgesellschaftlicher Voraussetzungen im Kontext von Lernen, Erziehung und Wissen. Hier hat eine moderne Jugendhilfe ihren originären und entwicklungsfähigen Erfahrungs- und Vermittlungsansatz, den es gilt, in einer breiten innovationsgesteuerten Diskussion weiter zu tragen.

Forschung erweitern und Praxis neu denken

Die Ansätze von Ganztagsschule, Ganztagsbetreuung und Ganztagsbildung müssen in Zukunft noch kritischer und umfassender auf den Prüfstand einer intensiven Erörterung von Praxismodellen und empirisch-theoretischen Analysen gestellt werden, um zu tragfähigen und bildungspolitisch wirksamen Ansätzen zu kommen. Dabei ist vor allem die Kombination mit ausländischen Überlegungen unabdingbar, stellt doch das deutsche Bildungs- und Sozialwesen mit seinen einerseits bislang wenig integrierten, andererseits aber breit profilierten Institutionen international eine hochinteressante Ausnahme dar, gleichzeitig aber auch eine weittragende Ressource, die es gilt, durch die Umsetzung in adäquate Konzepte zu nutzen, anstatt sie im globalen Wettbewerb um schulische Leistungsverdichtung vorschnell einzuebnen. Was jedoch weitgehend fehlt, ist ein vergleichender Erfahrungsaustausch und entsprechende Wirksamkeitsstudien über die schulbezogenen, schulintegrativen und schulkomplementären Angebote der Jugendhilfe und weiteren informellen Sphären unter dem Aspekt einer gesellschaftlichen Bildung. Vor diesem Hintergrund stellen sich in einem ersten Schritt beispielsweise folgende Forschungsfragen:

1. Auf welchen bildungs- und lerntheoretischen Erkenntnissen basieren sinnvolle familienergänzende, ganztägige Bildungseinrichtungen in Wissensgesellschaften?
2. Welches Verhältnis zwischen formeller und nicht-formeller Bildung besteht in der Ausgestaltung von ganztägigen Bildungssystemen?
3. Welche bildungs- und jugendtheoretischen sowie bildungspolitischen und -praktischen Perspektiven lassen sich aus international vergleichenden Erkenntnissen für die Einführung von Ganztagssystemen in Deutschland entwickeln?[1]

---

1 Zu diesem Thema wird gegenwärtig eine entsprechende Veröffentlichung mit dem Titel „Ganztägige Bildungssysteme im internationalen Vergleich" von uns vorbereitet.

Grundbegriffe entwickeln

In Anbetracht der lebhaft geführten aktuellen Debatte um die Einführung von Ganztagsformen in Deutschland ist es notwendig, sich diesbezüglicher Grundbegriffe zu vergewissern, um eine gemeinsame Basis, zumindest aber ein gegenseitiges Verständnis in einer sich rapide entwickelnden Wissensgesellschaft anzustreben, über deren verschiedene Interpretationsformen die bildungstheoretische Auseinandersetzung erst begonnen hat.

Die vorliegenden Grundbegriffe zur Ganztagsbildung[2] sind in fünf Abteilungen gebündelt: Zunächst sind historische und systematische Vergewisserungen zum Bildungsbegriff zusammengestellt, die substanzielle Erörterungen der Begriffe „Erziehung" und „Lernen" einschließen. Es folgen Begriffe, die sich mit den „sozialen Bedingungen der Bildung und den Bildungsbedingungen des sozialen Lebens" (Natorp) beschäftigen. In der dritten Abteilung wird das Wissen über verschiedene Subjekte der Wissensgesellschaft (Kinder, Familien, Migranten) reflektiert. Sodann formulieren Vertreter aus drei Teildisziplinen der Erziehungswissenschaft aus ihrer spezifischen Sicht kurze Statements zur aktuellen Bildungsdebatte. Der Band endet mit Perspektiven auf institutionelle Konsequenzen aus der Erörterung von Grundbegriffen zur Ganztagsbildung.

Die nach ihren historischen Bezugsebenen angeordneten „Vergewisserungen über Bildung" beginnen mit Rita Casales Erörterung von Varianten des Erziehungskonzepts im neuzeitlichen Europa. Sie rekonstruiert die „zivilisierende" Funktion des Erziehungskonzepts und die nachfolgende „moralisierende" Funktion des Bildungskonzepts in Italien und Frankreich des 16., 17. und 18. Jahrhunderts. Vor diesem Hintergrund prüft sie die Tragweite des Bildungsbegriffs für den aktuellen Wandel zur „informationellen Gesellschaft". In dieser Gesellschaftsform führt, so Casale, die „Feminisierung" der zunehmend „immateriellen Arbeit" auch die Gender-Debatte – welche seit den 1980er-Jahren zur kritischen Dekonstruktion des männlichen Subjekts der modernen Bildungstheorie beigetragen habe – an ihr Ende.

Danach folgt Peter Vogels Rekonstruktion der neuhumanistischen Wurzeln des Bildungsbegriffs aus dem 19. Jahrhundert. Weil demnach die Lebensaufgabe eines Menschen darin gesehen wurde, die Kräfte zu einem harmonischen Ganzen zu bilden, stellt Vogel heraus, dass „Bildung" von seinem Ursprung her immer normativ, programmatisch und nur im Kontext sozialer Differenz zu gebrauchen sei. Der Autor fragt deshalb, was eigentlich gemeint sei, wenn dazu aufgefordert wird, ein „neues Bildungsverständnis" zu entwickeln,

---

2 Die hier versammelten Beiträge basieren auf Vorträgen, die auf der Konferenz „Ganztagsbildung in der Wissensgesellschaft. Kooperation von Jugendhilfe und Schule im internationalen Vergleich" vom 9.-11. Oktober 2003 in Bielefeld gehalten und diskutiert wurden. Die Konferenz wie auch die vorliegende Publikation wurden möglich durch die Unterstützung des Ministeriums für Schule, Jugend und Kinder des Landes Nordrhein-Westfalen, der Max-Traeger-Stiftung und des Bundesministeriums für Bildung und Forschung, denen wir an dieser Stelle noch einmal ganz herzlich danken. Die technische Redaktion des vorliegenden Bandes leisteten dankenswerterweise Sandra Fendrich, Jens Pothmann und Matthias Schilling.

wie sich die formelle und auch die nicht-formelle Bildung zum Problem der sozialen Differenz verhalte und wie Auskunft darüber erlangt werden könne, worin die Effekte von nicht-formellen Bildungsprozessen bestehen.

Sodann führt Sabine Andresen mit Bezug auf das 20. Jahrhundert „Bildung" als „fragile Denkfigur" vor, die zugleich fasziniere, Flügel verleihe und in Schranken verweise: Der ständige erziehungswissenschaftliche Rekurs auf Bildung verhindere eher Innovationen als sie zu befördern. Die Fachdisziplin habe vielmehr ihre Aufgabe darin, in kritischer Absicht über die Vergesellschaftung von Kindern und Jugendlichen in einer zugleich demokratischen und kapitalistischen Gesellschaft aufzuklären. Die Erziehungswissenschaft müsse z. B. auch das Versprechen der Ganztagsschule, Bildungserfolg von sozialer Herkunft zu entkoppeln, entschleiern und stattdessen den Zusammenhang von individueller Haltung und sozialem Kontext ins Bewusstsein heben. Der – zumal meist abstrakte – Bildungsbegriff sollte, so Andresen, nicht zu einer „intellektuellen Fessel" der Erziehungswissenschaft werden.

Auch zu diesem Ziel kann der umfassende Überblick dienen, den uns Bernd Overwien über den internationalen und inländischen empirischen Forschungsstand zum nicht-formellen und informellen Lernen sowie zu den zugehörigen Begriffsdebatten bietet: Im Hinblick auf die Zusammenführung von formeller und nicht-formeller Bildung in ganztägigen Organisationsformen fällt auf, dass es in der deutschen Debatte zwar zuerst Vertreter der Sozialpädagogik waren, die auf Lernorte außerhalb formeller Bildungsinstitutionen hingewiesen haben, dass aber empirische Forschungsarbeiten über informelle, soziale und kollektive Lernprozesse (in sozialen Bewegungen, Freiwilligenorganisationen, Sportvereinen oder Jugendhilfeeinrichtungen) bisher zahlenmäßig eher gering sind. Diese Lücke ist systematisch unbefriedigend, weil – so Overwiens Extrakt aus den wenigen vorliegenden Erhebungen – entsprechend Engagierte mehr Vertrauen in Menschen und Institutionen zeigen sowie mehr Solidarität und Anerkennung von Gleichheit, wohl nicht zuletzt auch deshalb, weil die Intentionalität an solchen Lernorten nicht primär mit Lernen assoziiert wird. Ganztägige Bildungseinrichtungen könnten, so Overwien, dazu beitragen, soziale Lerngrenzen zu überschreiten, wenn neue Lernorte geschaffen würden, in denen sich formelles und informelles Lernen integrieren lasse. Eine ‚ganztägige Bildung' aber, die sich nicht den neuen professionellen Herausforderungen stelle, die nur die „reformresistente Schule" verlängere oder nur eine „anspruchsame Aufbewahrung" würde, wäre eine Veranstaltung, die informelles Lernen eher behindern würde.

An diese Mahnung knüpft die zweite Abteilung von Grundbegriffen an, die um die Bildung des Sozialen kreist: Jene Dimensionen des Bildungsprozesses, die auf seine sozialen Abhängigkeiten, Rahmenbedingungen und Einbettungen verweisen, werden von Stephan Sting unter dem Stichwort „soziale Bildung" eingeführt. Dass die Ungleichheit der formellen Bildung mit der Differenz bei informellen Bildungsprozessen zusammenhängt, erläutert er mit Hilfe, erstens, einer soziokulturellen Perspektive, die nach dem Grad der Übereinstimmung von Herkunftskultur und kulturellen Anforderungen der Schule fragt, zweitens mit einer sozialstrukturellen Perspektive, die die Abhängigkeit des Bildungsprozesses von sozialen Positionierungen und Anerkennungsstrukturen sowie den daraus resultierenden Bewältigungsanforderungen analysiert und drittens mit einer interaktiven bzw. Geselligkeitsdimension, die die Bildungsrelevanz von informellen Gruppen- und Interaktionskontexten untersucht. Will Ganztagsbildung die skizzierten Dimensionen sozialer Bildung berücksichtigen, dann muss sie, so Sting, den institutionellen Rahmen der etablierten Schule sprengen, indem sie sich gegenüber dem außerschulischen Lebenskontext, den alltäglichen Bewältigungsanforderungen und der informellen geselligen Praxis von Kindern und Jugendlichen öffnet.

Eben jenen Aspekt führt Albert Scherr unter dem Begriff „Subjektbildung" als möglichen Konvergenzpunkt schulischer und außerschulischer Pädagogik aus. Dazu unterscheidet er zunächst Bildung – verstanden als sozial eingebettete (Selbst-)Befähigung zu einer selbstbestimmten, vorurteilsarmen und demokratischen Lebensführung – von arbeitsmarktrelevanter Qualifizierung sowie von einfachem Lernen. Anhand seiner sozialwissenschaftlich fundierten Bildungstheorie analysiert er darüber hinaus die sozialen Bedingungen, die den „Möglichkeitsraum von Prozessen der Subjektbildung konturieren"; sein Subjektbegriff setzt Selbstbestimmungsfähigkeit als „graduierbares Potenzial und empirisch beschreibbare Dimension von Lebenspraxis" voraus. In dieser Perspektive könnten Ganztagsschulen, so Scherr, möglicherweise sogar zu einer Verhinderung von Bildung beitragen, nämlich dann, wenn sie die Möglichkeiten von freiwilligen und interessengeleiteten Bildungsprozessen in Jugendarbeit und Peergroups einschränken.

Damit ist mehr als angedeutet, dass Lernen – aus dem sich (Subjekt-)Bildung ergeben kann – heute vielfach weder formell (z. B. in der Schule), noch nicht-formell (z. B. in der Jugendhilfe) stattfindet, sondern informell, oft in Virtual Communities im Internet. Deshalb muss sich jede Überlegung zu ganztägigen Bildungseinrichtungen mit diesen wichtigen, ihnen systematisch äußerlichen Lernarten und -orten auseinander setzen. Winfried Marotzki hebt uns somit gleich zwei Institutionen der außerschulischen Jugendbildung ins Bewusstsein: die Medien und die Peergroups, die zwar nicht unmittelbar an der Gewährleistung von ‚ganztägigen' Bildungseinrichtungen beteiligt sind, aber deren Bedeutsamkeit zu kennen, dafür unabdingbare Voraussetzung ist. Die virtuellen Gemeinschaften im Internet zeigen, dass jedes Lernen und jeglicher Informationsaustausch in selbstgewählte und gestaltbare Vergemeinschaftungsformen eingebettet sein muss, wenn Bildung entstehen soll. Das heißt im Umkehrschluss, dass ganztägige Institutionen, wenn sie Bildungsinstitutionen sein wollen, die optionalen Vergemeinschaftungsformen von Kindern und Jugendlichen zur Kenntnis nehmen, systematisch ermöglichen und in Teilen auch mitgestalten müssen.

Das historisch und systematisch schillernde Verhältnis zwischen Bildung und Sozialer Arbeit wird uns von Rainer Treptow vor Augen geführt: Durch das „bildungsbürgerliche Projekt der Emanzipation aller" habe seit Anbeginn nicht nur die Struktur sozialer Ungleichheit hindurchgeschimmert, sondern es habe sogar Herrschaftsverhältnisse dadurch festgeschrieben, dass für bestimmte soziale Gruppen der Zugang zu der – in Schulen organisierten – Bildung begrenzt wurde. Zugleich sei deutlich geworden, dass es zum Bildungsprojekt keine Alternative gab und gibt, dass aber Schulbildung keineswegs hinreicht, um die Herausforderungen der vielfältigen Lebensvollzüge zu meistern. Die sozialpädagogische Tradition der Thematisierung von Bildung enthalte seitdem die kritische Frage nach Bildungsgerechtigkeit (insbesondere für Menschen in Armutsverhältnissen und in belasteten Lebenslagen) und die Etablierung eigener Bildungseinrichtungen (wie Kindertagesstätten, Jugendverbände, Schulsozialarbeit sowie Jugend-, Familien und Altenbildungsstätten). Angesichts der aktuellen skeptischen Fragen, ob nun die gesamte Soziale Arbeit in Bildung aufgehe, stellt Treptow klar, dass das Bildungsthema die Soziale Arbeit heute sowohl als Voraussetzung für sie selbst betrifft (in Form der Berufsqualifizierung) als auch als Lebenswichtigkeit ihrer Adressaten. Und schließlich müsse jede „sozialpädagogische Bildungsforschung" die Autonomie von Individuen in den selbst gestalteten Lern- und Bildungsprozessen in den Mittelpunkt stellen.

Die dritte Abteilung von Grundbegriffen zur Ganztagsbildung thematisiert Subjekte der sich aktuell herausbildenden Wissensgesellschaft: Als Rahmung zeichnet Thomas Höhne den jahrzehntelangen Diskurs über den Begriff der „Wissensgesellschaft" nach und ergänzt ihn im Hinblick auf sozialstrukturelle Veränderungen seit den 1970er-Jahren. So wird es ihm möglich, die Entwicklung des Zusammenhangs von Wissen und Subjekt in neoliberalen Wissensgesellschaften kritisch zu lesen. Er endet mit Perspektiven für eine erziehungswissenschaftliche Erforschung der – im Vergleich zu „Lernen" und „Bildung" – vernachlässigten Kategorie des „Wissens" in schulischen und außerschulischen Kontexten.

Mit der Intention, dass Kinder sich als Subjekte der politischen Prozesse und nicht nur als ihre Objekte begreifen sollen, stellt Heinz Sünker Bildungs-/ Kindheitsforschung und Kinder-/Bildungspolitik in den Fragehorizont nach einer demokratischen Zukunft unserer Wissensgesellschaft. Zu der Befähigung von Kindern, den politischen Diskurs verstehen zu können (politische Bildung), müsse das Gefühl hinzukommen, sich mit Politik beschäftigen zu *dürfen*, um die öffentlichen Angelegenheiten als die eigenen zu begreifen und deshalb darin einzugreifen (Bildung des Politischen). In diesem Grundgedanken treffen sich, so Sünker weiter, die Kategorien des Kinderrechtsdiskurs und der modernen Kindheitsforschung: Der „Schutz" von Kindern könne nicht mehr anhand eines generationalen Defizits gedeutet werden, die mangelnde „Versorgung" von Kindern müsse durch entsprechende Empirie weiterhin skandalisiert werden und die „Partizipation" von Kindern müsse auch durch Forschung befördert werden. Jedoch unterhöhle die real existierende Bildungspolitik – manifestiert im selektiven Schulsystem – alle Versuche einer die Demokratie befördernden Kinderpolitik und müsse daher überwunden werden.

Auch in der Wissensgesellschaft habe die Familie, so Carola Groppe, eine vielfach unterschätzte Erziehungs- und Bildungsfunktion. Die Autorin plädiert für eine stärkere Berücksichtigung von Familienleistungen im Kontext der Einführung von ganztägigen Bildungseinrichtungen. Insbesondere elterliche Mitwirkung in Schulen sei eine wichtige nicht-formelle Bildungs- und Betreuungsressource, die es nach wie vor zu nutzen und zu stärken gelte. Anstatt für eine Ausweitung staatlicher und öffentlicher Betreuungsleistungen argumentiert sie für eine „Neufassung schulischer Lernprozesse und deren nachhaltige Förderung durch Kooperation mit den Elternhäusern".

Die Wissensgesellschaft ist im deutschen Fall auch eine (de facto) Einwanderungsgesellschaft, unter deren Bedingungen Isabell Diehm die Rolle komplementärer Bildungseinrichtungen aus Schule und Jugendhilfe erörtert. Angesichts der schulischen Ausblendung selbstverursachter Bildungsbenachteiligung von Kindern mit Migrationshintergrund einerseits und der geringen Nachfrage dieser Bevölkerungsgruppe nach vorsorgenden Jugendhilfeangeboten andererseits plädiert sie für eine Verschränkung von Hilfe und Bildung in lokalen Zentren des Lernens (wie z. B. den britischen Early Excellence Centers).

In der vierten Abteilung des Buches entwerfen je ein Vertreter der Schulpädagogik, der Sozialpädagogik und der Allgemeinen Pädagogik ihre teildisziplinären Sichtweisen auf ein neues Bildungsverständnis und ganztägige Bildungseinrichtungen: Klaus-Jürgen Tillmann stellt zunächst – im Vergleich zum kanadischen Schulsystem – fest, dass wir in Deutschland eine scharfe Trennlinie zwischen Vorschule und Schule ziehen, kein auf Förderung ausgerichtetes Bildungssystem besitzen und uns fast durchgängig auf Halbtagsschulen beschränken. Hingegen seien alle deutschen Reformeinrichtungen als Gesamtschulen im Ganztagsbetrieb organisiert. Sodann unterscheidet er zwei Argumentationslinien in der deutschen Ganztags-Debatte: eine sozialpolitische (Vereinbarkeit von Familie und Beruf) und eine reformpädagogische (Lernen mit Kopf, Herz und Hand). Vor diesem Hintergrund sei die „Offene Ganztagsgrundschule" in Nordrhein-Westfalen nach sozialpolitischen Kriterien – mit kleinen Einschränkungen – positiv zu betrachten. Nach reformpädagogischen Kriterien hingegen seien die klare Trennung zwischen dem schulischen Unterrichtsvormittag und dem sozialpädagogischen Betreuungsnachmittag sowie die unzureichende Förderung von Kindern mit Lernschwierigkeiten nur verhalten zu beurteilen. Die viel beschworene Antwort auf PISA sei eine solche fakultative Ganztagsschule kaum, dennoch für deutsche Verhältnisse „ein großer Sprung nach vorn".

Heinz Sünker geht davon aus, dass jede Bildungspolitik eine „absichtliche Strukturierung gesellschaftlicher Verhältnisse" ist und dass eine überfällige

Schulstrukturdebatte weniger zu Lasten der Kinder gehen würde, als das faktisch bestehende Schulsystem, weil dieses die Zuweisung von Lebenschancen und die Entwicklung von individuellen und demokratischen Lebensqualitäten selektiv vornehme. Eine Kindheits- und Jugendforschung, die vom Kinder- und Jugendhilfegesetz und der UN-Konvention für die Rechte des Kindes ausgeht, münde deshalb in der Forderung nach „Bildung aller in einer Einheitsschule". Hingegen würde die Einführung von Ganztagsschulen die bestehende „Bildungsapartheid" nur verlängern und angesichts der Strukturen des „so genannten Bildungssystems" wirkliche Bildung – im Sinne von Reflexivität und Urteilskraft, die zu Mündigkeit, Emanzipation und Politikfähigkeit führt – eher verhindern.

Heinz-Hermann Krüger plädiert entgegen den vorstehenden institutionellen Sichtweisen von Tillmann und Sünker angesichts der „Entgrenzung des Pädagogischen" und der Verengung von formeller Bildung auf die Schule und nicht-formeller Bildung auf die Jugendarbeit sowie angesichts des Mangels an empirischer Forschung zu diesem Bereich für Praxismodelle „jenseits der etablierten Institutionen der Schule und der Jugendhilfe", wie z. B. Lernzentren und Internet-Cafés.

Den Abschluss des Bandes bilden drei Beiträge, die auf grundbegrifflicher Basis bildungspraktische, -theoretische und -politische Schlüsse ziehen: Zunächst führt Harald Ludwig durch die Geschichte der Konzepte und teilweisen Umsetzungen „moderner Ganztagsschulen" im Deutschland des frühen 20. Jahrhunderts, der Weimarer Republik, des Nationalsozialismus und der 1950- bis 1980er-Jahre. In diesem Verlauf schimmern immer wieder die – zweifellos heterogenen – Gedanken der amerikanischen und deutschen Reformpädagogik durch. Das kommt u. a. in der Bezeichnung „ganztägige Schulerziehung" (statt Ganztagsschule oder Tagesheimschule) zum Ausdruck, die sowohl formelle als auch nicht-formelle Bildungsprozesse in einer – eben der schulischen – Institution umfassen sollte.

Ebenfalls mit einem gesellschaftshistorischen Rückblick beginnt Jürgen Oelkers seine bildungstheoretischen und -politischen Grundlegungen: Die Verweigerung vor der so offenkundig notwendigen Schulsystemfrage in der deutschen Nach-PISA-Bildungsdebatte erklärt er mit der obrigkeitsstaatlichen Organisation von Schule in Deutschland, die durch Halbtägigkeit und Dreigliedertheit der Familie ihren sozial-selektiven Einfluss belassen habe. Gerade deshalb werde sie immer wieder als „pädagogisch autonome" Gemeinschaft imaginiert und inszeniert, anstatt sie als demokratisches Gemeinwesen zu organisieren. Auf Basis dieser Rekonstruktion sind Oelkers' aktualbezogenen bildungspolitischen Vorschläge (Ersatz des Kindergartens durch eine Vorschule, Verlängerung der Grundschule, Stärkung der Schulleitung, Konkretisierung des Erziehungsauftrages) an den Entwurf für eine Theorie demokratisch-öffentlicher Erziehung im Anschluss an John Dewey gekoppelt.

Thomas Coelen macht in seinem Beitrag einen Vorschlag zur theoretischen Begründung und konzeptionellen Ausgestaltung von „Ganztagsbildung" für Kinder und Jugendliche – einer Form, die Bildungsprozesse in ihrer Einheit aus Ausbildung und Identitätsbildung umfasst und ermöglicht. Im Rahmen einer Neubestimmung des Zusammenhangs von schulischer und außerschulischer Pädagogik fasst er zunächst das historische und aktuelle sowie gesellschafts- und bildungstheoretische Verhältnis von Schulen und Einrichtungen der Jugendarbeit zusammen, um daran anschließend eine Theorie „kommunaler Jugendbildung" zu skizzieren.

Der vorliegende Versuch, Grundbegriffe zu ganztägigen Bildungsformen zu entwickeln, ist ein erster Schritt zu einer notwendigen systematischen Auseinandersetzung mit den bildungstheoretisch und bildungspolitisch außerordentlich bedeutsamen Veränderungen der programmatischen, inhaltlichen und organisatorischen Ausgestaltung der gesellschaftlichen Verantwortung für die Zukunftsfähigkeit der nachwachsenden Generation. Gegenwärtig läuft die politisch forcierte Umsetzung entsprechender Beschlüsse schneller als erwartet. 4.800 schulische Ganztagseinrichtungen gibt es bereits bundesweit, allein bis 2005 sollen mindestens 2.300 weitere hinzukommen; d. h. bislang geht bereits jeder 10. Schüler des Primar- und Sekundarbereichs I in eine entsprechend reorganisierte Schule. Die Forderung, Ganztagsbildung als gesellschaftlicher Bildung Gehör zu verschaffen, muss daher mit Nachdruck vertreten werden. Der Jugendhilfe als dem organisierten Bereich der nicht-formellen Bildung kommt dabei eine besondere Rolle in der Umsetzung ihrer Erfahrungen, Einsichten und Grundlagen zu.

Literatur

Bundesjugendkuratorium: Zukunftsfähigkeit sichern! Für ein neues Verhältnis von Bildung und Jugendhilfe, in: R. Münchmeier, H.-U. Otto, U. Rabe-Kleberg (Hg.) Bildung und Lebenskompetenz, Opladen 2002, 159-174.
Coelen, T. (2002): „Ganztagsbildung". Ausbildung und Identitätsbildung von Kindern und Jugendlichen durch die Zusammenarbeit von Schulen und Jugendeinrichtungen, in: Neue Praxis, 2002, Heft 1, 53-66.
Dohmen, G.: Das informelle Lernen. Die internationale Erschließung einer bisher vernachlässigten Grundform menschlichen Lernens für das lebenslange Lernen aller. Hrsg. vom Bundesministerium für Bildung und Forschung, Bonn 2001.
OECD: Learning Opportunities for Adults, Paris 1977.
Otto, H.-U./Rauschenbach, T. (Hg.): Bildung ist mehr als Schule, Wiesbaden 2004.
Stehr, N.: Arbeit, Eigentum und Wissen: zur Theorie von Wissensgesellschaften, Frankfurt a. M. 1994.

Vergewisserungen über Bildung

Rita Casale

Varianten des Erziehungskonzepts im neuzeitlichen Europa: Zivilisieren, Moralisieren, Informieren

Lassen sich die Herausforderungen der so genannten Wissensgesellschaft oder, wie ich lieber sagen würde, der Gesellschaft der immateriellen Arbeit mit den theoretischen und politischen Ressourcen des Bildungsbegriffs bewältigen?

Die politischen Implikationen des Bildungsbegriffs zu erläutern, macht seine historische Rekonstruktion nötig, weil sie ihm selbst nicht mehr anzusehen sind: Obwohl das Wort Bildung schon im späten Mittelalter auftauchte, nahm der Ausdruck die pädagogische Bedeutung der autonomen Entwicklung des Selbst erst im 19. Jahrhundert an. Sie ist nur im Lichte der politischen Ereignisse der Aufklärung im 18. Jahrhundert zu klären. Im Begriff der Bildung drückte sich der politische und moralische Anspruch des Bürgertums aus, die kulturellen Unterschiede der Ständegesellschaft des *Ancien Régime* zu überwinden. Dazu brauchte es eine Moraltheorie, die sich universell und formal verstand. Das Paradox dieser Geschichte besteht gerade darin, dass der Bildungsbegriff, um allgemein zu gelten (bzw. um seinen politischen Anspruch zu realisieren), den historischen Bezug auf die sozialen Unterschiede auf einer theoretischen Ebene nicht mehr zum Ausdruck bringt.[1] Ausgehend von dieser kritischen Prämisse werde ich in meinem Beitrag versuchen, a) den europäischen Entstehungskontext des Bildungsbegriffs zu rekonstruieren, und b) seine Tragweite in der „informationellen" Gesellschaft zu prüfen.

Die moderne Entwicklung der politischen Funktion der Erziehung lässt sich m. E. in drei Phasen einteilen, die durch verschiedene Erziehungskonzepte gekennzeichnet sind:

- Bezüglich des 16. und 17. Jahrhunderts werde ich von der zivilisierenden Funktion der Erziehung sprechen.
- Bezüglich des 18. und 19. Jahrhunderts ordne ich der Erziehung eine moralisierende Funktion zu und fasse sie dergestalt als Bildung (meine Überlegungen werden sich auf zwei Texte des 19. Jahrhunderts begrenzen, die ich für die moderne politische Bedeutung der Bildung paradigmatisch halte).

---

1 Eine ähnlich widersprüchliche Geschichte hat auch der Begriff „Gender". Entstanden in den 1980er-Jahren, um die biologischen und essentialistischen Fixierungen des Geschlechts und die Herrschaft der heterosexuellen Matrix in Frage zu stellen, ist der Gender-Begriff bzw. die Gender-Forschung zur akademischen Strategie im 21. Jahrhundert geworden, die die politischen Forderungen der Frauenbewegung in den Hintergrund schiebt. Darauf werde ich am Ende des Artikels im Zusammenhang mit der „informationellen Gesellschaft" eingehen.

- Bezüglich der aktuellen Rolle der Erziehung werde ich die Hypothese einer informierenden Funktion der pädagogischen Praxis in der Gesellschaft der immateriellen Arbeit formulieren.

1. Von der Zivilisierung zur Moralisierung

Meine These zum Verhältnis der ersten und der zweiten Phase lautet: Der Bildungsbegriff ist der Ausdruck einer politischen Alternative zu Erziehungskonzepten des europäischen *Ancien Régime*.

In der historischen Bildungsforschung fehlt eine Analyse der Erziehungstraktate des 16. und des 17. Jahrhunderts, die sich nicht in die Tradition der Reformation und der Gegenreformation einbetten lassen. In der historischen Periodisierung der Geschichte der Pädagogik scheint es vielmehr einen Sprung vom Humanismus und nachfolgender Reformation bzw. Gegenreformation zur Aufklärung gegeben zu haben. *De facto* aber lässt sich schon aus einem ersten Blick auf pädagogische und nicht-pädagogische Literatur der Aufklärung feststellen, dass das Hauptaugenmerk im 18. Jahrhundert nicht auf die Konfessionalisierung in den vorherigen Jahrhunderten gerichtet war, sondern darauf, die Zivilisierung der Ständegesellschaft des *Ancien Régime* auf die Menschheit und ihre Entwicklung als Gattung auszudehnen.

Von einer Globalisierung der politischen Prozesse kann man für das 16. und 17. Jahrhundert sicher nicht sprechen, aber doch von einer Europäisierung der kulturellen Bezugspunkte. Auch von den anfänglichen „nationalen" Kämpfen um die kulturelle und politische Hegemonie lässt sich die europäische Dimension des kulturellen Austausches nicht trennen.

In diesem Kontext glaube ich behaupten zu können, dass Italien für das 16. und Frankreich für das 17. Jahrhundert nicht nur eine hegemoniale Rolle gespielt haben, sondern dass es auch die dort formulierten Erziehungskonzepte und ethischen Überlegungen waren, worauf die aufklärerische Moral (ich beziehe mich insbesondere auf die kantische Formulierung) und die neuhumanistische Bildung reagiert haben.

Wenn ich nicht von humanistischen Erziehungskonzepten, sondern von solchen des *Ancien Régime* spreche, will ich damit hervorheben, dass sie vom Eindruck der Krise des Humanismus oder der Renaissance, nicht von diesen selbst geprägt waren.

1.1 Ethische Erziehung und Re-Aristokratisierung der italienischen Gesellschaft

Die Erziehungstraktate des italienischen Cinquecento prägten die Grammatik der Form höfischer Erziehung, die sich als herrschendes Modell in Europa für circa drei Jahrhunderte (und zwar mindestens bis zur Französischen Revolution) durchgesetzt hat. Hier seien nur die drei wegen ihrer europäischen Wirkung und Rezeption bedeutendsten Schriften erwähnt: *Il Libro del Cortegiano* (1528) von Baldassar Castiglione, *Galateo, ovvero die costumi* (1558) von Giovanni della Casa und *La civil conversazione* (1574) von Stefano Guazzo. In ihnen fand die Krise des „zivilen Humanismus" des italienischen Quattrocento ihren pädagogischen Ausdruck. Für den „zivilen Humanismus" war *civilitas* (Zivilisation) synonym für *civitas* (Stadt). Für die Erziehungstraktate des 16. Jahrhunderts hing das zivile Verhalten nicht mehr vom Leben in der Stadt, sondern von den zivilen Qualitäten der Sitten ab.

Der Humanismus des 15. Jahrhunderts hatte mit der städtischen Entwicklung Norditaliens zu tun, dessen Ökonomie sich auf den Kommerz und auf die daraus folgende Geldzirkulation stützte. Im Laufe des 16. Jahrhunderts lösten die wiederholten Versuche Frankreichs, Spaniens und der Habsburger Monarchie, ihre Macht auf die reichen Städte Norditaliens auszudehnen, die Krise des republikanischen und bürgerlichen Humanismus des Quattrocento aus. Nicht mehr die Städte, sondern die Höfe wurden zu den kulturellen und sozialen Zentren. Die Re-Aristokratisierung der Gesellschaft konnte nur Erfolg haben, indem die aristokratische Lebensart der höfischen Gesellschaft des 17. Jahrhunderts die bürgerlichen Lebensformen integrierte, die sich im 16. Jahrhundert etabliert hatten.

Im Kontext dieser historischen und sozialen Veränderung entstand eine literarische Gattung, deren Aufgabe eine doppelte war. Erstens hatte sie das individualistische und ästhetische Bewusstsein des Humanismus den höfischen Erfordernissen anzupassen. Zweitens sollte sie den ‚höfischen Humanismus' jenseits der höfischen Mauern verbreiten. Und das realisierte sie mittels einer Bewegung, die von oben nach unten, vom Adel zum Bürgertum, vom Zentrum zu den Peripherien, vom Hof ins ganze Land fortschritt.

Es handelte sich um Traktate des *savoir-vivre*, um *Institutio-Bücher*, die in die mit *De Civilitate morum puerilum* (1530) von Erasmus begonnenen Tradition eingebettet sind. Ihre explizite pädagogische Funktion war es, mittels Formation der Sitten zu zivilisieren. Die breite semantische Tragweite des Wortes *institutio* drückt aus, in welchem Sinn diese Bücher als pädagogische Instrumente betrachtet werden können: *Institutio* kommt von *instituere* und bedeutet hinstellen, aufstellen, anstellen, veranstalten, einführen, ordnen, unterrichten und unterweisen.

Die Traktate des *savoir-vivre* oder der guten Manieren wurden zum Integrationsinstrument auf verschiedenen Ebenen. Sie ermöglichten in der ersten

Phase des Cinquecento die Aufnahme des kaufmännischen und individualistischen Geistes des Humanismus des 16. Jahrhunderts durch die höfische Aristokratie. Sie trugen dazu bei, dass verschiedene Arten von Gelehrten und Literaten zu höfischen Funktionären und zu Instrukteuren des Prinzen wurden. Und schließlich dienten sie als Einführungen zum *savoir-vivre* für eine Reihe sozialer Gruppen (die Hausfrau, die Haushälterin, der Diener, der Sekretär etc.), deren Erziehung nach dem Tridentischen Konzil (1545) eine immer wichtigere Rolle spielen sollte.

Diese Texte sind als Schriften einer pädagogischen Ethik zu bezeichnen, denn sie definieren ein neues Verhältnis der Erziehung zur Ethik. Im Humanismus wurde die Erziehung nicht in Zusammenhang mit der ethischen Sphäre gebracht, sondern sie wurde mit der Ökonomie verbunden. Ein exemplarischer Beleg dafür sind die vier *Libri della famiglia* (1432 und 1434) von Leon Battista Alberti. In der auf Xenophon und Aristoteles zurückgehenden Tradition der *oeconomica* denkend, betrachtet Alberti die Erziehung als ein Element der Verwaltung und der Regierung des Hauses. Auch die Definition des Verhältnisses von Mutter und Vater innerhalb des Hauses ist ökonomisch bestimmt.

Im Unterschied zu dieser Tradition trennen die Traktate des *savoir-vivre* des Cinquecento die pädagogische Sphäre von der Ökonomie, indem sie die Pädagogik als eine ethische Domäne denken. Der Übergang des pädagogischen Diskurses aus einem ökonomischen in einen ethischen Kontext ist ein Prozess, der im 16. Jahrhundert begann und erst im 17. Jahrhundert endete.[2] Im Vergleich zur klassischen Tradition kehrt sich das Verhältnis zwischen Erziehung, Ethik und Ökonomie (Hausverwaltung) um: Die Ökonomie bestimmt nicht mehr die Prinzipien der Hausverwaltung, sondern es ist die Ethik (hier im Sinne von Erasmus als Zivilisierung der Sitten verstanden), die dafür zu sorgen hat, dass die Beziehungen im Haus gut funktionieren.

Der oben skizzierte Zusammenhang von Ethik und Erziehung galt auch für die französischen Traktate des *savoir-vivre* des 17. Jahrhunderts. Allerdings ist der französische Kontext bzw. der französische Hof ein anderer. Seine historische Analyse hat dessen Entwicklung zum Staat und die daraus sich ergebenden erzieherischen Integrationsstrategien zu verfolgen.

1.2 Erziehung zur Höflichkeit und die Entstehung des absolutistischen Staats im Frankreich des 17. Jahrhunderts

Die Betrachtung der Relation zwischen Höflichkeit, hier verstanden als den am Hof passenden Anstand, und der Entwicklung des modernen Staates scheint

---

2 Das schließt die Ausnahmen nicht aus, die noch im 16. und im 17. Jahrhundert die Hausbeziehungen weiter in einem ökonomischen Sinn fassen (vgl. dazu u. a. P. Caggio: Iconomica 1552; G. B. Assandri: Della economica overo disciplina domestica. Libri quattro, ne' quali s'ha quello appartiene alla casa per renderla fornita dei beni d'animo, di corpo e di fortuna, Belpiero und Cremona 1616).

mir im Kontext der Konferenz zur Ganztagsbildung nicht zuletzt wegen der sommerlichen Diskussion über Bildung als Erziehung zum guten Benehmen und über einen eventuellen Anstandsunterricht wichtig. Eine genauere Kenntnis der historischen Formen der Soziabilität und ihrer politischen Bedeutungen würde wohl die peinlichen Aufrufe des letzten Sommers vermieden haben.

Ideengeschichtlich wird die Entwicklung des modernen Staates in den Werken von Niccolò Machiavelli (1469-1527) und Jean Bodin (1530-1596) antizipiert: Im Gegensatz zur feudalen Gesellschaft brauche die politische Macht keine externe Rechtfertigung; ihre Souveränität sei durch den amtlichen Charakter des Monarchen und seiner Funktionäre zu konsolidieren. Die Verstaatlichung der politischen Souveränität implizierte im Frankreich des 17. Jahrhunderts einen neuen sozialen Pakt zwischen den Gesellschaftsständen und hatte eine neue Positionierung des Individuums gegenüber dem Staat und innerhalb der Gesellschaft zur Folge. Die Krise der feudalen Gesellschaft verursachte eine Veränderung der Formen der Soziabilität. Die Individuen nahmen sich nicht mehr innerhalb von geschlossenen Gemeinschaften wahr. Die Möglichkeit, insbesondere seitens des merkantilen Bürgertums, als staatlicher Funktionär Karriere am Hof zu machen, modifizierte sowohl die Selbstwahrnehmung als auch den Umgang mit anderen. Die soziale Abhängigkeit vom Blick des anderen verlangte einerseits eine sorgfältigere Aufmerksamkeit auf das eigene Verhalten, andererseits entwickelte sich daraus eine sehr differenzierte psychologische und soziale Urteilskraft.

Die Auflösung des feudalen Systems wurde dadurch vorangetrieben, dass der Staat als höfisches Regime in Frankreich die Verantwortung für eine Reihe von politischen Funktionen wie z. B. die der Aufrechterhaltung von Recht und Ordnung, der Jurisdiktion und des militärischen Schutzes übernahm. Die Zentralisierung dieser Ämter verursachte eine Krise der alten sozialen Ordnung der Stände, indem sie die Verwaltung in immer stärkerem Maße von den Kompetenzen der Juristen abhängig machte und ihnen damit eine ständig wachsende politische Rolle zugesprochen wurde. Der Antritt eines politischen Amtes galt als beste Chance für den sozialen Aufstieg. Und diejenigen, die nach der Ausübung dieser politischen Funktionen strebten, kamen aus dem reichen, merkantilen Bürgertum. Sie waren nicht nur in der Lage, ihre juristische Ausbildung zu finanzieren, sondern auch die Ämter zu kaufen und damit einen Adelstitel zu erwerben (*noblesse de robe*). Die Bezahlung der Gebühr machte das Amt zum familiären Gut. Der Besitzer des Amtes und des Titels war berechtigt, Amt und Titel durch Verkauf oder Vermächtnis weiterzugeben. Der Monarchie garantierte dies erstens die Allianz mit dem ökonomisch bedeutendsten Teil des Landes, zweitens neue Einkünfte für die Kassen des Staates und drittens die Entmachtung des alten Adels (*noblesse d'epée*). Der Prozess der Verstaatlichung der Monarchie, der sich als Verwandlung des Hofes in einen Staat beschreiben lässt, vollzog sich unter Ludwig XIV. (1661-1714). Um dieses Ziel zu erreichen, musste er allerdings nicht nur dafür sorgen, dass aus dem alten Adel Hofmänner und Hofdamen, also Angehörige seines Versailler Hofs wurden, sondern dass auch die dem neuen Adel erst zugewachsene politische Bedeutung vermindert wurde. Die *noblesse d'epée* genoss das sichtbare Privileg sozialer Überlegenheit um den Preis der bedingungslosen Unterwerfung unter die Autorität des Königs. Die *noblesse de robe* wurde Schritt für Schritt in ihren Ämtern durch Intendanten ersetzt, die oft aus den unteren Schichten kamen und, abgesehen von ihrer amtlichen Funktion, keine politische Macht im Land besaßen.

Der Erfolg des Absolutismus unter Ludwig XIV. war das Resultat langwieriger Kämpfe. Der Adel hatte die Entwicklungen, die im Laufe des 17. Jahrhunderts zur Konzentration der politischen Macht in den Händen des Königs und seiner Intendanten führte, mit allen Mitteln zu verhindern versucht. Keine geringe Rolle spielten in diesem Kontext die verschiedenen Religionskriege (1562-1598) und die Revolten der Bauern (1624, 1636-1637), die mehrmals die französische Monarchie in die Krise stürzten und in denen einerseits der alte Adel eine Allianz mit den Bauern einging und andererseits die Monarchie eine Allianz mit dem neuen Adel suchte.

Der Triumph des Absolutismus am Hof von Versailles hatte sich mit den Ergebnissen einer Zeit auseinander zu setzen, in der alter und neuer Adel gegeneinander gekämpft hatten, um die Sitten einer Gesellschaft neu zu definieren, die die feudalen Verhältnisse hinter sich zu lassen schien. Die *noblesse d'epée* hatte in ihren Salons versucht, das Wertesystem der Ritterlichkeit der veränderten historischen Situation anzupassen und die Ideale der *honnêteté* gegen die Arroganz der *noblesse de robe* am Hofe zu verteidigen. Der neue Adel versuchte, den vollkommenen Hofmann mittels der Zivilisierung seiner Sitten nach den Modellen der italienischen Traktate des *savoir-vivre* zu bilden.

Zwischen der zweiten Hälfte des 16. und der ersten Hälfte des 17. Jahrhunderts wurde eine Reihe von Erziehungstraktaten seitens des beamteten Bürgertums geschrieben, deren Ziel die Veredlung der *petite noblesse* war.[3] Im Unterschied zu den italienischen Hoftraktaten wurde in den französischen Erziehungstraktaten nicht über die Formation des idealen Hofmanns gesprochen, sondern über den richtigen Umgang mit höfischen Ambitionen.

In der Zeit der Religionskriege (1562-1598) war Kultivierung einer gewissen Höflichkeit keine Sache des Staates. Der Hof und der neue Adel waren damit beschäftigt, die neue soziale Ordnung im Land zu etablieren – Erstgenannter mit Kriegen und Letztgenannter durch Erwerb alter feudaler Güter. Militärischer Geist und politische Dreistigkeit prägten die Atmosphäre der Zeit. Eine Ausnahme stellte in diesem Kontext der alte Adel dar, der in seinen Salons ver-

---

3 Unter anderem sind hier für ihre breite Resonanz zu erwähnen: C. Chappius: Discours de la Cour, Paris 1543; G. Chappius: Misaule, Paris 1585; P. de Dampmartin: Bonheur de la Cour, Anvers 1592; Du Souhait: Le Parfait Gentilhomme, Paris 1600; Nervèze: La Guide des Courtisans, Paris 1606; N. Pasquier: Le Gentilhomme, Paris 1611; Anonyme: Le Courtisan français, Paris 1612; De Refuge: Le Traité de la Cour, Paris 1616 ; N. Faret: L'Honneste Homme ou l'Art de Plaire à la Cour, Paris 1630.

suchte, der damaligen Brutalität der Sitten eine gewisse *politesse mondaine*, eine sorgfältige Kultivierung des Scheins entgegenzusetzen.

Um absolut zu werden, musste die politische Souveränität des Hofes sowohl mit dem Schein der *noblesse d'epée* als auch mit der Arroganz der *noblesse de robe* zurechtkommen. Sie wollte beide in die Hofgesellschaft integrieren und die Spielregeln ihres Verkehrs definieren. Mit der Höflichkeit wünschte der verstaatlichte Hof eine formale Sprache zu finden, die in der Lage war, die Leidenschaften der Einzelnen (der Dame, des dreisten Intendanten, des intriganten Ministers, des gierigen Prinzen etc.) nicht zu unterdrücken, aber zu regulieren. Moral als Zivilisierung der Sitten verstanden ist hier nichts anderes als der richtige Gebrauch der Leidenschaften: Der König könne die Aktionen seiner Untertanen strafen, ihre Aussagen zensieren, aber er könne nichts gegen die Macht ihrer Leidenschaften unternehmen. Es bleibe ihm nur übrig, sie zu erkennen und zu reglementieren (vgl. Senault 1641, 280).

Die Höflichkeit entsprach dieser Reglementierung ziemlich genau. Sie ist als ein äußerlicher Code zu betrachten, dessen Funktion die Integration der alten und neuen Stände innerhalb des Hofes bzw. des Staates des Königs und der Intendanten war. Ihre Bedeutung war eine unmittelbar politische. Sie sollte die Geselligkeit einer Gesellschaft, deren soziale Verhältnisse und Konflikte, durch die Form harmonisieren. Höflichkeit fungierte als Kriterium zugleich für die soziale Ausschließung und Einschließung: Sie definierte die Grenze der guten Gesellschaft und sie erzog zur guten Gesellschaft. Wie in Italien, tendierte auch das französische Modell der höfischen Erziehung dahin, die Peripherien in das Zentrum zu integrieren und die unteren Schichten mittels des Codes der Oberschicht zu erhöhen.

1.3 Bildung als Moralisierung der Höflichkeit

Was hielten die Nachbarn jenseits des Rheins von der französischen Höflichkeit? Die Artikel im Zedlerschen Universallexikon von 1736 über „Hof, Höflichkeit, Hofmann" geben einen deutlichen Eindruck von der Aversion und von dem moralischen und politischen Verdacht, den das deutsche Bürgertum gegenüber jener Art von Zivilisierung hegte, deren politische und kulturelle Hegemonie für das ganze 17. Jahrhundert und, in bestimmten Hinsichten, auch für die erste Hälfte des 18. Jahrhunderts unbestreitbar ist.

„Höflichkeit hat ohne Zweifel vom Hofe, Hofleben seine Benennung. Großer Herren Höfe sind ein Schauplatz, wo jeder sein Glück machen will. Dieses läßt sich nicht anders tun als wenn man des Fürsten und derer Vornehmsten am Hofe Zuneigung gewinnet. (...) Da geben wir dem anderen durch unsere *äusserliche* Bezeigung so viel Versicherung, daß er eine gute Hoffnung von uns fasset, wie wir ihm zu dienen willig. Dieses erwirbt uns bey dem andern ein Vertrauen zu uns, woraus denn unvermerckt eine Liebe gegen uns sich erzeuget, nach welcher er uns gutes zu thun begierig wird. Dieses ist bey der Höflichkeit so allgemeinen, daß sie dadurch dem, der sie besietzet, einen sonderbaren Vorzug zu Wege bringet. Geschicklichkeit und *Tugend* sollten zwar eigentlich dieses seyn, welches uns derer Menschen Hochachtung erwerben solle. Wie wenig sind aber derer beyder rechte Kenner? Ja wie noch weniger halten sie einiger Ehren werth? Das, was *äusserlich* in die Sinne fällt, rühret die auf das *äusserliche* allzu sehr geworfene Menschen weit mehr, zu Mahl wenn noch solche Umstande dabey vorkommen, welche ihren Willen sonderbar rühren. Dieses trifft bey einem Höflichen gantz genau ein" (zitiert nach Elias, 1968, 97-98).

Auffällig an dem Artikel ist, dass Höflichkeit darin als etwas verstanden wird, das zur Sphäre der Äußerlichkeit gehört und als eine Strategie gekennzeichnet wird, dank derer man am Hof die persönliche bzw. partikuläre Gunst gewinnen kann: Sie könne ihren äußerlichen, strategischen Teil loswerden, indem sie zur Tugend werde.

Der Unterschied zwischen Geschick und Tugend besteht nicht nur darin, dass sich ersteres auf die Beherrschung einer formalen Sprache reduziert und letztere den Besitz einer moralischen Eigenschaft impliziert, sondern auch darin, dass das Geschick immer pragmatisch und kontextuell orientiert ist und dass die Tugend allgemein zu gelten hat. Ein weiterer wichtiger Aspekt ist, dass die sozialen Vorteile der Höflichkeit, als äußerliche Strategie verstanden, individueller oder standesgemäßer Natur sind. Im Gegensatz dazu plädierte die mittelständische Beamtenintelligenz des deutschen Sprachraums für eine Integration der Gesellschaft, die sich auf Werte stützten sollte, die allgemein verbindlich sind.

Im Unterschied zu Italien und Frankreich war in Deutschland nicht der Hof der Ort, an dem der neue soziale Pakt auf der Ebene der Moral gedacht wurde, sondern die Universität. Wie Norbert Elias festgestellt hat, waren Pfarrer und Professoren die wichtigsten Repräsentanten des deutschen Bürgertums, deren bedeutende politische Rolle u. a. in der Ausbreitung und Formung der neuen, deutschen Gebildeten-Sprache bestand.

Im Folgenden werde ich einige Passagen aus zwei Schriften von einem dieser Professoren analysieren, der im 18. Jahrhundert m. E. die theoretischen Prämissen jenes Bildungsbegriffs zumindest begrifflich entworfen hat, auf den wir uns immer noch implizit oder explizit beziehen. Es handelt sich um die *Anthropologie in Pragmatischer Hinsicht* (1800) und die Vorlesung *Über Pädagogik* (1803) von Immanuel Kant. Ganz bewusst habe ich mich entschieden, mich in Bezug auf die Entstehung des Bildungsbegriffs auf Kant und nicht auf die späteren expliziteren Formulierungen von Humboldt oder Hegel zu beziehen. Obwohl Kant nicht selbst von Bildung spricht, findet man in seinen Texten die begriffliche Konstellation, die als Ausgangspunkt des deutschen Bildungsbürgertums für die Formulierung seiner Alternative zur Ständegesellschaft des *Ancien Régime* einerseits und seine moralisch geprägte Rezeption der Französischen Revolution andererseits gelten kann.

In der *Anthropologie in Pragmatischer Hinsicht* tauchen die Elemente auf, die zentral für das Verständnis der moralischen Bildung sind: Die Betrachtung des Menschen als Gattung (als Menschheit), eine fortschrittliche Fassung der Gattungsgeschichte, eine Parallelität zwischen den menschlichen Entwicklungsphasen und der Etappen der Menschheitsgeschichte und die emanzipatorische Rolle der Bildung. Was im Kontext meiner Argumentationen bei Kant interessant ist, ist die Rezeption der höfischen Tradition und die Auseinandersetzung mit ihr. Er negiert die Bedeutung der höfischen Zivilisierung keineswegs. Sie solle zwar dank der moralischen Bildung aufgehoben werden. Aber ohne Zivilisierung, ohne die Weltklugheit, die die Politiker der europäischen Höfe in dem vorherigen Jahrhundert gepredigt hatten, gäbe es die historische Voraussetzungen nicht, unter denen die moralische Bildung möglich wurde. Er distinguiert die Fortschrittsgeschichte der Menschheit in drei Phasen:

1. Kultivierung: Ausgang von der Natur durch Disziplinierung und durch Kultur.
2. Zivilisierung, zu der die Erwerbung von Manieren, Artigkeit und eine gewisse Klugheit (die Kant in der Vorlesung *Über Pädagogik* auch die „Kunst des Scheins" nennt) gehören. Die Zivilisierung „(...) richtet sich nach dem wandelbaren Geschmacke jedes Zeitalters" (Kant 1803, 707).
3. Moralisierung. Eine Voraussetzung der Moralisierung ist die „Notwendigkeit", dass sich der Mensch als „ein Glied irgend einer bürgerlichen Gesellschaft" (Kant 1800, 685) versteht. Im Unterschied zum Zeitalter der Zivilisierung solle der Mensch „(...) nicht bloß zu allerlei Zwecken geschickt sein, sondern auch die Gesinnung bekommen, daß er nur lauter gute Zwecke erwähle. Gute Zwecke sind diejenigen, die notwendigerweise von jedermann gebilligt werden; und die auch zu gleicher Zeit jedermanns Zwecke sein können" (Kant 1803, 707).

An diesem Ziel der Moralisierung habe sich die „öffentliche Erziehung" zu orientieren. Sie bestehe in „Unterweisung und moralischer Bildung", ihr Zweck sei die „Beförderung einer guten Privaterziehung" (Kant 1803, 709). Eine Schule, in der das geschehe, solle „Erziehungsinstitut" genannt werden.[4]

2. Vom Moralisieren zum Informieren

Ist das Konzept der moralischen Bildung ohne die emanzipatorische Rolle des Bildungsbürgertums noch gültig? Gibt es noch Platz in unserer Gesellschaft für eine solche Vorstellung? Beobachten lässt sich jedenfalls, dass das Allgemeine in der Welt der Globalisierung und der Explosion der sexuellen, kulturellen und politischen Differenzen einen schweren Stand hat. Ich weiß es nicht, ob das nur schlecht ist.

---

4   Ich erlaube mir an dieser Stelle die Frage aufzuwerfen, worin der Unterschied zwischen diesen Erziehungsinstituten der moralischen Bildung besteht, so wie sie Kant gedacht hat, und den Entwürfen einer Ganztagsschule, die als Ganztagsbildung zu verstehen sein soll.

Moralische Bildung war der Ausdruck eines neu entstehenden politischen Subjekts, das gegen den Adel den weltbürgerlichen *citoyen* bilden wollte. Die Entwicklung seiner politischen Rolle im 19. und 20. Jahrhundert ist zu komplex, um hier rekonstruiert werden zu können. Allerdings sei es mir gegönnt, an einen Prozess zu erinnern, der, wie ich glaube, eine entscheidende Rolle für die Zukunft des Bildungsbegriffs spielt. Ich denke an den Prozess der modernen Industrialisierung und an die Haltung des Bildungsbürgertums zu diesem Prozess. Der enge Zusammenhang zwischen europäischer Industrialisierung und wachsender politischer Bedeutung des Bürgertums gehört zu den allgemein anerkannten Selbstverständlichkeiten. Im Gegensatz dazu ist das Verhältnis von kritischer Haltung des Bildungsbürgertums zur Kultur der Industrialisierung und die Bedeutung der Bildung in diesem Verhältnis m. E. nicht präzise genug fokussiert worden. Man könnte sagen, dass Bildung der Ausdruck der zurückhaltenden Einstellung des Bildungsbürgertums zu Industrialisierungsprozessen war. Fördert die Bildung noch jene kritische Zurückhaltung gegenüber gesellschaftlichen Prozessen, auch wenn diese nicht mehr als solche der Industrialisierung zu verstehen sind?

Folgt man der Analyse der aktuellen Gesellschaft, die Manuel Castells in seiner Trilogie *Das Informationszeitalter* (2001; 2002; 2003) und Michael Hardt und Antonio Negri in *Empire* (2002) durchgeführt haben, dann wird man nicht mehr von Industrialisierung, sondern von Informatisierung der gegenwärtigen Gesellschaft sprechen. Ökonomisch betrachtet, besteht der grundsätzliche Unterschied zwischen Industrialisierung und Informatisierung darin, dass die industrielle Produktion haltbare Güter herstellt und dass sich die heutige Produktion vor allem auf den Dritten Sektor (Angebot von Dienstleistungen und Umgang mit Informationen) konzentriert.

Die Veränderung des Gegenstands der Produktion modifiziert auch die Art der Produktion bzw. der Arbeit: Die Arbeit wird immateriell. „Da die Produktion von Dienstleistungen auf nicht-haltbare Güter zielt, definieren wir die Arbeit, die in diesem Produktionsproze verrichtet wird, als *immaterielle* Arbeit – das heißt als eine Arbeit, die immaterielle Güter wie Dienstleistungen, kulturelle Produkte, Wissen oder Kommunikation produziert" (Hardt/Negri 2002, 302). Unter Dienstleistungen werden eine Reihe von Tätigkeiten gefasst, die Bereichen der Gesundheitsfürsorge und der Erziehung, des Finanz- und Transportwesens, der Unterhaltungs- und Werbebranche zuzuordnen sind.

Zwei Aspekte dieser Veränderung der Produktionsweise sind für den Erziehungsbereich sehr wichtig: 1. Die wachsende Bedeutung der Bildung (hier als Information, als allgemeines Wissen verstanden) und 2. die Flexibilisierung und die daraus folgende Feminisierung der Arbeit.

Die wachsende Bedeutung der Bildung bzw. wissenschaftlicher Kompetenzen würde sowohl den PISA-Schock als auch die Ökonomisierung des Bildungsdiskurses (vgl. Oelkers 2003, 38) erklären. In der informationellen Ökonomie kann man es sich ökonomisch nicht leisten, mit Informationen (mit wissenschaftlichen Kompetenzen) nicht umgehen zu können. Sie sind die ökonomisch bedeutendste Ressource.

Mit Informationen umgehen zu können bedeutet nicht nur in der Lage zu sein, sie zu entziffern oder sie zu ergänzen bzw. zu erweitern, sondern auch sich zu ihnen verhalten zu können. Zu Informationen kann und darf man sich nicht wie zu haltbaren Gütern verhalten. Nicht das Bewusstsein des modernen Subjekts wird verlangt, das das kritische Gewissen der industriellen Produktion darstellte, sondern Flexibilität und Ausdauer.

Flexibilität, Ausdauer, herzliche Umgänglichkeit (soft skills) sind in einem gewissen Sinn keine neuen sozialen Tugenden. Sie waren und sind die ökonomischen Tugenden, die das Verhalten der Frau im Haus zu bestimmen hatten und haben. Das Neue dabei ist, dass diese privaten Tugenden zu den ökonomisch wichtigsten Eigenschaften geworden sind. Sowohl Castells als auch Hardt und Negri sprechen von einer allgemeinen Feminisierung der Arbeit in der informationellen Gesellschaft und bringen sie insbesondere mit den traditionell „weiblichen" Fertigkeiten in Zusammenhang: „(...) Fertigkeiten im Bereich zwischenmenschlicher Beziehungen, die in einer informationellen Wirtschaft immer notwendiger werden, wo die Verwaltung von Dingen gegenüber dem Management von Menschen an zweite Stelle rückt" (Castells 2002, 185).

Das hat soziale Wirkungen, die in den Erziehungsbereichen stark zu spüren sind. Verantwortlich für das Ende des Patriarchalismus (ich würde auch sagen: für das Ende des männlichen Subjekts der modernen Bildungstheorie) ist nach Castells das Zusammenwirken des informationellen Kapitalismus mit der feministischen Bewegung und der Bewegung um sexuelle Identität (die theoretisch in der Gender-Debatte ihren Ausdruck fand).[5] Dass die ökonomischen und kulturellen Prozesse nicht eindeutig sind, kann man an der Beobachtung der traditionellen Arbeitsteilung innerhalb familiärer Kontexte feststellen: Trotz der Veränderungen der traditionellen Familie, trotz der Ausweitung der Beschäftigung der Frauen bleibt der Haushalt in den meisten Fällen eine weibliche Angelegenheit.[6] Die Analyse der Folgen dieser schizophrenen Sozialisation für die Bestimmung der Geschlechterrolle von Mädchen und Jungen sollte eine der Aufgaben der pädagogischen Geschlechterforschung sein.

Unter dieser Prämisse denke ich, dass die Zeit der Gender-Debatte vorbei ist. Sie gehört in einem gewissen Sinne zur kritischen Dekonstruktion der modernen Bildungstheorie. Inzwischen wäre es m. E. aus pädagogischer Sicht interessanter, die neue Definition der erzieherischen Rolle innerhalb der aktuel-

---

5 Die sommerlichen Debatten in Deutschland über die Feminisierung der Kultur und in der Schweiz über die Feminisierung des Lehrberufs und deren nachteilige Folgen für die „Buben" sind die ersten Zeichen dafür, dass die Veränderungen der Geschlechterrollen und der mit ihnen verbundenen Machtverhältnisse wahrgenommen werden.

6 Eine Parodie der aktuellen weiblichen Schizophrenie zwischen Beruf und Haushalt gibt das Buch von Allison Pearson Working Mum, das vor kurzem in deutscher Übersetzung erschienen ist.

len Familien angesichts der sozialen Transformationen zu beobachten und zu analysieren. Liest man die pädagogischen Schriften der Moderne vom Humanismus bis zur Aufklärung, dann fällt auf, dass zumeist dem Vater die größte pädagogische Bedeutung, insbesondere in Bezug auf Bildungsprozesse, zugeschrieben wurde. Das lässt sich für die spätere Industriegesellschaft schon nicht mehr behaupten, in der die Kindererziehung fast ausschließlich zur Angelegenheit der Mutter wird. Angesichts unserer heutigen Situation spricht Castells von Auflösungen traditioneller erzieherischer Rollen und von Verhandlungen von Aufgaben. In dieser Situation sollte eine pädagogische Intervention daran orientiert sein, die Verhandlungen offen zu halten, die Verteilung von Aufgaben von den spezifischen Kontexten abhängig zu machen und sie nicht wieder in einer neuen Mutter- oder Vaterfigur zu verankern. Ihr Ziel sollte nicht die moralische Bildung neuer geschlechtsbestimmter Subjektivitäten sein, sondern die Erziehung von Individualitäten, die in der Lage sind, die Zeichen der Zeit zu decodieren, die informationelle Ökonomie zu entziffern.

Nur eine Erziehung, die eine der Zeit angemessene Information in ihr Zentrum stellt, kann den kritischen „Dienst" in der Dienstleistungsgesellschaft anbieten.

Quellen

Castiglione, B.: Il Libro del Cortegiano. Hrsg. von Vittorio Cian (1528). Florenz 1947 (Übersetzung: Das Buch vom Hofmann. Übersetz und erläutert von Fritz Baumgart, München 1986).
Della Casa, G.: Galateo, ovvero die costumi (1558), Mailand 1988.
Erasmus: Über die Umgangserziehung der Kinder (1530), in: Erasmus, Ausgewählte pädagogische Schriften. Hrsg. von Anton J. Gail, Paderborn 1963, 89-106.
Faret, N.: L'Honneste Homme ou l'Art de Plaire a la Court (1630), Paris 1925.
Guazzo, S.: La civil conversazione. Hrsg. von A. Quondam. Band 1 und 2 (1574), Modena 1993.
Kant, I.: Anthropologie in pragmatischer Hinsicht (1800), in: I. Kant, Schriften zur Anthropologie, Geschichtsphilosophie, Politik und Pädagogik. Werksausgabe. Band 12, Frankfurt a. M. 2000a, 395-690.
Kant, I.: Über Pädagogik (1803), in: I. Kant, Schriften zur Anthropologie, Geschichtsphilosophie, Politik und Pädagogik. Werksausgabe. Band 12, Frankfurt a. M. 2000b, 691-761.
Machiavelli, N.: Il Principe e altre opere politiche. Garzanti 1976 (Übersetzung in: N. Machiavelli, Politische Schriften. Hrsg. von H. Münkler, Frankfurt a. M. 1990).
Person, A.: Working Mum, Hamburg 2003.
Senault, J.-F.: De l'usage des passions, Paris 1641.

Sekundärliteratur

Alberti, L. B.: I libri della famiglia. Hrsg. von R. Romano und A. Tenenti, Torino 1994.

Baron, H.: Humanistic and political literature in Florence and Venice at the beginning of the quattrocento: Studies in criticism and chronology, New York 1968.

Baron, H.: In search of Florentine civic humanism: essays on the transition from medieval to modern thought, Princeton 1988.

Bonfatti, E.: La "Civil conversazione" in Germania. Letteratura del comportamento da Stefano Guazzo a Adolph Knigge 1574-1788, Udine 1979.

Buck, A.: Baldassar Castigliones ‚Libro del Cortegiano', in: A. Buck (Hg.), Höfischer Humanismus, Weinheim 1989, 5-16.

Burke, P.: The Renaissance, London 1989.

Burke, P.: The Fortunes of the Courtier. The European Reception of Castiglione's Cortegiano, London 1995.

Castells, M.: Das Informationszeitalter. Band 1: Der Aufstieg der Netzwerkgesellschaft, Opladen 2001.

Castells, M.: Das Informationszeitalter. Band 2: Die Macht der Identität, Opladen 2002.

Castells, M.: Das Informationszeitalter. Band 3: Jahrtausendwende, Opladen 2003.

Charles Fiorato, A.: Superieurs et Inferieuers dans quelques traites de comportement italiens du XVIe siecle, in: A. Montandon (Hg.), Traités de Savoir-vivre italiens, Clermont-Ferrand 1993, 91-114.

Donati, C.: L'idea della nobiltà in Italia. Secoli XIV-XVIII, Bari 1988.

Du Bled, V.: La société française du XVIe au XXe siècle. Band 1, Paris 1900.

Elias N.: Über den Prozeß der Zivilisation. 2 Bände (1968), Frankfurt a. M. 1997.

Garin, E.: Umanesimo e vita civile, Florenz 1947.

Guarracino, S./Ortoleva, P./Revelli, M.: Storia dell'età moderna. Dall'Assolutismo alla nascita delle nazioni, Mailand 1993.

Hardt, M./Negri, A.: Empire, Frankfurt a. M. und New York 2002.

Hinz, M.: Rhetorische Strategien des Hofmanns. Studien zu den italienischen Hofmannstraktaten des 16. und 17. Jahrhunderts, Stuttgart 1992.

Magendie, M.: La Politesse Mondaine et les theories de l'Honneteté, en France au XVIIe siècle, de 1600 à 1660 (1925), Genf 1970.

Oelkers, J.: Wie man Schule entwickelt, Weinheim und Basel 2003.

Pirillo, N.: L'uomo di mondo fra morale e ceto. Kant e le trasformazioni del Moderno, Bologna 1987.

Quondam, A.: „La Forma del vivere". Schede per l'analisi del discorso „cortigiano", in: A. Prosperi (Hg.), La Corte e il „Cortegiano". II – Un modello europeo, Rom 1980, 15-68.

Quondam, A.: La virtù dipinta. Noterelle (e divagazioni) guazziane intorno a Classicismo e Institutio in Antico regime, in: G. Patrizi (Hg.), Stefano Guazzo e la Civile conversazione, Rom 1990, 227-395.

Revel, J.: „Vom Nutzen der Höflichkeit", in: P. Ariès, G. Duby (Hg.), Geschichte des Privaten Lebens. Band 3, Frankfurt a. M. 1991, 173-211.

Richter, M.: Giovanni Della Casa in Francia nel secolo XVI, Rom 1966.

Uhlig, C.: Moral und Politik in der europäischen Hoferziehung, in: R. Haas, H.-J. Müllenbrock, C. Uhlig (Hg.), Literatur als Kritik des Lebens, Heidelberg 1975, 27-42.

Peter Vogel

Zum Gebrauch des neuhumanistischen Wortes „Bildung"

Der äußere Anlass des vorliegenden Bandes ist zweifellos ein bildungspolitisches Problem; es geht um die Konzeption einer Ganztagsschule, die insgesamt ein Bildungsangebot machen will, das über Schulunterricht hinausgeht. Das Thema ist brisant, zumal es im Zusammenhang mit den desaströsen Ergebnissen von PISA steht; die Ganztagsschule ist die einzige größere Reaktion auf PISA in Deutschland überhaupt. Das Terrain ist professionspolitisch umkämpft: Da war im Rundfunk zu hören, dass die Sportvereine dieses Terrain für sich reklamieren und auf ihre gut funktionierende Sportjugend verweisen, und am nächsten Tag wurde von einer Demonstration der Vertreter der nordrheinwestfälischen Schulhorte berichtet, die der Auffassung sind, dass sie schon immer das machen, was jetzt neu erfunden werden soll und auch noch auf Kosten ihrer bisherigen Finanzierung.

Was den theoretisch interessierten Erziehungswissenschaftler an diesen Kontroversen fasziniert, ist der zentrale Begriff in diesem Diskurs, der zugleich eine bestimmte Legitimationsfigur impliziert, nämlich „Bildung". Dass sich darin auch der sozialpädagogische Diskurs in diesem Ausmaß und mit diesem Anspruch eines Begriffs bedient, der traditioneller Weise zentral von der philosophisch orientierten Bildungstheorie und der Allgemeinen Didaktik bearbeitet wird, entspringt mehr als nur einer begriffspolitischen Taktik: Wenn es nur darum ginge, dass die Sozialpädagogen sich mit einem Etikett schmücken wollen, das nach PISA dafür sorgt, dass man gehört wird, könnte ich mich auf die Feststellung beschränken: Gute Idee, hätte ich auch so gemacht. Aber darum geht es nicht; hinter dem Diskurs zur Ganztagsbildung steckt eine erhebliche theoretische Anstrengung – wie nicht zuletzt dieser Band zeigt – und die gilt es zu würdigen, und zwar kritisch, wie sich das für die Wissenschaft gehört.

Es geht in meinem kurzen Beitrag um die theoretischen – nicht die politischen – Qualitäten des Begriffs „Bildung"; die zugrunde liegende Denkfigur ist die des Beipackzettels. Wer ein hochwirksames Medikament einnehmen will, tut gut daran, sich über Gegenanzeigen, Wechselwirkungen mit anderen Medikamenten, Nebenwirkungen usw. zu informieren; wer Theorien und Theoreme übernimmt, um das eigene Arbeitsfeld neu zu konfigurieren, sollte das Gleiche tun. Begriffe erzeugen Differenzen; neue Begriffe konstruieren die soziale Welt anders, und man muss prüfen, ob man die Nebenwirkungen oder die impliziten Differenzen, die ein Begriff erzeugt, mit in Kauf nehmen will. Im Folgenden geht es um eine Analyse der Implikationen der Verwendung des Bildungsbegriffs im Zusammenhang von Theorieangeboten zur nicht-formellen

Bildung; es geht nicht darum, aus der Perspektive der traditionellen Bildungstheorie gewissermaßen als Diskurspolizei Regeln für den Begriffsgebrauch in der Nachbardisziplin aufzustellen; der theoretische Habitus ist nicht: Das ist unser Begriff, und wir müssen ihn gegenüber den Übergriffen der Sozialpädagogik – oder auch der Schulpädagogik – verteidigen, sondern eher: Ich bin mir nicht ganz sicher, ob die Sozial- und Schulpädagogen wissen, was sie tun. Die folgenden Überlegungen orientieren sich an der zentralen Denkfigur und ihren Implikationen; das erfordert zunächst einen kurzen theorie- und sozialgeschichtlichen Rückblick. Im zweiten Teil geht es dann um die theorietechnischen Komplikationen, die die Verwendung des Bildungsbegriffs unweigerlich nach sich zieht. Die Argumentation ist jeweils zugespitzt, arbeitet manchmal holzschnittartig, um die Konturen der Denkfiguren besser sichtbar zu machen.

Die Frage, ab wann der Bildungsbegriff in seiner modernen Bedeutung benutzt wird, ist nicht so einfach zu beantworten, weil die spezifische Bedeutung: „Bildung als ein Prädikat, das nur den Menschen zukommt, der in einer besonderen Weise durch Kenntnisse, Urteilsvermögen und aktives Handeln seine Welt versteht und gestaltet", aus einer allgemeineren Bedeutung hervorgegangen ist: Um 1800 ist Bildung auch ein Begriff, der allgemeine Entwicklungsprozesse und ihr Ergebnis beschreibt. Als Ergebnis beschreibt Bildung die Charakteristika eines Naturgegenstandes, eines Artefakts, einer Landschaft, einer Krankheit, als Prozess die Entwicklung dorthin. Das gilt auch für die Bildung des Menschen: Es geht um die spezifische Ausformung seiner körperlichen und geistigen Merkmale, aber noch ohne die normative Aufladung des Begriffs: Jeder Mensch hat irgendeine charakteristische Ausformung von Merkmalen, jeder ist irgendwie gebildet. Es ist nicht immer deutlich auszumachen, ob in den Jahren nach 1800 noch der allgemeine oder schon der spezifische Begriff von Bildung gebraucht wird. Wenn etwa Hegel den Prozess der Selbsterfahrung des Geistes mit dem Begriff „Bildung" beschreibt, geht der heutige Leser davon aus, Hegel würde den Begriff der Individualbildung eines Menschen als Metapher für den Entwicklungsprozess des Weltgeistes verwenden, und deshalb beschreibt zum Beispiel Dietrich Schwanitz in seinem Bestseller „Bildung" Hegels Philosophie als „Bildungsroman" der Weltgeschichte (Schwanitz 1999, 338 ff.). Die Pointe ist gut, aber vielleicht falsch, weil für Hegel „Bildung" wahrscheinlich noch viel mehr als für den heutigen Leser mit der Konnotation eines allgemeinen Formierungsprozesses belegt war und die Bildung sowohl des Individuums wie die des Geistes dann Anwendungsfälle waren.

Wenn also um 1800 von einem „gut gebildeten Jüngling" gesprochen wird, ist nicht unbedingt von einem jungen Mann mit Abitur die Rede, sondern vielleicht von einem jungen Mann mit einer guten Figur.

Der semantische Kern des modernen Verständnisses von Bildung entstammt der pädagogischen Theorie des Neuhumanismus, in der idealtypischen Form bei Wilhelm von Humboldt. Die beiden folgenden Zitate dürften bekannt sein, sind aber bei einem Vortrag über „Bildung" unvermeidlich:

„Der wahre Zweck des Menschen – nicht der, welchen die wechselnde Neigung, sondern welchen die ewig unveränderliche Vernunft ihm vorschreibt – ist die höchste und proportionirlichste Bildung seiner Kräfte zu einem Ganzen. Zu dieser Bildung ist Freiheit die erste und unerläßliche Bedingung. Allein außer der Freiheit erfordert die Entwicklung der menschlichen Kräfte noch was andres, obgleich mit der Freiheit eng verbundenes, Mannigfaltigkeit der Situationen" (Humboldt 1965, 5). Und: „Die letzte Aufgabe unseres Daseyns: dem Begriff der Menschheit in unsrer Person, sowohl während der Zeit unseres Lebens, als auch noch über dasselbe hinaus, durch die Spuren des lebendigen Wirkens, die wir zurücklassen, einen so großen Inhalt, als möglich, zu verschaffen, diese Aufgabe löst sich allein durch die Verknüpfung unseres Ichs mit der Welt zu der allgemeinsten, regesten und freiesten Wechselwirkung" (ebd., 25).

Das sind große Worte; ich glaube nicht, dass heute wirklich jemand zu der Aussage stehen würde, dass der Hauptzweck des Menschen, seine Lebensaufgabe, in der harmonischen Bildung seiner Kräfte zu einem Ganzen besteht; wir würden – wenn wir uns überhaupt zu solchen schwerwiegenden und dabei theoretisch wenig belastbaren Aussagen verleiten ließen, die Selbstentfaltung durch etwas Gemeinschaftsgeist ergänzen: „Selbstverwirklichung in sozialer Verantwortung", wie z. B. die Richtlinien für die Gymnasiale Oberstufe in NRW das oberste Ziel der Schulbildung beschreiben. Humboldt bezieht seine extreme Position in Abgrenzung zu den eher anspruchslosen Konzepten bürgerlichen Lebens und bürgerlicher Erziehung in der deutschen Aufklärung: Der Anspruch auf die Ausformung der Kräfte ist bei den deutschen Aufklärungspädagogen begrenzt durch die pragmatische Frage, wie in einem bestimmten Stand in einer bestimmten Gesellschaft die Kräfte so einzusetzen sind, dass durch die Leistung für die Gesellschaft soziale Anerkennung erlangt wird – aus der wiederum die individuelle Glückseligkeit entsteht. Unnütz, sozial nicht anerkannt und unzufrieden ist nach diesem Bild sowohl der ungelernte Gelegenheitsarbeiter wie der reiche Erbe, der außer Geldausgeben nichts gelernt hat, aber auch derjenige, dessen Bildung die Möglichkeiten seines Standes überbietet und der jetzt als promovierter Droschkenkutscher sein Leben fristen muss. Dagegen setzt Humboldt ein Bildungsverständnis, das – auf jeden Fall in erster Linie – radikal am einzelnen Individuum orientiert ist und den Umstand, dass Menschen immer in unterschiedlichen gesellschaftlichen Lagen leben, hinten anstellt.

Ist Humboldt ein Schwärmer, der nicht wahrnimmt, dass nicht alle Menschen in Preußen in Schlössern aufgewachsen sind, wie er und sein Bruder? Definitiv nicht – darum entwirft er ja den Plan einer allgemein bildenden Schule für alle, die wir heute – ihrer Struktur und ihrer Funktion nach – als typische Gesamtschule einordnen würden, darum verbannt er alle berufs- und lebensnützlichen Inhalte aus dieser Schule und lässt nur die Inhalte zu, die der Allgemeinen Bildung dienen:

„Dieser gesammte Unterricht kennt daher auch nur ein und dasselbe Fundament. Denn der gemeinste Tagelöhner, und der im Feinsten Ausgebildete muß in seinem Gemüth ursprünglich gleich gestimmt werden, wenn jener nicht unter der Menschenwürde roh, und dieser nicht unter der Menschenkraft sentimental, chimärisch und verschroben werden soll" (ebd., 112).

Und: „Bleibt man fest dabei stehen, Zahl und Beschaffenheit der Unterrichtsgegenstände nach der Möglichkeit der allgemeinen Bildung des Gemüths in jeder Epoche zu bestimmen, und jeden Gegenstand immer so zu behandeln, wie er am meisten und besten auf das Gemüth zurückwirkt, so muß eine ziemliche Gleichheit herauskommen. Auch Griechisch gelernt zu haben könnte auf diese Weise dem Tischler ebenso wenig unnütz sein, als Tische zu machen dem Gelehrten" (ebd., 112 f.).

So weit, so gut. Was Humboldt nicht voraussehen konnte, war die Funktionalisierung der allgemein bildenden Schule durch die neu entstandene soziale Kraft des Bürgertums im Sinne der Erzeugung einer neuen ständischen Privilegierung durch Bildungszertifikate statt durch Adelspatente. Aus Humboldts allgemein bildender Schule wurde das Humanistische Gymnasium des 19. Jahrhunderts, die Kaderschmiede für die „Gebildeten Stände", die gesellschaftlichen und politischen Eliten, die sich – durch ihre Bildungspatente – vom „gemeinen Volk" gut unterscheiden ließen. Bis zum Ende des 19. Jahrhunderts ist mit dem Bildungsbegriff etwas passiert, das sich in einem mehrstufigen Syllogismus darstellen lässt:

1. Der wahre Zweck des Menschen ist die harmonische Bildung seiner Kräfte zu einem Ganzen.
2. Das impliziert: Wer an dieser Aufgabe nicht arbeitet, oder wem sie misslingt, der verfehlt den eigentlichen Zweck des Menschen.
3. Der Ort, an dem man zu dieser Bildung gelangt ist das Humanistische Gymnasium; nur wer den Abschluss des Gymnasiums, das Abitur und die Studierfähigkeit erlangt, hat diesen Bildungsprozess auch wirklich abgeschlossen.
4. Aus 1, 2 und 3 folgt: Nur wer Abitur hat, ist gebildet und hat den wahren Zweck der Menschheit erfüllt; und das impliziert wiederum:
5. Wer diesen Zweck nicht erreicht hat – wer kein Abitur hat, wer nicht zu den „Gebildeten Ständen" zählt – lebt gewissermaßen unterhalb der Möglichkeiten der Menschengattung, ist im letzten und vollsten Sinne eigentlich kein richtiger Mensch.

Dieses Ergebnis eines sozialgeschichtlichen Ausdifferenzierungs- und Ausgrenzungsprozesses ist bereits theoretisch angelegt bei den neuhumanistischen Chefideologen: In dem gerne zitierten Artikel von Ernst August Evers, einem neuhumanistisch inspirierten Gymnasialdirektor, mit dem Titel: „Über die Schulbildung zur Bestialität" (Evers 1807/1962) setzt sich der Autor in polemischer Weise mit der oben beschriebenen eher kleinformatigen, standes- und nützlichkeitsbezogenen pädagogischen Theorie der Aufklärungszeit mit der eindeutigen These auseinander, dass eine nicht an höchsten Bildungsidealen orientierte Schulbildung den humanen Anspruch der Menschengattung unterbietet und insofern zur Bestialität führt, als es zu einem bloß bürgerlichen, aber – in seinem Sinne – ungebildeten Leben führt.

Ich übergehe jetzt den weiteren Geschichtsverlauf – die Ideologie der „volkstümlichen Bildung", mit der man nach dem ersten Weltkrieg das einfache Volk, immerhin über 90 % der Bevölkerung, davon überzeugen wollte, dass es durch die Volksschule auch allgemein gebildet würde, wenn auch auf andere Weise als die wissenschaftlich Gebildeten, die das Gymnasium absolvieren. Ich lasse auch die Konzeption der Bildungsreformzeit seit 1965 weg – nämlich „Bildung durch Wissenschaft" für alle. Was bis heute geblieben ist und wie eine Hypothek auf dem theoretischen Konstrukt „Bildung" lastet – und damit bin ich bei dem kurzen theoretischen Teil –, ist dreierlei:

1. Bildung ist kein neutraler Begriff, der Zustände beschreibt, sondern er ist normativ aufgeladen; Bildung impliziert immer „Höher-Bildung". Der Begriff „Lernen" z. B. ist demgegenüber neutral – wie wohl auch der Begriff „Education" im Englischen. Wenn man sagt: Ein Jugendlicher hat endlich gelernt, dass man sich im Leben oft mit der zweitbesten Lösung abfinden muss, dann kann man diesen Lernprozess auch als Bildungsprozess beschreiben. Wenn man dagegen sagt: Ein Jugendlicher hat endlich gelernt, vom Rücksitz eines Motorrollers aus alten Damen ihre Handtaschen zu entreißen, dann würden wir diesen Lernprozess sicher nicht als Bildungsprozess beschreiben. Damit hängt eng zusammen:
2. Von seiner theoretischen Funktion her ist „Bildung" ursprünglich ein Konzept aus dem Bereich der Programmatik, nicht ein Konzept aus der Beobachterperspektive, obwohl es auch zu Beschreibung von Effekten von Bildungskonzepten verwendet wird. Die normative/programmatische Perspektive ist als Konnotation immer dabei, die empirische nur manchmal. Das lässt sich gut zeigen an der tragenden Differenz von formeller, nicht-formeller und informeller Bildung. Bei formeller Bildung sind beide Elemente dabei: die Programmatik des Bildungssystems und seine Effekte. Bei nicht-formeller Bildung kann man eindeutig die programmatische Seite identifizieren – von den Effekten wird noch die Rede sein. Wenn unter informeller Bildung aber „ungeplante und nicht-intendierte Bildungsprozesse" verstanden werden, „die sich im Alltag von Familie, Nachbarschaft, Arbeit und Freizeit ergeben, aber auch fehlen können" (Bundesjugendkuratorium 2002, 165), dann wird das Problem mit Händen greifbar: Was da beschrieben ist, heißt in der üblichen Theoriesprache „Sozialisation", nicht Bildung, und ein Bildungsprozess, der ungeplant und nicht intendiert ist, ist ein Widerspruch in sich – ein Widerspruch zu dem normativen Anteil des Bildungsbegriffs, einer der „Nebenwirkungen" des Bildungsbegriffs.
3. Wer „Bildung" im theoretischen Kontext gebraucht, gebraucht ihn in jedem Fall immer in einem – wie immer gearteten – Kontext von sozialer Differenz. Humboldt wollte durch Bildung soziale Differenz nicht aufheben, aber weniger relevant machen, weil es jenseits der sozialen Differenzen eine tiefe Gemeinsamkeit zwischen dem ärmsten Tagelöhner und dem am feinsten ausgebildeten Großbürger geben sollte: die allgemeine Menschenbildung. In der Folgezeit wurde Bildung zu einem mächtigen sozialen Differenzbegriff: über Bildung als Zertifikat, das Karriere- und Lebensmöglichkeiten

eröffnet oder verschließt, und über Bildung als Habitus: inkorporierte Bildung, die feinen Unterschiede, wie jemand spricht, wie er sich über Kunst äußert, welche Filme er mag, wie er sich selbst repräsentiert, wie er sein Wohnzimmer einrichtet, welche Bilder er an der Wand hängen hat und welche CDs im CD-Player liegen (vgl. z. B. Bourdieu 1984). Die Folie der sozialen Differenzierung durch Bildung kauft jeder mit ein, der über Bildung redet, auch über nicht-formelle, und über diese Dimension muss man theoretisch Rechenschaft geben können.

Ich möchte zum Schluss noch einmal an drei Fragen deutlich machen, was die Nebenwirkungen des Gebrauchs des theoretischen Konstrukts „Bildung" für die aktuelle Problemlage bedeuten:

1. Was ist eigentlich damit gemeint, wenn die Jugendhilfe fordert, aus Anlass der Ganztagsschule „ein neues Bildungsverständnis" zu entwickeln – ein gern gebrauchter Topos in der Diskussion:
   - Geht es darum, eine neue Zielsetzung/eine neue Aufgabe politisch-normativ zu begründen oder wenigstens zu plausibilisieren?
   - Oder geht es darum, durch die Erweiterung des Begriffs um neue Bedeutungen einen neuen Begriffsgebrauch zu etablieren, um die immer schon unterstellte Legitimationsleistung des Begriffs für die neue Aufgabe zu nutzen?
2. Wie verhält sich nicht-formelle Bildung zum Problem der sozialen Differenz? Werden durch nicht-formelle Bildung Statusdifferenzen eingeebnet, werden die Chancen für formelle Bildung (im Sinne von Bildungsabschlüssen) erhöht? Dieses Problem kann man nicht ausklammern. Und schließlich:
3. Gerät man nicht in eine argumentative Falle, wenn man mit dem Argument: Schule vermittelt nicht die ganze Bildung – das sieht man an den Effekten – etwas dagegen setzt, nämlich nicht-formelle Bildung, ohne Auskunft geben zu können, worin die Effekte von nicht-formellen Bildungsprozessen bestehen? Wie misst man eigentlich „Lebenskompetenz"? Merkt man, ob nicht-formelle Bildungsprozesse stattgefunden haben – vielleicht an einer Änderung des Habitus, wenn es schon keine Zertifikate gibt? Woran könnte man erkennen, dass das Programm – das ja schließlich eine Menge Geld kosten soll – erfolgreich war?

Die Frage, was man denn tun kann, falls diese Fragen gute Fragen sein sollten, können vielleicht mit Hilfe dieses und der folgenden Beiträge diskutiert werden.

Literatur

Bourdieu, P.: Die feinen Unterschiede, Frankfurt a. M. 1984.

Bundesjugendkuratorium: Zukunftsfähigkeit sichern! Für ein neues Verhältnis von Bildung und Jugendhilfe, in: R. Münchmeier, H.-U. Otto, U. Rabe-Kleberg (Hg.), Bildung und Lebenskompetenz, Opladen 2002, 159-174.

Evers, E. A.: Über die Schulbildung zur Bestialität (1807), in: R. Joerden (Hg.), Dokumente des Neuhumanismus I, 2. Aufl., Weinheim 1962, 46-87.

Humboldt, W. v.: Bildung und Sprache. Hrsg. von C. Menze, 2. Aufl., Paderborn 1965.

Schwanitz, D.: Bildung. Was man wissen muss, Frankfurt a. M. 1999.

Sabine Andresen

„Bildung" als fragile Denkfigur im 20. Jahrhundert: Zur bildungstheoretischen Reduzierung von Komplexität

Der Beitrag orientiert sich an einer Leitfrage der gegenwärtigen Bildungs- und Schuldebatte. Es geht um Überlegungen, welche theoretischen, bildungspolitischen und -praktischen Perspektiven sich aus den international vergleichenden Erkenntnissen für die Einführung von Ganztagssystemen in Deutschland entwickeln lassen. Dabei soll im Folgenden die in dieser Frage enthaltene Komplexität reduziert werden, mit dem Ziel, das Potenzial der Erziehungswissenschaft angesichts bildungstheoretischer und -politischer Spannungsfelder auszuleuchten. Angesichts dessen wird Bildung hier als fragile Denkfigur von hoher Wirkung bezeichnet werden. Eine Denkfigur, deren Ästhetik offenbar fasziniert, deren Befreiungsversprechen Flügel verleiht und deren Exklusivität in die Schranken weist.

Wenn Bildung fasziniert, dann stellt sich auch die Frage, warum die deutsche Erziehungswissenschaft von Bildung so nachhaltig geprägt ist, obwohl sie stets mit der Fragilität des Begriffs und der Beliebigkeit seiner Verwendung, mit den Widersprüchen im System und dem Scheitern von Bildungswegen konfrontiert wird. Damit einher wäre zu prüfen, welches Potenzial als Möglichkeit, die zur Wirklichkeit werden kann, darin für die gegenwärtigen erziehungswissenschaftlichen Anforderungen im Bildungsbegriff steckt.

Die These, dass Bildung Flügel verleiht, zielt auf den Zusammenhang von Semantik und Verschleierung. Dieser soll im Folgenden an der Rekonstruktion historischer und bis heute wirksamer Bildungssemantiken sowie an der Dekonstruktion der darin enthaltenen impliziten und expliziten theoretischen Annahmen dargelegt werden. In diesem Kontext den Begriff der Semantik einzusetzen, resultiert aus dem Anliegen, Bedeutungsüberlagerungen und die theoretischen Anstrengungen sichtbar zu machen. Darüber hinaus bietet sich die Möglichkeit einer Klärung, was wir wirklich meinen, wenn wir von Bildung sprechen, ohne in Dichotomien von Bildung und Erziehung oder Bildung und Betreuung stecken zu bleiben. Damit verbunden ist die These, dass der Bildungsbegriff in Verbindung mit dem bürgerlichen Subjektbegriff Dichotomien Vorschub leistet und ein Denken in Relationen erschwert.

Schließlich ist die Aussage, Bildung verweise die Subjekte auch in Schranken, verbunden mit dem Verhältnis von individueller Haltung und sozialem Kontext. In diesem Punkt ist aufzuzeigen, dass Bildung an den sozialen und kulturellen Kontext gebunden ist. Dabei drängt sich die Frage auf, wie das Zusammenwirken individueller Haltung und sozialem Kontext vorzustellen ist. Ferner geht es um die mit der bürgerlichen Subjekttheorie eng verbundene und in der Pädagogik schließlich wirkmächtige Frage, wie und vor allem wo der Mensch sein Selbstverständnis findet, ob bei sich und damit abseits von der Welt wie in Rousseaus „Emile" oder in der Welt und ihren vielfältigen Kontexten (vgl. Reitz 2003)? Das zyklisch auftretende Engagement für die Idee pädagogischer Inseln beruht u. a. auf dem Dualismus von Ich und Welt, von Erfahrung und Innerlichkeit.

In den folgenden an den Thesen orientierten Abschnitten soll Bildung als fragile Denkfigur analysiert werden. Ohnedies ist die Erziehungswissenschaft dazu aufgefordert, Bildung theoretisch konstruktiv in den Blick zu nehmen, wohl wissend, dass sie zugleich, will sie politisch wirksam werden, angesichts der derzeitigen Umstrukturierung im Bildungssystem pragmatische Wege der Mitgestaltung suchen muss. Das heißt auch, dass im Besonderen die Sozialpädagogik zwar politisch und professionsorientiert die „Ganztagsbildung" (Coelen 2002) fordern und ihren eigenen Anteil programmatisch aufzeigen kann, womit sie jedoch noch keine Klärung über den Bildungsbegriff selbst erreicht hat. Insofern zeigt sich hier exemplarisch ein Paradox erziehungswissenschaftlichen Nachdenkens: Aufwachsen findet immer schon irgendwie statt, ohne erziehungswissenschaftliche Reflexionen und pädagogische Eingriffe, mithin hinkt die Disziplin strukturell stets hinterher. Dies umso mehr, wenn gesellschaftspolitische und ökonomische Interessen die Bedingungen dominieren und eher Systemfunktionalität als Subjektorientierung, eher Macht- und Interessenstabilisierung als der normative Überschuss von Autonomie und Freiheit im Vordergrund stehen. Diese Schwierigkeit befreit die Erziehungswissenschaft jedoch nicht von der Notwendigkeit systematischer Theoriebildung und empirischer Datenerhebung. Doch sie bleibt dem Problem des Reagierens verhaftet, nicht nur weil die Politik ihr stets mit großen Eigeninteressen vorauseilt, sondern weil sie vielfach mit den Eigendynamiken komplexer Beziehungsgefüge und mit dem Unerwarteten des Neuen konfrontiert ist, das Hannah Arendt (1958) im Begriff der Natalität entfaltet hat.

1. Bildung fasziniert – die Potenzialität der Erziehungswissenschaft

Zwei Jünglinge, „auf der Schwelle der Gegenwart hingestreckte Nichtsnutze" (Nietzsche 1872/1988, 664), werden Zeugen eines platonischen Dialogs: Ein junger Mann erklärt seinem betagten Philosophielehrer, dass er nicht länger an der Schule tätig sein könne. Zu lange war er der Jünger seines kritischen Meisters, um sich „an unser bisheriges Bildungs- und Erziehungswesen gläubig hingeben zu können" (ebd., 672). Der Alte kritisiert daraufhin seine Mutlosigkeit, weil sie unbegründet sei und Handeln verhindere:

„Wie lange glaubst du wohl, dass das auf dir so schwer lastende Bildungsgebahren in der Schule unsrer Gegenwart noch dauern werde? Ich will dir meinen Glauben darüber nicht vorenthalten: seine Zeit ist vorüber, seine Tage sind gezählt. Der erste, der es wagen wird, auf diesem Gebiete ganz ehrlich zu sein, wird den Widerhall seiner Ehrlichkeit aus tausend muthigen Seelen zu hören bekommen. Denn im Grund ist unter den edler begabten und wärmer fühlenden Menschen dieser Gegenwart ein stillschweigendes Einverständniß: jeder von ihnen weiß, was er von den Bildungszuständen der Schule zu leiden hatte, jeder möchte seine Nachkommen mindestens von dem gleichen Drucke erlösen, wenn er sich auch selbst preisgeben müßte. Daß aber trotzdem es nirgends zur vollen Ehrlichkeit kommt, hat seine traurige Ursache in der pädagogischen Geistesarmut unserer Zeit, es fehlt gerade hier an wirklich erfinderischen Begabungen, es fehlen hier die wahrhaft praktischen Menschen, das heißt diejenigen, welche gute und neue Einfälle haben und welche wissen, dass die rechte Genialität und die rechte Praxis sich nothwendig im gleichen Individuum begegnen müssen" (ebd., 673).

Die Diagnose „pädagogischer Geistesarmut" entstammt den in Basel gehaltenen Vorträgen „Ueber die Zukunft unserer Bildungsanstalten" von Friedrich Nietzsche. Die Nietzsche Lektüre provoziert zwei Überlegungen. Erstens: Über welches Wissen verfügen wir gegenwärtig über die Zukunft unserer Bildungsanstalten. Und zweitens: Wie ist es heute um die „pädagogische Geistesarmut" bestellt? Daraus resultieren verschiedene Fragen: Welche Potenzialität steckt nach einem Jahrhundert der Disziplingeschichte deutscher Pädagogik, ihrer Ausdifferenzierung, der Institutionalisierung und Pädagogisierung von Kindheit und Jugend sowie der flächendeckenden Beschulung in der Erziehungswissenschaft? Liefert sie theoretisch innovative und empirisch ausgerichtete Interpretationen der Bedingungen des Aufwachsens und der als lebenslang deklarierten Aufgabe der Qualifikation in einer komplexen, für den einzelnen kaum noch überschaubaren Gesellschaft? Verfolgt sie eine systematische Kritik an der sozialen Rahmung von Kindheit und Jugend, an den darin verwobenen Institutionen wie Familie und Schule und an der Ausbildung der dort professionell Tätigen? Und schließlich, obliegt es ihrer Fähigkeit und Kompetenz, die Zukunft unseres Bildungssystems zu gestalten?

An diesem Punkt ist es weder angemessen in den Duktus berufener Kritiker von außen zu fallen, noch die innerdisziplinäre Selbstkasteiung zu pflegen, sondern vielmehr notwendig, über die Leistungsfähigkeit erziehungswissenschaftlicher Bildungskonzepte nachzudenken. Die Bedeutung von Bildungsinhalten muss an dieser Stelle vernachlässigt werden, obwohl, angesichts der Erosion und Kurzlebigkeit von Wissen, ein traditioneller Bildungskanon zur Strukturierung von Welt heute möglicherweise hilfreich sein könnte. In diesem Abschnitt geht es stattdessen um die Bedeutung von Bildung für das Selbstverständnis unserer Disziplin und insofern um die Vermutung, dass der kontinuierliche Rekurs auf Bildung Innovationen eher verhindert als fördert. Damit ist der Eindruck verbunden, dass das Innovative einer Ganztagsschule nicht in der formellen oder nicht-formellen Bildung zu suchen ist, sondern allenfalls in der systematischen Wechselwirkung mit Erziehung und Betreuung, mit Schul- und Jugendkultur.

Die Diagnose ist in ein Bild zu fassen: Die Erziehungswissenschaft ist der an den Mast seines Schiffes gebundene Odysseus, der als einziger dem verlockenden Gesang der Sirenen lauscht, während seine Mannschaft mit Wachs in den Ohren das gefährliche Riff umsegelt. Es heißt, Odysseus habe jenen zauberhaften Klang und die Schönheit der Sirenen nie vergessen und somit Bildung erfahren, ohne sie beschreiben zu können. In unserer Disziplin hat Bildung eine Aura und die Bedeutung eines zwar gehörten, aber unerreichten Ideals, und dies, obwohl viele daran scheitern und andere die Verheißungen nicht wahrnehmen können oder wollen. Mit anderen Worten, die Erziehungswissenschaft hat manche Irrfahrt zurückgelegt, doch Bildung ist nach wie vor mehr als die Erinnerung an eine historisch zu kontextualisierende Idee. Daraus resultieren ganz konkrete Schwierigkeiten u. a. der viel beklagte Graben zwischen Theorie und Praxis oder die Distanz zu Kinder- und Jugendkulturen und ihrem Innovationspotenzial oder ihrer Bildung. Da wir das Aufwachsen von Kindern und Jugendlichen und die Tätigkeit der Professionellen in den Institutionen wissenschaftlich begleiten, geht es um die Verknüpfung von intellektueller, wissenschaftlicher und sozialer Innovationskraft. In einer solchen Verknüpfung liegt eine Chance zur systematischen bildungstheoretischen Kritik an Bildungssystem und -politik.

Ein weiteres Problem gilt es in den Blick zu nehmen: In der politischen und wissenschaftlichen Öffentlichkeit werden die Argumentationsebenen nicht klar differenziert und Debatten über das Bildungssystem garantieren nicht, dass sie Bildung zum Gegenstand haben. Dies zeigt die Mitte des Jahres 2003 angelaufene Kampagne für Ganztagsschulen des Bundesministeriums für Bildung und Forschung. Gute Bildung wird hier als das Gute an sich dargestellt, fast schon eine Tugend, die durch rechnerisches Hinzufügen von mehr Qualität im Unterricht, mehr Zeit für individuelle Förderung, mehr Raum für Erlebnisse erreicht werden soll. In der Anzeigenkampagne des Bundesministeriums wurde für die Idee mit markanten Slogans geworben wie beispielsweise: „Die Welt erklärt man nicht an einem halben Tag. Ganztagsschulen. Zeit für mehr." Den ersten Satz könnten die meisten sicherlich unterschreiben, weil er so wahr ist, und doch handelt es sich letztlich für erziehungswissenschaftliche Zugänge um eine zu oberflächliche Aussage. Deutlich wird, dass die Erziehungswissenschaft angesichts dessen einen Spagat leisten muss, wenn sie theoretisch substanziell über Bildung nachdenken, und zugleich den bildungspolitischen Wandel kritisch und konstruktiv begleiten will. Sie ist jedoch gehalten, sich politisch nicht blenden zu lassen, theoretisch ihren Bildungsbegriff zu überdenken und empirisch zu überprüfen. Das erfordert in hohem Maße die Anbindung des Bildungsverständnisses an Zeit und Raum, also an den sozialen und kulturellen Kontext. Ein historisch übergreifender, allgemein gültiger Bildungsbegriff, ein für alle

menschlichen Zusammenhänge relevantes Bildungskonzept ist eine Illusion, von der sich die Erziehungswissenschaft verabschieden sollte.
  Ein zentraler politischer Kontext ist die auf politische Partizipation angewiesene demokratische Gesellschaft und die Beharrungsstrukturen kapitalistischer Transformation. Hier hat die Disziplin ihren Ort, kritisch über die Vergesellschaftung von Kindern und Jugendlichen nachzudenken, Wirkungsanalysen zu erstellen und auf die systematische Veränderung des bestehenden Bildungssystems im Rückgriff auf die Erfahrungen von Anerkennung und Mitbestimmung und die Verhinderung von früher Selektion hinzuwirken. Das empirische Rüstzeug liegt angesichts internationaler und nationaler Studien vor, so dass ein Rückgriff auf bekannte Bildungstheorien allein unzureichend wäre.
  Die These ist ferner, dass sich die Analyse von Bildungssemantiken und die Rekonstruktion und Dekonstruktion der damit verwobenen Krisenwahrnehmungen und Problemfelder auf die Position des Bildungsbegriffs innerhalb der erziehungswissenschaftlichen Theoriebildung auswirken wird. Möglicherweise käme es auch infolge dessen nicht nur zu einer kritischen Prüfung, sondern auch zu einer Relativierung bildungstheoretischer Konzepte. Zu untersuchen wäre in Anlehnung daran, welches theoretische Erweiterungspotenzial Bildung in sich trägt, und zwar als eine Kategorie individueller Persönlichkeitswerdung oder als Angelegenheit individueller Haltung im Vergesellschaftungsprozess. Wichtig ist primär das Aufzeigen theoretisch tragfähiger und empirisch überprüfbarer Konzepte, die nicht von fragilen Denkfiguren gerahmt werden.

2. Bildung verleiht Flügel – Semantik und Verschleierung

Die Analyse von Bildungssemantiken muss den Kontext ihrer Entstehung, Anknüpfung und Reproduktion berücksichtigen. Bildungssemantiken korrespondieren in hohem Maße mit gesellschaftlich wahrgenommenen und artikulierten Krisen. Auf Humboldts Bildungskonzept griff Eduard Spranger just dann zurück, als sich die deutsche Gesellschaft in einer politischen und vor allem kulturellen Krise der Moderne wähnte, in der sich das Bürgertum durch die Ambitionen der Arbeiterschaft bedroht sah, in einer Zeit, in der die Philosophie durch den Neukantianismus dominiert wurde. Der Verweis auf Bildung bewirkte in ihrer Geschichte nicht selten eine Verschleierung der mit ihr indirekt artikulierten Gesellschaftskrisen, vor allem dann, wenn ein abstrakter, auf das bürgerliche Subjekt zielender und nicht kontextualisierter Bildungsbegriff propagiert wurde. Deutsche Bildungskonzepte korrespondieren demnach mit der Wahrnehmung kultureller, politischer und ökonomischer Krisen, unabhängig von den Erfahrungen der Individuen mit diesen Krisen. Dies zeigt sich auch an der Verwendung der Metapher von der Bildungskatastrophe, die Georg Picht 1965 formulierte und die sich kontinuierlich bis heute in den politischen und publizistischen Debatten niederschlägt. Das hat Konsequenzen, weil eine allgemeine und empirisch wenig gesicherte Kritik an Bildung politische Dimensionen der Reproduktion sozialer Ungleichheit durch das Bildungssystem verschleiern hilft.

An anderer Stelle wurde am Beispiel einer Studie Marie Jahodas über das Verhältnis von Nonkonformität und Anpassung in den 1950er-Jahren der USA zu zeigen versucht, dass es nicht notwendigerweise des Bildungsbegriffs bedarf, um die traditionell damit verbundenen Markierungen zu diskutieren und systematisch zu reflektieren (vgl. Andresen 2004). In Anlehnung daran ist zu bedenken zu geben, dass wir über die politisch unverzichtbaren Ideen von Autonomie und Mündigkeit auch reflektieren können, ohne auf die deutsche Bildungstheorie angewiesen sein zu müssen.

Die Analyse und Dekonstruktion gegenwärtiger Bildungssemantiken erfordert die Einbeziehung von Krisenwahrnehmungen ebenso wie den Versuch, einer empirisch gestützten Problembeschreibung. Eine erziehungswissenschaftliche Sichtweise muss die Interessen und Erfahrungen all derjenigen, die unmittelbar im Bildungssystem und seinen Institutionen eingebettet sind, also Kinder, Jugendliche, Professionelle und Eltern, im Blick behalten. Darüber hinaus ist eine kritische Erziehungswissenschaft in der demokratischen Öffentlichkeit einer modernen Gesellschaft dazu verpflichtet, das gesamte Aufwachsen als zentrale öffentliche Aufgabe zu begründen und zur familiären Verantwortung ins Verhältnis zu setzen.

Damit sei auf ein historisch nachhaltiges Spannungsfeld verwiesen. Ein Spannungsfeld, das mit unserem traditionellen Bildungsverständnis korrespondiert. PISA führte uns vor Augen, dass Bildung und Bildungserfolge trotz der im 20. Jahrhundert erfolgten Institutionalisierung von Kindheit und Jugend in hohem Maße eine private Angelegenheit geblieben sind. Historisch vollzog sich die diskursive Bildung des Bürgers auch in dem Bemühen, die Privatexistenz auf die Gemeinschaft zu beziehen, aber letztendlich blieb das liberale Bildungskonzept Humboldts der Versuch, durch Abzug des Staates die Potenziale der Individuen frei werden zu lassen (vgl. Reitz 2003). Zu den ökonomischen Konsequenzen moderner kapitalistischer Gesellschaften gehört die Privatisierung sozialer Risiken, nicht erst seit der Krise der Arbeitsgesellschaft und des deutschen Sozialstaats. Bildung war davon zu keiner Zeit ausgeschlossen.

Wenn die eingeleitete bildungspolitische Umorientierung flächendeckend auf die Ganztagsschule zuläuft, so erfolgt aus der Einrichtung dieser Schulform, aus dem Mehr an Zeit in der Schule für Bildung, Lernen, Wissen, Erziehung und Betreuung, nicht ohne Weiteres eine qualitative Zunahme öffentlicher Verantwortung und eine qualitative Entlastung der Herkunftsfamilien für die biografischen Schlüsselsituationen im Bildungssystem und auf dem Weg individueller Bildungsbiografien. Solange sich die Gesellschafts- und Bildungspolitik nicht verpflichtet fühlt, angesichts der historisch rekonstruierbaren Verlängerung der Jugendphase und angesichts heterogener Lebensverhältnisse die Selektion nach Schularten möglichst lange hinauszuzögern und diesen Zeitpunkt mit ersten sinnvollen Ausbildungs- und Berufsperspektiven zu verbinden, hat die Erziehungswissenschaft – und mit ihr weder die Schul- noch die Sozialpädagogik – Grund zur Annahme, dass durch die Ganztagsschule Chancengleichheit auf höherem Niveau als bisher hergestellt würde. Anders ausgedrückt, die Ganztagsschule mit ihrem Versprechen einer besseren Vereinbarkeit von Familie und Beruf, eine Maxime, die von den Arbeitgebern übernommen wurde, verschleiert, dass der Bildungserfolg auch weiterhin von der sozialen Herkunftsfamilie abhängig sein und Bildung vornehmlich eine individuelle Angelegenheit bleiben wird.

3. Bildung weist in Schranken – individuelle Haltung und sozialer Kontext

In diesem Abschnitt steht eine sozialwissenschaftliche Studie über die jugendliche Arbeiterin um 1930 im Zentrum, um anhand dessen zu versuchen, exemplarisch das Verhältnis von sozialem Kontext und individueller Haltung zu klären. Hier liegt ein Bezugspunkt für die Analyse der Nachhaltigkeit von Erfahrungen im Lernprozess und im Zuge des Wissenserwerbs, wofür die Feldtheorie Kurt Lewins (1942/1982) höchst aufschlussreich wäre. Eine Beobachtung soll dem historischen Fall und Feld vorangestellt werden: Bildung und Jugend sind systematisch aufeinander bezogen. Während sich die frühe Jugendforschung darum bemühte, die unterschiedliche Vergesellschaftung mit zuweilen unzureichenden Konstruktionen theoretisch zu rahmen und Bildung darauf systematisch bezogen hat, vermochte umgekehrt die Erziehungswissenschaft nur bedingt Kinder- und Jugendleben auf ihre theoretische Kategorie Bildung zu beziehen. Nehmen wir die in der Kinder- und Kindheitsforschung stark gemachte Akteursperspektive ernst, wird auch aus dieser Perspektive ein universaler Bildungsbegriff relativiert.

Die Sozialwissenschaftlerin Lisbeth Franzen-Hellersberg (1932) versuchte in ihrer empirischen und von der Sozialpsychologie beeinflussten Studie über die jugendliche Arbeiterin Bildungs- und Jugendtheorie systematisch am empirischen Material zu verbinden. Dabei verwies sie auf die begrenzte Aussagefähigkeit bürgerlicher Jugend- und Bildungstheorie und auf das damit verbundene Jugend- und Bildungsideal. Zweierlei wird deutlich: Erstens konkretisiert sich Bildung am empirischen Fall, sie steht in einer pädagogisch relevanten Relation und erscheint nicht als autonomes Ideal. Zweitens manifestiert sich das Verhältnis von Haltung und Kontext an der erfahrenen Differenz. Es ist das Differente, die Diskrepanz, die Bildung und ihre Verhinderung hier konkret werden lässt.

Eine Differenz zeigt sich zwischen männlichen und weiblichen Arbeiterjugendlichen, eine weitere in der bürgerlichen und proletarischen Jugendphase.

Franzen-Hellersberg beschreibt, dass männliche Arbeiter zwischen dem 20. und 30. Lebensjahr einen verspäteten jugendlichen bürgerlichen Bildungstrieb verspürten:

„Bedürfnisse, in objektiven Bezügen sich selbst zu finden, Erkenntnistrieb, gepaart mit Zweifel an sich und der Welt, können diesen ernsthaft Lernenden eine Art neuer Jugend bringen. Man hat den Eindruck, dass hier eine Erlebnisform nachgeholt wird, die in Kulturländern höhere Schüler vor dem 20. Jahr durchmachen. Etwas Ähnliches ist bei Arbeiterinnen bisher nicht beobachtet worden" (Franzen-Hellersberg 1932, 60).

Die Autorin diskutiert diesen Befund vor dem Hintergrund der Erkenntnis, dass das pubertäre Erleben besonders nachhaltig auf den gesamten weiteren Lebensweg ausgreifen würde und dementsprechend die Verhinderung des Bildungserlebens negative Konsequenzen für die Innovationskraft bei der biografischen Gestaltung hätte. Im Unterschied zu den Arbeitermädchen kamen demnach die männlichen jungen Erwachsenen des Proletariats in den Genuss einer „zweiten Chance".

Arbeitermädchen fehlte nicht nur die „zweite Chance", sie erlebten auch ihren Einstieg in die Pubertät vollkommen anders als bürgerliche Mädchen im schulischen Umfeld. Diese Phase motiviere sie nicht dazu, an sich selbst und an der Welt zu zweifeln und aufgrund dessen ihre Identität zu suchen.

„Sie besitzen sich ja selbst viel zu wenig, um sich finden zu können. Sie sind zerstreut durch die Vielfältigkeit und die Härte der Ansprüche, die von außen an sie gestellt werden. Sie spüren das Außen stärker als ihr eigenes Inneres. Sie kommen deshalb gar nicht zu dem Gefühl einer Besonderheit, um nun eigene, persönliche Ansprüche an die Außenwelt zu stellen" (Franzen-Hellersberg 1932, 63).

Sich nicht als Individuum zu besitzen, sondern als Gattungswesen zu betrachten ist für die Sozialwissenschaftlerin ein Verlust von hohem Ausmaß. Dennoch resultiert daraus nicht die Abwesenheit von Bildung. Dafür sucht sie nach einer anderen Sprache, um die bildungstheoretischen Schranken zumindest hinterfragen zu können. Für die von ihr untersuchte Gruppe zähle, anders als für den männlichen Proletarierjugendlichen, die vitale Erfassung der Wirklichkeit, das vitale persönliche Erleben und die Kommunikation in der Gruppe. „Sie sieht die Welt nicht als Aufgabe für sich, sondern höchstens als ein Mittel, um sich in ihr auszuprobieren und sich darin als lebendig zu erfahren." In diesem vitalen Erleben erkennt Franzen-Hellersberg eine Bildungs- und Lerndimension eigener Qualität, die nicht in formalisierten und institutionalisierten Bildungsprozessen verortet war:

„Es wird immer wieder übersehen, dass das Jugenderlebnis der Proletarierin positive Inhalte zum Gegenstand hat und für ihre fernere Entwicklung Wesentliches bedeutet. Ihre Vorstellung von der Weltordnung ist durch dieses Früherlebnis festgelegt. Dagegen ist die Pubertätszeit kultivierter Mädchen angefüllt von Reflexionen über sich und über die Welt. Ihnen scheint noch alles unsicher und fragwürdig" (ebd., 67).

Franzen-Hellersberg zeigt das theoretische Spannungsverhältnis und die normierende Kraft der Jugendforschung auf. Sie betont die Notwendigkeit, sich der sozialen Differenz in Entwicklungsverläufen, in Bildungsäußerungen und Wissensbeständen sowie in der Haltung des Selbst gegenüber der Welt wissenschaftlich zu stellen und sie hinterfragt den universalen Anspruch von Bildung insbesondere durch das Verhältnis von Gattung und Subjekt. Ihre empirischen Erkenntnisse veranlassen sie zu der Annahme, dass Bildung in sozialen Kontexten entsteht und dabei stets zu einer Haltung des Individuums führt. Diese Haltungen schätzt sie dabei keineswegs als gleichwertig ein, sondern misst sie nach dem Grad der Abhängigkeit und Entfremdung. In den Mittelpunkt stellt sie jedoch die Vitalität als, wenn auch kurzfristige, Kraft der Erneuerung und der Produktion von Persönlichkeit und speziellem Wissen.

4. Schlussbemerkung

In diesem Beitrag ging es um den Versuch, angesichts des theoretisch provokativen Begriffs „Ganztagsbildung", den Coelen (2002) substanziell in die Debatte eingebracht hat, das innovative Potenzial des Bildungsbegriffs für die Erziehungswissenschaft zu hinterfragen. Wenn sich die Erziehungswissenschaft ihres zentralen Begriffs wieder versichern und somit ihr theoretisches Selbstverständnis überprüfen will – und darauf deutet einiges hin –, dann ist eine kritische Auseinandersetzung mit den relevanten Bildungstheorien und eine Analyse der Semantiken dringend geboten.

Es ging darum, in den hier entfalteten Schritten zur Potenzialität der Erziehungswissenschaft, zur Bildungssemantik und zum Zusammenhang von Haltung und Kontext die Bedenken hinsichtlich eines abstrakten Bildungsbegriffs und seiner teilweise beliebig scheinenden Ausweitung begründet darzulegen und trotzdem theoretische und systematische Perspektiven aufzuzeigen. Wichtig wäre aus erziehungswissenschaftlicher Sicht an der Überwindung der Dichotomien von Bildung und Erziehung sowie von Bildung und Betreuung in der theoretischen Reflexion zu arbeiten. Hier lässt sich beispielsweise an theoretische Diskurse der Geschlechter- und Kindheitsforschung anschließen. Kinder und Jugendliche machen die spannungsreiche Erfahrung zwischen Autonomie und Abhängigkeit, zwischen Omnipotenz und Hilflosigkeit, zwischen Aufregung und Langeweile, zwischen Fremdem und Vertrautem, zwischen Ähnlichkeit und Differenz. Dass diese Spannungsverhältnisse nicht destruktiv wirken, ist eine Aufgabe von hoher politischer, öffentlicher Bedeutung.

Bildung selbst wurde eingangs als fragile Denkfigur bezeichnet. Die Fragilität wird durch Aneignungs- und Gestaltungsbemühungen der Akteure im Prozess des Aufwachsens stets bestätigt und erneuert. Somit ließe sich abschließend wieder an das Bild von Odysseus' Erlebnis mit den Sirenen anknüpfen: Odysseus wurde erschöpft und überwältigt vom Eindruck des Gehörten, dem Gesang der Sirenen, vom Mast losgebunden. Er war fortan ein anderer. Daran lässt sich deutlich machen, dass die Erziehungswissenschaft nicht hinter ihr Bildungserlebnis mit der Bildung zurück kann. Aber Bildung sollte nicht zu ihrer intellektuellen Fessel werden.

Literatur

Andresen, S.: Bildungstheoretische Überlegungen im Kontext der Wissensgesellschaft, in: H.-U. Otto, T. Rauschenbach (Hg.), Bildung ist mehr als Pisa, 2004 (i. E.).
Arendt, H.: Vita activa oder vom tätigen Leben, München 1958.
Coelen, T.: „Ganztagsbildung" – Ausbildung und Identitätsbildung von Kindern und Jugendlichen durch die Zusammenarbeit von Schulen und Jugendeinrichtungen, in: Neue Praxis, 2002, Heft 1, 53-66.
Franzen-Hellersberg, L.: Die jugendliche Arbeiterin. Ihre Arbeitsweise und Lebensform, Tübingen 1932.
Jahoda, M.: Wie ist Nonkonformität möglich?, in: M. Jahoda, Sozialpsychologie der Politik und Kultur. Ausgewählte Schriften. Hrsg. und eingeleitet von Christian Fleck, Graz und Wien 1959/1994, 168-194.
Lewin, K.: Feldtheorie des Lernens, in: Kurt-Lewin-Werkausgabe. Band 4 Feldtheorie. Hrsg. von Carl-Friedrich Graumann, Stuttgart 1942/1982, 157-187.
Nietzsche, F.: Ueber die Zukunft unserer Bildungsanstalten. Sechs öffentliche Vorträge, in: KSA Band 1. Hrsg. von Giorgio Colli und Mazzino Montinari, 1872/1988.
Picht, G.: Die deutsche Bildungskatastrophe, München 1965.
Reitz, T.: Bürgerlichkeit als Haltung. Zur Politik des privaten Weltverhältnisses, München 2003.

Bernd Overwien

Internationale Sichtweisen auf „informelles Lernen" am Übergang zum 21. Jahrhundert

Der Begriff des informellen Lernens gewinnt auch in der deutschen erziehungswissenschaftlichen Debatte an Bedeutung. Neben dem formal organisierten Lernen in Schulen und Universitäten und der nonformal[1] arrangierten Aneignung von Wissen, Fertigkeiten und Fähigkeiten in Kursen, geraten angesichts ökonomischen wie technischen Strukturwandels Lernfelder in den Blick, die bisher zu wenig gesehen wurden. Das Lernen am Arbeitsplatz, in sozialen Bewegungen, im Bereich neuer Medien, im Freizeitbereich findet zunehmend Beachtung. Diese Tendenz wird durch die Schwierigkeit verstärkt, die sich erweiternde Vielfalt von Lerngegenständen innerhalb der „Wissensgesellschaft" noch curricular zu erfassen.

Das Lernen im Alltag, etwa am Arbeitsplatz, im Rahmen von Multimediaanwendungen oder im Internet, in familialer Kommunikation, das informelle Lernen in Museen oder mit Büchern und anderen Lernmaterialien oder über Expertenbefragungen findet auch in Deutschland Eingang in bildungspolitische Debatten. Anschließend an den ursprünglich in der Erwachsenenbildung angesiedelten Diskurs zum lebenslangen Lernen fordern politische Instanzen, wie die Europäische Kommission (1996), die Förderung von Schlüsselkompetenzen auch durch informelles Lernen, arbeiten an Zertifizierungsmodi für „informal and prior learning". In einigen europäischen Ländern gibt es bereits Anerkennungsprozeduren für informelles Lernen, die auch bisher eher versteckte beruflich relevante Kompetenzen transparent werden lassen. Dies ist für die Wirtschaft interessant, kann aber auch denjenigen Menschen nützen, die innerhalb formaler Lernwege eher Probleme hatten und für sich alternative Lernwege gefunden haben (vgl. Field/Spence 2000, 32).

Die zunehmende Entgrenzung von Arbeit und Leben führt offenbar auch zur Entgrenzung von Lernen. Gleichzeitig wird entlohnte Arbeit knapper. Bei der Suche nach Lernstrukturen und Kompetenzerhalt geraten so auch Felder des Lernens, der Kompetenzentwicklung in den Blick, die früher unter der Lernperspektive kaum wahrgenommen wurden,[2] wie etwa die Arbeit in Selbsthilfeorganisationen, dem Roten Kreuz, Wohlfahrtsverbänden o. Ä. (vgl. Franzky/Wölfing 1997, 5 ff.). Bei allen Gefahren, die diese Entwicklung hin zu einer mögli-

---

1   Anmerkung der Herausgeber: Bernd Overwien verwendet die Bezeichnungen „formal" und „nonformal" in sehr ähnlichem Sinne wie in anderen Beiträgen des vorliegenden Bandes „formell" bzw. „nicht-formell" verstanden wird.
2   Eine frühe Ausnahme, aber weniger unter der Verwertbarkeitsfragestellung, ist Kosubek (1982).

chen Dominanz des Verwertbarkeitsgedankens mit sich bringt, sind Chancen in der Form zu sehen, dass in Zukunft vermehrt auch außerhalb des Bildungssystems erworbene Kompetenzen in ein flexibleres Beschäftigungssystem transferierbar sind. Welche Rolle formale Bildung wie genau im Prozess des Kompetenzerwerbes spielen kann und soll, muss zu guten Teilen neu gefragt werden, wobei eine Reihe von Anhaltspunkten vorliegen (vgl. z. B. Negt 1997).

1. Zur Begriffsgeschichte und -debatte

Beim informellen Lernen handelt es sich um eine Kategorie, die ursprünglich zum Begriffsinventar John Deweys (vgl. z. B. Dewey 1997) und später dann der us-amerikanischen Erwachsenenbildung gehörte, wobei lange Zeit teils von „informal education", teils von „informal learning" die Rede war (vgl. Knowles 1951; Gonon 2002). Dies unterscheidet sich vom formalen (schulischen) und nonformalen Lernen (z. B. Kurse der Erwachsenenbildung). Die Faure-Kommission der UNESCO hat Anfang der 1970er-Jahre festgehalten, dass informelles Lernen etwa 70 % aller menschlichen Lernprozesse umfasse. Die Kommission fordert, dass an dieses Lernen angeschlossen wird und dass Bedingungen geschaffen werden, die dieses Lernen erleichtern (vgl. Faure 1972). Der im UNESCO-Kontext entstandene Faure-Report hat eine Reihe von Forschungsarbeiten zum informellen Lernen angestoßen, die in Deutschland kaum bekannt sind. Coombs und Achmed, in der us-amerikanischen Debatte zur Definition informellen Lernens immer wieder zitiert, untersuchen Mitte der 1970er-Jahre im ländlichen Kontext afrikanischer Länder informelles Lernen und machen sich Gedanken über die sinnvolle Verschränkung mit nonformalem und formalem Lernen (vgl. Coombs/Achmed 1974). Zu Beginn der 1980er-Jahre ist das informelle Lernen ein eingeführter Begriff bei Bildungsexperten internationaler Organisationen (vgl. Schöfthaler 1981). Weitere Studien nehmen Bezug auf die dort geführten Debatten um eine Verbesserung der Bildungssituation der Armen in „Entwicklungsländern" (vgl. u. a. Ferej 1996; Overwien 1999). Über verschiedene Untersuchungen zum informellen Lernen in Afrika und Lateinamerika gelangte der Begriff in die us-amerikanische Debatte zurück (vgl. Lave 1982; 1988).

Beim informellen Lernen handelt es sich weiterhin um eine Kategorie, die nicht eindeutig definiert ist (vgl. Overwien 2002). Insgesamt gibt es seit Jahren die Tendenz von „informal learning" zu reden, nicht mehr von „informal education". Die Begriffe informelles Lernen und informelle Bildung werden vielfach aber noch nebeneinander und unscharf verwendet. Zur Verwirrung trägt zusätzlich bei, dass der Begriff „informal *education*" seit langer Zeit in England und den USA auch zusammen mit den Begriffen „open education" und „offener Unterricht" verwendet wird (vgl. Kernig 1997). In England gibt es überdies einen Diskussionszusammenhang um „informal education", der der deutschen Sozialpädagogik gleicht. Entsprechende Autoren berufen sich zum Teil auf Brew (1953), die Ende der 1940er-Jahre die Relevanz des Ansprechens aller Sinne und der persönlichen Kommunikation für „informal education" betont. Hier geht es weniger um das individuelle, selbstgesteuerte Lernen, als vielmehr um gestaltete Lernumgebungen und -situationen. Gleichwohl ist die zunehmende Tendenz erkennbar, die Teildebatten an den Diskurs um informelles Lernen anzuschließen und Unterschiede in der Verwendung der Begrifflichkeiten herauszuarbeiten (vgl. Jeffs/Smith 1996). Schon Coombs und Achmed hatten Mitte der 1970er-Jahre vorgeschlagen, den Begriff des Lernens in den Vordergrund zu stellen. Sie gehen dabei den etwas merkwürdigen Weg, eine Synonymität von „informal education" und „informal learning" vorzuschlagen (vgl. Coombs/Achmed 1974, 7). Diesen Zwiespalt sollte man nicht teilen. Das lernende Subjekt im Blick sollte der Lernbegriff im Vordergrund stehen, wobei im englischsprachigen Raum hier häufig an Leontjew (1971) oder Wygotski (1978) angeschlossen wird.

Einige anthropologische Studien verwenden den Begriff der „informal education" ohne den Versuch der Autoren, ausreichende begriffliche Klarheit herzustellen (vgl. Greenfield/Lave 1982; Henze 1992). Nichtsdestoweniger beeinfluss(t)en diese Studien die Debatte um informelles Lernen. So untersucht Lave Anfang der 1980er-Jahre den arbeitsbezogenen Erwerb von arithmetischen- und Problemlösungskompetenzen bei Schneidern zweier Ethnien in Liberia und setzt die Arbeiten vergleichend in den USA fort, wo sie u. a. Lernprozesse von Fleischern und Schneidern untersucht. Ungewöhnlicherweise werden Ergebnisse zum informellen beruflichen Lernen in Liberia, Mexiko und den USA miteinander verglichen. Daraus entsteht dann eine Debatte über Lernen und die Gestaltung von Lernumgebungen und der Ansatz des „situated Learning" (Lave/Wenger 1991). Während schulisches Lernen häufig in relativ abstrakter und vom Kontext gelöster Form stattfindet, ist informelles Lernen zumeist in viel stärkerem Maße situiert. Die Grundidee des Ansatzes ist die, dass Lerner in einer Art informeller Lehre im Kontakt mit Experten oder einfach von solchen Menschen lernen, die einen Wissensvorsprung haben. Sie sind dabei oft eingebunden in eine „community of practice". Diese Sichtweise auf informelle Lernprozesse ist nahe an der Rogoffs, die auch für das nachbildende Erlernen von Denkprozessen von einer „cognitive apprenticeship" ausgeht (vgl. Rogoff 1990).[3] Dieses informell gestaltete Lernen beginnt in früher Kindheit und wird im Rahmen einer „guided participation" mehr oder weniger bewusst gesteuert. Rogoff weist mit Blick auf sehr unterschiedliche kulturelle Kontexte nach, wie sehr es bei dieser Art zumindest des kindlichen Lernens auf eine Einbindung der Lernenden in Handlungen und Kommunikation der Erwachsenen ankommt (vgl. Rogoff 2003, 282 ff.).

---

3   Der Hinweis auf Rogoff erinnert zugleich an umfangreiche Literatur zum „cognitive apprenticeship"-Ansatz. Vgl. zu den Ursprüngen Collins/Brown/Newman 1989.

Eine Reihe von Definitionen setzt heute vor allem an der Organisationsform des Lernens an und bezeichnet die Lernprozesse als informell, die ihren Platz außerhalb formaler Institutionen oder nonformaler Kursangebote haben und auch nicht von dieser Seite finanziert werden. Inzidentelles Lernen wird als Teil informellen Lernens gesehen (vgl. Watkins/Marsick 1990, 12 ff.).[4] Im Kontext dieser Debatten formulieren Watkins und Marsick Bedingungen, unter denen informelles und inzidentelles Lernen zielgerichteter gestaltet werden kann. Eine dieser Bedingungen nennen sie „proactivity". Es geht um die Bereitschaft, Initiative zu ergreifen. Hierbei spielen Autonomie und Empowerment eine besondere Rolle. Besonders Freires pädagogischer Ansatz sei geeignet, im Rahmen einer dialogischen und Problem diskutierenden Herangehensweise von Reflexion und Aktion, das Empowerment[5] zu fördern. Die Autorinnen gehen davon aus, dass Empowerment auf Gruppen und Individuen bezogen werden kann (vgl. Watkins/Marsick 1990, 28 f.). Sie unterziehen ihre Sichtweise des informellen Lernens auf der Grundlage einer Reihe von Studien einer gründlichen Revision und Präzisierung, wobei sie nun der Lernumgebung eine stärkere Rolle zuweisen (vgl. Cseh/Watkins/Marsick 1999, 350). Die Autorinnen führen die Wurzeln ihres Lernmodells auf Dewey (1997), Argyris/Schön (1978) und Mezirow (1991) zurück.

Zusammenfassend gesagt, sehen die Autorinnen informelles und inzidentelles Lernen nach wie vor als ein Lernen, das durch folgende Faktoren gekennzeichnet ist (vgl. Marsick/Volpe 1999, 90):

- integriert in die Arbeit und tägliche Routine
- durch inneren und äußeren Anstoß ausgelöst
- kein sehr bewusster Prozess
- oft zufällig veranlasst und beeinflusst
- beinhaltet einen induktiven Prozess von Reflexion und Aktion
- ist mit dem Lernen anderer verbunden

Dieses Lernen kann durch verschiedene Maßnahmen unterstützt werden (vgl. Marsick/Volpe 1999, 91):

- Zeit und Raum für Lernen schaffen
- Umfeld auf (Lern-) Gelegenheit überprüfen
- Aufmerksamkeit auf Lernprozesse lenken

---

4   Die Begriffe „implizites Lernen" und „inzidentelles Lernen" werden teils in ähnlicher Absicht verwendet. Sie werden hier so wiedergegeben, wie sie im jeweiligen Kontext der referierten Positionen verwendet werden. Implizites Lernen wird von Lernenden nicht bewusst wahrgenommen, inzidentelles Lernen ist ein beiläufiges Lernen, bei dem neben den intendierten auch noch andere Inhalte gelernt werden.

5   Zu Begriff und internationaler Begriffsgeschichte des „Empowerment" siehe auch die Ausführungen von Herriger (2002).

- Reflexionsfähigkeit stärken
- Klima von Zusammenarbeit und Vertrauen schaffen

Aus einer anderen Denktradition kommt die Begriffsbestimmung von Livingstone, der in Kanada ein größeres Forschungsprojekt zu informellem Lernen im Rahmen lebenslangen Lernens leitet. Er findet einen pragmatischen und mehr am Konzept des selbstgesteuerten Lernens orientierten Zugang. Er definiert informelles Lernen differenzierter, zugleich aber auch etwas komplizierter. Es ist danach

„(...) jede mit dem Streben nach Erkenntnissen, Wissen oder Fähigkeiten verbundene Aktivität außerhalb der Lehrangebote von Einrichtungen, die Bildungsmaßnahmen, Lehrgänge oder Workshops (...). Die grundlegenden Merkmale des informellen Lernens (Ziele, Inhalt, Mittel und Prozesse des Wissenserwerbs, Dauer, Ergebnisbewertung, Anwendungsmöglichkeiten) werden von den Lernenden jeweils einzeln oder gruppenweise festgelegt. Informelles Lernen erfolgt selbständig, und zwar individuell oder kollektiv, ohne dass Kriterien vorgegeben werden oder ausdrücklich befugte Lehrkräfte dabei mitwirken. Informelles Lernen unterscheidet sich von Alltagswahrnehmungen und allgemeiner Sozialisierung insofern, dass die Lernenden selbst ihre Aktivitäten bewusst als signifikanten Wissenserwerb einstufen. Wesensmerkmal des informellen Lernens ist die selbständige Aneignung neuer signifikanter Erkenntnisse oder Fähigkeiten, die lange genug Bestand haben, um im Nachhinein noch als solche erkannt zu werden" (Livingstone 1999, 68 f.).

Man könnte hier also von kollektiven und individuellen Lernprojekten sprechen. Diese Sichtweise vernachlässigt allerdings das implizite Lernen, was im Kontext des Forschungsprojektes auch diskutiert wird (vgl. Schugurensky 2000). Die Europäische Kommission hat inzwischen festgelegt, welche Definition für informelles Lernen in der Bildungsdiskussion der EU gilt. Dort gab es jahrelang ein begriffliches Nebeneinander. Einige Protagonisten der Debatte verwandten den Begriff des nonformalen Lernens, wenn sie jenes Lernen ansprachen, das allgemein unter „informellem Lernen" diskutiert wurde (vgl. Bjørnåvold 1999). Diese Irritation scheint damit ausgeräumt (vgl. zu dem Folgenden Europäische Kommission 2001, 9, 32 f.):

Formales Lernen
Lernen, das üblicherweise in einer Bildungs- oder Ausbildungseinrichtung stattfindet, (in Bezug auf Lernziele, Lernzeit oder Lernförderung) strukturiert ist und zur Zertifizierung führt. Formales Lernen ist aus der Sicht des Lernenden zielgerichtet.

Nicht formales Lernen
Lernen, das nicht in Bildungs- oder Berufsbildungseinrichtungen stattfindet und üblicherweise nicht zur Zertifizierung führt. Gleichwohl ist es systematisch (in Bezug auf Lernziele, Lerndauer und Lernmittel). Aus Sicht der Lernenden ist es zielgerichtet.

Informelles Lernen

Lernen, das im Alltag, am Arbeitsplatz, im Familienkreis oder in der Freizeit stattfindet. Es ist (in Bezug auf Lernziele, Lernzeit oder Lernförderung) nicht strukturiert und führt üblicherweise nicht zur Zertifizierung. Informelles Lernen kann zielgerichtet sein, ist jedoch in den meisten Fällen nichtintentional (oder inzidentell/beiläufig).

Eine andere mögliche Perspektive auf informelles Lernen ist die eines Kontinuums. Orientiert an Watkins und Marsick (1990) sehen Sommerlad und Stern (1999) informelles und formales arbeitsbezogenes Lernen als ein Kontinuum:[6]

Informell ↑↓ Formal	• Nicht vorhergesehene Schwierigkeiten/Herausforderungen und Erfahrungen, die zu einem Lernen als inzidentelles Nebenprodukt führen. Dies kann bewusst oder unbewusst geschehen. • Arbeitsbezogene Herausforderungen, die zum Lernen oder zur eigenen Entwicklung genutzt werden. • Selbst initiierte oder selbst geplante Erfahrungen, einschließlich der Nutzung von Medien, wie Printmedien, Fernsehen, Radio oder Computer. Sich dazu einen Tutor, Mentor, Coach suchen, an Konferenzen teilnehmen, Reisen oder sich beraten lassen. • Teilnahme an Total-Quality-Maßnahmen oder Aktionslernen oder anderen qualitätsbezogenen Maßnahmen. • Einen Rahmen für Lernen schaffen, etwa Laufbahnplanungen, Training und Zielvereinbarungen oder Evaluationen. • Kombination von wenig organisiertem Erfahrungslernen mit strukturierten Lerngelegenheiten, die es erleichtern, eine Überprüfung ermöglichen und ein Lernen von diesen Erfahrungen zulassen. • Mentoring oder Coaching Programme planen, Ausbildung on-the-job. • Kurse einsetzen, die direkt in den Arbeitsprozess passen („just-in-time"), in Form traditioneller Kurse, als Selbstlernprogramm, mit oder ohne Lerntechnologie. • Formale Ausbildungsprogramme. • Formale Programme, die zu einer Qualifikation führen.

Der Diskurs zum arbeitsweltbezogenen informellen Lernen wird in der englischsprachigen Debatte z. T. durchaus kritisch gesehen. So warnt Welton vor einer „Kolonisierung der Lebenswelten" im Rahmen einer ökonomischen Nutzbarmachung des informellen Lernens, das ja in weiten Teilen auch außerhalb der Produktionssphäre stattfindet (vgl. Welton 1995). Garrick kritisiert, dass im Rahmen der Human-Ressource-Development-Ansätze nur der Verwertungsgedanke, nicht aber kritische Bildungsfragen wichtig seien (vgl. Garrick 1998).

---

6 Übersetzung: B. O.

Eine im deutschsprachigen Bereich inzwischen weit verbreitete Definition kommt aus der Erwachsenenbildung. Formales Lernen ist danach institutionell geprägtes, planmäßig strukturiertes Lernen mit anerkannten Zertifikaten. Nicht-formales Lernen oder nonformales Lernen in Kursen etc. hat dagegen seinen Platz außerhalb dieser Sphäre. Informelles Lernen findet ungeregelt im Lebenszusammenhang statt. Zusätzlich gibt es inzidentelles oder implizites Lernen, ein unbewusstes Gelegenheitslernen, das Nebenprodukt anderer Tätigkeiten ist (vgl. Dohmen 2001, 18 ff.).

Dehnbostel betrachtet das informelle Lernen prozesshaft im Kontext des betrieblichen Erfahrungslernens (vgl. Abb. 1). Dort ist es eine wichtige Lernart im Gesamt der betrieblichen Lern- und Wissensarten. Folgt man Dehnbostel, so ist betriebliches Lernen grundsätzlich in organisiertes und informelles Lernen zu unterscheiden. Das organisierte bzw. formelle Lernen ist auf die Vermittlung festgelegter Lerninhalte und Lernziele gerichtet. Es zielt von vornherein auf ein vorgegebenes Lernergebnis, während beim informellen Lernen gelernt wird, ohne dass dies pädagogisch angestrebt wird.

Abb. 1: Betriebliche Lern- und Wissensarten (vgl. Dehnbostel/Molzberger/Overwien 2003):

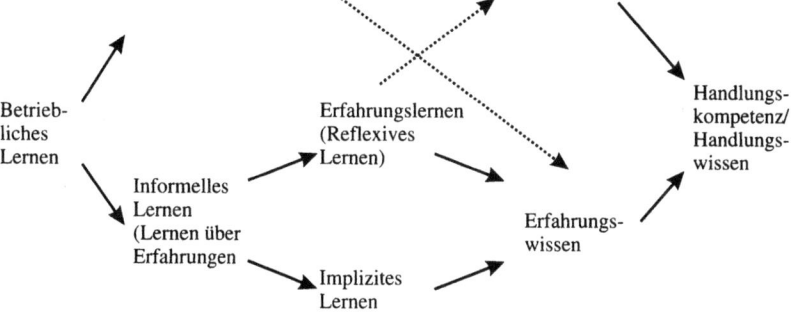

Wie die Abbildung 1 zeigt, ist das informelle Lernen wiederum in zwei Lernarten unterteilt: das Erfahrungslernen bzw. reflexive Lernen und das implizite Lernen. Zur groben Unterscheidung der – ohnehin nur analytisch zu trennenden – Begriffe lässt sich anführen, dass Erfahrungslernen über die reflektierende Verarbeitung von Erfahrungen erfolgt, während implizites Lernen eher unreflektiert und unbewusst stattfindet. Beim Erfahrungslernen werden Erfahrungen in Reflexionen eingebunden und führen zur Erkenntnis. Dies setzt allerdings voraus, dass die Handlungen nicht repetitiv erfolgen, sondern in Probleme, Herausforderungen und Ungewissheiten eingebunden sind und entsprechend auf den Handelnden einwirken. In dynamischen Arbeitsprozessen und Umwelten ist dies zumeist der Fall.

Die hier eingeführten Definitionen informellen Lernens widersprechen sich nicht zwangsläufig. Dohmen und EU betrachten es in allgemeinerer Form, Dehnbostel sieht das prozesshafte betriebliche Lernen, wobei der Rahmen m. E. auch ein anderer sein könnte, und Sommerlad/Stern deuten mit ihrer Perspektive auf Schnittbereiche und unterstützende pädagogische Aktivitäten hin. Allgemein kann daraus gefolgert werden, dass informelles Lernen unterstützt werden kann, indem anregende Lernumgebungen konstruiert werden und/oder die Fähigkeit zur Selbststeuerung gestärkt wird. Dabei wird es zwangsläufig formaler. Es ist außerdem sinnvoll, vom Begriff des informellen Lernens auszugehen, da hierbei die Lernaktivitäten der Lernenden im Vordergrund stehen. Ein einleuchtendes Beispiel dafür ist außerhalb des betrieblichen Bereiches die museumspädagogische Arbeit, soweit sie sich auf die Strukturierung und Inszenierung von selbständig abrufbaren Lernangeboten bezieht (vgl. Paris 1997). Zu diskutieren ist in diesem Zusammenhang, ob sich dann bei der Gestaltung derartiger Lernwelten um informelle Bildung oder etwa um informelle Pädagogik handelt (vgl. Fischer 2003).

2. Informelles Lernen in der internationalen Forschung

Im Folgenden geht es um Untersuchungen, die den Begriff des informellen Lernens vor dem Hintergrund der skizzierten Definitionsdebatte nutzen. Die meisten Studien richten sich auf arbeitsbezogenes Lernen. Eine Reihe von neueren Arbeiten gehen auf das informelle Lernen im Gemeindebezug, im Migrationsprozess und im Bereich sozialer Bewegungen und Aktivitäten ein. Einige anthropologische – zumeist etwas ältere – Untersuchungen thematisieren gleichwohl aktuelle Fragen der kulturellen Bedingtheit informellen Lernens.

Nach Livingstone (2001) datiert die erste Erhebung zum informellen Lernen Anfang der 1960er-Jahre. Innerhalb einer nationalen Studie zum selbst-initiierten Lernen („voluntary learning") von mehr als 2.800 befragten Personen in den USA wird auch eine Frage nach dem Selbstlernen mit eigenen Mitteln gestellt. 40 % der Befragten antworten, offenbar zum Erstaunen der Forscher, dass sie derartige Lernaktivitäten von Zeit zu Zeit initiieren (vgl. Johnstone/Rivera 1965 n. Livingstone 2001, 5). Eine weitere Studie größerer Reichweite ergibt 1976 für die USA, dass mehr als 75 % der erwachsenen Bevölkerung selbst geplante Lernaktivitäten unternimmt (Penland 1977 n. Livingstone 2001, 6). Weitere Studien von Tough (1971) ergeben ähnliche Tendenzen. Problematisch dabei ist, und dies ist eine Schwierigkeit der gesamten Debatte um informelles Lernen, dass die Studien keineswegs mit einer einheitlichen Definition und theoretischen Fundierung des Lernens arbeiten.

Eine der frühen Studien zum informellen Lernen im Arbeitskontext stammt von Marsick und Watkins. Sie gehen vor dem Hintergrund des Human-Ressource-Development-Ansatzes verschiedenen Aspekten informellen Lernens nach. Den Zusammenhang von Aktion und Reflexion beim informellen Lernen untersuchen die Autorinnen an einem Beispiel der Managerausbildung in Schweden (vgl. ebd., 55). An zwei „community-education"-Programmen in Nepal und auf den Philippinen diskutieren sie Möglichkeiten, informelles Lernen zu fördern (vgl. ebd., 78). Darüber hinaus befragen sie einige universitäre Kursteilnehmer über ihre informelle Lernbiografie (vgl. ebd., 101) und untersuchen inzidentelle Lernprozesse einer Gruppe von inzwischen erwachsenen Kindern von Alkoholikern. Insgesamt ist ihre Studie vergleichsweise heterogen. Die Daten wurden offenbar z. T. zunächst unter anderen Fragestellungen erhoben und nun neu interpretiert. Relativ genau werden allerdings verschiedene Zugänge zu informellem und vor allem auch inzidentellem Lernen beschrieben und anhand der Literatur bewertet. Wichtig ist den Autorinnen in ihrer Definition der nicht-routinemäßige Charakter des Lernens, da so aus nicht von vornherein determinierten, sondern aus eher unsystematischen und unkontrollierten Situationen heraus gelernt wird. Am Arbeitsplatz lernende Menschen betreiben ein „problem framing", gegenwärtige Probleme werden über die erneute Interpretation vorhergehender Erfahrungen in einem problembestimmten Rahmen bearbeitet. Sie weisen überdies auch auf die Abhängigkeit entsprechender Aktionen vom kulturellen Zusammenhang der Lernenden hin (vgl. Marsick/Watkins 1990, 18 ff.).

Neuere Studien aus dem Kreis um Marsick und Watkins bewegen sich mehr oder weniger im Managementbereich. So wird das informelle Lernen von Managern als Folge von betrieblichem Personalabbau untersucht, es geht um Lernpartnerschaften bei medizinischem Personal, Barrieren und Hilfen beim Lernen im Team, informelle Lernstrukturen eines kleinen Familienbetriebes usw. (vgl. Marsick/Volpe 1999). Eine Reihe weiterer Studien widmen sich dem Lernen am Arbeitsplatz. So untersucht Garrick mit kritischem Blick informelles Lernen in „lernenden Organisationen" (Garrick 1998). Bell und Dale untersuchen das informelle Lernen am Arbeitsplatz und gehen besonders der Frage nach, wie in kleinen und mittleren Unternehmen beschäftigungsrelevant gelernt wird (vgl. Bell/Dale 1999). Gear u. a. untersuchen informelle Lernerfordernisse und -strategien in mittleren Berufen in Großbritannien (vgl. Gear/Mc Intosh/Squires 1994).

Livingstone hat eine der umfangreichsten Studien zum informellen Lernen vorgelegt. Anhand eines Fragebogens geht das Team von NALL (Forschungsnetzwerk „Neue Ansätze für Lebensbegleitendes Lernen") retrospektiv vor. Eine größere Zahl von Kanadiern ab 18 Jahren wird nach dem Zufallsprinzip aus dem Telefonbuch herausgesucht. Die telefonische Befragung ergibt eine Antwortquote von 1.562 Antworten. In einem Land, in dem die Aneignung beruflich relevanter Kompetenzen vergleichsweise wenig formal verläuft, geben die Befragten die Hauptquelle der beruflichen Kenntnisse an (vgl. Tab. 1).

Tab. 1: Hauptquelle der beruflichen Kenntnisse nach Lebensalter

Altersgruppe	Kollegen (Anteil in %)	Selbständige Bemühungen (Anteil in %)	Schulung durch Arbeitgeber (Anteil in %)	Kombinationen (Anteil in %)
18-24 Jahre	52	26	12	9
25-34 Jahre	32	36	17	16
35-44 Jahre	21	47	20	12
45-54 Jahre	20	53	13	14
55-64 Jahre	9	66	12	13
Gesamt (n =)	28	44	15	13

Quelle: Livingstone (1999, 82)

Offenbar sind Kommunikationsprozesse während der Arbeit besonders bei den jüngeren Befragten und dann, gemessen am Alter, kontinuierlich abnehmend wichtig. Schulungen durch Arbeitgeber spielen eine weniger ausgeprägte Rolle, was aber nicht heißt, dass sie in bestimmten Bereichen nicht eine Schlüsselrolle spielen können. Auffällig ist weiter der Anstieg des Anteils selbständiger Lernbemühungen mit dem Alter.

Gleichzeitig geben alle gegenwärtig oder demnächst Erwerbstätigen (66 % der Befragten) an, im Durchschnitt ca. 6 Stunden pro Woche informell für eine aktuelle oder zukünftige Erwerbstätigkeit zu lernen. Wichtig dabei sind aktuelles Anschlusswissen im Tätigkeitsfeld (75 %), Computerkompetenzen (66 %) oder Kenntnisse der Arbeitssicherung (50 %). Eine mit 66 % hohe Anzahl von Befragten gibt an, sich informell Problemlösungs- und Kommunikationsfähigkeiten zu erschließen. Das scheint zunächst sehr interessant, zumal ja bei einer derartigen Antwort ein Problembewusstsein darüber existieren muss. Es ist jedoch bei oberflächlicher Datenlage schwer vorstellbar, wie dies im Einzelnen praktisch abläuft (vgl. zu entsprechenden empirischen Hinweisen ebd., 77). Livingstone geht allerdings davon aus, dass diese Studie erst der Anfang weiterer Forschungsaktivitäten ist. Weitere interessante Einblicke in informelle Lernprozesse erwachsener Kanadier geben Ergebnisse über den Bedarf an einer Zertifizierung. Je geringer der berufliche Status, umso höher ist dieser Bedarf, der aber auch für Spitzenmanager noch bei 61 % liegt. So äußern Arbeitslose zu 83 % den Wunsch nach einer Anerkennung von Vorkenntnissen. Die Wochenstunden für informelles Lernen liegen durchschnittlich bei etwa 15 Stunden, wobei Arbeitslose sogar 20 Stunden angeben (vgl. ebd., 86).

Dekeyser stellt fest, dass die Forschung über informelle, soziale und kollektive Lernprozesse in sozialen Bewegungen und Freiwilligenorganisationen bisher eher begrenzt ist (vgl. Dekeyser 2001, 2). Viele Aktivisten und ehrenamtlich Tätige erzählten immer wieder enthusiastisch vom Lernen in den Organisationen oder Bewegungen. Diesen Behauptungen ist aber bisher kaum auf wissenschaftlicher Grundlage nachgegangen worden. Dekeyser referiert die

Ergebnisse einer Untersuchung in Flandern, nach der entsprechend engagierte Menschen mehr Vertrauen in Menschen und Institutionen sowie mehr Solidarität und Anerkennung von Gleichheit zeigen. Er betont, dass es sich hier aber um Korrelationen handelt und dass es auch Ergebnisse gibt, nach denen Engagement etwa in Sportvereinen zu ähnlichen Lernergebnissen führt, wie das in sozialen Bewegungen. Offenbar – so die Ausführungen bei Dekeyser (2001) weiter – geht es weniger um den ideologischen Rahmen als vielmehr um die Praxis der Partizipation. Es geht also nicht so sehr um individuelles, sondern eher um kollektives Lernen (vgl. ebd., 4). Der Autor vermutet, dass soziale Bewegungen und Vereine wirksame Lernumgebungen für ihre jeweiligen Mitglieder sind. Notwendige Lernprozesse sind hier mit motivierten Lernenden verbunden. Ein fokussierter, konstruktiver, selbstgesteuerter Weg des Wissenserwerbs über vielfältige Lernanlässe ist gleichzeitig dadurch gekennzeichnet, dass die Lernenden kein Bewusstsein über die Resultate als Lernresultate haben (vgl. ebd. 4 f.). Dies hat damit zu tun, dass die Intentionalität nicht primär mit Lernen assoziiert wird.

Elsdon (1995) untersuchte in Großbritannien die Bedeutung des Engagements in lokalen Freiwilligenorganisationen für das soziale und politische Lernen der Beteiligten. Obwohl diese Organisationen sich primär nicht-politischen Tätigkeitsfeldern widmen, beispielsweise sportlichen Aktivitäten, dem Laientheaterspiel, dem Chorsingen etc., sagen 76 % der Befragten, dass ihre Beteiligung in den Organisationen zu einem größeren Bewusstsein für politische Fragen geführt habe. Gelernt wurden das Reden, Schreiben und die Vertretung von Interessen (vgl. Elsdon 1995 n. Merrifield 2001, 12).

Field und Spence untersuchen in Nordirland das informelle Lernen mit einem kritischen Blick auf ungleiche Lernvoraussetzungen. Unter Bezug auf Bourdieu (1977) erweitern sie mit Coleman (1994) und Putnam (1993) ihren Begriff des sozialen Kapitals und stellen die Frage, wie die akkumulierten Kontakte, Beziehungen, Freundschaften usw. das informelle Lernen beeinflussen (vgl. Field/Spence 2000, 32 f.). In einer geteilten Gesellschaft wie der nordirischen ist dies sicher eine besonders relevante Frage. Ein Ergebnis ihrer kleineren qualitativen Studie ist, dass ein geringer Beteiligungsgrad an formaler Bildung und Ausbildung bedeuten kann, dass Menschen informelle Lernwege zur Erreichung eigener Ziele suchen. Entsprechende Strategien werden kombiniert mit der Nutzung von Netzwerken, Vertrauensbeziehungen etc. (vgl. ebd., 32). Zum Teil, so wird angemerkt, führt die so eingebundene Art des Lernens auch zu Problemen beim Aufbrechen von beruflichen Rollenstereotypen, so etwa bei Mädchen (vgl. ebd., 37). Gerade in Nordirland sei es notwendig, im Rahmen lebenslangen Lernens an das informelle Lernen anzuschließen, um soziale Benachteiligungen, hier der eher katholisch geprägten Arbeiterfamilien, zu verringern (vgl. ebd., 40).

Die Relevanz „sozialen Kapitals" (Bourdieu) wird auch im Rahmen einer kleineren australischen Studie zu ländlichen informellen Lernprozessen deutlich. Harrison hebt hervor, dass Netzwerke, der Kontakt zu Menschen, deren Expertise durch persönliche Kontakte zugänglich ist, ein wesentlicher Aspekt des informellen Lernens im dörflichen Kontext ist. Diese Lernbeziehungen tragen als soziale Aktivitäten gleichzeitig zur Stärkung sozialer Partizipation und Zusammenhänge bei (vgl. Harrison 2003, 37). Die Autorin befragte im Rahmen ihrer qualitativen Studie 32 Menschen, die sie wiederum aufgrund von Telefoninterviews mit insgesamt 275 Bewohnern herausdestillierte (vgl. Harrison 2003, 30 f.).

Monkman (1999) untersucht migrationsbezogene Lernprozesse von mexikanischen Einwanderern in Kalifornien. Ihre orientierende Fragestellung richtet sich auf Möglichkeiten, durch nonformale Bildungsangebote das informelle Lernen der Einwanderer zu unterstützen. Dazu führt die Autorin lebensgeschichtliche Interviews durch und vertieft die Ergebnisse durch teilnehmende Beobachtung im Rahmen von Begegnungen mit Migranten. Im Rahmen der Befragung stellt sie dem Begriff „learning" den Begriff „education" gegenüber, um den Bereich ihres Forschungsinteresses für informelle und nonformale Lernprozesse abzustecken (vgl. ebd., 368). Im Rahmen des Migrationsprozesses werden nach und nach nonformale Kursangebote wichtiger, was auch mit dem Spracherwerb des Englischen zu tun hat (vgl. ebd., 369). Dieser vollzieht sich naheliegenderweise auch informell (vgl. ebd., 380). Berufliche Kompetenzen werden ebenfalls auf diese Weise angeeignet, was aber in Mexiko wie in den USA sowieso verbreitet „on-the-job" üblich ist. Die Ausformung von, wie die Autorin es nennt, „transnationalen" Identitäten vollzieht sich wesentlich innerhalb von an soziale Netzwerke gebundenen längerfristigen Lernprozessen. Dabei gehen die Netzwerke auch über Grenzen: auch nicht eingewanderte Mexikaner – die meisten Befragten kommen aus diesem Land – gehören dazu. Eine Reihe der Befragten erwarb offenbar Kompetenzen, die zur Auswanderung nützlich waren und infolgedessen auch mit dazu führten, im Rahmen sozialer Bewegungen (vgl. ebd., 370). Zwar wird nicht näher auf die zugrunde liegenden Lernprozesse eingegangen, die Befragten betonen aber immer wieder deren Relevanz. Das Scheitern bzw. der Misserfolg von sozialen Bewegungen kann dem Migrationsprozess dabei offenbar einen zusätzlichen Schub geben. Fließende Übergänge existieren zwischen dem entscheidenden informellen Lernen im Rahmen der sozialen Netzwerke und dem Lernen in der sozialen Bewegung, es handelt sich hierbei um Landbesetzung in Mexiko. Letztere Erfahrung hat aber die Beteiligten besonders geprägt, was auch zu einer herausragenden Rolle der in dieser Bewegung aktiven Personen in der neuen Gemeinde in den USA führte.

Vor dem Hintergrund der in der Erwachsenbildung geführten Debatte um „Lebenslanges Lernen" untersucht McGivney Lernstrukturen und Lernwege im gemeindlichen Kontext. Dabei geht es ihr um einen Blick auf die „Natur" informellen Lernens und die Art und Weise, wie Menschen sich in diese Lernprozesse hineinbegeben. Sie geht der Frage nach, wie Verbindungen zwischen informellem Lernen in der Gemeinde und organisierten Bildungsformen gefunden werden können. McGivney untersucht fördernde und hemmende Faktoren informellen Lernens und identifiziert Unterstützungsbedarfe für derartige Lernprozesse. Nicht zuletzt diskutiert sie die Frage, wie informelles Lernen im Gemeindezusammenhang zum lebenslangen Lernen, zu erweiterter Partizipation und zum Kampf gegen soziale Exklusion beitragen kann (vgl. McGivney 1999, XI).

Unter Bezug auf eine australische Studie und eigene Ergebnisse benennt die Autorin Faktoren, die das informelle Lernen fördern. Genannt werden u. a. Anerkennungssysteme für informelles Lernen, unterstützend begleitende Maßnahmen, wie Kinderbetreuung, Kostenübernahmen etc. (vgl. ebd., 25). Besonders wichtig für informelles Lernen im Gemeindezusammenhang sind allerdings lokale Schlüsselpersonen, die informieren, beraten, ermutigen und motivieren (vgl. ebd., 26). Konkret vorgestellt werden dann eine Reihe von Modellen der Ausbildung von lokalen Animateuren (vgl. ebd., 27 ff.) und Initiativen, die es informell Lernenden ermöglichen, Anschlüsse an das formale Bildungssystem zu finden (vgl. ebd., 33 ff.). Auch Beispiele für die Unterstützung spezifischer Gruppen werden vorgestellt, etwa Elterngruppen, Langzeitarbeitslose, Frauen asiatischer Herkunft usw. Viele dieser Überlegungen und Maßnahmen erinnern an Debatten und Praxis der deutschen Sozialpädagogik. Ein interessanter Unterschied zu manchen Tendenzen der deutschen Diskussion scheint der Ausgangspunkt vom lernenden Subjekt her und die deutlich gezeichnete Lernperspektive, die sich – zumindest in dieser Studie – von assistenzialistischen Ansätzen abhebt.

Foley untersucht informelles Lernen im Rahmen von „social action" in den USA, Australien, Brasilien und Simbabwe (vgl. Foley 1999). Seine Fragestellung bekommt durch die Abgrenzung zu eher technischen Betrachtungsweisen des Lernens und die Betonung des sozialen, Sinn geleiteten Lernprozesses, einen besonderen Akzent (vgl. ebd., 12). Foley unterscheidet in seinen Fallstudien nicht zwischen sozialer Aktion und sozialen Bewegungen und richtet seinen Blick auf Lernprozesse, die informell, oft auch inzidentell sind und vielfach gar nicht als Lernen wahrgenommen werden. Die Studie beruht auf eigenen Interviews und der Auswertung anderer Studien.

Im Interview mit Mitgliedern einer Initiative zur Rettung eines Regenwaldgebietes in Australien äußern sich diese erstaunt darüber, dass ihre 12-jährige Arbeit auch Lernprozesse enthalten haben sollte. Bei näherer Betrachtung identifizierten sie jedoch eine Reihe von Lernfeldern. Die Entfaltung einer Kampagne an sich, das für die Argumentation notwendige Wissen und ein erhebliches Durchhaltevermögen werden genannt. Die Identifizierung von Entscheidungsträgern innerhalb einer politischen Struktur und die Entwicklung von durchdachten Handlungskonzepten kommen dazu. Auch die Analyse der Interessensfelder ihrer Gegner enthielt erhebliche Lernpotenziale, die sich auch auf der persönlichen Ebene fast zwangsläufig bemerkbar machen mussten (vgl.

ebd., 27 ff.). Auch kulturelle Elemente der Aktivitäten dieser Initiative, wie die Integration von Musikgruppen und der Einsatz eigener Lieder, werden als wichtige Lernfelder genannt. Zusammenfassend werden neben erworbenem Fachwissen vor allem Analysekompetenzen bezogen auf das politische System, Medienkompetenzen und ein erhebliches Beharrungsvermögen bei der Anwendung derselben angemerkt. Foley weist darauf hin, dass dieses „informal social learning" sowohl von politischen Aktivisten als auch von Erwachsenenbildnern zu wenig zur Kenntnis genommen wird. Er sieht enge Bezüge zu dem, was Paulo Freire Bewusstwerdung nennt (vgl. ebd., 39 f.).

Ein weiteres Beispiel für kontextuelles informelles Lernen bezieht sich auf ein australisches Nachbarschaftszentrum. Das Aufbrechen der Isolation von Frauen in Vororten, verbunden z. B. mit Spielgruppen für kleinere Kinder, kennzeichnen neben konkreten Bildungsangeboten die Aktivitäten solcher Häuser. Die Häuser werden weitgehend selbst verwaltet, so dass ein großes Potenzial ehrenamtlicher Arbeit anfällt. Lernpotenziale liegen einerseits hier, andererseits aber auch in den häufig geführten Debatten über Kindererziehung. Es kommt dabei zum Teil zu erheblichen Konflikten. Gerade hier sehen die beteiligten Frauen im Nachhinein wichtige Lernprozesse in den Gruppenzusammenhängen. Sie konstatieren für sich selbst auch eine erhebliche Steigerung ihres Selbstwertgefühles. Foley sieht Parallelen zu Lernprozessen innerhalb der Frauenbewegung (vgl. ebd., 47 ff.). Er weist über die beiden Beispiele hinaus auf stadtteilbezogene Initiativen oder auch Arbeitskämpfe als Lernfelder hin.

Henze untersucht im Rahmen einer ethnografischen Studie informelle Lernprozesse im griechischen Dorfkontext. Es geht um Lernepisoden innerhalb der Familien, Gemeinden und im Rahmen von Kulturgruppenaktivitäten. Die Untersuchung bezieht sich auf Lernerfahrungen in alltäglichen Kommunikationsprozessen. Hierbei werden auch spezielle, kulturell eingebundene Fähigkeiten wie das Erlernen griechischer Tänze untersucht (vgl. Henze 1992, 73 ff.). Die Weitergabe traditioneller Heilverfahren (vgl. ebd., 82 ff.) wird ebenso thematisiert wie Lernepisoden des Kaffeeherstellens (vgl. ebd., 98 f.) oder Lernprozesse zwischen einer erfahrenen und einer noch nicht erfahrenen Mutter (vgl. ebd., 104 ff.).

Bei der Frage nach der Rolle kultureller Einflüsse beim informellen Lehren und Lernen findet sie eine Reihe von Argumenten, die deutlich machen, dass informelle Lehr-, Lernstrukturen die Erfolgsaussichten von Schülern im Rahmen des formalen Schulsystems durchaus beeinflussen. Unter Bezug auf Erikson stellt sie fest, dass je niedriger die kulturelle Kongruenz zwischen sozialem Umfeld und Schule ist, das Lernen für den einzelnen Schüler erschwert wird. Sie führt darüber hinaus eine Reihe von ethnografischen Studien an, die nachweisen, dass besonders Kinder von Minderheiten mit diesen Problemen in der Schule konfrontiert sind (vgl. ebd., 6 f.). Je weiter die Diskursgewohnheiten von den Praktiken formalen Lernens entfernt sind, desto größer sind – so Henze (1992) weiter – die Schwierigkeiten einzelner Schüler (vgl. ebd., 8). Weil im

Rahmen des Dorfkontextes informelles Lehren und Lernen im näheren sozialen Umfeld der Lernenden stattfindet, wissen die Lehrenden relativ gut, wo sie an vorhandene Kenntnisse anschließen können. In der Schule sei dies im Gegensatz dazu oft nicht der Fall und daher ein wichtiges Lernhemmnis, besonders wenn Lehrende und Lernende aus unterschiedlichen kulturellen Zusammenhängen kommen. Anhand einiger Beispiele wird deutlich, dass auch beim informalen Lernen ein „hidden-curriculum" existiert. So werden auch in diesem Rahmen Werte eher unbewusst mit vermittelt (vgl. ebd., 150 ff.).

Im Rahmen einer weiteren eher ethnologisch/anthropologischen Studie auf den Salomoninseln zeigt Ninnes, in welcher Weise ein westlich geprägtes Schulwesen in Konflikt mit einem anders gearteten Werte- und Lernsystem, hier dem melanesischen, gerät. Schüler und Lehrer haben strukturell unterschiedliche Erwartungen und Vorstellungen von schulischen Mitteln und Zielen. Die Schüler sind Teil eines informellen Lernkontextes. Wenn Aspekte des traditionellen Lernens im diametralen Gegensatz zum schulischen Lernen stehen, wird zwangsläufig der Lernprozess behindert (vgl. Ninnes 1995, 15). Nach Ninnes besteht ein wesentlicher Unterschied zwischen „importiertem" Schulsystem und einheimischer Kultur in unterschiedlichen Lernweisen und einer kulturell üblichen Vermeidung von Konflikten. In schulischen Lernprozessen müssen nach seinen Beobachtungen derartige Strukturen Berücksichtigung finden, was sich auch in didaktischen Herangehensweisen äußern muss (vgl. ebd., 19).

Traditionell ist es üblich, dass Kinder die Älteren bitten, ihnen bestimmte handwerkliche Fertigkeiten beizubringen. Die Kinder ergreifen also traditionell die Lerninitiative, nicht die Erwachsenen. Im Unterricht müssen also Lernwege gefunden werden, die diese Strukturen berücksichtigen. Gleichzeitig sind konsensuale Prozesse erforderlich, da Konflikte im Gegensatz zu traditionellen Verhaltensformen stehen (vgl. ebd., 19). Dies steht im Gegensatz zum Ablauf in westlich geprägten Schulsystemen. Zwar soll hier keineswegs einem musealen Umgang mit traditionellen Kulturen das Wort geredet werden, wenn aber informelle Lernstrukturen und formales Lernen sich allzu weit voneinander unterscheiden, werden Lernbarrieren errichtet.

3. Überblick über Untersuchungen zum informellen Lernen in Deutschland

Im deutschen Kontext gibt es bisher vergleichsweise wenige Studien, die explizit den Begriff des informellen Lernens verwenden. Das Deutsche Jugendinstitut führte schon 1994 eine Untersuchung zum Thema „Informelle Bildung im Jugendalter" durch (vgl. Tully 1994). Der Autor entwickelt, als Grundlage einer dann folgenden Analyse medialer und Kursangebote, ein eigenes Konzept von „Computerkompetenz". Wichtig an dieser Untersuchung ist vor allem das hier thematisierte Zusammenspiel verschiedener Lernorte und -weisen bei der zu guten Teilen informellen Aneignung des für die Computernutzung wichtigen Kompetenzbündels. Tully betont dabei die Rolle informeller Aneignungsformen. Dazu bringt ihn einerseits die nahe liegende Einsicht, dass der Umgang mit Programmen nur praktisch erlernt werden kann. Weiterhin diskutiert er die Dynamisierung des Softwarewissens und die Schnelligkeit des zudem nicht antizipierbaren Wandels. Computerwissen kann kaum schulisch vermittelt werden. Hier steht „informelle Bildung" im Vordergrund, die besonders durch eine Individualisierung der Lern- und Aneignungsstrategien gekennzeichnet ist. Er schreibt ihr eine Bedeutung nicht nur für direkt computerbezogene Lernprozesse zu, sondern auch eine besondere Relevanz, wenn es darum geht, den Computer als Werkzeug in anderen Lernprozessen zu nutzen. „Informelle Bildung" ist dabei besonders gekennzeichnet durch „(...) individuelles Lerntempo, eigene Planung der Lernfortschritte, Vertiefung und Übung nach Bedarf und nicht nach Stundenplan wie in der Schule" (ebd., 183).

Eine qualitative Studie von Kirchhöfer thematisiert informelles Lernen in alltäglichen Lebensführungen mit direktem Bezug zur beruflichen Kompetenzentwicklung ostdeutscher Arbeitnehmer (vgl. Kirchhöfer 2000). Über protokollierte Tagesläufe werden Prozesse des informellen Lernens im Alltag identifiziert. Aus den Protokollanalysen entstehen Lernertypisierungen und Erkenntnisse über Lernsituationen und Lernstrategien. Ausgegangen wird dabei von einer zunehmenden Entgrenzung der Lebens- und Arbeitssituationen vieler Menschen. Immer wieder entstehen Lernsituationen im sozialen Umfeld, deren Ertrag den Prozess der beruflichen Kompetenzentwicklung beeinflusst. Ein besonderes Augenmerk legt der Autor also auf Fragen des Kompetenztransfers aus dem sozialen Umfeld in die berufliche Sphäre.

Die besondere Bedeutung der Studie Kirchhöfers liegt im minutiösen Nachvollzug alltäglicher Lernsituationen und ihrer Analyse. So wird festgestellt, dass Lernsituationen von den Arbeitsinhalten, der Arbeitsorganisation und den sozialen Zusammenhängen im Lernumfeld determiniert werden. In sich geschlossene Routinetätigkeiten sind dabei sehr viel weniger lernhaltig, als relativ offene Arbeitsprozesse, innerhalb derer die Abläufe nicht von vornherein festliegen. Eine von außen kommende „lernförderliche Strukturierung" des Lernumfeldes unterstützt die individuelle Lernleistung, gleichzeitig aber strukturiert auch das Individuum den Lernprozess durch Veränderungen der Lernsituation (vgl. ebd., 80). Mit anderen Worten, die Lernsituation hat fremdbestimmte Anteile und wird gleichzeitig durch das lernende Individuum mit Blick auf Lernen verändert. Die Nutzung der Lernmöglichkeiten hängt dabei von der im Biografieverlauf erworbenen Selbstlernkompetenz und der Lernmotivation des Einzelnen ab. Kirchhöfer identifiziert vielfältige Lernstrategien. Beobachten, Nachahmen und experimentelles Lernen wird genauso festgestellt wie ein gedankliches Probehandeln. „Sozial-kommunikative Strategien" spielen eine wichtige Rolle: Gespräche und Beratung zwingen zur „Formulierung des Handlungsprogramms". Wichtig ist auch die gezielte Nutzung schriftlicher Ressourcen, wie Anleitungen, Fachliteratur oder Internetbeiträge. Zu den Strategien wird auch die kritische Situationsanalyse gerechnet (vgl. ebd., 81).

Stieler-Lorenz berichtet von einer Untersuchung, die im Jahr 2000 in den neuen Bundesländern durchgeführt wurde (vgl. Stieler-Lorenz 2002). Im Mittelpunkt steht dabei der Erwerb arbeits- und berufsbezogener Kompetenzen, wobei auch Bezüge zum Lernen im sozialen und politischen Umfeld Berücksichtigung finden. Die Ergebnisse der qualitativ und quantitativ angelegten Studie unterstreichen die große Bedeutung informellen Lernens während des extremen gesellschaftlichen Wandels in Ostdeutschland. Dies gilt insbesondere für Lernfelder, die mit den Rahmenbedingungen von Arbeit zu tun haben (Arbeitsschutz, Arbeitsrecht, Arbeitsorganisation etc.). Ferner sind in diesem Zusammenhang von Relevanz die Arbeit mit dem Computer, das Thema Kundenorientierung sowie die Arbeit mit neuen Technologien und Produkten (vgl. ebd., 286). Die Interviewten sind der Meinung, dass organisierte Weiterbildung nicht mehr mit den Lernerfordernissen der Arbeit Schritt halten kann. Besonders Kommunikationsfähigkeit und Sozialkompetenz als Voraussetzung für Marktbeherrschung, Kundenumgang und Teamarbeit werden informell lernend erworben. Insgesamt stehe man vor einer Situation, in der informelles Lernen von Seiten der Betriebe erwartet, nicht aber stimuliert und gefördert wird.

Aus dem Deutschen Jugendinstitut kommt noch eine weitere Arbeit. Unter Bezug auf einen im Rahmen des Projektes auch schlüssigen, eher lernorganisatorischen Begriff des informellen Lernens stehen die Freizeitinteressen und die damit verbundenen informellen Lernfelder von Schülern im Mittelpunkt (vgl. Lipski 2000). Eine wesentliche Kategorie dieser Untersuchung ist das Lerninteresse, die Lernmotivation der Kinder und Jugendlichen in Abgrenzung zum schulischen Lernen. Insgesamt wurden mehr als 1.700 Schüler der Klassen vier, fünf und sechs verschiedener Regionen in Ost- und Westdeutschland und ergänzend 1.300 Eltern dazu befragt. Eine schriftliche Befragung wird durch vertiefende Fallstudien ergänzt. Die Ergebnisse deuten auf eine Verbindung von Interessenwahrnehmung und dem Bedürfnis nach aktivem Handeln hin. Letztgenanntes hat eine größere Bedeutung als passive Beschäftigung. Die Befragten suchen Herausforderungen und verbinden vielfach bewusst Spaß mit Leistung. Fast zwei Drittel der Kinder und Jugendlichen orientieren sich in der Wahrnehmung ihrer Freizeitinteressen überdies an manchmal vagen, doch klar erkennbaren beruflichen Zukunftswünschen. Eine der wesentlichen Quellen für Interessens- bzw. Lernanregungen ist dabei die Gleichaltrigengruppe (vgl. Hössl 2000). Die Ergebnisse der Studie werden mit Lehrerbefragungen kontrastiert und führen zu Überlegungen über notwendige Verbindungen zwischen informellem und schulischem Lernen (vgl. Lipski 2000, 35). Anschließend an diese Arbeiten führt das DJI (zusammen mit der Universität Dortmund) zurzeit eine Studie zum Lernen von Jugendlichen in ehrenamtlichen Tätigkeiten durch.

Die jüngste Studie zum informellen Lernen, hier in Klein- und Mittelbetrieben der IT-Branche, legten Dehnbostel u. a. vor. Im Rahmen eines quantitativen Teils wurden dabei 110 Betriebe befragt. Ein qualitativer Teil führt zu einer „dichten Beschreibung" des betrieblichen informellen Lernens dreier Fallbetriebe. Im Mittelpunkt der Lernaktivitäten stehen hier kommunikative Prozesse, wie etwa der kontinuierliche Austausch über akute Arbeitsaufgaben und -probleme mit Kollegen. Strukturiertes Problemlösen wird als wichtige Lernweise ebenso genannt, wie systematisches Probieren vor dem Hintergrund bereits gemachter Erfahrungen. Die Reflexion im Austausch mit Kollegen steht im Zentrum der Lernstrategien. Eine wichtige Rolle spielt das Internet, wobei allerdings dessen Wert als Lernressource sehr differenziert betrachtet wird. Lernsoftware spielt kaum eine Rolle. Erstaunlich wichtig ist der Einsatz von Printmedien, seien es Fachzeitschriften oder Handbücher. Strategien zur Unterstützung informeller Lernprozesse finden sich bei der übergroßen Mehrzahl der befragten Betriebe. Vom gezielten Einsatz von Lernmaterialien bis hin zum Coaching wird eine Reihe von unterstützenden Maßnahmen ausprobiert bzw. schon länger angewandt. Die Betriebe sind besonders bemüht, den kommunikativen Austausch über Arbeitsprozesse und -abläufe im Unternehmen systematisch zu unterstützen. Dabei wird die Erzielung von Lernzuwächsen bewusst gefördert. Es bestehen Formen wie „Jour Fixe", Teamsitzungen zur Besprechung anstehender Probleme oder Projektleiterrunden zur Diskussion der aktuellen Projekte, die vorwiegend auf den reibungslosen Arbeitsablauf gerichtet sind und gleichwohl dem Lernen Zeit und Raum geben. Sie lassen sich als Arbeitsorganisationsformen bezeichnen, die dem Lernen förderlich sind (vgl. Dehnbostel u. a. 2003, 61 ff.).

Sowohl die Fragebogenergebnisse als auch die Fallstudie belegen, dass die Betriebe den Bedarf einer systematischen (Lern-) Unterstützung ihrer Mitarbeiter erkannt haben und bereits entsprechende Aktivitäten ausprobieren. Die Förderung des betrieblichen Lernens erfolgt dabei eher intuitiv. Formeln, wie ‚wir schaffen das schon', ‚sich selbst an den Haaren aus dem Sumpf ziehen' oder ‚aus der Not eine Tugend machen' kennzeichnen die zugrunde liegende Haltung. Strukturelle und nachhaltige unternehmensspezifische Konzepte sind kaum vorzufinden. Es bestätigt sich, dass es zur Unterstützung des Lernens in der Arbeit einer professionellen Lernbegleitung bedarf (vgl. ebd., 173 ff.).

4. Offene Fragen

Die hier zusammengefassten Debatten und Untersuchungen zum informellen Lernen lassen eine Reihe von Fragen offen. Nicht zufällig liegt ein Schwerpunkt der Diskussion beim arbeitsbezogenen Lernen. Bei zunehmender Komplexität der Arbeitsinhalte werden in Zukunft Konzepte der Begleitung informellen Lernens für bestimmte Sektoren in Produktion und Dienstleistung zu erarbeiten sein. Gleichzeitig wichtig für die große Zahl der Menschen, die eher nicht in den Arbeitsmarkt integriert sind, sind neue Weiterbildungskonzepte, die informelles Lernen berücksichtigen und bereits erworbene Kompetenzen anerkennen.

Außer einigen Vertretern der entwicklungspolitischen Bildungsforschung, einigen Berufspädagogen und Erwachsenenbildnern waren es in Deutschland zuerst Vertreter der Sozialpädagogik, Jugendforschung und Freizeitpädagogik, die auf (informelle) Lernfelder außerhalb formaler Bildung hinwiesen (vgl. Nahrstedt u. a. 2002; Lipski 2000; 2003). Die Lernanforderungen der „Wissensgesellschaft" und in Verbindung damit die Debatte um Schlüsselqualifikationen bzw. Schlüsselkompetenzen, so diffus sie sich insgesamt entwickelt haben mag, fordert eine Neubewertung dieses außerschulischen Kompetenzerwerbes und ein intensives Nachdenken über Verbindungslinien zwischen den Lernorten und -formen heraus. Dabei sind soziale Lerngrenzen mit zu beachten, aber auch Strategien der Menschen, diese Grenzen zu überschreiten. Bourdieu hat mit seinen Arbeiten zum Habitus und zum kulturellen und sozialen Kapital auf die Grenzen der sozial ausgleichenden Funktion von Schule hingewiesen.

Trotz aller Schwierigkeiten bei der Umsetzung dieses Anspruches darf er nicht aufgegeben werden. Ganztagsbildung kann dazu beitragen, dieses Ziel zu verwirklichen. Dies ist aber nur möglich, wenn hier neue Lernräume geschaffen werden, in denen sich formales und informelles Lernen treffen, in denen eigenständiges Lernen kulturell und sozial sensibel begleitet wird. Pädagogische Konzepte dazu müssen nicht neu erfunden, sondern kreativ angepasst werden (vgl. Overwien 2003a). In diesem Rahmen muss es auch um die notwendige Professionalität der Lernbegleiter gehen, denn eine Ganztagsbildung, die sich nicht neuen professionellen Herausforderungen stellt, die nur die reformresistente Schule verlängert oder nur eine anspruchsarme Aufbewahrung würde, wäre eine Veranstaltung, die informelles Lernen eher behindert. Die Debatten und Aktivitäten um eine „neue Lernkultur" in der Schule lassen zumindest Hoffnung in der Form aufkeimen, dass auch von dieser Seite etwas in Bewegung kommt (vgl. Overwien 2003b).

Literatur

Argyris, C./Schön, D. A.: Organizational Learning: A Theory of Action Perspective, San Francisco 1978.

Bell, J./Dale, M.: Informal Learning in the Workplace. Department for Education and Employment Research Report No. 134. Hrsg. vom Department for Education and Employment, London 1999.

Bjørnåvold, J.: Identification, assesment and recognition of non-formal learning, in: P. Dehnbostel, W. Markert, H. Novak (Hg.), Workshop. Erfahrungslernen in der beruflichen Bildung – Beiträge zu einem kontroversen Konzept, Neusäß 1999, 254-280.

Bourdieu, P.: Cultural Reproduction and Social Reproduction, in: J. Karabel, A. H. Halsey (Hg.), Power and Ideology in Education, New York 1977, 487-511.
Brew, M. J.: Informal Education. Adventures and Reflections, London 1953.
Coleman, J. S.: Foundations of Social Theory, Cambridge 1994.
Collins, A./Brown, J. S., Newman, S. E.: Cognitive apprenticeship: Teaching the crafts of reading, writing, and mathematics, in: L. B. Resnick (Hg.), Knowing, learning and instruction: Essays in honor of Robert Glaser, Hillsdale 1989, 453-494.
Coombs, P. H./Achmed, M.: Attacking rural Poverty. How nonformal education can help, Baltimore 1974.
Cseh, M./Watkins, K. E./Marsick, V. J.: Re-conceptualizing Marsick and Watkins´ Modell of Informal and Incidental Learning in the Workplace, in: K. P. Kuchinke (Hg.), Academy of Human Resource Conference Proceedings, Arlington 1999, 3-7.
Dehnbostel, P.: Zukunftsorientierte betriebliche Lernkonzepte als Integration von informellem und intentionalem Lernen, in: P. Dehnbostel, W. Markert, H. Novak (Hg.), Erfahrungslernen in der beruflichen Bildung – Beiträge zu einem kontroversen Konzept, Neusäß 1999, 184-195.
Dehnbostel, P./Molzberger, G./Overwien, B.: Informelles Lernen in modernen Arbeitsprozesse dargestellt am Beispiel von Klein- und Mittelbetrieben der IT-Branche, Berlin 2003.
Dekeyser, L.: Learning Social Capital by Incident in Social Movements and Voluntary Associations. Paper for European Research Conference: Wider Benefits of Learning: Understanding and Monitoring the Consequences of Adult Learning, Lissabon 2001.
Dewey, J.: Democracy and Education, New York 1997.
Dohmen, G.: Das informelle Lernen. Die internationale Erschließung einer bisher vernachlässigten Grundform menschlichen Lernens für das lebenslange Lernen aller. Hrsg. vom Bundesministerium für Bildung und Forschung, Bonn 2001.
Elsdon, K. T.: Voluntary Organisations: Citizenship, Learning and Change, Leister 1995.
Europäische Kommission (Hg.): Lehren und Lernen. Auf dem Weg zu einer kognitiven Gesellschaft, Brüssel 1996.
Europäische Kommission, Generaldirektion Bildung und Kultur, Generaldirektion Beschäftigung und Soziales: Mitteilung der Kommission: Einen europäischen Raum des Lebenslangen Lernens schaffen, November 2001.
Faure, E. u. a: Learning to Be: The World of Education Today and Tomorrow. Hrsg. von der UNESCO, Paris 1972.
Ferej, A K.: The Use of Traditional Apprenticeship in Training for Self-employment by Vocational Training Institutes (VTIs) in Kenya, in: J. P. Grierson, I. McKenzie (Hg.), Training for Self-employment trough Vocational Training Institutions, Turin 1996.
Field, F./Spence, L.: Informal Learning and Social Capital, in: F. Coffield (Hg.), The Nesessity of Informal Learning, Bristol 2000, 32-42.
Fischer, T.: Informelle Pädagogik. Systematische Einführung in die Theorie und Praxis informeller Lernprozesse, Hamburg 2003.
Foley, G.: Learning in Social Action: A Contribution to Understanding Informal Education, London 1999.

Franzky, G./Wölfing, S.: Lernförderliche Strukturen und gesellschaftliches Engagement in einer ländlichen Region, in: Arbeitsgemeinschaft Qualifikations-Entwicklungs-Management (QUEM) (Hg.), Lernen in Tätigkeitsfeldern außerhalb von Erwerbsarbeit, Berlin 1997, 5-54.

Garrick, J.: Informal Learning in the Workplace: Unmasking Human Resource Development, London u. a. 1998.

Gear, J./Mc Intosh, A./Squires, G.: Informal Learning in the Professions, University of Hull 1994.

Gonon, P.: Informelles Lernen – ein kurzer historischer Abriss von John Dewey zur heutigen Weiterbildung, in: P. Dehnbostel, P. Gonon (Hg.), Informelles Lernen – eine Herausforderung für die berufliche Aus- und Weiterbildung, Bielefeld 2002.

Greenfield, P./Lave, J.: Cognitive Aspects of Informal Education, in: D. A. Wagner, H. W. Stevenson (Hg.), Cultural Perspectives on Child Development, San Francisco 1982, 181-207.

Harrison, L.: A Case for the Underestimated. Informal Side of Lifelong Learning, in: Australien Journal of Adult Education, 2003, Heft 1, 23-42.

Henze, R. C.: Informal Teaching and Learning. A Study of Everyday Cognition in a Greek Community, Hillsdale 1992.

Herriger, N.: Empowerment in der sozialen Arbeit, 2. Aufl., Stuttgart u. a. 2002.

Hössl, A.: Spaß an der Sache, Bereitschaft zur Leistung, Anregungen durch Freunde. Erste Thesen zu den Interessen von 10-14jährigen Kindern, in: Deutsches Jugendinstitut (Hg.), Informelles Lernen in der Freizeit. Erste Ergebnisse des Projektes „Lebenswelten als Lernwelten", München 2000, 11-16.

Jeffs, T./Smith, M. K.: Informal Education – Conversation, Democracy and Learning, London 1996 (http://www.infed.org im August 2003).

Kernig, W.: Informal Education. Die englischen Wurzeln des offenen Unterrichts, in: M. Göhlich (Hg.), Offener Unerricht, Community Education, Alternativschulpädagogik, Reggiopädagogik. Die neuen Reformpädagogiken. Geschichte, Konzeption, Praxis, Weinheim 1997, 39-52.

Kirchhöfer, D.: Informelles Lernen in alltäglichen Lebensführungen. Chance für berufliche Kompetenzentwicklung. Quem-Report Nr. 66, Berlin 2000 (http://www.abwf.de/content/main/publik/report/2000/Report-66.pdf am 24.09.2003).

Knowles, M. S.: Informal Adult Education. A Guide for Administrators, Leaders and Teachers, New York 1951.

Kosubek, S.: Das Lernen Erwachsener zwischen Offenheit und Institutionalisierung dargestellt am Beispiel des Kleingartenwesens und der Volkshochschule, Frankfurt a. M. 1982.

Lave, J.: A Comparative Approach to Educational Forms and Learning Processes, in: Anthropology and Education Quarterly, 1982, Heft 2, 181-187.

Lave, J.: Cognition in practice. Mind, mathematics and cultural in every day life, Cambridge 1988.

Lave, J./Wenger, E.: Situated Learning, New York 1991.

Leontjev, A. N.: Probleme der Entwicklung des Psychischen, Moskau 1959 (deutsche Übersetzung und Redaktion von E. Däbritz, Berlin 1971).

Lipski, J.: Für das Leben lernen – aber wo? Anmerkungen zum Verhältnis zwischen informellem und schulischem Lernen, in: Deutsches Jugendinstitut (Hg.), Informelles Lernen in der Freizeit. Erste Ergebnisse des Projektes „Lebenswelten als Lernwelten", München 2000, 25-40 (http://www.dji.de/6_leblern am 24.09.2003).

Lipski, J.: Für das Leben lernen, was wie und wo? Umrisse einer neuen Lernkultur, in: B. Hungerland, B. Overwien (Hg.), Kompetenzerwerb außerhalb etablierter Lernstrukturen. Modelle für eine künftige Lernkultur?, Opladen 2004 (i. E.).

Livingstone, D. W.: Adults' Informal Learning: Definitions, findings, Gaps and Future Research. NALL Working Paper 21/2001, Toronto 2001 (http://www.oise.utoronto.ca/depts/sese/csew/nall/res/21adultsifnormallearning.htm am 30.08.2003).

Livingstone, D. W.: Informelles Lernen in der Wissensgesellschaft, in: Arbeitsgemeinschaft Qualifikations-Entwicklungs-Management (QUEM) (Hg.), Kompetenz für Europa – Wandel durch Lernen – Lernen im Wandel. Referate auf dem internationalen Fachkongress, Berlin 1999, 65-92 (in englischer Sprache bei http://www.oise.utoronto.ca/depts/sese/csew/nall/res/cjsaem.pdf im März 2000).

Marsick, V. J./Volpe, M. (Hg.): Informal Learning on the Job. (Advances in Developing Human Resources). Baton Rouge, San Francisco 1999.

Marsick, V. J./Volpe, M./Watkins, K. E.: Theory and Practice of Informal Learning in the Knowledge Era, in: V. J. Marsick, M. Volpe (Hg.), Informal Learning on the Job. (Advances in Developing Human Resources). Baton Rouge, San Francisco 1999, 80-95.

Marsick, V. J./Watkins, K. E.: Informal and Incidental Learning, in: New Directions for Adult and Continuing Education 2001, Heft 89, 25-34.

McGivney, V.: Informal Learning in the Community, Leister 1999.

Merrifield, J.: Learning Citizenship. A Discussion Paper prepared for Institute of Development Studies Participation Group and Society for Participatory Research in Asia, London 2001.

Mezirow, J.: Transformative Dimensions of Adult Learning, San Francisco 1991.

Monkman, K.: Transnational Migration and Learning Process of Mexican Adults Constructing Lives in California, in: International Journal of Educational Development, 1999, Heft 4/5, 367-382.

Nahrstedt, W. u. a.: Erlebniswelten als Lernwelten. Eine Herausforderung für die Erziehungswissenschaft, in: Spektrum Freizeit, 2002, Heft 1, 44-69.

Negt, O.: Kindheit und Schule in einer Welt der Umbrüche, Göttingen 1997.

Ninnes, P. M.: Informal Learning Contexts in Solomon Islands and their Implications for the Cross-Cultural Classroom, in: International Journal of Educational Development, 1995, Heft 1, 15-26.

Overwien, B.: Außerhalb europäischer Wahrnehmung: Traditionelles berufliches Lernen in Afrika und die informelle Lehre in Lateinamerika, in: B. Overwien, C. Lohrenscheit, G. Specht (Hg.), Arbeiten und Lernen in der Marginalität, Frankfurt a. M. 1999, 163-176.

Overwien, B.: Informelles Lernen und Erfahrungslernen in der internationalen Diskussion: Begriffsbestimmungen, Debatten und Forschungsansätze, in: M. Rohs (Hg.), Arbeitsprozess-integriertes Lernen: neue Ansätze für die berufliche Bildung, Münster u. a. 2002, 13-36.

Overwien, B.: Das lernende Subjekt als Ausgangspunkt – Befreiungspädagogik und informelles Lernen, in: W. Wittwer, S. Kirchhof (Hg.), Informelles Lernen und Weiterbildung: Neue Wege zur Kompetenzentwicklung, Neuwied 2003a.

Overwien, B.: Fürs Leben lernen: Integration von allgemeiner und beruflicher Bildung. Broschüre zu den „Eschborner Fachtagen" der Deutschen Gesellschaft für Technische Zusammenarbeit (GTZ), Eschborn 2003b.

Paris, S. G.: Situated Motivation and Informal Learning, in: Journal of Museum Education, 1997, Heft 2/3, 22-27.
Putnam, R. D.: Making Democracy Work: Civic Traditions in Modern Italy, Princeton 1993.
Rogoff, B.: Apprenticeship in Thinking. Cognitive development in Social Context, New York und Oxford 1990.
Rogoff, B.: The Cultural Nature of Human Development, Oxford u. a. 2003.
Schöfthaler, Traugott: Informelle Bildung, in: Zeitschrift für Pädagogik, 16. Beiheft: Die Dritte Welt als Gegenstand erziehungswissenschaftlicher Forschung, Weinheim und Basel 1981, 97-115.
Schugurensky, D.: The Forms of Informal Learning: Towards a Conceptualization of the Field. Draft Working Paper October, 2000. NALL Working Paper 19/2000, Toronto 2000 (http://www.oise.utoronto.ca/depts/sese/csew/nall/res/ im August 2003).
Sommerlad, E./Stern, E.: Workplace Learning, Culture and Performance, London 1999.
Stieler-Lorenz, B.: Informelles Lernen nach der Wende in den neuen Bundesländern, in: M. Rohs (Hg.), Arbeitsprozess-integriertes Lernen: Neue Ansätze für die berufliche Bildung, Münster u. a. 2002, 127-142.
Tough, A.: The Adults Learning Projects, Toronto 1971.
Tully, C. J.: Lernen in der Informationsgesellschaft. Informelle Bildung durch Computer und Medien, Opladen 1994.
Watkins, K./Marsick, V.: Informal and Incidental Learning in the Workplace, London 1990.
Welton, M. R. (Hg.): In Defense of the Life World: Critical Perspectives on Adult Learning, Albany 1995.
Wygotski, L.: Mind in society, Cambridge 1978.

Bildung des Sozialen

Stephan Sting

Soziale Bildung

In der Entstehungszeit des modernen Bildungsdenkens um 1800 vollzog sich Bildung noch weitgehend unabhängig von schulischen Institutionen oder unterrichtsartigen Veranstaltungen. „Ganztagsbildung" war eine Selbstverständlichkeit, da Bildung in den alltäglichen Lebensvollzügen der Sich-Bildenden stattfand: im sozialen Miteinander, in geselligen Zirkeln oder Vereinen, in den Begegnungen auf Reisen und Wanderschaften oder in der selbsttätigen Auseinandersetzung mit dem sich zu jener Zeit rasant vermehrenden Lesestoff. Ausgangspunkt des Bildungsprozesses war die Selbstbildung der Sich-Bildenden. Er wurde als umfassender Prozess der Persönlichkeitsbildung gedacht, mit dessen Hilfe sich das einzelne Subjekt zur umgebenden Welt und Gesellschaft in Beziehung setzte. Und Bildung war vor allem „informelle Bildung", also ungeplant und nicht-intendiert.

Inzwischen ist der jahrelange, regelmäßige Schulbesuch unumgänglicher Bestandteil der Biografie der Heranwachsenden geworden, und die öffentliche Diskussion um Bildung hat sich auf den in der Schule institutionalisierten Ausschnitt des Bildungsprozesses konzentriert: auf den Erwerb von Wissen und kognitiven Kompetenzen, der mittels formaler Bildungsbemühungen im Rahmen von Unterricht befördert wird. Wird nun vor diesem Hintergrund „Ganztagsbildung" diskutiert und mit der Institutionalisierung von Ganztagssystemen verknüpft, dann erscheint es mir ratsam, an Bereiche des umfassenden Bildungsprozesses zu erinnern, die im schulisch verengten Bildungsverständnis nicht oder nur ungenügend zur Geltung kommen. Zu dem Zweck schlage ich vor, mit „sozialer Bildung" jene Dimensionen des Bildungsprozesses zu bezeichnen, die auf die sozialen Abhängigkeiten, Rahmenbedingungen und Einbettungen des Bildungsprozesses verweisen. Die sozialen Dimensionen von Bildung machen zugleich deutlich, dass formale Bildungsbemühungen in einem spezifischen Wechselverhältnis zu lebensweltlichen, informellen Bildungsprozessen stehen, die gerade bei einer Ausweitung des institutionellen Zugriffs auf Bildung auf eine neue Weise Aufmerksamkeit erhalten müssen.

1. Bildung und soziale Ungleichheit

Die Nicht-Autonomie von Bildung, d. h. ihre soziale Kontextualität und ihre Abhängigkeit von sozialstrukturellen Voraussetzungen, wird durch den in den letzten Jahren wieder verstärkt aufgekommenen Diskurs zur sozialen Ungleichheit im Bildungswesen evident. In den letzten 30 Jahren ist zwar in Deutschland in allen sozialen Schichten das Bildungsniveau angehoben worden, dessen soziale Polarität hat sich jedoch nicht verringert, sondern im Gegenteil noch verschärft (vgl. Friebel u. a. 2000, 20; Becker 2000, 466). Die PISA-Studie hat deutlich gemacht, dass die außergewöhnlich frühe Selektion durch das gegliederte Schulwesen in Deutschland einen entscheidenden Faktor für die enorme Leistungsdifferenz zwischen sozial schwachen und gut situierten Heranwachsenden darstellt. Aber zugleich gibt es kein einziges Land, in dem der Zusammenhang von sozialer Position und Kompetenzerwerb nicht erkennbar ist (vgl. Deutsches PISA-Konsortium 2001, 383, 458 ff.). Daher können Bourdieus Analysen zur gesellschaftlichen Funktion des Bildungswesens nach wie vor Gültigkeit beanspruchen: Die Institutionen der formalen Bildung üben eine soziale Selektionsfunktion aus. Sie setzen Unterschiede, indem sie die Heranwachsenden per Abschlüsse und Zertifikate selegieren und auf diesem Weg soziale Chancen eröffnen oder blockieren. Die Selektion vollzieht sich scheinbar neutral, da sie an das in der Schule vorherrschende Leistungsprinzip gekoppelt ist. Die Tatsache, dass sich schulische Leistung und herkunftsbedingter sozialer Status weitgehend decken, führt jedoch zur Legitimation und Reproduktion von sozialen Ungleichheiten (vgl. Bourdieu 1998, 36 ff.; Egger/Pfeuffer/Schultess 1996, 320 ff.).

Die Erklärung des Zusammenhangs zwischen formaler Bildung und der Reproduktion sozialer Ungleichheit steht noch aus. Insgesamt betrachtet scheint das Bildungssystem nicht zentral für die Ungleichheitsreproduktion zu sein; es kann diese bestenfalls begünstigen oder gegensteuern (vgl. Krais 1996, 138). Meine These ist, dass die Ungleichheit der formalen Bildung mit der Differenz nicht-institutionalisierter, sozialer Bildungsprozesse zusammenhängt. Die unterschiedlichen Dimensionen sozialer Bildung möchte ich im Folgenden mit Hilfe von drei unterscheidbaren Perspektiven erläutern: Die *soziokulturelle Perspektive* fragt nach dem Grad der Übereinstimmung von Herkunftskultur und kulturellen Anforderungen der Schule. Die *sozialstrukturelle Perspektive* analysiert die Abhängigkeit des Bildungsprozesses von sozialen Positionierungen und Anerkennungsstrukturen sowie den daraus resultierenden Bewältigungsanforderungen. Die *interaktive bzw. Geselligkeitsdimension* untersucht schließlich die Bildungsrelevanz von informellen Gruppen- und Interaktionskontexten, die im Rahmen von Ganztagsbildung an Bedeutung gewinnen werden.

2. Dimensionen sozialer Bildung

Die soziokulturelle Perspektive

Schulische Bildung steht in einem spezifischen Verhältnis zu den kulturellen Praktiken der Herkunftsfamilie und des außerschulischen Lebenskontextes. Dass die in der Herkunftsfamilie erworbenen Kompetenzen und Ressourcen Einfluss auf den Schulerfolg haben, ist hinreichend bekannt. Bei deren Vermittlung handelt es sich nicht nur um einen Sozialisationsprozess, sondern um eine alltägliche, informelle Bildung, die permanente pädagogische Anstrengungen in den Familien einschließt und die gesamte soziale Praxis umfasst: Ernährungsgewohnheiten, Tischsitten, Mediennutzung, die Mitarbeit im Haushalt oder auch schulische Fragen werden Tag für Tag aufs Neue besprochen und verhandelt (vgl. Wulf u. a. 2001, 37 ff.). Bildungsaspirationen und Leistungsmotivationen werden in den täglichen Aushandlungen zwischen Eltern und Kindern zu schulischen Erfahrungen, schulischen Einstellungen und Verhaltensweisen als spezifische soziokulturelle Orientierung vermittelt, wobei die Bestrebungen der Eltern zum Statuserhalt eine zentrale Rolle spielen (vgl. Deutsches PISA-Konsortium 2001, 353 f.). Ebenso sind kognitive Kompetenzen wie z. B. die „Lesekompetenz" von den kulturellen Praktiken der Familie beeinflusst (vgl. Dehn u. a. 1999, 571). Und schließlich bestimmt der häusliche Spracherwerb zu einem erheblichen Teil die Chancen im formalen Bildungswesen. Kinder mit nicht-deutscher Muttersprache scheinen dabei in Deutschland besonders benachteiligt zu sein.

Die informelle Bildung in Herkunftsfamilie und Herkunftsmilieu führt zu unterschiedlichen Ausprägungen des kulturellen Kapitals und der kulturellen Praxis. Schule verhält sich diesen Ausprägungen gegenüber nicht neutral, sondern sie kultiviert eine spezifische, historisch entstandene soziale Lebensweise. Bildungsanforderungen wie Lernbereitschaft, Leistungs- und Kommunikationsfähigkeit, rationale Selbstkontrolle und kognitive Wissensorientierung bleiben trotz der gegenwärtigen Pluralisierung der Lebensstile am soziokulturellen Leitmodell der „Bürgerlichkeit" orientiert (vgl. Frevert 1999, 157 ff.). Die informelle Bildung weist je nach Herkunft eine unterschiedlich große Affinität zu diesen Leitorientierungen auf, die den Erwerb von erfolgversprechenden Bildungsabschlüssen mehr oder weniger begünstigt.

Die sozialstrukturelle Perspektive

Die soziokulturelle Praxis in Familien und sozialen Milieus hängt von der sozialen Position und den daraus resultierenden Chancen zum Erwerb von sozialem Status und sozialer Anerkennung ab – dies haben Bourdieus Ausführungen zur sozialen Differenzierungsfunktion des Habitus hinreichend deutlich gemacht. Wer in der Gesellschaft ganz unten steht und auch für die Zukunft keine Verbesserung seiner Position zu erwarten hat, der ist für zukunftsbezogene Bestrebungen wenig empfänglich. Dies zeigt sich auch an den Auswirkungen der frühen Selektion im deutschen Bildungssystem: Schüler, die sich am unteren Ende der Schulhierarchie sehen, werden nicht nur durch erfolgreichere Schüler aus weiterführenden Lebensperspektiven gedrängt, sondern sie kultivieren eine Gegenwartsorientierung, die sich oft im Widerstand zu den zukunftsbezogenen Versprechungen und Erwartungen der Schule artikuliert. Vor diesem Hintergrund wird die Gefahr der „Abkopplung" einer ganzen Bevölkerungsgruppe von der generellen Anhebung des Bildungsniveaus in Deutschland diskutiert (vgl. Krais 1996, 143 f.).

Zugespitzt wird diese Situation durch die Bewältigungsperspektive, die die Herstellung sozialer Handlungsfähigkeit angesichts sozialen Drucks, sozialer Belastungen und sozialer Beschränkungen beschreibt. Bewältigung beinhaltet ein „Umgehen" mit sozialen Strukturen und habituellen Dispositionen unter erschwerten Bedingungen (vgl. Böhnisch 1997, 25 ff.): Je schwieriger die biografische Situation – z. B. in Übergangsphasen der Persönlichkeitsentwicklung – und je ungünstiger die soziale Konstellation – z. B. in sozial benachteiligten Milieus –, desto prekärer die Chancen zur Einlösung der Bedürfnisse nach sozialer Anerkennung und Selbstwert mit Hilfe von Bewältigungshandeln (vgl. Sting 2002).

Schulische Bildung steht nun in einem doppelten Spannungsverhältnis zum Bewältigungshandeln der Schüler. Zum einen ist das schul- und unterrichtsbezogene Engagement der Schüler von der Bewältigung sozialer Probleme und Lebenssituationen außerhalb der Schule abhängig. Zum anderen muss Schule – als Erfahrung des Scheiterns oder der abwertenden Selektion – selbst bewältigt werden. Schule ist oft Hauptauslöser für problematische oder riskante Verhaltensweisen, z. B. sind negative Schulerfahrungen ein entscheidender Risikofaktor für Drogenkonsum und Suchtentwicklungen. Eine Ganztagsbildung, die den Anspruch erhebt, die formale, kognitiv orientierte Bildung zu überschreiten, müsste in diesem Beispiel beide Aspekte des Schülerverhaltens einbeziehen und sich neben der Förderung kognitiver Kompetenzen auch mit dem Drogenkonsum der betreffenden Schüler beschäftigen. Im etablierten Schulsystem wird dem z. B. durch Ansätze zur Suchtprävention in der Schule Rechnung getragen. Hierbei taucht jedoch ein empirisch immer wieder bestätigtes Problem auf: Gerade diejenigen Schüler, die besonders suchtgefährdet sind, werden durch schulische Suchtprävention nicht erreicht (vgl. z. B. Kolip 1999).

Der Misserfolg schulischer Suchtprävention hat systematische Gründe: Wird Drogenkonsum zur Bewältigung von Schulerfahrungen eingesetzt, dann findet er in Abgrenzung zu schulischen Anforderungen und Angeboten in einer eigenständigen sozialen Sphäre statt: in informellen Peergroups und Interaktionskontexten. Die Verweigerung sozialer Anerkennung im Prozess der formalen Bildung verstärkt das Streben nach Anerkennung und Selbstwert in jugendlichen Peergroups, Cliquen und Szenen sowie die Distanz zu schulischen Angeboten. Der Einbezug alltagsweltlicher, informeller Aspekte in die Ganztagsbildung erfordert demnach einerseits die Berücksichtigung außerschulischer Probleme und Lebenssituationen der Schüler. Andererseits muss die informelle, gesellige Praxis der Peergroups ernst genommen werden, da sie aus der Bewältigungsperspektive bereits „Lösungsversuche" für soziale Probleme enthält.

Die interaktive bzw. Gesellligkeitsperspektive

Schulische Bildung betrachtet Peergroups seit ihren Anfängen als Störung oder Gegenpol zum geordneten Bildungsverlauf. Seit Herbarts Konzept des „erziehenden Unterrichts" gilt das „Gemeinwesen der Zöglinge" als schädlich, da es die Einwirkungsmöglichkeiten des Lehrers und die Idee eines systematischen Bildungsgangs subvertiert (vgl. Herbart 1968, 85). Schule begibt sich damit in eine Gegenposition zur selbsttätigen, informellen Bildung in Peergroups. Dies führt heute vor allem in der Schule für Jugendliche zu einer „Sinnkrise", da die Jugendlichen ihrerseits das Angebot einer über den Erwerb von Abschlüssen und Zertifikaten hinaus gehenden Bildung zunehmend ablehnen (vgl. Winterhager-Schmid 2002, 195 ff., 204).

Möchte Ganztagsbildung diese Diskrepanz zwischen formaler, schulischer Bildung und informeller Bildung in Gruppeninteraktionen überbrücken, dann muss sie die positiven Leistungen von Peergroups näher in den Blick nehmen. Dass Peergroups neben der Familie und der Schule eine eigenständige sozialisatorische Bedeutung haben, ist inzwischen unumstritten. Eine darüber hinaus gehende Bildungswirksamkeit wird ihnen hinsichtlich des Erwerbs von sozialen und kommunikativen Kompetenzen, der Herausbildung von Norm- und Wertorientierungen und des Beitrags zur Identitätsbildung zugesprochen. Peergroups können als eine Bildungsressource betrachtet werden, die den individuellen Kompetenzerwerb mit der selbstorganisierten Gestaltung von Zusammenschlüssen und einer Auseinandersetzung mit gesellschaftlichen Strukturen und Anforderungen verknüpft. Peergroups sind eine wichtige Vermittlungsinstanz zwischen den Ansprüchen der Gesellschaft, den jeweiligen Lebensbedingungen und den Bedürfnissen des einzelnen Subjekts im Entwicklungsprozess. Sie balancieren gesellschaftliche Widersprüche und Ambivalenzen aus und tragen durch die Konstitution von gruppenbezogenen Orientierungen und Geselligkeitspraktiken zum Bildungsprozess bei. Die gesellige Praxis von Peergroups stellt dementsprechend einen wichtigen Ansatzpunkt für die soziale Bildung dar.

Ein konstitutives Element in der geselligen Praxis von Peergroups sind Rituale und Ritualisierungen. Rituale ergeben sich aus der Interaktionsdynamik der Gruppe. Sie ermöglichen die Stabilisierung von identifizierbaren, wiederholbaren Handlungsformen. Auf diese Weise erlauben sie die Bestimmung von Zugehörigkeiten und die Grenzziehung nach außen. Die Teilhabe an Rauschritualen kann z. B. zur Initiation in eine Gruppe genutzt werden. Sie bringt gemeinsame Erfahrungen hervor, die die Gruppe als besondere gegenüber anderen sozialen Formationen abheben. Rituale verhelfen der Gruppe zur Erzeugung sozialer Kohärenz, indem sie Gemeinsamkeiten in der geselligen Praxis konstituieren. Und sie erzeugen soziale Differenz, indem sie nicht in den Gruppenhorizont passende Erfahrungen, Handlungsweisen und Orientierungen ausgrenzen.

Aufgrund der enormen Bedeutung, die Peergroups für das Aufwachsen in heutigen Gesellschaften haben, muss Ganztagsbildung diese neben der formalen Bildung als komplementären Bildungsfaktor berücksichtigen. Der Vorrang der Selbstbildung und der informellen, selbsttätigen Gruppenkonstitution muss dabei gewahrt bleiben, damit Peergroups die ihnen zugeschriebene, besondere Vermittlungsfunktion zwischen Subjekt und Sozialem erfüllen können. Intentionale Bildungsbemühungen können jedoch die Entwicklungspotenziale der Gruppe und der Gruppenmitglieder stärken, indem sie zur Reflexion der Differenzerfahrungen und Differenzbearbeitung in Peergroups anregen. Leitkriterien können in dem Zusammenhang z. B. der Umgang mit randständigen Mitgliedern und abweichenden Positionen, das Zulassen widersprüchlicher Erfahrungen und die Akzeptanz der individuellen Bedürfnisse und Verletzlichkeiten innerhalb der Gruppeninteraktion sein.

Soziale Bildung geht also auf die Interaktionsdynamik in informellen Gruppen ein, in die die soziokulturellen Voraussetzungen der Herkunftsmilieus und das Bewältigungshandeln im Hinblick auf den Statuserwerb und die Verarbeitung von sozialen und schulischen Problemen einfließen. Will Ganztagsbildung die skizzierten Dimensionen sozialer Bildung berücksichtigen, dann muss sie den institutionellen Rahmen der etablierten Schule sprengen, indem sie sich gegenüber dem außerschulischen Lebenskontext, den alltäglichen Bewältigungsanforderungen und der informellen geselligen Praxis der Kinder und Jugendlichen öffnet.

Literatur

Becker, R.: Bildungsexpansion und Bildungsbeteiligung, in: Zeitschrift für Erziehungswissenschaft, 2000, Heft 3, 447-479.
Böhnisch, L.: Sozialpädagogik der Lebensalter, Weinheim und München 1997.
Bourdieu, P.: Praktische Vernunft. Zur Theorie des Handelns, Frankfurt a. M. 1998.
Dehn, M. u. a.: Lesesozialisation, Literaturunterricht und Leseförderung in der Schule, in: B. Franzmann (Hg.), Handbuch Lesen, München 1999, 568-637.
Deutsches PISA-Konsortium (Hg.): PISA 2000. Basiskompetenzen von Schülerinnen und Schülern im internationalen Vergleich, Opladen 2001.
Egger S./Pfeuffer, A./Schultess, F.: Bildungsforschung in einer Soziologie der Praxis: Pierre Bourdieu, in: A. Bolder, W. R. Heinz, K. Rodax (Hg.), Jahrbuch 1996. Bildung und Arbeit: Die Wiederentdeckung der Ungleichheit, Opladen 1996, 312-339.

Frevert, U.: Renaissance der Bürgerlichkeit? Historische Orientierungen über die kulturellen Ressourcen der Wissensgesellschaft, in: F. W. Graf, A. Platthaus, S. Schleising (Hg.), Soziales Kapital in der Bürgergesellschaft, Stuttgart u. a. 1999, 147-160.
Friebel, H. u. a.: Bildungsbeteiligung: Chancen und Risiken. Eine Längsschnittstudie über Bildungs- und Weiterbildungskarrieren in der „Moderne", Opladen 2000.
Herbart, J. F.: Kleine pädagogische Schriften, Paderborn 1968.
Kolip, P. (Hg.): Programme gegen Sucht, Weinheim und München 1999.
Krais, B.: Bildungsexpansion und soziale Ungleichheit in der BRD, in: A. Bolder, W. R. Heinz, K. Rodax (Hg.), Die Wiederentdeckung der Ungleichheit, Opladen 1996, 118-146.
Sting, S.: Zwischen dumm und klug. Perspektiven sozialer Bildung in der Wissensgesellschaft, in: Neue Praxis, 2002, Heft 3, 231-242.
Winterhager-Schmid, L.: Wie weltfremd soll die Schule sein? Schule im Dilemma zwischen Jugendkultur und Enkulturationsauftrag, in: L. Liegle, R. Treptow (Hg.), Welten der Bildung in der Pädagogik der frühen Kindheit und in der Sozialpädagogik, Freiburg i. Br. 2002, 195-208.
Wulf, C. u. a.: Das Soziale als Ritual. Zur performativen Bildung von Gemeinschaften, Opladen 2001.

Albert Scherr
Subjektbildung

Dass Bildung als Containerterminus verwendet wird, der es erlaubt, alles zu bezeichnen, was im Kontext organisierter Erziehung, im so genannten Bildungssystem geschieht, und dessen Verwendung folglich damit wenig zu analytischer Klarheit beiträgt, ist in Bezug auf die aktuelle Diskussion wiederkehrend bemerkt worden. Gleichwohl kann nicht darauf verzichtet werden, einen theoretisch ausgewiesenen Bildungsbegriff, der nicht alles, was auch Erziehung und Lernen genannt werden kann, als Bildung fasst, sondern eine spezifische Qualität von Lernprozessen akzentuiert, in wissenschaftlichen und politischen Bildungsdiskursen zu beanspruchen. Denn die Unterscheidung von Bildung und Erziehung sowie von Bildung und Qualifizierung ist m. E. von erheblicher Bedeutung, wenn es darum gehen soll zu bestimmen, mit welchen Herausforderungen Pädagogik gegenwärtig konfrontiert ist und worin ihre Potenziale liegen.

Im Folgenden sollen deshalb Grundannahmen eines solchen Bildungsbegriffs, der Bildung zentral als Selbstbildung zum Subjekt fasst (vgl. dazu auch Meueler 1993; Scherr 1992; 1997; Sünker 1989; Vogel 1992), dargestellt und aufgezeigt werden. Diese sollen dazu befähigen, Ansatzpunkte für eine integrative Programmatik schulischer und außerschulischer Bildung zu benennen, die nicht allein darauf ausgerichtet ist, durch innovative Konzepte der Schulentwicklung – etwa die Einrichtung von Ganztagsschulen und die Etablierung neuer Kooperationsformen von Schule und Jugendhilfe – Lernprozesse zu optimieren, die auf die Förderung funktionaler, tatsächlich oder vermeintlich arbeitsmarktrelevanter Kompetenzen ausgerichtet sind. Motiviert ist dies durch die Überzeugung, dass gerade eine solche Bildung gegenwärtig gesellschaftspolitisch und pädagogisch von erheblicher Bedeutung ist, die gesellschaftspolitische und moralische Bildung mit einer umfassenden Persönlichkeitsbildung verbindet, da sie einen substanziellen Beitrag zu Prozessen der Demokratisierung, zur Überwindung von Diskriminierungen, Vorurteilen, Feindbildern und Ideologien sowie zur Befähigung von Kindern, Jugendlichen und Erwachsenen zu einer selbstbestimmten Lebensführung leisten kann. Im Gegensatz dazu konterkariert die ökonomistische Engführung der Bildungsdiskussion, wie sie aktuell vorherrschend ist, den demokratischen Selbstanspruch moderner Gesellschaften und verzichtet zudem in nicht akzeptabler Weise darauf, die Eigenständigkeit, den Sinn und die Legitimität staatlich verantworteter Bildung in Bezug auf die Eigeninteressen ihrer AdressatInnen aufzuweisen (vgl. dazu Scherr 2002). Vorgeschlagen wird deshalb, den Begriff der Subjektbildung als Schlüsselkonzept einer solchen Bildungsprogrammatik zu verwenden, die gesellschaftliche Demokratisierung und die Ermöglichung individueller Selbstbestimmung als ihre zentralen Zielsetzungen fasst.

Im Anschluss an eine knappe Skizze der Problematik des aktuellen bildungspolitischen Diskurses werden im Weiteren theoretische Konturen des Begriffs Subjektbildung dargestellt und aufgezeigt, die sich für eine Beobachtung von Schulen als Bildungsorganisationen sowie für einen solchen Vergleich von Bildungssystemen nutzen lassen, der über die bloße Messung von funktionalen Kompetenzen hinausgeht.

1. Bildung in der „Wissensgesellschaft"?

Zentraler Ausgangspunkt des aktuellen Bildungsdiskurses – der angemessener als bildungsökonomischer Qualifikationsdiskurs zu bezeichnen wäre – ist eine politische Programmatik, die von der Annahme eines grundlegenden Wandels der ökonomisch-technischen Infrastruktur ausgeht, der zur Herausbildung einer so genannten Wissensgesellschaft führen wird (vgl. dazu Bonß 2003; Europäische Kommission 2000). Als eine zentrale Folge der diagnostizierten bzw. prognostizierten Entwicklung wird angenommen, dass die optimale Qualifizierung des lebendigen Arbeitsvermögens für die Mitgliedsstaaten der Europäischen Union als entscheidender Standortfaktor in der sich globalisierenden Ökonomie betrachtet werden muss. Entsprechend werden die „Ausschöpfung der Humanressourcen" und die „Förderungen der Beschäftigungsfähigkeit" (Bulmahn 2000, 8) als entscheidende Zielvorgaben für ‚bildungs'politische Entscheidungen etabliert. In diesen und ähnlichen Formulierungen deutet sich an, dass die Aufgabe und der Reformbedarf des Bildungssystems politisch primär in Hinblick auf ökonomische Erfordernisse bestimmt werden.

Dies ist insofern wenig überraschend, als dass gegenwärtig insgesamt die Tendenz zu einer ökonomistischen Verengung des gesellschaftlichen Gestaltungsauftrags staatlicher Politik nicht zu übersehen ist: Politische Gesellschaftsgestaltung wird unter neoliberalen Vorzeichen im Wesentlichen als Gewährleistung günstiger Bedingungen für die marktwirtschaftlich-kapitalistische Geldökonomie verstanden. Diese Tendenz zu einer Politik, die affirmativ vom Primat der Ökonomie ausgeht, veranlasst sozialwissenschaftliche BeobachterInnen dazu, nicht von einer Wissensgesellschaft, sondern von einem „informationellen Kapitalismus" (Castells 2001) bzw. einem „superindustriellen HighTech-Kapitalismus" (Spinner 2001) zu sprechen. Dabei wird darauf hingewiesen, dass keineswegs mit der Entstehung eines neuen Gesellschaftstypus zu rechnen ist, sondern mit folgenreichen Transformationsprozessen innerhalb der Grundstrukturen kapitalistischer Vergesellschaftung, weshalb auch nur solches Wissen und solche Qualifizierungen in der „Wissensgesellschaft" als gesellschaftlich bedeutsam gelten, die sich potenziell ökonomisch verwerten lassen.

Darauf bezogen kann zum einen der Nachweis geführt werden, dass die technisch-ökonomische Entwicklung selbst eine Nachfrage nach solchen Qualifikationen erzeugt, die kognitive, emotionale und soziale Dimensionen gleichermaßen umfassen, die eine umfassende Förderung der Entfaltung individueller Kompetenzen voraussetzen sowie ein lebenslanges Lernen erforderlich werden lassen (vgl. dazu Europäische Kommission 2000, 12 ff.; Expertengruppe Forum Bildung 2001a; 2001b; Stroß 2001). Pointiert formuliert: Die Hoffnung des klassischen Marxismus, dass die Entwicklung des Kapitalismus zu einer solchen Entwicklung der Produktivkräfte führen wird, die die Grundlagen für eine Verwirklichung neuhumanistischer Bildungsideale bereit stellt (vgl. dazu Vogel 1983, 152 ff.), wird implizit wiederbelebt. Dies verschafft dann solchen Formulierungen Plausibilität, die Bildung – und eben nicht Erziehung, Disziplinierung, Qualifizierung usw. – als „Schlüssel einer zukunftsoffenen, sozialen und ökonomisch erfolgreichen Entwicklung von Gesellschaft und Individuum (bestimmen)" (Bundesjugendkuratorium 2002, 179), und damit in Abkehr vom neuhumanistischen Bildungsidealismus (vgl. dazu Liebau 2002) annehmen, dass eine umfassende Bildung aller Individuen gesellschaftlich, insbesondere ökonomisch nützlich und unverzichtbar ist, also keineswegs nur der zweckfreien Pflege des „Wahren, Guten und Schönen" dient.

Die Plausibilität dieser Argumentationslinie ist hier nicht detailliert zu prüfen. Hinzuweisen ist nur darauf, dass es durchaus gute Gründe für die Annahme gibt, dass eine umfassende und freie Entfaltung individueller Fähigkeiten keineswegs den ökonomischen Erfordernissen der so genannten Wissensgesellschaften entspricht: Erstens sind es auf absehbare Zeit nur bestimmte, quantitativ begrenzte Arbeitsmarktsegmente, in denen überwiegend nicht disziplinierte Routinearbeit, sondern wissensbasierte kreative Problemlösungskompetenzen in kooperativen, nicht hierarchisierten Arbeitsgruppen nachgefragt werden (vgl. dazu etwa Willke 2001, 24 ff.). Zweitens fördern selbst hochqualifizierte Teilarbeitsmärkte keineswegs die umfassende und freie Entfaltung der individuellen Subjektivität. Individueller Eigensinn, etwa im Sinne der Verweigerung, gewachsene Lebenszusammenhänge und einen darauf bezogenen Lebensentwurf nicht den Erfordernissen zeitlicher und räumlicher Flexibilität zu opfern, ist keineswegs ökonomisch funktional (vgl. dazu Sennett 1998). Insofern genügt es nicht, für die Begründung der Aktualität einer Programmatik der Subjekt-Bildung primär auf ökonomisch-technische Erfordernisse zu verweisen.

Gesellschaftspolitische Relevanz beanspruchen kann eine solche Programmatik aber dann, wenn nach den Bedingungen der gesellschaftlichen und der individuellen Bewältigung derjenigen Herausforderungen gefragt wird, die mit Stichworten wie ‚Krise der politischen Repräsentation und Erosionstendenzen der verfassten Demokratie', ‚soziale Spaltung und neue Armut', ‚Rechtspopulismus, Rechtsextremismus und Rassismus', ‚Strukturwandel der Geschlechterverhältnisse und der Familie' oder ‚Krisen der privaten Lebensführung unter den Bedingungen von Unsicherheit und Flexibilisierungszumutungen' benannt werden können. Denn diese und andere Stichworte weisen darauf hin, dass die gesellschaftliche Veränderungsdynamik mit widersprüchlichen Anforderungsstrukturen, Umbrüchen und Krisentendenzen einher geht, deren nicht-regressive Bewältigung auf Individuen angewiesen ist, die in der Lage sind, sich mit ihren gesellschaftlichen Lebensbedingungen sowie mit den Verwerfungen und Rätseln ihrer eigenen Lebensgeschichte bewusst auseinander zu setzen und die über eine entwickelte Reflexionsfähigkeit sowie eine entwickelte politische und moralische Urteilsfähigkeit verfügen. Die zentrale und gesellschaftspolitisch hoch relevante Aufgabe einer nicht ökonomistisch verstanden Subjekt-Bildung ist insofern darin zu sehen, zu solchen Prozessen beizutragen, in denen Individuen zu einer bewussten Auseinandersetzung mit demokratischen und menschenrechtlichen Prinzipien, mit fremdenfeindlichen und rassistischen Ideologemen und Ideologien sowie mit den Möglichkeiten und Schwierigkeiten der Entwicklung eines verantwortlichen Lebensentwurfs unter den Bedingungen der Gegenwartsgesellschaft befähigt werden.

2. Bildung als Subjektbildung

Ein gemeinsamer Fokus unterschiedlicher Bildungstheorien, die in den Traditionslinien des Neuhumanismus und der kritischen Theorie formuliert wurden (vgl. dazu etwa die Beiträge in Hafeneger/Henkenborg/Scherr 2002; Hansemann/Marotzki 1988; Marotzki/Sünker 1992; Sünker/Krüger 1999), liegt darin, dass sie das Verhältnis von Sozialität (Kultur, Religion, Ökonomie, Politik, Familienstrukturen usw.) und individueller Lebenspraxis in einer Perspektive in den Blick nehmen, in der analytisch-deskriptive und normative Aspekte in einer spezifischen Weise ineinander verschränkt sind: Individualität und Subjektivität können sowohl sozialisations- als auch bildungstheoretisch nicht als quasi außersoziale menschliche Eigenschaften postuliert werden. Vielmehr ist davon auszugehen, dass die Entwicklung von Sprach-, Handlungs-, Entscheidungs- und Urteilsfähigkeit ein sozial voraussetzungsvoller Prozess ist, dass Individuierung und Vergesellschaftung Momente eines Prozesses sind sowie dass Subjektivität als soziale Subjektivität, als Selbstbewusstseins- und Selbstbestimmungsfähigkeit innerhalb sozialer Beziehungen zu bestimmen ist (vgl. dazu Habermas 1988; Scherr 2002). Im Unterschied zu klassischen Sozialisationstheorien ist für Bildungstheorien vor diesem Hintergrund nicht nur und primär die Frage relevant, welchen gesellschaftlichen Formierungsprozessen die individuelle Subjektivität, das Erleben, Denken und Handeln von Individuen in jeweiligen sozialen Kontexten unterliegt und was sich hinsichtlich der Funktionalität und Dysfunktionalität solcher Formierungen im Verhältnis zu den Erfordernissen der Reproduktion und Transformation sozialer Strukturen aussagen lässt. Über diese sozialisationstheoretischen Gesichtspunkte hinausgehend interessieren sich Bildungstheorien spezifisch für Prozesse der Individuierung zum selbstbestimmungsfähigen Subjekt, also Potenziale individueller Autonomie gegenüber gesellschaftlichen Erwartungen und Zwängen[1], und postulieren, dass Individuen zu einer selbstbewussten und selbstbestimmten Gestaltung ihrer Lebenspraxis befähigt werden sollen (vgl. dazu ausführlicher Krüger 1999; Scherr 1992; Vogel 1992).

Bildungstheorien orientieren sich damit implizit oder explizit an einem für das Selbstverständnis moderner Gesellschaften grundlegenden Subjektmodell[2] – dem Modell des autonom handlungs-, entscheidungs- und urteilsfähigen Individuums – und beanspruchen, dieses so weiterzuentwickeln, dass es sich als Bezugspunkt für die Formulierung von Kriterien eignet, die als kritischer Maßstab für die Analyse sozialer Strukturen und pädagogischer Praktiken verwendet werden können.

Eine solche analytisch-kritische Beanspruchung des Subjektbegriffs ist dann möglich, wenn Subjektivität (im Sinne von Selbstbewusstseins- und Selbstbestimmungsfähigkeit) nicht als eine selbstverständliche Eigenschaft von Individuen unterstellt, sondern als ein Potenzial begriffen wird, dessen Entwicklung und Realisierung an angebbare soziale Voraussetzungen und Bedingungen gebunden ist (vgl. dazu etwa Ritsert 2001; Sünker 1999).[3] Einer sozialwissenschaftlich fundierten Bildungstheorie und Bildungsforschung stellt sich entsprechend die Aufgabe zu untersuchen, welche Bedingungen der Entfaltung von Selbstbewusstsein und Selbstbestimmungsfähigkeit förderlich bzw. hinderlich sind und worin der tatsächliche und der mögliche Beitrag schulischer und außerschulischer Pädagogik zur Ermöglichung individueller Bildungsprozesse liegt. Für die Auseinandersetzung mit der so gestellten Frage sind Theorien der Anerkennung relevante Einsichten zu entnehmen: Es lässt sich nachweisen, dass Strukturen der wechselseitigen Anerkennung von fundamentaler Bedeutung für die sozialisatorische Genese und die lebenspraktische Realisierung von Subjektivität sind (vgl. dazu Habermas 1988; Scherr 2002).

Der so zunächst knapp skizzierte programmatische Kern kritischer Bildungstheorien nimmt Prämissen in Anspruch, die ersichtlich hoch umstritten sind. Dies gilt insbesondere für das zugrunde liegende Subjektmodell, dessen theoretische Tragfähigkeit wiederkehrend in Frage gestellt worden ist – insbesondere in den theoretischen Kontexten des Strukturalismus und Poststrukturalismus sowie der neueren Systemtheorien (vgl. etwa Luhmann 1997, 1006 ff.; Nassehi 2003, 89 ff.). Auf einige Aspekte dieser Kritik wird im Weiteren noch zurückzukommen sein (s. u.). Zunächst aber soll etwas näher expliziert wer-

---

[1] Dies gilt auch für neuere Sozialisationstheorien, wie sie seit der sozialisationstheoretischen Rezeption der Theorien von G. H. Mead und J. Piaget formuliert wurden (vgl. dazu Scherr 2002).
[2] Auf die diesbezüglichen Unterschiede innerhalb des bildungstheoretischen Diskurses kann hier nicht eingegangen werden.
[3] Hierauf wird im Weiteren noch etwas ausführlicher zurückzukommen sein.

den, was gemeint ist, wenn Bildung spezifisch als Subjekt-Bildung gefasst wird (vgl. dazu ausführlicher Meueler 1993; Scherr 1992; 1997; 2002; Vogel 1992):

(1) Der Begriff Subjektbildung verweist terminologisch auf einen empirisch beschreibbaren und offenkundigen, also eigentlich trivialen Sachverhalt: Prozesse, in denen Individuen sich Wissensbestände sowie Wahrnehmungs-, Deutungs-, Handlungs- und Bewertungsmuster sozialisatorisch aneignen, können nicht angemessen als einseitige Prägungs- und Beeinflussungsvorgänge verstanden werden, sondern sind als eine – sozial zweifellos voraussetzungsvolle – Eigenleistung des sich bildenden Individuums zu analysieren, die dessen Eigentätigkeit voraussetzt und für deren Verlauf und Resultat die Besonderheiten der individuellen psychischen Struktur bedeutsam ist. Selbst-Bildung kann folglich als eine „komplizierte zukunftsoffene Konstruktionsleistung" (Oevermann 2003, 75) verstanden werden, die dadurch gekennzeichnet ist, dass sie an den krisenhaften Verlauf der humanen Ontogenese gebunden ist, mit der Entstehung eines individuell-besonderen Selbst- und Weltverständnisses einhergeht und strukturelle Bedingungen „für die systematische Erzeugung des Neuen" (ebd.), also die Hervorbringung bislang nicht verfügbarer Interpretationen, Ausdrucksformen und Handlungsweisen, beinhaltet. Der damit angegebene Gesichtspunkt, für dessen Begründung man keineswegs auf neuere Varianten des Konstruktivismus rekurrieren muss, sondern zentral auf bereits in den Theorien von George H. Mead und Jean Piaget verfügbare Einsichten verweisen kann, hat zur Konsequenz, dass systematisch zwischen der Absicht der pädagogischen Vermittlung von Wissen, Kompetenzen, Werten, Normen usw. einerseits und dem durch darauf ausgerichtete pädagogische Programme (Didaktiken und Methoden) nicht determinierten Prozess der subjektiven Aneignung andererseits zu unterscheiden ist (vgl. dazu Holzkamp 1993).

(2) Versteht man Subjektbildung in dieser Weise als sozial voraussetzungsvolle Eigenleistung von Individuen, dann impliziert dies, dass Angebote der schulischen und außerschulischen Pädagogik keineswegs der selbstverständlich privilegierte und primär bedeutsame Ort von Bildungsprozessen sind. Für Bildung gilt vielmehr das gleiche wie für Sozialisation: Sozialisation und Bildung sind sozial, zeitlich und räumlich nicht eingrenzbar, sondern geschehen der Möglichkeit nach immer dann, wenn Individuen an Kommunikations- und Handlungszusammenhängen teilnehmen, die dazu geeignet sind, Veränderungen im Individuum auszulösen (vgl. dazu Scherr 2002). Damit legt der Begriff der Subjektbildung es zunächst nahe, Strukturen und Praktiken organisierter Pädagogik als nicht-exklusive Kontexte zu untersuchen, die Bildungsprozesse ermöglichen und unterstützen, aber auch erschweren können. D. h., es ist nicht von vornherein als selbstverständlich zu unterstellen, dass pädagogische Angebote per se Bildungsprozessen förderlich und für diese von zentraler Bedeutung sind.

(3) Die bislang angegebenen Gesichtspunkte genügen nicht, um den Begriff der Subjektbildung einzugrenzen, also Bildung von anderen Formen des

Lernens zu unterscheiden. Dazu ist es in einem ersten Schritt sinnvoll, von Subjektbildung spezifisch im Hinblick auf solche Lernprozesse zu sprechen, in denen sie die Grundstrukturen des individuellen Selbst- und Weltverständnisses konturieren, verfestigen bzw. verändern (vgl. dazu Marotzki 1990). So gefasst, haben Bildungsprozesse eine andere Qualität als solche Lernprozesse, die als Erwerb eines funktional abrufbaren Wissens und Könnens beschrieben werden können, das für das identitätsstiftende Selbst- und Weltverständnis von Individuen jedoch im Übrigen irrelevant ist. Zwar sind funktionales Lernen und Subjektbildung realiter nicht voneinander unabhängig, sondern ineinander verwoben. Ob die Vermittlung von Kenntnissen und Fertigkeiten – etwa von Wissen über Prinzipien repräsentativer Demokratie – jedoch Bildungsprozesse, also etwa den Aufbau eines stabilen Selbstverständnisses als Bürger eines demokratischen Gemeinwesens, anstößt oder nicht, hängt wesentlich von den Bedingungen und Formen der subjektiven Aneignung ab. Selbst ein solcher Lerngegenstand wie der historische Nationalsozialismus erzeugt nicht zwangsläufig politische und moralische Bildungsprozesse, sondern kann als subjektiv irrelevanter Schulstoff gelernt und vergessen werden (vgl. dazu Hormel/Scherr 2003).

(4) Für den Begriff der Subjektbildung ist eine weitere Qualität von Bildungsprozessen von grundlegender Bedeutung: Bildungsprozesse sind demnach dadurch gekennzeichnet, dass Individuen in unterschiedlichen Dimensionen[4] ein reflexives Selbstverhältnis entwickeln, d. h. ihr Selbst(wert)gefühl, ihr identitätsstiftendes[5] Selbstbewusstsein, ihre ästhetischen, moralischen und politischen Überzeugungen, ihre aktuelle Lebenspraxis und ihren Lebensentwurf zum Gegenstand der Reflexion erheben. Dies setzt die Fähigkeit und Bereitschaft voraus, zu den eigenen subjektiv-selbstverständlichen lebensweltlichen Gewissheiten Distanz einzunehmen, sie gegen mögliche Alternativen abzuwägen sowie nach ihrer biografischen Genese und ihren sozialen Geltungsbedingungen zu fragen. Erst ein solches reflexives Sich-zu-sich-Verhalten eröffnet kognitive Potenziale der Selbstbestimmung: Erst dann, wenn das eigene Wahrnehmen, Deuten, Bewerten und Handeln sich nicht mehr als alternativlos darstellt, wenn andere Möglichkeiten in den Blick treten, erschließen sich Entscheidungsmöglichkeiten und ergeben sich Begründungszwänge. Gesell-

---

4 Unterschieden werden können etwa folgende Dimensionen: Entwicklung von Sprach-, Handlungs- und Reflexionsfähigkeit; Erfahrung von Selbstwirksamkeit; Entwicklung des Selbst(wert)gefühls und grundlegender Selbstkonzepte durch Erfahrungen sozialer Anerkennung bzw. Missachtung; Entwicklung des Wissens über eigene Fähigkeiten, Bedürfnisse und Interessen sowie eines rational begründeten Selbstverständnisses (individuelle und soziale „Identitäten"); Entwicklung von Potenzialen zu einer eigensinnigen und eigenverantwortlichen Lebensgestaltung in Auseinandersetzung mit gesellschaftlichen Möglichkeiten und Zwängen.
5 Dass Identität nicht als ein Zustand der inneren Widerspruchsfreiheit postuliert werden kann, hat nicht zuletzt die poststrukturalistische Kritik gezeigt. Gleichwohl ist das Konzept „Identität" nicht verzichtbar, um analysieren zu können, wie Individuen in der Lage sind, ein Bewusstsein eigener Bedürfnisse und Interessen zu entwickeln und handlungsfähig zu werden (vgl. dazu Menrath 2003, 21 ff.).

schaftlich verfügbare Wissensbestände – etwa kodifizierte Moralen, politische Theorien, historische Untersuchungen und gesellschaftstheoretische Analysen, aber auch literarische Texte oder musikalische Ausdrucksgestalten – sind dann, und nur dann, relevant für Prozesse der Subjektbildung, wenn sie den Möglichkeitsraum solcher Reflexivität erweitern, also Alternativen zu eingespielten Wahrnehmungs-, Deutungs-, Bewertungs- und Handlungsmustern aufzeigen sowie zu einer sachlichen Fundierung und zur Differenzierung der Kategorien der Selbst- und Weltwahrnehmung beitragen.

(5) Für eine pädagogische Theorie und Praxis der Subjektbildung ist es schließlich wichtig, den inneren Zusammenhang der emotionalen, kognitiven und handlungspraktischen Dimensionen von Subjektivität zu berücksichtigen. Die Fähigkeit und Bereitschaft, sich Wissensbestände, Ausdrucksformen und Reflexionsangebote anzueignen, hängt, wie sich auch empirisch nachweisen lässt (vgl. dazu Bourdieu 1984, 601 ff.), davon ab, ob bzw. in welchem Maße Individuen ein solches Selbstwertgefühl und Kompetenzbewusstsein entwickelt haben, auf dessen Grundlage sie sich als jemanden wahrnehmen, der/die über die Fähigkeit zu einer kompetenten Auseinandersetzung mit hochkulturellen Produkten verfügt. So sind politisches Interesse und politische Handlungsbereitschaft gebunden an das Gefühl, zu einem Verstehen des Politischen in der Lage zu sein und zum Kreis derjenigen zu gehören, denen politische Mitwirkung zugetraut wird. Die soziale Genese und die sozial ungleiche Formierung von Selbstwertgefühlen sowie von subjektiven Kompetenz- und Inkompetenzgefühlen ist deshalb als Ermöglichungsbedingung und Blockierung von Bildungsprozessen theoretisch und praktisch von erheblicher Relevanz.

(6) Angedeutet ist damit, dass eine Theorie der Subjektbildung darauf verwiesen ist, nach den sozialen Bedingungen der Entwicklung, Stabilisierung und Veränderung von Selbst(wert)gefühl, Selbstachtung, Selbstbewusstseins- und Selbstbestimmungsfähigkeit zu fragen, also etwa danach, wie an soziale Positionen (Klassenlagen, Milieuzugehörigkeit, Genderklassifikation, ethnische Zuordnungen usw.) gebundene Erfahrungen und Eigenschaftszuschreibungen auf individuelle Bildungsprozesse einwirken. Denn individuelle Subjektivität entwickelt sich in ihren unterscheidbaren Dimensionen in Abhängigkeit von sozialen Prozessen und Strukturen, die strukturierend auf den individuellen Bildungsprozess einwirken. Eine sozialwissenschaftlich fundierte Bildungstheorie kann sich also nicht auf die quasi-anthropologische Postulierung individueller Subjektivität zurückziehen und auch nicht auf eine bloß normative Beanspruchung von Begriffen wie Selbstbestimmungsfähigkeit und Mündigkeit. Sie ist vielmehr darauf verwiesen, die sozialen Bedingungen zu analysieren, die den Möglichkeitsraum von Prozessen der Subjektbildung konturieren, wobei zu berücksichtigen ist, wie die jeweiligen Bildungsbedingungen von Strukturen sozialer Ungleichheit abhängig sind.

3. Bildungspraxis ohne Subjektbegriff?

Wie erwähnt, sieht sich die analytische und programmatische Beanspruchung eines subjekttheoretisch fundierten Bildungsbegriffs mit unterschiedlichen Varianten des Einwands konfrontiert. So wird ausgeführt, dass der Subjektbegriff Postulate beanspruche, die einer näheren Betrachtung nicht standhalten würden, indem er normative Setzung vornehme, die nur kontrafaktische Geltung für sich beanspruchen könne. So wird seitens der neueren systemtheoretischen Soziologie, die damit das Erbe des Strukturalismus antritt, die Annahme konstitutiver Subjektivität dezidiert zurückgewiesen (vgl. dazu Luhmann 1997, 1016 ff.). Aus den unbestreitbaren Einsichten, dass das Individuum sich nicht selbst zugrunde liegt und dass das Soziale „nicht vom Subjekt her zu begreifen ist" (ebd., 1030) sowie dass die Idee einer selbstbestimmten Lebensführung jenseits sozialer Bedingungen und Einschränkungen nicht plausibel ist, wird bei Niklas Luhmann (ebd.) die Konsequenz einer generellen Verabschiedung vom Subjektbegriff gezogen. Dabei wird allerdings nicht auf einen Begriff von Freiheit verzichtet, der die Erkennbarkeit von Alternativen als Kriterium fasst.

Wie Stuart Hall (1992) zusammenfassend aufgezeigt hat, lassen sich – bei allen Unterschieden der jeweiligen Theoriearchitektur – die Theorien von Karl Marx und Louis Althusser, Sigmund Freud, Ferdinand de Saussure, Jacques Derrida und Michael Foucault sowie die feministische Kritik der Gleichsetzung von männlich und menschlich als unterschiedliche Formen der Infragestellung der Vorstellung lesen, Individuen verfügten als voneinander unabhängige und mit sich selbst identische Einzelne über die Ursachen und Gründe ihres Empfindens, Denkens und Handelns. Denn das individuelle Empfinden, Denken und Handeln ist in gesellschaftlich vorgegebene soziale Strukturen und Beziehungen eingebettet und ohne deren Berücksichtigung in seiner Entstehung und Entwicklung nicht verständlich. Individuen sind demnach nicht autonome Subjekte ihrer Lebenspraxis, sondern diese vollzieht sich unter Bedingungen, die die Lebensführung der Einzelnen in hohem Maß beeinflussen, die sich auf ihr Empfinden, Denken und Handeln auswirken. Charles Taylor (1996, 71) argumentiert, dass das Selbst nur „in Geweben des sprachlichen Austausches" existieren kann und es für den Einzelnen unmöglich sei, ohne einen sozialen Rahmen auszukommen. Die Frage, in welchem Sinne und mit welchen Einschränkungen gleichwohl noch ein Subjektbegriff beansprucht werden kann, wird in den erwähnten Theorien durchaus unterschiedlich beantwortet und eine prinzipielle Verabschiedung des Subjektbegriffs – wie sie eine oberflächliche Rezeption des Strukturalismus und Poststrukturalismus nahe legt – folgt daraus jedoch keineswegs als zwingende Konsequenz (vgl. dazu etwa Foucault u. a. 1993; Wacquant 1996).

Man muss also die Kritiken eines Subjektbegriffs, der problematische Postulate und Selbsttransparenz impliziert, nicht prinzipiell zurückweisen, um dennoch geltend machen zu können, dass der Begriff Subjektivität auf ein graduierbares Potenzial menschlichen Erlebens, Denkens und Handelns verweist. So ist Subjektivität begrifflich keineswegs notwendig mit individueller Autonomie im Sinne umfassender Unabhängigkeit von sozialen Bedingungen gleich zu setzen. Dass „der Mensch von Grund auf durch entsprechende andere" existiert, „Mitmensch" ist, „ehe er auch Individuum ist" (Adorno 1956, 42), ist ein für die Kritische Theorie Adornos ebenso wie für George H. Mead (1968, 168) selbstverständlicher Gedanke. In der Tradition der Kritischen Theorie der Frankfurter Schule bezeichnet der Begriff Subjektivität deshalb nicht individuelle Unabhängigkeit von sozialen Lebensbedingungen, sondern vielmehr den sozialwissenschaftlich nicht plausibel zu bestreitenden Sachverhalt, dass menschliche Individuen in ihrem Erleben, Denken und Handeln nicht durch angeborene Instinkte und sozialisatorische Prägungen determiniert sind, sondern vielmehr ein reflexives und offenes Verhältnis zu sich selbst und ihren sozialen Lebensbedingungen einnehmen können. Es ist insofern keineswegs obsolet, einen solchen Subjektbegriff bildungstheoretisch zu beanspruchen, der Selbstbewusstsein und Selbstbestimmungsfähigkeit nicht als individuelle Qualitäten setzt und totalisiert, sondern als graduierbare Potenziale und empirisch beschreibbare Dimensionen von Lebenspraxis fasst.

4. Kann Subjektbildung schulisch organisiert werden?

Fasst man Bildung als Eigenleistung des sich bildenden Subjekts und sieht eine Aufgabe von schulischer und außerschulischer Pädagogik darin, Individuen zu einer selbstbewussteren und selbstbestimmteren Lebenspraxis zu befähigen, dann genügt es nicht, pädagogische Programmatiken zu analysieren. In einer sozialwissenschaftlichen Perspektive ist es dann vielmehr unverzichtbar, nach den Ermöglichungen und Begrenzungen von Bildungsprozessen zu fragen, die in jeweiligen organisatorischen Strukturen enthalten sind, also danach, welche Bildungsmöglichkeiten durch die Strukturen von Schulen und außerschulischen Einrichtungen bereit gestellt und verschlossen werden. Hierauf ist in schulsoziologischen Analysen immer wieder hingewiesen worden. Bereits die ältere funktionalistische Soziologie hat nachgewiesen, dass Schulen die Einübung in die Struktur individualisierter Leistungskonkurrenz organisieren (vgl. Dreeben 1980). In seiner Kritik der Programme kompensatorischer Erziehung akzentuiert Basil Bernstein (1971), dass bereits die sozialräumliche Ansiedlung von Schulen und ihr baulicher Zustand SchülerInnen wesentliches über die gesellschaftliche Wertschätzung ihrer Ausbildung mitteilt und damit für die Förderung und Zerstörung von Lernmotivationen folgenreich ist. Klaus Holzkamp (1993) hat aufgezeigt, dass Schulen in ihrer vorherrschenden Gestalt, d. h. als organisierte Vermittlung vorgegebener Lerninhalte, dazu führen, dass erfolgreiche SchülerInnen lernen, nicht mehr Antworten auf die Fragen einzufordern, die für sie lebenspraktisch relevant sind, sondern eine generalisierte Lernbereitschaft entwickeln, die sich dadurch auszeichnet, dass von Schulen gerade keine Bildungsrelevanz, kein Beitrag zur Klärung und Veränderung des eigenen Selbst- und Weltverständnisses mehr erwartet wird. Ulrich Oevermann (2003, 79) spitzt eine analoge Überlegung zu der These zu, dass Schulen als Organisationen, die Lernen erzwingen, die primäre Neugierde von Kindern und Jugendlichen missachten und damit diejenige Motivationsbasis von Bildungsprozessen systematisch zerstören, die sie dann durch pädagogische Techniken wieder herzustellen versuchen. Auf einen anderen Aspekt der Bildungsrelevanz von organisatorischen Vorgaben verweisen solche Konzepte antirassistischer Pädagogik, die argumentieren, dass die Ziele interkulturellen Lernens konterkariert werden, wenn die Strukturen des Schulsystems bzw. die hierarchische Arbeitsteilung innerhalb von Schulen immer wieder die Erfahrung der Ungleichheit von Mehrheit und Minderheiten reproduziert.

Schulorganisatorische Fragen sind also bildungstheoretisch von erheblicher Bedeutung. Insofern ist es auch jenseits oberflächlicher Leistungsmessungen durchaus sinnvoll, internationale Vergleiche anzustellen, die untersuchen, welche Organisationsstrukturen die jeweiligen Bildungssysteme charakterisieren. Im Kontext der aktuellen Debatte über den Reformbedarf des Bildungssystems und den Sinn der Einrichtung von Ganztagsschulen in Deutschland ist jedoch darauf hinzuweisen, dass die bloße zeitliche Dauer des Schulbesuchs – unter bildungstheoretischen Gesichtspunkten betrachtet – keineswegs von ausschlaggebender Bedeutung ist: *Ganztagschulen sind Bildungsprozessen nicht notwendig förderlicher als Halbtagsschulen, sondern tragen der Möglichkeit nach zur Verhinderung von Bildung bei.* Dies ist dann der Fall, wenn sie eine zeitliche Ausweitung eines lehrerzentrierten Unterrichts zu Lasten unabhängig von SchülerInneninteressen festgelegten Themen vornehmen und damit die Möglichkeit für SchülerInnen einschränken, außerhalb der Schulbesuchszeit solche Angebote einer freiwilligen, an den Bedürfnissen und Interessen ihrer AdressatInnen orientierten Bildungsarbeit zu besuchen, die die Kinder- und Jugendarbeit bereitstellt. Darüber hinaus schränkt die Etablierung von Ganztagsschulen die zeitlichen Freiräume ein, die Kindern und Jugendlichen für eine selbstgestaltete Praxis in Gleichaltrigengruppen zur Verfügung steht, für eine Praxis also, in der sich der Möglichkeit nach relevante selbstorganisierte Bildungsprozesse vollziehen, die nicht durch Leistungs- und Disziplinierungszwänge überformt sind.

Für einen an bildungstheoretischen Gesichtspunkten orientierten internationalen Vergleich von Schulsystemen sind also nicht nur und primär Kompetenzmessungen relevant. Zu untersuchen ist vielmehr, ob und welche Gelegenheiten und Anstöße Formen der Schulorganisation zu einer solchen Wissensaneignung, zu solchen Reflexionen und zu solchen selbstgestalteten Prozessen bieten, in denen sich Individuen die Chance bietet, in eine Auseinandersetzung mit den für sie aktuell lebenspraktisch relevanten Problemen und Fragen einzutreten und dabei ihre Reflexionsfähigkeit und ihre Artikulationsmöglichkeiten weiter zu entwickeln. *Ein Qualitätsmerkmal von Ganztagsschulen als Bildungsorganisationen ist entsprechend darin zu sehen, in welchem Umfang und in welchen Formen sie solche Lerngelegenheiten bereit stellen, die auf curriculare Festlegungen von Themen und lehrerzentrierte Prozessstrukturen verzichten, also offene Lernchancen anbieten, die als attraktive Angebote für Eigenaktivitäten erfahren werden.*

Solche Ganztagsschulkonzepte, die nicht als Ausweitung des Schulzwangs angelegt sind, sondern als Eröffnung von Chancen zur Selbstbildung, sind auch als Grundlage für die Kooperation von Schulen mit der Jugendarbeit geeignet. Denn professionelle Kompetenz in der Jugendarbeit besteht ganz zentral darin, pädagogische Arbeitsbündnisse unter Bedingungen der Freiwilligkeit herzustellen. Folglich könnte die Auseinandersetzung mit Theorien und Konzeptionen der Jugendarbeit ein relevantes Element einer solchen Strategie der Schulentwicklung sein, die sich an bildungstheoretischen Gesichtspunkten und nicht ausschließlich an arbeitsmarktorientierten Kompetenzprofilen orientiert.

Literatur

Adorno, T. W.: Individuum, in: Institut für Sozialforschung (Hg.), Soziologische Exkurse, Frankfurt a. M. 1956, 40-49.
Bernstein, B.: Der Unfug mit der kompensatorischen Erziehung, in: B. Bernstein u. a. (Hg.), Lernen und soziale Struktur, Amsterdam 1971, 34-47.
Bonß, W.: „Bildung" in der (Arbeits-) und „Wissensgesellschaft, in: W. Lindner, W. Thole, J. Weber (Hg.), Kinder- und Jugendarbeit als Bildungsprojekt, Opladen 2003, 11-32.
Bourdieu, P.: Die feinen Unterschiede. Kritik der gesellschaftlichen Urteilskraft, Frankfurt a. M. 1984.
Bulmahn, E.: Education and Science in Changing Society. Rede anlässlich der Jahrestagung der AAAS am 19.02.2000.
Bundesjugendkuratorium: Zukunftsfähigkeit sichern! Für ein neues Verhältnis von Bildung und Jugendhilfe, in: R. Münchmeier, H.-U. Otto, U. Rabe-Kleberg (Hg.), Bildung und Lebenskompetenz, Opladen 2002, 159-174.
Castells, M.: Elemente einer Theorie der Netzwerkgesellschaft, in: Sozialwissenschaftliche Literatur Rundschau, 2001, Heft 2, 37-54.
Dreeben, R.: Was wir in der Schule lernen?, Frankfurt a. M. 1980.
Europäische Kommission (Hg.): Memorandum über lebenslanges Lernen, Brüssel 2000.
Expertengruppe Forum Bildung (Hg.): Förderung von Chancengleichheit. Bericht der Expertengruppe des Forums Bildung, Bonn 2001a.
Expertengruppe Forum Bildung (Hg.): Kompetenzen als Ziele von Bildung und Qualifikation. Bericht der Expertengruppe des Forums Bildung, Bonn 2001b.
Foucault, M. u. a.: Technologien des Selbst, Frankfurt a. M. 1993.
Grubauer, F. u. a. (Hg.): Subjektivität – Bildung – Reproduktion, Weinheim 1992.

Habermas, J.: Individuierung durch Vergesellschaftung, in: J. Habermas (Hg.), Nachmethaphysisches Denken, Frankfurt a. M. 1988, 187-241.

Hafeneger, B./Henkenborg, P./Scherr, A. (Hg.): Pädagogik der Anerkennung, Bad Schwalbach/Ts. 2002.

Hall, S.: „Ein Gefüge von Einschränkungen", in: J. Engelmann (Hg.), Die kleinen Unterschiede. Der Cultural-Studies-Reader, Frankfurt a. M. und New York 2000, 99-122.

Hansemann, O./Marotzki, W.: Diskurs Bildungstheorie I: Systematische Markierungen, Weinheim 1988.

Holzkamp, K.: Lernen. Eine subjektwissenschaftliche Grundlegung, Frankfurt a. M. und New York 1993.

Hormel, U./Scherr, A.: Konzepte historischen Lernens, Freiburg i. Br. 2003 (Manuskript).

Krüger, H.-H.: Entwicklungslinien und aktuelle Perspektiven kritischer Erziehungswissenschaft, in: H. Sünker, H.-H. Krüger (Hg.), Kritische Erziehungswissenschaft am Neubeginn?, Frankfurt a. M. 1999, 162-183.

Liebau, E.: Jugendhilfe, Bildung, Teilhabe. Bildung als Teilhabefähigkeit, in: R. Münchmeier, H.-U. Otto, U. Rabe-Kleberg (Hg.), Bildung und Lebenskompetenz, Opladen 2002, 19-32.

Luhmann, N.: Die Gesellschaft der Gesellschaft, Frankfurt a. M. 1997.

Marotzki, W.: Entwurf einer strukturalen Bildungstheorie. Biographietheoretische Auslegungen von Bildungsprozessen in hochkomplexen Gesellschaften, Weinheim 1990.

Marotzki, W./Sünker, H. (Hg.): Kritische Erziehungswissenschaft – Moderne – Postmoderne, Weinheim 1992.

Mead, G. H.: Geist, Identität und Gesellschaft, Frankfurt a. M. 1968.

Menrath, S.: Represent what. Performativität von Identitäten im HipHop, Berlin 2003.

Meueler, E.: Die Türen des Käfigs, Stuttgart 1993.

Nassehi, A.: Differenzierungsfolgen, Opladen 1999.

Oevermann, U.: Zur Behinderung pädagogischer Arbeitsbündnisse durch die gesetzliche Schulpflicht, in: T. Rihmm (Hg.), Schulentwicklung durch Lerngruppen, Opladen 2003, 69-96.

Ritsert, J.: Soziologie des Individuums, Darmstadt 2001.

Scherr, A.: Das Projekt Postmoderne und die pädagogische Aktualität kritischer Bildungstheorie, in: W. Marotzki, H. Sünker (Hg.), Kritische Erziehungswissenschaft – Moderne – Postmoderne, Weinheim 1992, 101-150.

Scherr, A.: Subjektorientierte Jugendarbeit, Weinheim und München 1997.

Scherr, A.: Sozialisation, Person, Individuum, in: H. Korte, B. Schäfers (Hg.), Einführung in die Hauptbegriffe der Soziologie, 6. Aufl., Opladen 2002, 45-66.

Sennett, R.: Der flexible Mensch. Die Kultur des neuen Kapitalismus, Berlin 1998.

Spinner, H.: Informationsgesellschaft, in: B. Schäfers, W. Zapf (Hg.): Handwörterbuch zur Gesellschaft Deutschlands, Opladen 2001, 319-334.

Stroß, A. M.: Die „Wissensgesellschaft" als bildungspolitische Norm, in: Sozialwissenschaftliche Literatur Rundschau, 2001, Heft 1, 84-100.

Sünker, H.: Bildung, Alltag, Subjektivität, Weinheim 1989.

Sünker, H./Krüger, H.-H. (Hg.): Kritische Erziehungswissenschaft am Neubeginn?, Frankfurt a. M. 1999.

Taylor, C.: Quellen des Selbst, Frankfurt a. M. 1996.

Vogel, M. R.: Theorie gesellschaftlicher Subjektivitätsformen, Frankfurt a. M. und New York 1983.
Vogel, M. R.: Bildung zum Subjekt – Selbst und gesellschaftliche Form, in: F. Grubauer u. a. (Hg.), Subjektivität – Bildung – Reproduktion, Weinheim 1992, 10-40.
Wacquant, L.: Auf dem Weg zu einer Sozialpraxeologie, in: P. Bourdieu, L. Wacquant (Hg.), Reflexive Anthropologie, Frankfurt a. M. 1996, 17-94.
Willke, H.: Atopia. Studien zur atopischen Gesellschaft, Frankfurt a. M. 2001.

Winfried Marotzki

„Virtual Communities": Zum Verhältnis von Wissen, Bildung und Vergemeinschaftung

Wilhelm Flitner arbeitet in seiner Allgemeinen Pädagogik drei Aufgaben der wissenschaftlichen Pädagogik heraus: Am wichtigsten ist für ihn *erstens*, sich des Sinngehalts einer historisch gegebenen Wirklichkeit zu vergewissern und einen Konsens über diese Sinnstruktur herbeizuführen, damit die Resultate der „Tatsachenforschung", wie er es nennt, in sie eingeordnet werden können. Für ihn ist dabei klar, „daß die Herbeiführung jener Übereinkunft die vornehmste Aufgabe der wissenschaftlichen Pädagogik ist, und daß darin ihre oberste Funktion in der Öffentlichkeit gründet" (Flitner 1957/1966, 336). Diese Sinnstruktur, die heute sicherlich als Zeitdiagnose bezeichnet werden würde, hat dann *zweitens* die Aufgabe, dem Pädagogen Orientierung in seiner Arbeit zu ermöglichen, ihm die Kriterien an die Hand zu geben, anhand derer er seine Pädagogik in der Praxis ausrichtet: ein „Standortbewußtsein im Kampfgewühl der Zeit" (Flitner 1957/1966, 336) zu erlangen. Erst an *dritter* Stelle folgt für ihn dann „die unmittelbare technische Hilfe, die in den Schwierigkeiten des Erziehungsgeschäfts, besonders in den problematischen Fällen, geboten werden muß" (Flitner 1957/1966, 336).

Wilhelm Flitner spricht in seiner Allgemeinen Pädagogik nur aus, was für viele ErziehungswissenschaftlerInnen vor ihm und nach ihm selbstverständlich war und ist: Die pädagogische Reflexion muss sich der Signatur des gegenwärtigen Zeitalters vergewissern, um mit ihrer Arbeit beginnen zu können. Das ist nicht nur, wie Flitner richtig bemerkt, eine Angelegenheit empirischer Forschung, sondern hat auch etwas mit der Haltung zu tun, die wir gegenüber unserer eigenen Epoche einnehmen.

Eine solche Zeitdiagnose ist auch heute in der Regel diskursiv – wie Flitner in seiner ersten Bestimmung sagt –, d. h., sie ist im Feld wissenschaftlicher und öffentlicher Auseinandersetzung strittig, wenngleich sich heute mehr oder minder deutliche Konturen abzeichnen, die mit bestimmten Schlagworten belegt werden: Industriegesellschaft, Dienstleistungsgesellschaft, postmoderne Gesellschaft, Informationsgesellschaft, Wissensgesellschaft etc.

Im Folgenden werde ich mich *erstens* auf die Debatte um die Wissensgesellschaft beziehen, um dann *zweitens* das Verhältnis von Wissen und Bildung zu erörtern. Im dritten Schritt werde ich dann zeigen, dass Bildung und Vergemeinschaftung einen engen Zusammenhang bilden und *abschließend* neue Vergemeinschaftungsformen in virtuellen Welten beleuchten.

1. Wissensgesellschaft

Um jüngere Gesellschaftsentwicklungen zu beschreiben, ist seit Ende der 1990er-Jahre der Begriff der Wissensgesellschaft populär geworden. Es ist zwar immer wieder festgestellt worden, dass im wissenschaftlichen Diskurs kein homogenes Konzept einer Wissensgesellschaft existiert (vgl. z. B. Stroß 2001, 89), trotzdem scheint diese Beschreibung mindestens im öffentlichen Diskurs tauglich, um einige charakteristische Entwicklungszüge der gegenwärtigen Gesellschaft zu skizzieren.

Schon immer wussten die Menschen, dass Wissen wichtig ist. Nicht umsonst gibt es das Sprichwort: „Wissen ist Macht". Aber wie ist es zu erklären, dass von aktuellen gesellschaftlichen Trends behauptet wird, sie würden zeigen, dass wir auf dem „Weg in eine Wissensgesellschaft" seien? Die These der „Dienstleistungsgesellschaft" konnte sich auf den Sachverhalt berufen, dass die Dienstleistungsarbeit auf Kosten der klassischen industriellen Güterproduktion immer mehr ansteigt: Mittlerweile arbeiten fast zwei Drittel aller Beschäftigten im Dienstleistungssektor (vgl. Deutscher Bundestag 2002, 260).

Die eigentliche Legitimation für die Bezeichnung „Wissensgesellschaft" liegt darin, „daß wissenschaftliches Wissen auf fast allen Gebieten des Lebens eine einflußreichere Rolle spielt" (Stehr 1994, 16). Der Einfluss von Wissenschaft und Technik wird größer, reicht sozusagen bis in den kleinsten Winkel der Lebenswelten hinein. Unberührt davon bleiben natürlich auch nicht die Formen des Wissens wie auch die Formen des Wissenserwerbs bzw. der Wissensvermittlung in den klassischen institutionalisierten Lernfeldern, beispielsweise Schule. Wissen gilt inzwischen als vierter – und zudem bedeutendster – Produktionsfaktor neben Arbeit, Kapital und Natur. In einigen volkswirtschaftlichen Bereichen wird davon ausgegangen, dass 70 % bis 80 % des wirtschaftlichen Wachstums auf neues oder verbessertes Wissen zurückgeführt werden könne (vgl. de Haan/Poltermann 2002). Das heißt, die Bedeutung des Wissens für eine Volkswirtschaft wie auch für den Einzelnen hat zugenommen.

„Die Erzeugung und Verteilung von Wissen werden künftig eine vorrangige Bedeutung in der Wertschöpfung und im gesellschaftlichen Bewußtsein einnehmen. Die Zukunft gehört der Wissensverarbeitung, den hochqualifizierten Tätigkeiten" (Deutscher Bundestag 2002, 260).

Das schlägt sich dann auch in der Verteilung der Beschäftigten nieder: Immer mehr Menschen sind in Berufen und Jobs tätig, in denen die Generierung, Aufbereitung, Präsentation und Zirkulation von Wissen im Vordergrund steht, so dass Hellmut Willke von einem neuen Typ des Arbeiters spricht, nämlich vom Wissensarbeiter (vgl. Willke 1999).

Innerhalb der Erziehungswissenschaft ist zunächst einmal darauf zu verweisen, dass es eine längere Auseinandersetzung und Selbstvergewisserung über die Frage gibt, was pädagogisches Wissen ist (vgl. König/Zedler 1989; Oelkers/Tenorth 1993). Daran anschließend ist die Frage, ob die Zeitdiagnose der Wissensgesellschaft zutreffend ist und was daraus folgt, durchaus kontrovers diskutiert worden.[1]

Mag sein, dass die Bezeichnung des „Wissensarbeiters" etwas überzeichnet ist, sie weist aber doch in eine Richtung, deren Vorzeichen nicht zu ignorieren sind: Die heranwachsende Generation wächst in eine Gesellschaft hinein, in der Arbeit (im Sinne von Erwerbsarbeit) überwiegend nur noch auf hohem Qualifikationsniveau zu haben sein wird. Dass dieses enorme Folgen für Fragen der sozialen Struktur einer Gesellschaft haben wird und jetzt schon hat, liegt auf der Hand. Dieses hohe Qualifikationsniveau muss, das sagt beispielsweise das Schlagwort des lebenslangen Lernens, ständig erhalten und erweitert werden. Insofern ist die Wissensgesellschaft auch eine Lerngesellschaft und deshalb ist auch deutlich, was diese Debatte um die Wissensgesellschaft mit Pädagogik und Erziehungswissenschaft zu tun hat: Das Bildungssystem steht vor der Aufgabe, Unterstützung und Hilfe zur Wissensbewältigung während des gesamten Lebenslaufs zu gewähren. In der Erziehungswissenschaft geht es schließlich darum, die nachfolgende Generation durch Prozesse der Erziehung, des Lernens und der Bildung in diese Gesellschaft einzuführen. Ob und wie das gelingt, davon sind die Lebenschancen dieser nachfolgenden Generation elementar abhängig.

2. Wissen, Reflexion und Bildung

Ich kann im Rahmen der vorliegenden Arbeit natürlich nicht sehr tief in die Debatte um die Wissensgesellschaft einsteigen, möchte aber zumindest andeuten, dass Wissen nicht identisch ist mit Information, und das hat – erziehungswissenschaftlich gesehen – weitreichende Konsequenzen. Die Redeweise von der Informationsgesellschaft stellte auf der Grundlage der Beobachtung des rapiden Informationsanstiegs infolge der Verbreitung neuer Informationstechnologien die Problematik der Datenverarbeitung und des Datentransfers in den Vordergrund. Es wurde nach der Infrastruktur für effektive Informationsverbreitung, nach der Produktion und Verarbeitung von Information und nach der Bedeutung von (neuen) Zeichensystemen für die Formation von Gesellschaften gefragt. Demgegenüber bezieht sich der Begriff der Wissensgesellschaft wesentlich stärker auf die Entwicklungspotenziale und biografischen Prozesse des einzelnen Menschen.

„Im Unterschied zu diesem Begriff (der Informationsgesellschaft – W.M.), der die gesellschaftliche und systemische Seite betont, ist das Konzept der Wissensgesellschaft stark auf das Individuum ausgerichtet, auf seine Rolle, Funktion, sein Potential und seine Bedeutung für die wissensbasierte Gesellschaft. Mit dem Begriff ‚Wissensgesellschaft' wird kenntlich

---

[1] Vgl. allgemein Höhne 2003, für die Sozialpädagogik Homfeldt/Schulze-Krüdener 2000 sowie für die Erwachsenenbildung Nolda 2001.

gemacht, dass Informationen die Informationen von jemandem sind und dass diese Informationen eine Bedeutung haben" (de Haan/Poltermann 2002, 8).

Aus Informationen wird dann Wissen, wenn sie von Menschen aufgenommen, in Zusammenhänge (Kontexte) eingeordnet, bewertet und auf zu lösende Probleme bezogen werden. Wissen ist sozusagen situierte Information, die auf soziale Handlungen im weitesten Sinne bezogen wird. So setzt einer der „Väter" der Debatte um Wissensgesellschaft, nämlich Nico Stehr, Wissen mit Handlungsfähigkeit gleich (vgl. Stehr 1994, 208). Soziale Handlungen sind eingebettet in eine soziale Gemeinschaft, in eine Kultur bzw. eine Gesellschaft. Insofern kann mit Stehr auch gesagt werden, dass der Wissensprozess in der „Teilnahme an den kulturellen Ressourcen der Gesellschaft" (Stehr 1994, 205) besteht. Die Fähigkeit zur Teilhabe (Methexis) und zur aktiven Teilnahme (Partizipation) an der jeweiligen Kultur setzt soziales Handeln voraus und damit auch die Fähigkeit, sich zu orientieren. Gernot Böhme ist Recht zu geben, wenn er sagt, dass der Begriff der Wissensgesellschaft als Epochenbegriff zwar nicht tauge, jedoch wichtige aktuelle Tendenzen beschreibe und gegenüber dem Begriff der Informationsgesellschaft den subjektiven Faktor ernst nehme (vgl. Böhme 2002). Gerade von diesem subjektiven Faktor hängt die Erzeugung von Wissen aus Informationen ab. Dabei spielt die orientierende Reflexion eine zentrale Rolle.

Jürgen Mittelstrass hat seit den 1970er-Jahren immer wieder den Sachverhalt reflektiert, dass in modernen Gesellschaften der Abstand zwischen einem Verfügungswissen (Faktenwissen) und einem Orientierungswissen gewachsen ist (vgl. Mittelstrass 1982; 1989; 2001):

„Verfügungswissen ist ein Wissen um Ursachen, Wirkungen und Mittel; es ist das Wissen, das Wissenschaft und Technik unter gegebenen Zwecken zur Verfügung stellen. Orientierungswissen ist ein Wissen um gerechtfertigte Zwecke und Ziele" (Mittelstrass 2002, 164).

Über Verfügungswissen eignet sich der Mensch die Dinge der Welt an und über Orientierungswissen tritt er in ein reflektiertes Verhältnis zu ihnen. Moderne Gesellschaften seien stark in der Akkumulation von Verfügungswissen und schwach in der Ausbildung von Orientierungswissen, so Mittelstrass. Was technisch möglich und moralisch nötig ist, lässt sich immer weniger miteinander vereinbaren. Für Erziehungswissenschaft und Pädagogik ist deshalb die Klärung des Verhältnisses von Verfügungs- und Orientierungswissen in hochkomplexen Gesellschaften m. E. zu einer zentralen Aufgabe geworden.

Insbesondere ist es das Gebiet der Bildungstheorie, das sich mit der Frage nach dem orientierenden Wert von Wissen beschäftigt. Denn die Frage, ob Wissen eine orientierende Funktion hat, ist identisch mit der Frage, ob es eine bildende Funktion hat. Orientierungswissen kann nicht durch eine Steigerung des Verfügungswissens erreicht werden:

„Je reicher wir an Information und Wissen sind, desto ärmer scheinen wir an Orientierungskompetenz zu werden. Für diese Kompetenz stand einmal der Begriff der Bildung" (Mittelstrass 2002, 154).

Insofern kann gesagt werden, dass der Bildungsbegriff im klassischen wie im modernen Sinne den der Orientierung einschließt, so dass sich die Fähigkeit zur Teilhabe (Methexis) und zur aktiven Teilnahme (Partizipation) an der jeweiligen Kultur sich über soziales Handeln ausbilden kann. Diesen Zusammenhang zwischen Wissen, Orientieren und Handeln betonen auch de Haan und Poltermann:

„Bewusst und sinnhaft handeln kann man nur auf der Basis reflektierter Auseinandersetzung mit Werten, Zielen und Visionen, die dem Handeln Orientierung bieten. Insofern ist das Wissenskonzept auch eng mit der Idee von Bildung verbunden. Bildung weist über Wissen insofern hinaus, als sich mit ihr Selbstreflexivität verbindet" (de Haan/Poltermann 2002, 10).

Zusammenfassend kann also gesagt werden, dass die Folgen der sich anbahnenden Wissensgesellschaft gleichsam in den letzten Schichten der Lebenswelt der Menschen spürbar werden, denn sie beziehen sich auf die Art und Weise des Lernens und der Orientierungsleistungen. Das hat Auswirkungen auf den Aufbau von schulischen und beruflichen Qualifikationen. Menschen müssen angesichts der medial vermittelten Informationsvielfalt (Informationsoverload) Wissen für sich aufbauen, um handeln und um sich in einer komplexer werdenden Welt orientieren zu können. Es ist in der Debatte um die Wissensgesellschaft unter dem Stichwort neuer Subjektivierungsformen immer wieder darauf hingewiesen worden, dass eine elementare Folge darin besteht, dass immer mehr Verantwortung auf den einzelnen Menschen abgewälzt wird, die immer mehr verantwortlich für das eigene Lernen und für die eigene Qualifikation werden (vgl. Höhne 2003, 62 ff.). Ich schließe mich diesen Beobachtungen an. Sie stehen durchaus im Einklang mit basalen Befunden der Modernisierungsdebatte (vgl. Beck/Giddens/Lash 1996; Giddens 1996; 2001), möchte mich aber im Folgenden mit einem in diesem Zusammenhang eher vernachlässigten Problem beschäftigen, nämlich mit dem Sachverhalt, dass mit veränderten Subjektivierungsformen in der Regel auch veränderte Vergemeinschaftungsformen einhergehen.

3. Bildung und Vergemeinschaftung

Eigene Orientierungen, also das Wissen um gerechtfertigte Zwecke und Ziele des eigenen Handelns, bedürfen immer auch der intersubjektiven Anerkennung. Dieses geschieht traditioneller Weise über Kommunikation. Im Medium der Sprache finden Menschen für ihre biographischen Entwürfe, für ihre Selbst- und Welthaltungen Anerkennung, wie Axel Honneth (1992) in seinem Buch „Kampf um Anerkennung" so schön beschrieben hat. Anerkennung wird in der Regel von Gleichgesinnten gezollt, also von jenen, die ähnliche Orientierungen aufgebaut und in der Regel einen inneren, gemeinschaftlichen Zusammenhalt untereinander ausgebildet haben. Udo Tietz (2002) geht in seinem Werk „Die Grenzen des Wir" davon aus, dass sich Gemeinschaften gerade „über gemeinsam geteilte Werte und damit über gemeinsam geteilte Überzeugungen und Wünsche bestimmen lassen" (Tietz 2002, 11). Die Pointe einer solchen nichtsubstanzialistischen Gemeinschaftsauffassung besteht darin, dass eine Gemeinschaft nicht mehr über Traditionen begründet werden muss. Unter den Bedingungen der reflexiven Moderne würden sich nur solche Traditionen am Leben halten, an die sich die Menschen selbst binden würden. Insofern ist es richtig zu sagen, dass sich im Kontext der reflexiven Moderne substanzialistisch aufgefasste Gemeinschaften auflösen, aber im Gegenzug sich nicht substanzialistisch gefasste Gemeinschaften verstärkt bilden würden.

Für meinen hier zu entfaltenden Gedankengang sind dabei zwei Aspekte wichtig: Zum einen stellt die These der erhöhten Subjektivierungsformen in der Wissensgesellschaft, wie ich sie oben entwickelt habe, also nur eine Seite der Medaille dar, die andere Seite der Medaille heißt: neue Vergemeinschaftungsformen.

Innerhalb der Gruppe der neuen oder veränderten Vergemeinschaftungsformen hat eine in den letzten Jahren verstärkt die Aufmerksamkeit auf sich gezogen, nämlich virtuelle Gemeinschaften, so genannte virtuelle Communities. Die Wahl dieser Vergemeinschaftungsformen erfolgt nicht willkürlich. Vielmehr spielen bei den Modernisierungsprozessen, die letztlich den Trend der Wissensgesellschaft begünstigt und wahrscheinlich auch beschleunigt haben, moderne Informationstechnologien eine zentrale Rolle. Denn neue Vergemeinschaftungsformen in virtuellen Communities sind solche, die allererst aufgrund der Entwicklung des Internet möglich geworden sind.

4. Neue Vergemeinschaftungsformen in virtuellen Welten

Virtuelle Communities bestehen aus InternetnutzerInnen, die sich zum Zwecke der Kommunikation, des Spielens, der Kollaboration, des Erfahrungsaustauschs, um nur einige Beispiele zu nennen, zu einer Gruppe im Internet (oder auch im Usenet) zusammengeschlossen haben:

„Virtuelle Gemeinschaften sind soziale Zusammenschlüsse, die dann im Netz entstehen, wenn genug Leute die öffentlichen Diskussionen lange genug führen und dabei ihre Gefühle einbringen, so daß im Cyberspace ein Geflecht persönlicher Beziehungen entsteht" (Rheingold 1993, 16).

Gruppenleben – das gilt in realen wie auch in virtuellen Gruppen – ist um Kommunikation organisiert. Kommunikation bedeutet, gemeinsame Bedeutungen zu erzeugen und aufrecht zu erhalten. Gruppen bilden sich um Punkte der Übereinstimmung. Sie entwickeln Normen, bilden Grenzen, ein Innen und ein

Außen. Es gibt Regeln, wie man in sie hineinkommt, Zugehörigkeit erwirbt und wie man ggf. wieder aus ihnen heraus kommt. Es bestehen gemeinsame Symbolbildungen und vor allem: Es entsteht eine gemeinsame Geschichte und so etwas wie ein gemeinsames Gedächtnis. Diese Geschichtlichkeit wiederum hat sozial-strukturierende Funktion.

Kurzum: Alle Merkmale, die wir gewohnt sind, für reale Gruppenbildungen zu nennen, gelten – mit der Ausnahme der face-to-face-Beziehung – auch für Online-Communities im Internet. Es existieren mittlerweile eine Fülle von Konzeptionalisierungen dieses Phänomens, teilweise unter verschiedener Begrifflichkeit, beispielsweise „virtual Community" (Rheingold 1993), „virtuelle Gruppen" (Thiedecke 2000), „soziale Netzwerke" (Gräf 1997) etc.

Die Forschung zu virtuellen Communities entwickelte sich parallel zur Entstehung des Internet. Während das ARPANET (der Vorgänger des Internet) ursprünglich dafür entwickelt worden war, Computer miteinander zu verbinden, verdankte es seinen durchschlagenden Erfolg schließlich seiner nicht vorhergesehenen Fähigkeit, auch Menschen miteinander in Kontakt zu bringen. In der ersten virtuellen Community *The Well*, die von Stewart Brand 1985 initiiert wurde (vgl. Hafner 2001), waren alle InternetprotagonistInnen der ersten Stunde Mitglieder: Howard Rheingold, John Pierre Barlow, Sherry Turkle u. a. Spätestens seit Howard Rheingold seiner Hommage an „The Well" den Titel „The Virtual Community" (Rheingold 1993) gegeben hat, ist es üblich geworden, unter diesem Begriff, den ich im Folgenden favorisieren werde, Gruppenbildungen im Internet zu bezeichnen, die zum Zwecke der Kommunikation, des Spielens und/oder der Kollaboration entstehen.

Virtuelle Communities im Internet gibt es inzwischen unzählige, die auf unterschiedlichem technischem Niveau realisiert werden. Sie bilden im Internet ein unüberschaubares Gewirr, das – thematisch gesehen – eine extreme Bandbreite umfasst: Partner/Kontakte, Fun, Jugend/Familie, Hobby (u. a. Computer), Gesundheit/Körper, Selbsthilfe, Glauben, Beruf/Ausbildung, TV/Radio/Printmedien, Städte/Reisen, Politik (um nur gängige Bereiche zu nennen). Untersucht man sie genauer, kommt man zu dem Resultat, dass in ihnen eine hohe Komplexität und Vielschichtigkeit kultureller Praxen zum Ausdruck kommt. Die Erziehungswissenschaft tut gut daran, sich sorgfältiger mit ihnen zu beschäftigen, weil die TeilnehmerInnenzahlen von Jugendcommunities eine eigene Sprache sprechen: beispielsweise Funama 300.000, Cycosmos 400.000, Metropolis 1,2 Mio.

Über die Gründe dafür, warum so viele Menschen Online gehen, warum sie dort Kontakte zu anderen herstellen und sich in Gemeinschaften bewegen, kann nur spekuliert werden. Rheingold sieht diesen Trend eng mit den Modernisierungsfolgen verknüpft:

„Ich habe den Verdacht, daß die Erklärung für dieses Phänomen in dem wachsenden Bedürfnis nach Gemeinschaft liegt, das die Menschen weltweit entwickeln, weil in der wirklichen Welt die Räume für zwanglose soziale Kontakte immer mehr verschwinden" (Rheingold 1993, 17).

Ähnlich hat sich John P. Barlow in einem Interview geäußert: Er sei in seinem Leben so häufig umgezogen, dass er nie eine wirkliche Chance hatte, mit seinen Nachbarn längeren Kontakt aufzubauen. Aber seine virtuelle Gemeinschaft im Netz sei geblieben; es sei seine eigentliche Heimat geworden. Unabhängig davon, ob diese Erklärungen, Statements und Vermutungen nun stimmen mögen oder nicht, bleibt auf der einen Seite die enorm große Zahl vor allem von Jugendlichen, die sich in virtuellen Communities tummeln, ein nicht leicht zu erklärendes Phänomen.

Auf der anderen Seite kennen wir einige gute Studien, die uns die Struktur und die Faszination, die diese Communities auf Heranwachsende ausüben, aufschließen (vgl. z. B. Götzenbrucker 2001 oder auch allgemein Döring 2003). Ich kann in diesem Rahmen auf die einzelnen Befunde nicht eingehen. Es hat sich in den letzten Jahren zwar auch im deutschsprachigen Raum eine Internet-Forschung etabliert (vgl. Marotzki 2003), trotzdem wissen wir zu wenig über diese für Kinder und Jugendlichen so wichtigen neuen Sozialisationsräume. Im Prinzip gilt die Feststellung von Howard Rheingold aus dem Jahre 1993 auch heute noch:

„Und noch wissen wir wenig über die Auswirkungen, die diese neuen Medien für unser tägliches Leben, unser Bewußtsein, unsere Familien oder gar die Zukunft der Demokratie haben werden" (Rheingold 1993, 24).

Pädagogisch gesehen ginge es natürlich dann im nächsten Schritt auch darum, diese neuen Welten zu gestalten und die neuen kreativen Möglichkeiten des Internet zu nutzen. Auch dafür gibt es, beispielsweise in der Jugendarbeit, die ersten guten Beispiele (vgl. Schindler/Bader/Eckmann 2001; Moser/Dreyer 2002). Folgt man diesen Projekten und setzt man neue Medien, also z. B. das Internet, ein, dann ist es allerdings wichtig, konsequent von Lernprozessen auf Bildungsprozesse umzufokussieren. Ich will das kurz erläutern:

Eine lerntheoretische Perspektive thematisiert das Internet als Lern- und Informationsraum im Sinne einer rein instrumentellen Perspektive. Eine rein instrumentelle Verwendung des Internet liegt vor, wenn beispielsweise die Frage gestellt wird, wie das Internet Lernprozesse unterstützen kann: Schulen ans Netz, E-Learning, Telelearning (virtuelle Universität) oder computer aided learning in betrieblichen Zusammenhängen wären dafür relativ erfolgreiche Beispiele, die sich dadurch auszeichnen, dass die Gedanken der Effizienzsteigerung und der Optimierung von Lernprozessen im Vordergrund stehen.

Eine bildungstheoretische Perspektive wird entfaltet, wenn das Internet als Kulturraum gesehen wird. Im Unterschied zu einer instrumentellen Sichtweise des Netzes, die eher Lernprozesse, kommunikative Austauschprozesse sowie die Abwicklung von Transaktionen über das Netz betont, konzentriert sich eine bildungstheoretische Perspektive darauf, was mit Menschen hinsichtlich ihrer Selbst- und Weltbezüge geschieht, wenn sie sich im Netz bewegen, und wie Menschen das Netz kreativ für eigene Präsentationen und Manifestationen nutzen können. Studiert man übrigens die Dokumente, die unter dem Stichwort des E-Learning auf europäischer Ebene verabschiedet worden sind (vgl. Europäische Kommission 1995; 1996; 2000), genauer, bemerkt man sehr schnell, dass der Leitgedanke beim E-Learning nicht so sehr eine andere Art des Lernens darstellt, sondern der Gedanke einer *digitalen Kultur* im Zentrum steht, in der Menschen die Möglichkeit haben sollen, sich kreativ zu bewegen.

Eine bildungstheoretische Perspektive eröffnet den Blick auf die hier stattfindenden neuen Vergemeinschaftungsformen, die Teilhabe (Methexis) und aktive Teilnahme (Partizipation) einschließen. Eine reine lerntheoretische Perspektive hat keine Chance zu verstehen, was Kinder und Jugendliche (aber auch zunehmend ältere Menschen) an virtuellen Welten so faszinierend finden. Eine auf Lernoptimierung ausgehende Nutzung des Internet greift entschieden zu kurz. In einer bildungstheoretischen Perspektive kommen andere kulturelle Aktivitäten dieser Communities in den Blick, beispielsweise der hohe Grad an Deliberation (z. B. in vielen Usenetforen), die Intensität sich wechselseitig stützender kommunikativer Prozesse in virtuellen Selbsthilfegruppen, die identitätsstiftenden Selbstpräsentationsaktivitäten in vielen Communities von SeniorInnen, um nur einige Beispiele zu nennen. Virtuelle Communities sind deshalb für Menschen so faszinierend, weil sie neue Formen der Vergemeinschaftung darstellen und somit auch neue identitäre Verortungen anbieten, die angenommen werden. Virtuelle Communities zeigen, dass Lernen in Vergemeinschaftungsformen eingebettet werden muss, wenn Bildung entstehen soll.

5. Schlussbemerkung

Wenn ich in Anlehnung an Wilhelm Flitner einleitend gesagt habe, dass die pädagogische Reflexion sich der Signatur des gegenwärtigen Zeitalters vergewissern muss, um mit ihrer Arbeit beginnen zu können, dann stehen wir jetzt vor folgendem Resultat: Wer Lern- und Bildungsprozesse in der Wissensgesellschaft verstehen, moderieren und gestalten will, kommt nicht darum herum, sie als medial vermittelte zu verstehen. Mit anderen Worten: Die Frage, wie Menschen Wissen aufbauen, ist nicht mehr zu trennen von medialen und technischen Szenarien (vgl. Aufenanger 2001). Erhöhte Biografizität und neue Formen der Vergemeinschaftung bilden deshalb aus meiner Sicht zwei entscheidende Grundkoordinaten, denn der Wissensprozess kann verstanden werden als die Teilnahme und Teilhabe des einzelnen Menschen an den kulturellen Ressourcen der Gesellschaft, um noch einmal abschließend Nico Stehr zu bemühen. Nur durch Teilnahme und Teilhabe an kulturellen Ressourcen wird Bildung als Aufbau eines Selbst- und Weltverhältnisses des Menschen letztlich möglich.

Literatur

Aufenanger, S.: Aufgaben der Erziehungswissenschaft in der Wissensgesellschaft, in: B. Herzig (Hg.), Medien machen Schule, Bad Heilbrunn 2001, 255-266.

Beck, U./Giddens, A./Lash, S.: Reflexive Modernisierung. Eine Kontroverse, Frankfurt a. M. 1996.

Böhme, G.: Strukturen und Perspektiven der Wissensgesellschaft, in: Zeitschrift für Kritische Theorie, 2002, Heft 14, 57-65.

Deutscher Bundestag (Hg.): Schlussbericht der Enquete-Kommission Globalisierung der Weltwirtschaft – Herausforderungen und Antworten. Drucksache 14/9200, Berlin 2002.

Döring, N.: Sozialpsychologie des Internet. Die Bedeutung des Internet für Kommunikationsprozesse, Identitäten, soziale Beziehungen und Gruppen, 2. überarbeitete und erweiterte Aufl., Göttingen 2003.

Europäische Kommission (Hg.): Weißbuch zur allgemeinen und beruflichen Bildung: Lehren und Lernen. Auf dem Weg zur kognitiven Gesellschaft, Brüssel 1995 (http://europa.eu.int/comm/education/lb-de.pdf am 05.01.2003).

Europäische Kommission (Hg.): Grünbuch „Leben und Arbeiten in der Informationsgesellschaft: Im Vordergrund der Mensch", 1996 (http://europa.eu.int/comm/employmentsocial/soc-dial/infosoc/green/greende.pdf).

Europäische Kommission (Hg.): E-Learning – Gedanken zur Bildung von Morgen, Brüssel 2000 (http://www.europa.eu.int/comm/elearning am 04.01.2003).

Flitner, W.: Das Selbstverständnis der Erziehungswissenschaft in der Gegenwart, in: W. Flitner (Hg.), Gesammelte Schriften. Band 3, Paderborn u. a. 1989 (1957/1966), 310-349.

Giddens, A.: Konsequenzen der Moderne, Frankfurt a. M. 1996.

Giddens, A.: Entfesselte Welt. Wie die Globalisierung unser Leben verändert, Frankfurt a. M. 2001.

Götzenbrucker, G.: Soziale Netzwerke und Internet-Spielewelten. Eine empirische Analyse der Transformation virtueller in realweltliche Gemeinschaften am Beispiel von MUDs, Wiesbaden 2001.

Gräf, L.: Locker verknüpft im Cyberspace – Einige Thesen zur Änderung sozialer Netzwerke durch die Nutzung des Internet, in: L. Gräf, M. Krajewski (Hg.), Soziologie des Internet. Handeln im elektronischen Web-Werk, Frankfurt a. M. und New York 1997, 99-124.

Haan, G. de/Poltermann, A.: Funktion und Aufgaben von Bildung und Erziehung in der Wissensgesellschaft, 2002 (http://www.wissensgesellschaft.org/themen/bildung/bildungwissen.pdf am 27.08.2003).

Hafner, K.: The Well. A Story of Love, Death & Real Life in the Seminal Online Community, New York 2001.

Höhne, T.: Pädagogik der Wissensgesellschaft (Transcript), Bielefeld 2003.

Homfeldt, H. G./Schulze-Krüdener, J. (Hg.): Wissen und Nichtwissen. Herausforderungen für Soziale Arbeit in der Wissensgesellschaft, Weinheim und München 2000.

Honneth, A.: Kampf um Anerkennung. Zur moralischen Grammatik sozialer Konflikte, Frankfurt a. M. 1992.

König, E./Zedler, P. (Hg.): Rezeption und Verwendung erziehungswissenschaftlichen Wissens in pädagogischen Handlungs- und Entscheidungsfeldern, Weinheim 1989.

Marotzki, W.: Online-Ethnographie – Wege und Ergebnisse zur Forschung im Kulturraum Internet, in: B. Bachmeier, P. Diepold, C. de Witt (Hg.), Jahrbuch Medienpädagogik 3, Opladen 2003, 149-166.

Mittelstrass, J.: Wissenschaft als Lebensform. Reden über philosophische Orientierungen in Wissenschaft und Universität, Frankfurt a. M. 1982.

Mittelstrass, J.: Der Flug der Eule. Von der Vernunft der Wissenschaft und der Aufgabe der Philosophie, Frankfurt a. M. 1989.

Mittelstrass, J.: Wissen und Grenzen. Philosophische Studien, Frankfurt a. M. 2001.

Mittelstrass, J.: Bildung und ethische Masse, in: N. Killius, J. Kluge, L. Reisch (Hg.), Die Zukunft der Bildung, Frankfurt a. M. 2002, 151-170.

Moser, S./Dreyer, K.: Spuren im Netz. Kinder- und Jugendprojekte rund ums Internet, München 2002.

Nolda, S.: Vom Verschwinden des Wissens in der Erwachsenenbildung, in: Zeitschrift für Pädagogik, 2001, Heft 1, 101-120.

Oelkers, J./Tenorth, H. E. (Hg.): Pädagogisches Wissen, Weinheim und Basel 1993.

Rheingold, H.: The Virtual Community, New York u. a. 1993 (deutsch: Virtuelle Gemeinschaft. Soziale Beziehungen im Zeitalter des Computers, New York u. a. 1994).

Schindler, W./Bader, R./Eckmann, B. (Hg.): Bildung in virtuellen Welten – Praxis und Theorie außerschulischer Bildung mit Internet und Computer, Frankfurt a. M. 2001.

Stehr, N.: Arbeit, Eigentum und Wissen. Zur Theorie von Wissensgesellschaften, Frankfurt a. M. 1994.

Stroß, A. M.: Die „Wissensgesellschaft" als bildungspolitische Norm?, in: Sozialwissenschaftliche Literatur Rundschau, 2001, Heft 42, 84-100.

Thiedeke, U. (Hg.): Virtuelle Gruppen. Charakteristika und Problemdimensionen, Wiesbaden 2000.

Tietz, U.: Die Grenzen des Wir. Eine Theorie der Gemeinschaft, Frankfurt a. M. 2002.

Willke, H.: Die Wissensgesellschaft, in: A. Pongs (Hg.), In welcher Gesellschaft leben wir eigentlich? Band 1, München 1999, 259-280.

Rainer Treptow
Bildung und Soziale Arbeit[1]

1. Ein Plakat

Unter all den vielen Werbeplakaten, Reklamespots und Videoclips, die uns täglich umgeben, fand sich noch vor kurzem ein Plakat, das an Bahnhöfen, Bushaltestellen und in Zeitschriften eine gewisse Aufmerksamkeit auf sich zog. Die Anzeige wirbt nicht für ein Produkt. Es ist auch kein Werbeplakat für das Programm einer politischen Partei. Auf tiefschwarzem Grund ist im oberen Drittel ein leicht in die Unschärfe gezogenes Farbfoto abgebildet. Es zeigt ein schwarzhaariges Mädchen inmitten einer dicht gedrängten Menge eilender Erwachsener. Das Kind trägt ein zerlumptes rosa T-Shirt und scheint, ernst und zurückhaltend, die Betrachter anzuschauen. Man erkennt nicht, wo das Foto aufgenommen wurde, vielleicht in einer Metro-Station, vielleicht in Lateinamerika. Die leichte Unschärfe verweist auf den flüchtigen Moment, in dem das Teleobjektiv es kurz erfasste, so, als ob es gleich in der Menge der Menschen wieder verschwinden und dann nie wieder jene Aufmerksamkeit finden wird, die es hier für Sekunden erhält. Unter dem Foto stehen in weißen Lettern drei lakonische Sätze. Sie lauten: „Sie ist 9. Sie will weg von der Straße. Und schreiben lernen." Während diese Sätze – und fast alles Andere auf dem Plakat – visuell sofort aufgenommen werden können, verhält es sich mit einem weiteren seiner Merkmale anders. Geradezu winzig, und so, dass man genau hinschauen muss, um ihn zu entziffern, steht über dem Foto ein weiterer Schriftzug in Rotorange: Klammer auf: „Artikel 25, Menschenrecht auf Bildung", Klammer zu. Im unteren Drittel des Plakats, in der Mitte, findet man das Logo einer der bedeutendsten deutschen Hilfsorganisation, Brot für die Welt, ergänzt mit einem von schräg rechts hineinragenden Hinweis auf Spendenmöglichkeiten auf rotorangefarbenem Hintergrund.
   Nun soll dieser interessanten werbepraktischen Visualisierung einer sozialen Frage und des Engagements einer Hilfsorganisation nicht weiter nachgegangen werden – also nicht den ästhetischen Eigenheiten, wie dies aus medien- oder kulturwissenschaftlicher Sicht angemessen wäre. Vielmehr ist zweierlei bemerkenswert: Das Plakat erinnert an den Zusammenhang von absoluter Armut und dem Ausschluss von Schulbildung („schreiben lernen"), und es erinnert zugleich an etwas, das vielen von uns wohl nicht sofort präsent sein dürfte: näm-

---
[1] Überarbeitete Fassung des Eröffnungsvortrags zum 27. Sozialpädagogiktag des Instituts für Erziehungswissenschaft der Universität Tübingen am 28.11.2003 zum Thema „Soziale Arbeit und Bildung".

lich an einen Beschluss der Völkergemeinschaft. Nicht in Artikel 25, sondern in Artikel 26 (wahrscheinlich ein Druckfehler) handelt es sich nämlich um einen Passus der Resolution 217 A (III) der Generalversammlung der Vereinten Nationen vom 10. Dezember 1948: „Allgemeine Erklärung der Menschenrechte". Übrigens: Wir finden die Formulierung „Recht auf Bildung" wieder in Artikel 14 der „Charta der Grundrechte der Europäischen Union" aus dem Jahre 2000.

Das Beispiel zeigt, dass der Zugang zur Bildung hier als soziale Frage verstanden wird. Aber für die Bearbeitung dieser sozialen Frage ist nicht nur die Soziale Arbeit zuständig, sondern – selbstverständlich – die Schule. Zugleich sieht die Hilfsorganisation ihre Pflicht auch darin, für dieses Recht auf Bildung als Verbesserung der Lebenschancen von Kindern einzutreten und Spenden zu sammeln. Er fragt nach Dringlichkeit und nicht, ob es für Hilfsorganisationen, die ja der Sozialen Arbeit zugeordnet werden, wohl Sinn macht, Schulprojekte zu unterstützen, bei denen vor allem Lehrer Rechnen, Schreiben und Lesen vermitteln. Sicherlich: Die Soziale Arbeit weiß, dass Schulbildung nur ein Teil der Verbesserung der Lebenschancen von Kindern ist. Sie weiß auch, dass diese Kinder durch eine Lebensgeschichte gehen, die durch die Existenz in und auf der Straße geprägt wird, ein Leben, das oft unter dem Existenzminimum durchgestanden wird. Und sie weiß, dass zugleich für weitere Hilfen gesorgt werden muss, materielle, beratende, technische, politische.

Nicht erst seit den Arbeiten eines Paulo Freire ist der Sozialen Arbeit bewusst, welch fundamentale Bedeutung der Bildung heute zuzumessen ist. Dies wird in globaler Perspektive besonders sichtbar. Die neueste, weltweite Studie der UNESCO belegt die starke Benachteiligung von Mädchen und Frauen beim Zugang zur Schulbildung (vgl. UNESCO 2003/04). Auch der „Weltentwicklungsbericht" der Weltbank machte bereits 1999 auf die elementare Bedeutung von Bildung, Wissen und Lebensführung in Armutsgebieten aufmerksam, und zwar in allen Bereichen gesundheitlicher, materieller und kommunikativer Selbsthilfe: „Zahlreiche Studien" so der Bericht „haben gezeigt, dass das Maß an Bildung, das Mädchen und Frauen zuteil wird, eine wichtige Determinante für die Gesundheit der Kinder ist. Eine Studie in 45 Entwicklungsländern hat ergeben, dass die durchschnittliche Sterblichkeitsrate bei Kindern unter 5 Jahren bei 144 von 1.000 Lebendgeburten lag, wenn die Mütter keine Schulbildung hatten, bei 106 von 1.000, wenn sie die Grundschule besucht hatten, und bei 68 von 1.000, wenn sie eine höhere Schule besucht hatten" (The World Bank 1999, 21 f.).

Wenn also heute das Verhältnis zwischen Sozialer Arbeit und Bildung Thema wird, kann der Blick auf diese internationale Situation der Verteilung von Bildungs- und Wissensressourcen nicht gänzlich außen vor gelassen werden – und zwar auch deshalb nicht, weil die wichtigste Studie, die der Anlass für eine neue Thematisierung von Bildung war, ebenfalls einen internationalen Bezug hat, freilich keinen, der die Lage in der so genannten Dritten Welt betrachtet. Der Untersuchungsrahmen der Pisa-Schulleistungsstudie und die dadurch mögliche Selbstverortung der deutschen Situation im Kontext der vergleichsweise wohlhabenden OECD-Staaten machen endgültig klar: Bildung insgesamt in regionalen Kontexten steht heute mehr denn je in einem internationalen Bezugsrahmen. Das zeigt sich nicht zuletzt im Blick auf eine letztlich ökonomisch reduzierte Begründung der Relevanz von Bildung; auch die Frage nach der Beziehung von Sozialer Arbeit zur Bildung entsteht in einer gesellschaftlichen Situation, in der der Abbau des Sozialstaates mit einer Forcierung schulischer Bildung einhergeht, begleitet von einer öffentlichen Rhetorik, die Bildung schlechthin in den Kontext einer internationalen Wettbewerbsfähigkeit der Nationalstaaten stellt – sei es Schulbildung im engeren oder informelle Bildung im weiteren Sinne.

Diesem ersten Schritt meines Beitrags, dem Beispiel einer werbepraktischen Visualisierung des Sozialen und der Bedeutung von Bildung in globaler Hinsicht, folgen weitere: In einem zweiten Schritt werde ich einige Entwicklungslinien nachzeichnen, um zu zeigen, dass in der europäischen Moderne Bildung als eine Antwort auf Herausforderungen an die Lebenskompetenz verstanden wurde. Drittens wende ich mich der Frage zu, welche Schwierigkeiten Soziale Arbeit mit dem Bildungsbezug heute hat. Viertens vergewissere ich mich der Bildungsaufgaben in einigen ausgewählten Handlungsfeldern der Sozialen Arbeit. Ich schließe endlich – fünftens – mit einer knappen Bilanz und einem Ausblick.

2. Bildung und Lebenskompetenz: zur Geschichte

Wenn Soziale Arbeit und Bildung miteinander in Beziehung gesetzt werden, so bedeutet das allemal, zunächst geschichtlich weiter ausholen zu müssen. Es gilt, sich daran zu erinnern, dass mit Bildung ein Gedanke in die abendländische Welt gesetzt worden ist, der zu den weitreichendsten der europäischen Moderne gehört. Das Problem, dem sich die Menschen der europäischen Neuzeit gegenüber sahen, war durchaus radikal und weit über ihren eigenen Zeitraum – also dessen, was man die Frühe Neuzeit nennt – hinausgreifend. Das Problem war mehrschichtig. Es lautete:

- Wie ist es den Menschen möglich, die Ausweitung des räumlichen, zeitlichen und sachlichen Erfahrungsfeldes, die dem Alltagsleben zugemutet werden, zu bewältigen, also so zu reagieren, dass sie nicht auf Dauer durch die zunehmenden Umbrüche, die wachsenden sozialen und kulturellen Herausforderungen überfordert werden?
- Wie ist es möglich, auf diese neuzeitliche Ausweitung des Erfahrungsraums über das bloße Reagieren hinaus zu kommen, ihn selbst und die Verhältnisse zu gestalten, und zwar so, dass zwischen den Menschen und den

Verhältnissen, in denen sie sich einrichten müssen, zum Nutzen aller eine Wechselbeziehung entstehen kann?

Wenn die Menschen einerseits nicht nur dem Geschehen, das sie selbst hervorbringen, unterworfen, andererseits die Lebensverhältnisse ein Ergebnis sinnvollen, vernunftgeleiteten Handelns sein sollen – dann haben sie *eine* Aufgabe mit Priorität zu verfolgen: nämlich sich selbst, ihre Subjektivität als Gestaltungsaufgabe zu begreifen. Mit anderen Worten, in der Neuzeit war die Entdeckung fremder Kontinente und die Erfindung unbekannter technischer Verfahren mit der Entdeckung eines gleichsam neuen Kontinents verbunden, nämlich des Subjekts im Verhältnis zu seiner gesellschaftlichen Ordnung. Der Weg zu diesem neuen Kontinent, den es zu entdecken und zu entwickeln galt, nannte man Bildung und die neue Gestaltung seiner Lebensverhältnisse nannte man Kultur. Von nun war, wie Adorno es formulierte, Bildung die Seite der Kultur, die den Subjekten zumutete, sie sich anzueignen und sie weiter zu gestalten. Enorme Anstrengungen würden erforderlich sein, um besonders den Kindern, den Heranwachsenden, die Welt als etwas darstellen zu können, das begreifbar und beeinflussbar ist – die Entdeckung des Subjekts als Kontinent durch Bildung sollte fortan organisiert werden.

Und sie wurde organisiert: durch Schulen, durch Schulbildung. Die Menschen, zumal die jeweils neue Generation, so dachte etwa Schleiermacher, würden ihre Verhältnisse nur verbessern können, wenn sie sich als gut gerüstete, also Gebildete miteinander darüber verständigen können, auf welche Weise diese Verbesserung denn geschehen sollte. Von nun an machten moderne Gesellschaften auf Gedeih und Verderb ihren Bestandserhalt von der Voraussetzung abhängig, ihre Mitglieder als gestaltungs- und verständigungsfähig und nicht nur als ausführend und unterwerfend zu begreifen.

Dieser Pakt, als den man den modernen Entwicklungspfad zwischen Bildung und Gestaltung – der Lebensverhältnisse – bezeichnen kann, verantwortete den Glanz, aber auch die Tragik der Moderne: Glanz – insofern, als dass ein durchaus erhaben zu nennender Entwurf des gebildeten Subjekts den utopischen Bestand der Menschheit erweiterte, der mit dem literarischen Bildungsidealismus eines Goethe oder Humboldt, mit dem Humanismus von Naturwissenschaftlern wie Einstein oder von Weizsäcker und mit der Idee der Völkerverständigung in politischen Abkommen wie der Vereinten Nationen und den Konferenzen für Abrüstung ihre Höhepunkte hatten – ja, auch sie allesamt Ausdruck von Bildung. Bildung – so der große Entwurf – ist das Organon einer bürgerlichen, einer zivilgesellschaftlichen, ja der weltgesellschaftlichen Vernunft im konkret-utopischen Horizont des „ewigen Friedens" (Immanuel Kant): Bildung – die letzte aller Reserven, um in die Eigendynamik natürlicher und gesellschaftlicher Entwicklungen mit der Gestaltungskraft des urteils-, des handlungs- und vor allem des verständigungsfähigen Subjekts eingreifen zu können: Gegensätze sollten sich artikulieren dürfen, Fremdes vertraut werden, Bestehendes kritisiert und verbessert werden.

Die Tragik dieses Paktes, den die Moderne mit Bildung schloss, und darin ihre Kontinuität und Identität suchte, zeigte sich rasch – nicht nur darin, dass die vielfachen Realitäten der Unvernunft und der Ungerechtigkeit, der nackten Willkür und der Zerstörung um so schmerzhafter wahrgenommen werden konnten, je deutlicher den Gebildeten die Alternativen von Willkür und Vernichtung klar war; die Tragik zeigte sich nicht nur darin, dass Bildung keineswegs immer mit vernünftigen Entscheidungen einhergeht, sondern sich als Oberflächenwissen von ihrem utopischen Gehalt ablösen konnte. Bis hin zur anhaltenden Fassungslosigkeit darüber, dass die Bildung der Eliten die Gräueltaten autoritärer Regime nicht verhinderte, zeigte sich die Tragik auch darin, wie in der Differenzierung der Moderne sich eine neue Differenz abzeichnete: die Differenz zwischen denen, denen der Zugang zu Bildungsformen und Bildungsinhalten eröffnet, und jenen, denen er vorenthalten bzw. eingeschränkt wurde. Bildung eröffnete zwar das Versprechen auf Selbsterweiterung und auf soziale Mobilitätschancen, aber das Bildungssystem und die Bildungsinstitutionen verfestigten, so heißt es von Bernfeld bis Bourdieu, die Klassen- und Schichtstrukturen der Gesellschaft. In Deutschland hieß dies: höhere Bildung auf dem Gymnasium und auf der Hochschule, mittlere Bildung auf den Realschulen und Fachschulen und untere Bildung auf den Haupt- und Regelschulen.

Mit anderen Worten: Die Struktur sozialer Ungleichheit schimmerte nicht nur durch das hohe bildungsbürgerliche Projekt der Emanzipation aller durch, sondern sollte Herrschaftsverhältnisse auch noch dadurch festschreiben, dass für soziale Gruppen Grenzen des Zugangs festgelegt wurden. Diesen Schatten, den der Glanz der Bildungsidee warf, lediglich als Halbierung des Projekts der Moderne, als ihre Verzerrung zu verstehen, greift zu kurz. Es muss einen oder mehrere Webfehler in der Idee selber gegeben haben. So ist einmal deutlich, dass der Bildungsidee auf dem Fuße die Frage nach Fixierung folgt: Wer denn *nicht* zu den Gebildeten zu zählen, was denn *nicht* Bildung sei? Oder: Woran denn – äußerlich – das Handeln der Gebildeten und der Ungebildeten zu erkennen sei? Und schließlich: ob denn in einer spezialisierten Welt jede und jeder sich auf den wachsenden Kreis des Wissens einstellen könne?

Und so geriet sie ins Zwielicht, die Bildungsidee: Statt die Selbsterweiterung aller zu befördern, entstanden die Schnitte der Ausgrenzung zwischen Bildungsprivilegierten und den Anderen. Statt die Pluralität der Lebensformen tatsächlich anzuerkennen, rümpften jene häufig genug die Nase und warfen Verachtung auf alles, das sich nicht ihrer Vorstellung von Moral fügte – und das, obwohl – nette Paradoxie – nicht wenige Angehörige der Bildungseliten, etwa in der Frühromantik, sich gegen eine solche Verbiederung und Verengung von Bildung aussprachen, zum Beispiel die umtriebigen Herren Goethe, Schlegel und Humboldt. Plötzlich konnten sich die Schulleute, noch dazu aus der Stadt, für gebildet halten und trumpften mächtig auf, gegen das Landvolk und die so genannten „einfachen" Leute. Diese antworteten ihrerseits mit Geringschätzung. Die Trennung von Kopf, Herz und Hand, die noch Pestalozzi gleichproportional bilden wollte, wurde sozial konkret. Was die Bildungsidee überwinden wollte – die Verengung auf Qualifikation und Wissensstapelei –, was sie befördern wollte – die Autorität der Vernunft über die Kurzatmigkeit des Verstandes –, was sie vermeiden wollte – bloß als symbolisches Arsenal im Distinktionsprozess der Klassen zu dienen –, dies alles geriet ins Rutschen. Gerade an den feinen Hinweisen, die zwischen den einen und den anderen ausgetauscht werden, verlaufen die Linien der Exklusion, die eine machtbesetzte Instrumentalisierung des Bildungsgedankens zieht – dies gehört zum durchaus bitteren Fazit des großen Bildungssoziologen Pierre Bourdieu.

Und in diesen Anfängen einer den sozialen Abgrenzungsinteressen untertan gemachten Verballhornung der Bildungsidee dürften dann auch die Ursprünge eines anhaltenden Unbehagens von Sozialpädagogen zu suchen sein, denen der arrogante Bildungsdünkel, die kaum oder wenig verhüllte Herablassung aus besseren Kreisen bis heute den Zorn in die Schläfen treibt, der zwischen dem Misstrauen, ausgegrenzt zu werden, und der Forderung aufflackert, dass weniger oder kaum auf Bildung zentrierte Lebenswelten bei Gott Anerkennung verdienen, jenseits ihrer Fähigkeit, gebildet daherreden zu können. Lieber geht man dem glatten Parkett aus dem Weg, auf dem die Eingeweihten der höheren Sphären ihre Konversation führen: „Was sucht er hier? Kann er sich nicht richtig artikulieren?"

Nicht zuletzt an dieser Diskrepanz entzündete sich die Sozialpädagogik des 19. Jahrhunderts. Ganze Bevölkerungsteile, vor allem die wirtschaftlich schwachen, waren vom Zugang zur Bildung nicht nur ausgeschlossen; für die Kinder der Ärmsten war er schlicht gar nicht vorgesehen, stattdessen der 10-Stunden-Tag im Kohlenschacht. Zugleich aber wurde deutlich, dass es zu Bildung keine Alternative gab. Deutlich wurde aber auch, dass Schulbildung, die notwendige, die künstliche Reduktion des Weltwissens, keineswegs hinreichte, um die Herausforderungen zu meistern, die sich aus den vielfältigen Lebensbezügen von Kindheit, Jugend, Familie, Partnerschaft, Arbeitswelt und Gemeinwesen ergaben. Das Weltwissen – jedenfalls ein Teil – mag in der Schule curricular aufgesplittert werden, zusammengesetzt und im Leben nach der Schulzeit nützlich werden kann es nur, wenn es in den Rahmen einer weiterreichenden Kompetenz gestellt würde, die wir heute „Lebenskompetenz" nennen. Pestalozzi war es, dem es auffiel, wie stark es die Struktur, die räumliche, sachliche, symbolische, soziokulturelle Struktur sozialer Verhältnisse ist, – also das, was er „die Umstände" nennt –, die die „Individuallage" eines Menschen prägt, seine Lebensführung, seine Bewältigungsfähigkeit, und eben nicht allein seine Ausstattung mit schulischem Wissen. Fähig, sein Leben zu führen, war nicht „der gute Schüler", der im „Maulbrauchen" die Bewunderung auf sich zieht, sondern der mit Schulwissen klug verfahrende Mensch in seinen gegebenen Verhältnissen. „Gebildete Schulleute", so klagt er im Stanser Brief, etwas selbstmitleidig, „Gebildete Schulleute konnten mir (…) nicht helfen. (…) „Ich musste eine Tatsache durch mich selbst aufstellen."

Pestalozzi war es dann auch, der sich – wie später andere: Wichern, Natorp, Bernfeld, Flitner, Nohl, Freire u. a. – für die Bildung des Volkes einsetzt; schulische Elementarbildung war unverzichtbar, damit die Kinder der Handwerker, Bauern, Tagelöhner nicht übers Ohr gehauen werden, damit sie ihre Pfennige einteilen und vorausschauend einen Haushalt führen können. Bildung als Lebenskompetenz, als aufgeklärte Lebenspraxis, war aber mehr als das: Sie war eine umfassende Kraft im Wechselspiel des Subjekts in seinen gegebenen Verhältnissen. „So viel sah ich bald: die Umstände machen den Menschen, aber der Mensch hat die Kraft, die Umstände zu ändern." Dies aber nur, wenn die Kraft den Prozess der Kräftebildung auch durchlaufen darf.

Mit anderen Worten: Wer die Bedeutung von Sozialisation in den Herkunftsmilieus nicht einzuschätzen weiß, verfällt einer Illusion, der Illusion nämlich, kognitive Schulbildung allein mache Subjekte für ihre Lebensführung kompetent. Die Formel der Sozialpädagogik, die Paul Natorp für diese Wechselbeziehung von Individuum und Gemeinschaft fand, lautete: Es gehe um die Aufklärung und Gestaltung der „(...) sozialen Bedingung der Bildung und der Bildungsbedingungen des sozialen Lebens".

Und so entstand, unter dem sozialpädagogischen Blick, eine eigenständige Tradition der Thematisierung von Bildung. Die Klassiker Sozialer Arbeit stellten sie immer auch in zwei Kontexte:

- zum einen in den Kontext der kritischen Frage nach den Chancen von Bildung für Menschen in Armutsverhältnissen und in belasteten Lebenslagen, also der Frage nach sozialer Gerechtigkeit in ihrer Ausprägung als Bildungsgerechtigkeit,
- zum anderen in den Kontext eigener Einrichtungen, sozialer Settings, sei es in der Schule, sei es in außerschulischen Feldern wie den Kindertagesstätten, der Jugendbildung, der Familienbildung, der Altenbildung, der Schulsozialarbeit, in Vereinen, Verbänden, Netzwerken. Bildung für die Sozialarbeit besteht also nicht allein im Sinne eines schulunterstützenden Hilfeangebots, das für die so genannten Leistungs- und Lernschwachen vorgehalten wird, sondern entspricht einer eigenen Auffassung von den sozialen Konfigurationen, in denen Bildung außerhalb von Schule möglich wird, teils in Ergänzung, teils in Weiterführung, teils in Unabhängigkeit von Schule.

3. Schwierigkeiten mit dem Bildungsbezug

Das Bildungsthema betrifft die Soziale Arbeit *heute* in einer doppelten Weise: a) als Voraussetzung für sie selbst und b) als Lebenswichtigkeit für ihre Adressaten.

a) Bildung als Voraussetzung Sozialer Arbeit

Es gibt augenblicklich wohl keinen Bereich der Sozialen Arbeit, der nicht dazu aufgefordert wird – oder sich selbst aufgefordert sieht – „Position" zu beziehen: welche Bedeutung er der Bildung beimisst und welchen Beitrag er selbst zur Bildung leistet. Deutliche Signale werden ausgesendet und vernommen, die etwa lauten, ganze Bestände Sozialer Arbeit würden sich nur als zukunftsfähig erweisen, wenn sie sich in *dieser* Frage artikulieren und Ergebnisse vorweisen können: „Zukunftsfähigkeit sichern. Für ein neues Verhältnis von Bildung und Jugendhilfe", lautet etwa die „Streitschrift", die das Bundesjugendkuratorium dazu verfasst hat (vgl. Bundesjugendkuratorium 2002). Ähnliches im 11. Jugendbericht, Ähnliches in Stellungnahmen der AGJ, der Arbeitsgemeinschaft Jugendhilfe, in mehreren Landesministerien werden „Bildungsvereinbarungen" getroffen, die den Bereich der Kindertagesstätten als Betreuungs- und Bildungsraum definieren.

Und während die einen sich um eine Neuformulierung des Verhältnisses von Jugendhilfe und Schule bemühen, Jugendhilfe selbst als Feld „nicht-formeller Bildung" begreifen, bietet das Thema für andere Anlass zu besorgten Rückfragen „(...) ob denn nun alle Soziale Arbeit in Bildung ‚umgemodelt' werden solle" und „(...) ob denn nun der Begriff der Erziehung und der Hilfe verschwände, wie er doch den erzieherischen Hilfen, der Jugendgerichtshilfe, der Jugendberufshilfe, der Familienhilfe bis hin zur Obdachlosenhilfe und der Altenhilfe zugrunde liege". Und dergleichen mehr.

Um es vorweg zu sagen: Nein. Sie sollen nicht in Bildung gleichsam „aufgelöst" oder „abgelöst" werden. Vielmehr werden sie in ein neues Verhältnis wechselseitiger Ergänzung gebracht. Erziehung kann nämlich gar nicht durch Bildung ersetzt werden; jene meint die Einwirkung von Mitgliedern der älteren Generation auf die jüngere in der Absicht, Selbsttätigkeit im Kontext von Erwartungen hervorzubringen, diese meint die selbsttätige Aneignung ohne Bezug auf Generationendifferenz. Und Hilfe? Hilfe meint die tätige Unterstützung in Lebenssituationen, die der Selbstverfügung der Einzelnen kurzzeitig oder dauerhaft entglitten sind. Alle drei Handlungs- und Gestaltungsformen haben ihren unverzichtbaren Ort.

Aber die gereizten Anfragen zeigen: Soziale Arbeit steht im Lichte eines ausgeprägten Autonomiebewusstseins, das schon zu einem Zeitpunkt nach Gefahren seiner begrifflichen Überformung – wenn nicht der Enteignung – fragt, bevor sein Verhältnis zur Bildung heute überhaupt geklärt ist. Nur diejenigen, die schon im Namen ihrer Einrichtung ihren Auftrag festgelegt wissen, fragen nicht, was Soziale Arbeit mit Bildung verbindet: Dazu gehören Familienbildung, Jugendbildung, Fort- und Weiterbildung. Ihnen, als Felder der Sozialen Arbeit, wird die Nähe zur Bildung qua Funktion zugebilligt, aber auch nur deshalb, weil hier alles seine Ordnung hat: Name, Auftrag, empirisches Feld, nach dem Motto – Bildung *für* die Soziale Arbeit ist das Schul-, Ausbildungs- und Hochschulsystem, Bildung *in* der Sozialen Arbeit ist nur dort, wo entsprechende Worte auch drauf stehen. Wenn der Bildungsauftrag nicht administrativ und rechtlich gegeben ist, erübrigt sich die weitere Debatte. Der Eindruck mag unzureichend sein, aber im Spektrum der Sozialen Arbeit scheinen die Bedenkenträger gegenüber der Frage „Wie hältst Du's mit der Bildung?" besser organisiert zu sein als diejenigen, die im Bildungsdiskurs der Sozialen Arbeit eine Chance sehen. Zweierlei ist in diesem Diskurs interessant:

Interessant ist erstens, dass keiner der Bereiche der Sozialen Arbeit Bildung als Bedingung für die eigene Qualifizierung, also für die eigenen Wege zur Fachkraft in praktischen Feldern ablehnt – im Gegenteil: Beginnend bei den Erziehern in Fachschulen über die Fachhochschulen bis hin zu den Universitäten wird nachhaltig darauf bestanden, Bildungsgänge nicht nur zu sichern, sondern sie noch auszubauen, zu vernetzen, didaktisch zu verbessern, den eigenen Bildungsabschluss aufzuwerten – und zwar auch unter Inkaufnahme einer *Entwertung* von weniger entwickelten Qualifikationen, beispielsweise der Kinderpflegerinnen oder Sozialassistentinnen. Mit anderen Worten: Soziale Arbeit war und ist immerzu besorgt um den eigenen Bildungsstatus und die eigenen Bildungsfundamente, also um „Professionalisierung"; sie ist besorgt darum, dass „die erreichten Standards" nicht verlassen, sondern erweitert werden, dass einer Dequalifizierung vorgebeugt werden müsse, aber sie bleibt merkwürdig skeptisch, *sich selbst* als Bestandteil von Bildung zu definieren. Versteht man sie als Akteurin des Sozialstaats, so verdankt sich ihr Handeln den Fundamenten von Bildung und Ausbildung, ohne die ein Großteil dessen, was mit dem kecken Slogan „Sozialpädagogisches Jahrhundert" (Thiersch) zusammengefasst wird, nicht einmal zu denken wäre: nämlich die Gestaltung einer wissensbasierten, „neuen Praxis" auf Mikro-, Meso- und Makro-Ebene über den Weg der akademischen Institutionalisierungen, also über Bildungsprozesse, denen die Beschränktheit reiner Ausbildung umso unbehaglicher wurde, je weniger diese sich auf neue Bedingungen einstellen konnte, weil ihr eben jenes Moment kritischer Selbstreflexivität fehlte, das erst Bildung hervorbringt.

Und zweitens ist interessant, dass Bildung mit Blick auf die Praxisfelder und auf die Adressaten keineswegs der gleichen Anteilnahme unterzogen wird, die den eigenen Bildungsbiografien zuteil wird. Häufig genug treffen Sozialpädagogen auf Menschen, die im sozialwissenschaftlichen Jargon „bildungsferne Schichten" genannt werden und deren Belastungssituationen, materielle und psychische Notlagen, auch von dieser so genannten „Bildungsferne" aus vorgegeben und auf eine Weise bewältigt werden müssen, dass die Frage, wie ihre Bildung befördert werden kann, oft genug in den Hintergrund tritt. Fachkräfte der Sozialen Arbeit, die in den Genuss von Schul- und Hochschulbildung kamen, wissen daher, wie wichtig diese für ihr *eigenes* Leben war und ist, und sie sehen die Folgen fehlender Schulbildung für die Lebensläufe ihrer Adressaten, sehen auch die Folgen unzureichender Schulen und pädagogisch nicht gebildeter Lehrer. Zugespitzt formuliert: Sozialarbeiter begegnen Menschen, mit denen sie Konzepte der Erziehung, der Hilfe, der Unterstützung entwickeln müssen, und zwar im Rückgriff auf genau ihre eigene Bildungsbiografie. Es scheint: Die Bildung der Fachkräfte dient häufig zu etwas anderem, als die Bildungsprozesse der Adressaten zu befördern – und zwar aus nachvollziehbarem Grund: Weil nämlich das Kinder- und Jugendhilfegesetz (KJHG) das „Recht auf Erziehung" und nicht, wie auf internationaler Ebene „das Recht auf Bildung", enthält, übernehmen die Fachkräfte Erziehungsaufgaben, sie organisieren Hilfen. Das ist ihre Arbeit, und wenn diese Erziehungsaufgaben erfüllt sind, Hilfen ihren Zweck erreicht haben, ist der Auftrag abgeschlossen – im günstigen Fall hat das einen positiven Einfluss auf Bildung, aber angestrebt ist das nicht zwingend. Und wie sieht es mit der Bildung im Adressatenbezug aus?

b) Bildung im Adressatenbezug

Erstens: Die Situationen, die Beratungen, die Interventionen, die *Fallgeschichten* also, die Sozialpädagogen beschreiben, scheinen sich dagegen zu sperren, sie im Umkreis einer Begrifflichkeit der Bildung zum Thema zu machen, noch dazu, wenn mit Bildung ein – möglicherweise in Stufen verlaufender – Prozess verstanden wird, an dessen Ende das krönende Bild einer gütigen Persönlichkeit stehen soll, die, versöhnt mit sich selbst, auf jene krisenhaften Phasen ihrer Vergangenheit zurückblickt, einer anstrengenden Lebensgeschichte, die doch – als schmerzhafte Anstrengung – so sehr die Bedingung für die Entstehung des eigenen Selbst war. So verstanden, als die Goethe-Vorstellung des frühen, als die ironische Thomas-Mann-Vorstellung des späten Bürgertums von der Entwicklungshöhe der einzelnen Persönlichkeit, hätten es die Sozialpädagogen mit einer eindrucksvollen Anzahl von Bildungs-Abweichlern zu tun, von Menschen, die, wollte man sie denn in dieses Fortschrittsmodell einer großbürgerlichen Subjektivität einpassen, eine erhebliche Verzerrung einer doch so ganz anders erfahrenen Wirklichkeit bedeuten würde. Gemessen an dieser Vorstellung? „Halbgebildet" wären sie – und wir alle –, „ungebildet" die meisten, gescheitert am Imperativ der allseitig entwickelten Persönlichkeit zwischen Kopf, Herz und Hand. Und gerade darum wären sie und wir interessant.

Bildung gerät zu einer Art Fortschrittsideal, dem die Adressaten der Sozialen Arbeit kaum das Wasser reichen können, zu weit entfernt scheinen die Voraussetzungen zu sein, unter denen die Menschen erst einmal zurecht kommen müssen, bevor sich an weitere Bildung denken lässt: Kinder, die in Armut herumstreunen, rivalisierende Jugendliche in den Vororten, Familien unter der Schuldenlast, alte Menschen, verwirrt, einsam, ratlos. Was soll man mit Bildung anfangen, wenn der Sozialarbeiter zum wiederholten Male angerufen wird, weil das Schulkind kein Schulkind sein will und die Polizei es im Supermarkt aufgreift, an der Play Station, zusammen mit zwei anderen vor allem eines sein möchte: ein Ego-Shooter! Bildung? Was anfangen, wenn mühsam genug ein Hilfeplan verabredet wurde, im Mediationsgespräch Nr. 13, und jetzt Hausbesuche anstehen, die der Vereinbarung noch einmal Nachdruck verleihen sollen? Bildung? Wenn der 14-jährige Zoltan, Migrant aus dem ehemaligen Jugoslawien, lernbehindert, keine weitere Verlängerung seiner Aufenthaltserlaubnis bekommt und der Sozialarbeiter sie ihm auch nicht verschaffen kann und Zoltan die verrinnende Zeit nicht anders nutzen möchte als durch das Auf-Sich-Aufmerksam-Machen durch scheppernde Fensterscheiben der Gärtnerei, in die er wieder und wieder die Steine schmeißt?

Selbstverständlich: Im Zuge der wieder in Mode gekommenen Bildungssemantik wäre es heute verlockend, es einen Bildungsprozess zu nennen, wenn jetzt endlich, nach langem Verhandeln, der ständig laufende Fernseher in der so genannten „Problemfamilie" eine Stunde lang ausgeschaltet wird, damit die Kinder ihre Hausaufgaben machen können. Oder wenn nach zweieinhalb Jahren intensiver Einzelfallhilfe der 15-Jährige vorübergehend damit aufhört, sein Feuerzeug an den Bretterwänden von Heuschobern auszuprobieren. Doch Sozialpädagogen scheuen die großen Worte, insbesondere wenn der matte Glanz aus der Farbpalette des bürgerlichen Idealismus etwas schönreden soll. Sie wissen, welche Leistung schon darin besteht, zur wenig spektakulären Lebensbewältigung beizutragen. Aber für ein Kind oder einen Jugendlichen aus den erzieherischen Hilfen kann es genau von diesen, sagen wir mit Arundhati Roj, „kleinen Dingen" abhängen, ob es die nächsten Monate, die nächsten Wochen oder den nächsten Tag übersteht.

Zweitens: Zwar hatte Sozialpädagogik sich angewöhnt, Lebensverläufe *auch* als Bildungsprozesse zu beschreiben, aber nicht *nur* als Bildungsprozesse, und auch nicht nur als defizitäre Verläufe. Denn mit ihrer Weiterentwicklung im breiten Spektrum der sozialen Berufe und der Wissenschaftsdisziplin haben sich Forschungskonzepte und Traditionen entwickelt, die weder in den eigenen Fachbegriffen noch von ihren Aufgaben- und Gegenstandsbezügen her direkt auf Bildung zielen. Teils zielen sie auf Erziehung, teils auf monetäre, rechtliche und verwaltungstechnische Steuerungsstrategien, auf Organisation, teils auf Beratung, teils auf Hilfe, auf Lebensbewältigung, auf Krisenintervention, auf *Empowerment*. Manches ließe sich vielleicht auch hier in die Semantik von Bildung umformulieren, hätte aber den klaren Geschmack einer begrifflichen Überformung, die weder dem Eigensinn der Forschungsfragen noch der Theoriebildung gerecht würde und die heute, wo wieder Bildung gefragt wird, also aus dem Zeitgeist heraus, Soziale Arbeit zur Dienstmagd einer anderen Tradition machen würde. Darüber hinaus zeigt sich jene Ambivalenz erneut: von Bildungsprozessen auch noch dort zu sprechen, wo Menschen in psychosozialer und materieller Not sind und in Abhängigkeit hingehalten werden, wo Übergänge in Ausbildungssystemen gestreckt und Beschäftigungsprovisorien angeboten werden, wo aus vordergründigen Steuerungsinteressen heraus Menschen nur noch auf vorgegebene Entscheidungen reagieren können, und sich dann der Aufforderung gegenübersehen, mehr Selbstständigkeit für den „aktivierenden Sozialstaat" zu zeigen – das gerät in die Nähe des Zynischen.

Und dennoch: es gehört ebenfalls zu jener Ambivalenz: Jede Kritik an Unmündigkeit zehrt letztlich von einer Vorstellung von Mündigkeit. Und damit ist sie Ausdruck von Bildung. Die wichtigsten Konzepte der Sozialen Arbeit der letzten Jahrzehnte (Lebensweltorientierung – Handlungskompetenz – Dienstleistungsorientierung – Sozialräumlichkeit – Qualitätssicherung – Empowerment-Netzwerk) haben sich von der Bildungstheorie entfernt; auch wenn sie inhaltlich gefüllt werden müssen, so führte doch dieses nicht dazu, die Leistungserbringung Sozialer Arbeit generell als Hilfe zur Bildung näher zu beschreiben. Die formalen Strukturen der Konzepte führten ebenso wenig dazu, sich der Frage der Bildung in stärkerer Weise zuzuwenden als es derjenige Ausschnitt erforderlich machte, der etwa bei Schulproblemen von Kindern und Jugendlichen vorliegt. Auch die Lebensgeschichten von Adressaten wurden als Geschichten der Bewältigungen begriffen, nicht als Bildungsgeschichten, mögen Krisen auch für Bildung ein wichtiges Fundament sein. Sicher, hier wäre es denkbar, Krisenerfahrungen, Suchterfahrungen, Gewalterfahrungen immer auch noch als Teil von Bildungsprozessen zu beschreiben. Aber wäre es tatsächlich angemessen oder ein Gewinn an Genauigkeit, an Problemtiefe, an diagnostischer Schärfe, wenn man es täte?

Es erscheint nicht sinnvoll, in allen Handlungsfeldern der Sozialen Arbeit ein Bildungsgeschehen feststellen zu wollen. Außerdem: Bildung ist immer an Bedingungen gebunden, an Inhalte. Sie können nicht im leichten Nebenbei, in der lockeren Aneignung vertraut werden. Um als Bildung verstanden werden zu können, müssen sie durchdacht und durchgearbeitet werden, weil sie sich dem raschen Zugriff sperren, weil sie eben nicht vertraut, zunächst unübersichtlich, fremd sind und erst durch allmähliches, Schicht für Schicht verlaufendes Erschließen zugänglich werden. Das bedeutet: Bildung benötigt Zeit und ist nicht beliebig abkürzbar.

Drittens: Die zum Teil bizarren Situationen, denen sich Sozialarbeiter gegenüber sehen, zeigen sich, wenn in der Gesellschaft über Bildung und Bildungsinvestitionen geredet, Bildung aber auf das Erledigen von Prüfungen und Abschlüssen reduziert wird, auf den „Erwerb von Bildungstiteln" (Bourdieu). Bildungstitel sollen den Zugang zu beruflichen Existenzsicherungsformen öffnen. Sozialpädagogen werden aber zugleich mit Menschen beruflich befasst, die sich diesem System der Platzanweisung in der Wissensgesellschaft verweigern; diese führen im Streben nach „Abschlüssen" einen lebensgeschichtlichen Kampf um System- und Sozialintegration. Mit direktem Bezug auf diese Logik – Integration durch Bildungstitel – haben verschiedene Länder begonnen – Norwegen, Finnland an der Spitze, eingeholt von England und Frankreich –, bisher nicht sichtbare Kompetenz in den Aktivitäten Jugendlicher im außerschulischen Bereich messbar zu machen und sie zu zertifizieren – sei es in Form von Punktesystemen, sei es in Form von Aktivitätspässen, die einem Arbeitgeber dann zusätzlich zu den Schulzeugnissen vorgelegt werden können und sein Kompetenzprofil weit über die schulischen Leistungen hinaus erweitern.

Dieser Trend zur Erfassung von Fähigkeiten und Fertigkeiten, die im informellen Sektor erworben werden, um Bildungsinhalte sichtbar und damit verwertbar zu machen, ist zweischneidig: Zwar scheint es sich um eine überfällige Ausweitung des Blicks auf Kompetenzen zu handeln, die bislang im Schatten schulischer Leistungsmessung verharren mussten. Dahinter steckt die Einsicht, dass Kinder und Jugendliche, die mit der Schule und überhaupt mit institutionell organisiertem Lernen nicht zurechtkommen, sehr wohl in Handlungsbereichen kompetent sein können, die der curricularen Blickverengung entweder gleichgültig oder schlicht unbekannt sind. Es gibt eben mehr zwischen Himmel und Erde als der schulische Blick allein zu erfassen vermag. Zum anderen aber gerät Freizeit und jede vom Leistungsdruck entlastete Tätigkeit unter einen Wettbewerbsdruck eigener Art. Die Durchkapitalisierung der Gesellschaft reduziert Bildung auf kulturelles Kapital, in deren Verlauf noch der schulfernste Bereich danach abgetastet wird, ob aus ihm zertifizierbare Kompetenz herausgeklopft werden kann.

4. Bildungsaufgaben – Thesen

1. These: Soziale Arbeit ist von Bildung abhängig. Aber sie kommt nicht zu sich und zu ihren originären Aufgaben, wenn sie sich selbst nur als Beitrag zum Bildungsgeschehen, zum Bildungssystem, zur Bildungsbiografie, zur Bildungsökonomie und zur Bildungspolitik begreift – ebenso wenig wie sie in Sozialpolitik, Sozialverwaltung, Steuerung, Management und Kontrolle aufgehen kann. Der Eigensinn Sozialer Arbeit besteht in der Verbindung zwischen Vermittlung von Adressatenbiografie und Institutionsinteresse, zwischen Lebenswelt und System. Das heißt: Soziale Arbeit kann sich durch die Struktur ihrer Aufgaben begründen. Sie hat genügend Eigensinn und Aufgabenstellungen, die sie als einen Teil des Sozialstaates ausweisen, der sich nicht über den Bildungsbezug grundsätzlich zu definieren braucht. Aber: Um sich durch sich selbst begründen zu können, bedarf sie ihrerseits der Bildung – nämlich der Hochschulbildung, der Fort- und Weiterbildung, der Selbstverortung im Bildungssystem. Soziale Arbeit steht damit in der Überlappung zwischen Sozialstaat und Bildungsstaat.

2. These: Im Blick auf Adressaten kann Soziale Arbeit den wichtigen Stellenwert von Schulbildung und Bildungsabschlüssen für Lebenslauf und Lebensbewältigung nicht ignorieren, auch wenn sie sich in der – zunehmend fragwürdigen – Definition von Gertrud Bäumer auf alles bezieht, was Erziehung, aber nicht Familie und nicht Schule ist. Die Lebenslaufrelevanz von Schule und Ausbildungssystem ignorieren zu wollen, heißt auch, die Aufgabenstellung der Jugendsozialarbeit, der Jugendberufshilfe und der Schulsozialarbeit ignorieren zu wollen – und steht damit im Gegensatz zu allen Stellungnahmen wichtiger Fachverbände, die vom 11. Jugendbericht über das Bundesjugendkuratorium bis zur Arbeitsgemeinschaft Jugendhilfe (AGJ) hierzu herausgegeben worden sind.

Die Soziale Arbeit reagiert eher auf den neuen Bildungsdiskurs, als dass sie ihn gestaltet hätte. Das liegt teils daran, dass mit Bildung ganz unterschiedliche Verständnisse verknüpft sind und die jeweilige Einstellung zur Frage, was denn Bildung wohl für die Soziale Arbeit bedeutet auch davon beeinflusst wird. Um welche Verständnisse handelt es sich? Um a) ein *administratives*, b) ein *kognitivistisch-leistungsbezogenes* und c) ein *lebenslaufbezogenes* Bildungsverständnis.

a) Ein *rein administratives Bildungsverständnis* verortet Bildung verwaltungstechnisch: Der Bildungssektor ist politisch mehr oder minder eindeutig abgegrenzt, es gibt entsprechende Haushaltstitel, Bildungsbehörden und innerhalb dieses administrativen Rahmens schulische und außerschulische Bildungseinrichtungen, etwa der Weiterbildung, der Familienbildung usw. Dieses Verständnis folgt dem Gedanken, Bildung nur dort festzumachen, wo Bildungsprozesse auch offiziell organisiert werden. Das Ergebnis ist ein Auseinandertreten von Bildung und sozialen Hilfen, die nicht als zusammenhängende Aspekte des gleichen Anspruchs des Menschen auf Entfaltung seiner Möglichkeiten, seiner Würde und seiner Lebenswelt gelten, sondern seiner Reduktion auf ein „bloß" materielles Wesen, das immer nur elementar „versorgt" werden müsse, Tür und Tor öffnet. Wenn dann noch manche Gebildete unter den Verächtern des Bildungsdiskurses in der Sozialarbeit finden, es sei abwegig, Bildung zum Thema zu machen, weil Bildung, gemessen an noch elementareren Notlagen, Luxus wäre, ist zu fragen, ob hier nicht zwei lebenswichtige Bereiche gegeneinander ausgespielt werden – Hemd *oder* Hose, Essen *oder* Trinken, Lesen *oder* Rechnen.

Dieser rein administrative Blick auf Bildung wird sich aber nicht beschränken können auf den organisatorischen Bezug. Denn schließlich sollen Bildungsinstitutionen die Bedingung der Möglichkeit sichern, dass in ihnen etwas geschieht, das die Subjekte, für die sie geschaffen wurden, leisten müssen – und wenn hier von „leisten" die Rede ist, so umfasst dies das gesamte Spektrum einer mit Zertifikaten und Prüfungen versehenen Leistung, aber auch die davon völlig losgelöste, in Eigenregie und *ohne* Kontrolldruck aufgewendete Anstrengung.

b) Dieses ist das *kognitivistisch-leistungsorientierte Bildungsverständnis*. Und hier hat sich eine bemerkenswerte Verschiebung ergeben. Das, was einst Bildung im emphatischen Sinne meinte (nämlich der Prozess des Selbstzuständig- und Selbstwirksamwerdens des Subjekts für die kritische Reflexion und Gestaltung des eigenen Lebenslaufs), wurde klein gearbeitet – in Lehrkanons und Lerneinheiten, in aufgeteilte Wissensparzellen, Partikularitäten allesamt, die noch Max Weber klagen ließen, man träfe immer wieder auf „Fachmenschen ohne Geist, Genußmenschen ohne Herz". Bildungsprozesse, einst ureigene Bestimmung des Individuums, das auf förderliche Umstände wirkt und ihrer zugleich bedarf, werden organisiert und drohen dabei immer wieder, mit Wissensvermittlung, Informationsvermittlung, bloßer Rezeptivität verwechselt zu werden.

c) Da die Subjekte in den Blick geraten, reicht eine rein administrative Auffassung von Bildung nicht aus; vielmehr treten mit der Subjektperspektive alle diejenigen individuellen und sozialen Kontextbedingungen hervor, innerhalb derer die Subjekte in das Bildungsgeschehen eintreten. Dazu gehören soziale Herkunft, kulturelles, soziales und ökonomisches Kapital; dazu gehören Alter, Geschlecht und Lebensform usw., vor allem aber die Eigentätigkeit des Subjekts selber. Der rein administrative und der rein leistungsbezogene Blick auf Bildung wird durch ein *lebenslaufbezogenes Bildungsverständnis* herausgefordert, das diejenige Seite des Bildungsgeschehens betont, die weder der Verwaltung, noch der Leistungskontrolle zugewandt ist, sondern in der Selbstbestimmung des Einzelnen steht und damit der Verfügung durch andere entzogen bleibt.

Dritte These: Die Kritik, die von Seiten der Sozialen Arbeit an der Ungleichverteilung von Lebenschancen in unserer Gesellschaft kommt, zehrt von einem doppelten Bezug auf Bildung. Erstens verweist sie auf die mangelnde Passung von erreichten Bildungs- und Qualifikationsniveaus mit dem Arbeitsmarkt- und Beschäftigungssystem. Zweitens hat sich Soziale Arbeit selbst als kritische Instanz, die auf überzeugende Weise solche Widersprüche zwischen Gerechtigkeitsversprechen und faktischer Ungerechtigkeit offen legen kann, nur behaupten können, weil sie selbst als Bildungsprozess organisiert wird. Die Sozialarbeiter selbst realisieren ihre eigene Bildung, indem sie Kritik äußern, spätestens dann, wenn sie Argumente und Begründungen formulieren, die die Kritik zu mehr machen, als die emotionale Empörung allein erreichen kann.

Vierte These: Soziale Arbeit hat die Aufgabe, Hilfe zur Lebensbewältigung anzubieten. Das Leben zu bewältigen, ist allein schon eine schwierige Aufgabe. Dass dazu gehört, den Anforderungen, die elementare Bildungsprozesse stellen, gerecht zu werden, scheint selbstverständlich. Es ist daher fragwürdig, die Unterstützungsleistungen der Sozialen Arbeit durch ein Bildungsverständnis zu entwerten, das Bildung immer erst „danach", also nachdem die Grundvoraussetzungen geschaffen wurden, beginnen lässt. Dies führt zu einer Spaltung zwischen Basisqualifikationen und höherer Bildung und unterschlägt, dass Bildungsprozesse bereits im Erwerb von Basisqualifikationen – etwa in der frühen Kindheit – beginnen: auf Lernen und Gelerntes zurückgreifen und eigenständig gestalten, auf Erziehung und Erzogensein zurückgreifen und sich in den Erziehungsprozess einmischen. Erst dann, im durchaus spannungsreichen Zusammenspiel von Lernen, Erziehen, Gestalten, entsteht jener Prozess einer eigenständigen, nämlich reflektierten und kritikfähigen Urteilsfähigkeit des Individuums über das, was in seinem Leben mit ihm geschieht, vor allem auch über diese seine Lern- und Erziehungsprozesse selber, über die Umstände, in die es gestellt ist und nun beginnen kann, diese selbst zu gestalten. Freilich: Dass sich diese der uneingeschränkten Verfügung des Individuums entziehen, markiert die Grenze, die nicht nur jeder Erziehung, jedem Lernen und jeder Bildung gesetzt sind. Die Welt steht nicht jeder praktischen Absicht sofort zu Diensten; sie zu verändern bedarf der Verständigung mit anderen, der gemeinsamen Willensbildung, der zivilisierten Konfliktregelung. Aber: Dies überhaupt zu sehen, ist ebenfalls nichts Geringeres als eine Frage der Bildung aller.

Fünfte These: Das Kinder- und Jugendhilfegesetz beruht auf der Annahme, dass die Fachkräfte der Sozialen Arbeit in der Lage sind, seine Grenzen und vor allem seine Möglichkeiten realistisch beurteilen und ausgestalten zu können. Das heißt: Das KJHG geht von Voraussetzungen aus, von Fachkräften, die im Blick auf die Gestaltung und Weiterentwicklung der Aufgaben nicht nur ausgebildet, also qualifiziert, sondern gebildet, also im Horizont *kritischer* Urteils- und Gestaltungsfähigkeit handeln können. Was bedeutet dieser Anspruch zum Beispiel für die Jugendhilfeplanung, die Familienhilfe, die Erziehungs- und Lebensberatung, die Arbeit in Kindertagesstätten? Er verlangt, dass

- die *Jugendhilfeplanung* den Sinnzusammenhang zwischen Bedarfserhebung, Bedarfsdeckung und Teilhabe der Kinder, Jugendlichen und Eltern nicht nur begreifbar, sondern das zivilgesellschaftliche Verhältnis zwischen Verwaltungsbehörden und den Bürgern tatsächlich erfahrbar machen kann. Das ist mehr als nur die Erwartung, dass eine Verwaltungsvorschrift, ein Paragraf „vollzogen" wird. Er verlangt zivilgesellschaftliche Bildung der Sozialpädagogen.
- Der Bildungsanspruch verlangt, dass die *Familienhilfe* die Beziehung zwischen Familiengeschichten unter den gegebenen gesellschaftlichen Bedingungen, den Bedürfnissen von Kindern und Jugendlichen, der Erwachsenen und der Verwandt- und Nachbarschaften nicht nur begreifen, sondern in kluger Weise mit den Unterstützungsmöglichkeiten der Familienhelfer vermitteln können. Sie verlangt also nicht nur eine familiendynamische Ausbildung, sondern eine Bildung, die über den unmittelbaren Bezugsrahmen einzelner Familien hinaus reicht.
- Der Bildungsanspruch verlangt, dass die *Erziehungs- und Lebensberatung* sich nicht in Anwendung beraterischer Methoden erschöpft, sondern diese in den Kontext sich wandelnder Konzepte der Lebensführung, der wirtschaftlichen und kulturellen Zwänge und der Zumutung zur selbst bestimmten Konfliktregulierung stellen kann. Sie verlangt einen lebensgeschichtlichen Bildungshorizont, der Beratungsmethoden auf die jeweilige Situationsangemessenheit einzuschätzen vermag und eben nicht ein bestimmtes Methodenwissen absolut setzt.

- Der Bildungsanspruch verlangt, dass die Arbeit in *Kindertagesstätten* nicht nur als Bereitstellung eines kindgemäßen Betreuungs-, sondern vor allem eines Bildungsraums begriffen wird. Der damit gesetzte Anspruch vertraut auf pädagogisches Fachpersonal, das selbst den Verlauf frühkindlicher Selbstbildungsprozesse begleiten kann, also einen Raum bietet, der in den Bereichen Spielen und Gestalten, Bewegung, Sprache sowie Natur und kulturelle Umwelt Anregungen für Eigentätigkeiten bietet. Diese Arbeit verlangt einen Bildungshorizont, der die Konzepte zur Unterstützung kindlicher Selbstbildungsverläufe aber auch kritisch daraufhin zu beurteilen mag, in welcher Weise pädagogisch gewichtet wird zwischen dem „Recht des Kindes auf Gegenwart" und der Funktionalisierung frühkindlicher Bildungsprozesse für die Zukunft, etwa für den Übergang in die Grundschule und damit einer Einengung auf Schulfähigkeit. Dass diese Frage seit einiger Zeit wieder an Bedeutung gewonnen hat, braucht hier nicht betont zu werden. Bildungspolitisch sind inzwischen Entscheidungen gefällt worden. So beauftragt z. B. die gerade erschienene so genannte „Bildungsvereinbarung" des Ministeriums für Schule, Jugend und Kinder des Landes Nordrhein-Westfalen die Kindertagesstätten ausdrücklich damit, auf den Übergang zur Grundschule intensiv vorzubereiten (vgl. Ministerium für Schule, Jugend und Kinder des Landes Nordrhein-Westfalen 2003).

Der Bildungsbezug in der Sozialen Arbeit scheint damit umrissen: Ihr Auftrag richtet sich teils auf Bildungsprozesse, aber ebenso vordergründig wie eindeutig auf andere als auf bildende Tätigkeiten – in der Kindergartenpädagogik ist es zusätzlich die Betreuung, in der Jugendhilfe ist es der Auftrag zu Hilfen und zur Erziehung, zu „erzieherischen Hilfen", in der Sozialadministration der Auftrag zur Gewährung von Hilfen zum Lebensunterhalt und zur Kontrolle, in der Altenarbeit ist es der Auftrag zur Unterstützung und Betreuung.

5. „Buridans Esel?" – Bilanz und Ausblick

Halten wir also fest: Bildung als Voraussetzung Sozialer Arbeit. In einer komplexen und modernen Risiko- und Wissensgesellschaft wird sich keine Form der Sozialen Arbeit entwickeln und weiterentwickeln können, die nicht die Bildung der Sozialpädagogen selbst zu ihrer Voraussetzung hätte. Die Geschichte zeigt, dass die herausragenden und kreativen Köpfe der Sozialen Arbeit immer auch selbst von einem Bildungshorizont aus dachten, der Formen Sozialer Arbeit prägte. Und der Professionalisierungsprozess der Sozialen Arbeit zeigt erst recht: Interdisziplinäre Bildungsprozesse im Studium sind eine unverzichtbare Voraussetzung für die Gestaltung pädagogischer *Settings* im Umfeld von Verwaltungshandeln, psychosozialen Hilfemethoden und sozialpolitischen Vorgaben. Kann Soziale Arbeit, aus der Gelassenheit ihrer Aufgabenbestimmung heraus (deren Sinn und Wichtigkeit in einem Wohlfahrtsstaat kaum anzuzweifeln ist), den Bildungsdiskurs an sich vorüber, oder genauer: durch sich hindurch ziehen lassen?

Zu warnen ist vor Selbstgefälligkeit, die lediglich äußerlich, im Sprachgebrauch, etwas übernimmt, das irgendwie „Bildung" heißt, sich aber nach innen, zu den eigenen Strukturen hin anders definiert, nämlich als Nothilfe, als Beratung, als Krisenintervention usw. Dies ist weniger deshalb problematisch, weil es dazu beiträgt, die Verunsicherung durch die Bildungsfrage gar nicht erst zuzulassen – also als Schutz vor Destabilisierung in einer instabilen Zeit; sie erscheint vielmehr problematisch, weil sie sich um entscheidende Möglichkeiten bringt, ihr Feld durch mehr als nur durch die Nutzung vordergründigen Sprachgebrauchs zu sichern.

Das Fazit lautet: zur Bildungsidee gibt es auch heute, bei aller beschriebenen Ambivalenz, keine Alternative. Sie erinnert daran,

- dass die Fachkraft mit „abgeschlossener" Ausbildung, auf welchem Level auch immer, von der andauernden Zumutung zur unabschließbaren Entwicklung des eigenen persönlichen und beruflichen Selbst wie ein Schatten begleitet wird.
- dass die Adressaten in einer Herausforderung stehen, die über den reinen Wissenserwerb hinausgeht und Bildungsprozesse durchlaufen, die auch jenseits schulischer Karrieren ein Recht auf Anerkennung, aber nicht auf völlige Vernutzung haben: in der Kinder- und Jugendarbeit, den Verbänden, Vereinen, im ehrenamtlichen Engagement.
- dass schließlich sozialpädagogische Bildungsforschung sich nicht in Leistungs- und Wissensvermessung und Lehr-Lernforschung erschöpfen kann, sondern die Eigentätigkeit und die Autonomie des vom Individuum (und nur von ihm selbst) gestalteten Bildungsprozesses zu respektieren hat. Diese Autonomie ist weder der Sozialen Arbeit noch irgendjemandem sonst ganz verfügbar.

Vielleicht aber sind die bisher beschriebenen Ambivalenzen zwischen Sozialer Arbeit und Bildung auch deshalb gegeben, weil sich ein Dilemma widerspiegelt, in dem heutige Gesellschaften stehen: nämlich Balancen zu finden zwischen den Aufgaben des Sozialstaates und des Bildungsstaates.

„Deutschland muss sich zwischen zwei Wegen entscheiden", so das kürzliche gezogene Fazit des Experten für Sozialpolitik Stephan Leibfried, „(...) wobei der derzeit begangene ‚dritte Weg' eine erwiesene Sackgasse ist" (Leibfried 2003, 12). Und welcher Weg führte nach Leibfrieds Auffassung in die Sackgasse? Im internationalen Vergleich unterscheidet er die jeweilige finanzielle Gewichtung, die sich zwischen Bildung und Sozialem entwickelt hat.

Demnach finden wir in den *angelsächsischen Ländern* USA und Großbritannien die Option *„Bildungs- statt Sozialstaat"*, also eine einseitige starke Gewichtung des Bildungsmomentes: „Dort wird (immer schon) Bildung als Teil von Sozialpolitik gesehen, wird Bildung auch stärker als die soziale Sicherung betont und entsprechend öffentlich (wie privat, aber öffentlich begünstigt) vorrangig finanziert" (Leibfried 2003, 12).

Dieser einseitigen Gewichtung von „*Bildungs- statt Sozialstaat*" setzt Leibfried die skandinavische Position gegenüber: *Bildungs- und Sozialstaat*: „Dort ist trotz allem neueren Sozialstaats-Umbau eine Ellipse mit zwei gleichgewichtigen öffentlichen Investitions-Brennpunkten festzustellen: Sozialversicherungen, auch Alterssicherung, einerseits und öffentliche Investitionen in Bildung andererseits" (Leibfried 2003, 12).

Nach der Option „Bildungs- *statt* Sozialstaat" und der Option „Bildungs- *und* Sozialstaat" folgt nun jener Entwicklungspfad, den Leibfried für nicht weiterführend hält: „*Sozial- statt Bildungsstaat*":

„Auf diesem Pfad finden wir Deutschland derzeit. (...) Betont werden die Ausgaben für Sozialversicherungen, nicht die Investitionen in junge Menschen: Deutschland scheint, wie weiland Buridans Esel, paralysiert zwischen einem angelsächsischen und einem skandinavischen Heuhaufen zu stehen. Wohin? Die dritte Position – das unentschiedene ‚Dazwischen' – wird damit zur natürlichen: das Verharren in der Pfadabhängigkeit des ‚Weiter-so-Deutschland'. (...) Wir haben uns damit in unseren Standortnachteil gewissermaßen einzementiert. ‚Umspecken' in die eine oder andere internationale Richtung – eigentlich wäre dies das Panier" (Leibfried 2003, 12).

Nun muss man Leibfrieds Analyse nicht unbedingt zustimmen. Gleichwohl beschreibt das Buridans-Dilemma doch eine Situation, von der die hier vorgestellten Probleme berührt werden. Der schlimmste Fall träte ein, wenn Buridans Esel sich nur noch dem Heuhaufen des Sozialstaats *oder* des Bildungsstaates zuwendete. Denn schon bald käme niemand mehr, der ihm Nachschub brächte. Wollen wir hoffen, dass der Esel gebildet ist.

Literatur

Adorno, T. W.: Theorie der Halbbildung. Soziologische Schriften, Frankfurt a. M. 1959.
Bourdieu, P.: Die feinen Unterschiede. Kritik der gesellschaftlichen Urteilskraft, Frankfurt a. M., 1987, S. 47 ff.
Bundesjugendkuratorium (Hg.): „Zukunftsfähigkeit sichern! Für ein neues Verhältnis von Bildung und Jugendhilfe", in: R. Münchmeier, H.-U. Otto, U. Rabe-Kleberg (Hg.), Bildung und Lebenskompetenz, Opladen 2002, 159-174.
Freire, P.: Pädagogik der Unterdrückten (mit einer Einführung von Ernst Lange), 2. Aufl., Stuttgart 1972.
Kant, I.: Zum ewigen Frieden. Ein philosophischer Entwurf (Nachdruck nach der Ausgabe von 1795), Erlangen 1984.
Leibfried, S.: „Umspecken" statt „Abspecken". Bildungspolitik im Umbau des Sozialstaats: Nachwuchssicherung betonen, in: Erziehung und Wissenschaft, 2003, Heft 6, 12-13.

Ministerium für Schule, Jugend und Kinder des Landes Nordrhein-Westfalen (Hg.): Bildungsvereinbarung NRW. Fundamente stärken und erfolgreich starten, Düsseldorf 2003.

Natorp, P.: Gesammelte Abhandlungen zur Sozialpädagogik, 2. Aufl., Stuttgart 1922.

Pestalozzi, J. H.: Meine Nachforschungen über den Gang der Natur in der Entwicklung des Menschengeschlechts (1797), in J. H. Pestalozzi, Sämtliche Werke. 12. Band. Schriften aus der Zeit von 1797-1799. Hrsg. von A. Buchenau, E. Spranger, H. Stettbacher, Berlin und Leipzig, S. 1-166.

Pestalozzi, J. H.: Über den Aufenthalt in Stans. Brief Pestalozzi's an einen Freund (1799), in: J. H. Pestalozzi, Sämtliche Werke. 13. Band. Schriften aus der Zeit von 1799-1801. Hrsg. von A. Buchenau (bearbeitet von H. Schönbaum und K. Schreinert), Berlin und Leipzig 1932, S. 3-32.

Schleiermacher, F.: Pädagogische Schriften I. Die Vorlesungen aus dem Jahre 1826. Hrsg. von E. Weniger, Frankfurt a. M. 1983.

The World Bank (Hg.): Weltentwicklungsbericht 1998/99. Entwicklung durch Wissen. Mit ausgewählten Kennzahlen der Weltentwicklung, Frankfurt a. M.1999.

Thiersch, H.: 25 Jahre alltagsorientierte Soziale Arbeit – Erinnerung und Aufgabe, in: Zeitschrift für Sozialpädagogik, 2003, Heft 2, S. 114-130.

UNESCO: Gender and Education for All. The Leap to Equality. Summary Report, Paris 2003/04.

Weber, M.: Soziologie. Universalgeschichtliche Analysen, Politik. Hrsg. von J. Winckelmann, 5. Aufl., Stuttgart 1973.

# Subjekte der Wissensgesellschaft

Thomas Höhne

Über das Wissen (in) der Wissensgesellschaft und einige Konsequenzen für die Pädagogik

Der Begriff „Wissensgesellschaft" stellt ein populäres und zugleich umstrittenes Konzept bzw. Konstrukt dar, um jüngere gesellschaftliche Entwicklungen bzw. Veränderungen zu beschreiben (vgl. Pongs 1999; 2000; Hubig 2000). Auch für die Pädagogik[1] lässt sich eine zunehmende Bedeutung der Wissensgesellschaft als theoretischer Bezugspunkt feststellen, wenn man sich Titel wie „Bildung in der Wissensgesellschaft" (von Rosenbladt 1999), „Wissen und Nichtwissen. Herausforderungen für Soziale Arbeit in der Wissensgesellschaft" (Homfeldt/Schulze-Krüdener 2000) oder „Erwachsenenbildung in der Wissensgesellschaft" (Nolda 1996) ansieht. Mit dem Bezug auf die Kategorie der Wissensgesellschaft werden in doppelter Weise konzeptionell und strukturell grundlegende Veränderungen bzw. Innovationen assoziiert. So wird etwa hervorgehoben, dass

„das Konzept der Wissensgesellschaft allgemein von der wachsenden Bedeutung des Wissens als Ressource und Basis sozialen Handelns ausgehe. Arbeit sei seit den 70er Jahren wesentlich durch ihren kognitiven Wert, also Wissen gekennzeichnet. Darüber hinaus und allgemein lasse sich eine Pluralisierung der Orte und Formen in Bezug auf die Generierung von Wissen beobachten" (Nolda 2001, 117).

Auf der strukturellen Ebene lasse sich, so eine oft geäußerte Diagnose, seit den 1970er-Jahren mit Blick auf die klassische Arbeits- bzw. Industriegesellschaft ein fundamentaler Wandel von Ökonomie, Politik, und Gesellschaft beobachten (vgl. z. B. Stehr 1994). Andere Begriffe, die in dem Zusammenhang genannt werden, lauten Flexibilisierung, Deregulierung, Risikogesellschaft, Neoliberalisierung, Autonomisierung usw. Der konstatierte Bruch in der gesellschaftlichen Entwicklung wird entweder als bereits vollzogen betrachtet (vgl. Nolda 2001, 100) oder es wird auf die in der Entstehung befindliche Wissensgesellschaft (vgl. Kuwan/Waschbüsch 1999, 20) rekurriert. So wird auch hervorgehoben, dass „Wissensgesellschaft" nur *einen* Ansatz im „Dickicht der Interpretationen" (Dewe/Ferchoff in Arnold/Nolda/Nuissl 2001, 135) darstelle.

Auf den Terminus Wissensgesellschaft wird im wissenschaftlichen Bereich mindestens in dreifacher Weise zurückgegriffen: a) Wissensgesellschaft und die damit einhergehenden sozialen Veränderungen werden als „Tatsache" vorausgesetzt und nicht weiter problematisiert, b) der Begriff dient als Beschreibung für strukturelle Transformationen bzw. Brüche, an erster Stelle für

---

1   „Pädagogik" wird im Folgenden nicht trennscharf von Erziehungswissenschaft unterschieden, sondern bezieht sich begrifflich sowohl auf die wissenschaftliche(n) (Sub)Disziplin(en) als auch auf die unterschiedlichen Praxisfelder und Wissensformen, die damit einhergehen.

die Beschreibung der Verschiebung von Kapital und Arbeit zu Wissen als wesentlicher Produktivkraft und c) ihm kommt die Funktion einer Beobachtungskategorie unter anderen wie „Risikogesellschaft" oder „Dienstleistungsgesellschaft" zu. Darüber hinaus wird häufig auf die deskriptiv-normative Doppelfunktion des Begriffs Wissensgesellschaft hingewiesen, der einen stark prognostischen Einschlag habe (vgl. Steinbicker 2001). Disziplinspezifisch stellt Wissensgesellschaft für die Pädagogik eine zentrale Referenzkategorie dar,

„(...), weil hier von bildungspolitischer Seite wohl erstmalig eine Zeitdiagnose prominent gemacht wird, die mit dem Begriff des Wissens zugleich ins Zentrum erziehungswissenschaftlicher Forschung und Reflexion trifft: mit der ‚Wissensgesellschaft' adressiert sich die Bildungspolitik an die Schule als primäre Instanz von Wissensvermittlung" (Stroß 2001, 84).

Bei genauerer Betrachtung zeigt sich jedoch eine doppelte Schwierigkeit angesichts dieser Einordnung: a) Wissen besitzt im Vergleich zu Begriffen wie Lernen und Bildung keinen so zentralen und kategorialen Stellenwert in der Pädagogik. Die Konsequenz ist, dass er aus verschiedenen erziehungswissenschaftlichen Subdiskursen rekonstruiert werden muss (vgl. Höhne 2003, 106 ff.); b) da die Pluralisierung der Instanzen der Wissensvermittlung (und Aneignungsformen) ein entscheidendes Signum der Wissensgesellschaft darstellt (vgl. Seitter 2003, 17), relativiert sich das ehemalige Wissensvermittlungsmonopol von Schule, da andere soziale Bereiche wie Medien in direkte Konkurrenz zu Schule treten.

Im Folgenden soll ein problematisierender Einstieg in den Begriff der Wissensgesellschaft unternommen werden, indem im ersten Schritt mit dem Bezug auf die Kybernetik ein zentraler Strang der Entwicklung des Wissensgesellschaftsdiskurses nachgezeichnet und im zweiten Schritt die damit assoziierten sozialstrukturellen Veränderungen exemplarisch an der Kategorie des Wissensarbeiters beleuchtet werden sollen. Im dritten Schritt wird untersucht, welche Funktion gegenwärtig dominante Bildungskonzepte wie Kompetenzerwerb und Lebenslanges Lernen in neoliberalen Diskursen einnehmen – vor allem mit Blick auf neue Subjektivierungsformen. Abschließend werden Überlegungen zu pädagogischen Anschlüssen an das Konzept der Wissensgesellschaft angestellt, in denen vor allem auf die Veränderungen des Wissens in der Moderne, die im dritten Punkt kurz thematisiert werden, und auf die daraus sich ergebenden Konsequenzen für eine entsprechende erziehungswissenschaftliche Forschung eingegangen wird.

1. Zur Entwicklung des Wissensgesellschaftsdiskurses

Einen zentralen Ausgangspunkt des Konzepts der Wissensgesellschaft stellt die Unterscheidung von industrieller und postindustrieller Gesellschaft dar, mit der Autoren wie Daniel Bell und Alain Touraine in den 1970er-Jahren Strukturveränderungen im Arbeits- und Produktionsbereich beschrieben haben. Wissen oder genauer: theoretisch-technologisches Wissen sei zum axialen Prinzip der Gesellschaft geworden, was „Zukunftsorientierung" und die „Steuerung des technischen Fortschritts" eröffne (vgl. Bell 1976, 32). Kontrolle von Entscheidungen und Handeln, Prognosefähigkeit in Bezug auf soziale und ökonomische Entwicklung sowie die Steigerung und Optimierung sozialer Systeme bilden zentrale Elemente des frühen Wissensgesellschaftsdiskurses.

So wird bei Bell die Bedeutung des Wissens in Form *„intellektueller Technologien"* für den Umgang mit komplexen sozialen Problemen und Prozessen hervorgehoben. Im Unterschied zu Maschinentechnologien und sozialen Technologien handele es sich bei intellektuellen Technologien um

„die Substituierung intuitiver Urteile durch Algorithmen (...), wie sie in einem Automaten, einem Computerprogramm oder einer Reihe auf statistischen oder mathematischen Formeln beruhender Instruktionen zum Ausdruck kommen, wobei die statistischen und logischen Techniken, die im Zusammenhang mit der ‚organisierten Komplexität' zur Anwendung gelangen, eine gewisse Anzahl von Entscheidungsregeln zu formalisieren suchen" (Bell 1976, 45).

Erwähnt werden in dem Zusammenhang vor allem die systemisch-kybernetischen Technologien, die seit den 1940er-Jahren u. a. im Kontext militärischer Forschungen, der Ökonomisierung von Informationsübertragung und der Computerisierung entwickelt wurden. In diesem wissenschaftshistorischen Kontext ist die Genese des Systembegriffs zu sehen. System, verstanden als ein komplexes und wechselseitiges Zusammenwirken zahlreicher Variablen oder Elemente, wurde in der Folge unmittelbar auch auf nicht-technische Bereiche übertragen (Organisationen und Institutionen, Organismus, Gesellschaft, Kommunikation usw.; vgl. dazu Flämig 1998, 120 ff.).

Diese metaphorische Expansion des Systembegriffs war folgenreich, denn seit den 1950er-Jahren drang in Gestalt der allgemeinen Kybernetik- und Systemtheorie der Systemgedanke in so verschiedene Bereiche wie Politologie, Soziologie, Futurologie, Management und nicht zuletzt auch die Pädagogik in Gestalt der kybernetischen Didaktik ein. Immaterielle Faktoren wie Information und Wissen – hierbei wurde auf die von Norbert Wiener eingeführte Unterscheidung von Materie, Energie und Information zurückgegriffen – wurden gegenüber materiellen Prozessen in den Vordergrund der Betrachtung gerückt und bildeten die Grundlage für eine Beschreibung gesellschaftlicher Prozesse im Allgemeinen. In welchen Vorstellungen sich diese Idee der Wissensgesellschaft aus dem „Geist der Kybernetik" ausdrückte, zeigt folgende Aussage von Daniel Bell aus den 1970er-Jahren:

„Die ehrgeizigen Ziele hat sich die intellektuelle Technologie bei der Systemanalyse gesteckt, wobei unter System eine Reihe reziproker Relationen zu verstehen ist, innerhalb derer die Veränderung eines Elements hinsichtlich Art (oder Zahlenwert) bestimmte – wohlmöglich messbare – Folgen für all die anderen nach sich zieht. Der menschliche Organismus ist z. B. ein festes System; eine Arbeitsgruppe, deren Mitglieder sich im Hinblick auf ein gemeinsames Ziel mit der Lösung spezieller Aufgaben befasst, ein zielsetzendes System; ein

Bomber-Stützpunkt-Verband ein variables System; und die Wirtschaft als Ganzes schließlich ein lockeres System" (Bell 1976, 47).

In dieser ersten und frühen Phase des Wissensgesellschaftsdiskurses, in dem vor allem kybernetisch-technokratische Vorstellungen der rationalen Systemsteuerung artikuliert wurden, wurde zwischen Information und Wissen kaum differenziert. In dieser Hinsicht ist nun ein grundlegender konzeptioneller Wandel in neueren Ansätzen zur Wissensgesellschaft in den 1990er-Jahren zu verzeichnen, wie sie etwa von Helmut Willke, Karin Knorr-Cetina oder Manuel Castells vertreten werden.

Wissen und Information sind demnach nicht zu verwechseln und Informationsgesellschaft – ein Begriff, der eher in den 1980er-Jahren Konjunktur hatte – beschreibt grundlegend etwas anderes als Wissensgesellschaft (vgl. Willke 1998, 8 ff.). Während sich der Informationsbegriff auf die formal-quantitative Dimension von Zeichen bezieht – hierbei wird auch auf die linguistische Kategorie der Syntax zurückgegriffen – zeichnet sich Wissen durch Subjekt- und Kontextbezüge aus. Die Qualität von Wissen stellt sich also in semantischer und pragmatischer Dimension ein, welche die entscheidende Differenz analog zur syntaktischen Dimension der Information ausmacht.

Das Wissen der klassischen Moderne ist vor allem durch Spezialisierung charakterisiert, jedoch sind postmoderne Gesellschaften nicht alleine durch funktionale Differenzierung gekennzeichnet, sondern – und zunehmend mit dem Bedeutungsanstieg von Wissen – auch durch Vernetzung. *Differenzierung und Vernetzung* stellen zwei komplementäre Entwicklungslogiken dar, wobei letztere ein Spezifikum postmoderner Wissensgesellschaften ausmacht. Die Vernetzungen führen sowohl zu einer Vervielfachung von Unterscheidungen und Grenzziehungen als auch zu einer exponentiellen Zunahme von Anschlussmöglichkeiten und Interpenetrationen der unterschiedlichen Subsysteme.[2] Neben der „Entbettung" raumzeitlicher Zusammenhänge und Kontexte (vgl. Giddens 1996) findet auch eine „Neueinbettung" bzw. Rekontexualisierung statt – etwa in Gestalt neuer Expertensysteme (vgl. ebd., 40 ff.) neuer Organisationen, wobei diese unterschiedliche gesellschaftliche Teilbereiche miteinander strukturell koppeln können (vgl. Heidenreich 2003, 37). Differenzierung *und* Vernetzung bringen im Prozess der soziokulturellen Evolution immer neue Formen, Hybridbildungen und Überlagerungen von Wissen hervor, so dass auf der einen

---

2   Bei der Kategorie der Differenzierung wird von der Reinheit bzw. Eindeutigkeit des Codes und der Kommunikation ausgegangen, die auf Beobachterseite immer schon mitläuft. Empirisch bzw. auf Diskursebene sind aber nur ‚unreine' und hybride Formen vorfindbar, die ihrerseits auf eine Dialektik der unterschiedlichen Subsysteme schließen lassen, wie etwa Münch bemerkt (vgl. Münch 1991, 23 ff.). Sie geraten in Konflikte, überlagerten sich und komme es zu Phänomenen wie „Ökonomisierung der Kultur", „Politisierung der Ökonomie" oder „Moralisierung der Politik" (vgl. ebd.). Dies laufe auf zunehmende „Zonen der Interpenetration der Subsysteme" hinaus, die sich „immer weniger in den Reservaten ihrer Eigenlogik" bewegten (vgl. ebd.). Die entsprechenden pädagogischen Expansionsprozesse werden innerhalb der Erziehungswissenschaft als Pädagogisierung analysiert (vgl. Lüders/Kade/Hornstein 1998; Höhne 2003, 229 ff.).

Seite neue Wissensbereiche und Wissensformen entstehen (z. B. Bionik), und auf der anderen Seite erhöhen sich Risiko und Unsicherheit durch die gleichzeitige Zunahme von Nicht-Wissen und Ungewissheit. Ein Indikator dessen stellt die Relativierung wissenschaftlichen Wissens als letzter Beglaubigungsinstanz für die Relevanz von Wissen dar, die mit der Pluralisierung des Wissens einhergeht. Daher, so betonen Protagonisten des Wissensgesellschaftsdiskurses wie etwa Peter Weingart, Martin Heidenreich und Karin Knorr-Cetina sei auch nicht von einer Wissenschaftsgesellschaft zu sprechen, wenn man Wissensgesellschaft meine. Angesichts von Phänomenen wie der Popularisierung wissenschaftlichen Wissens, der Versozialwissenschaftlichung des Alltags, der Vervielfachung der sozialen und medialen Vermittlungsorte und -institutionen von Wissen, d. h. der Dezentralisierung der Generierung, Vermittlung und Aneignung von Wissen ist schon an dieser Stelle zu fragen, welche Bedeutung dem Vermittlungsmonopol klassischer Bildungsinstitutionen wie Schule und Universität in der postmodernen Wissensgesellschaft zukommen wird.

2. Sozialstrukturelle Veränderungen

Ich möchte beispielhaft und stichwortartig zunächst einige zentrale soziale, ökonomische und kulturelle Veränderungen in der Wissensgesellschaft erwähnen, um dann spezifisch auf die Wissensarbeiter und neue Subjektformen einzugehen:

1. Die gesellschaftlichen Veränderungen, die mit dem Risikobegriff assoziiert werden, also Kontingenz von Entscheidungen, Zunahme von Nicht-Wissen, Bedeutung von Metawissen usw.
2. Strukturveränderungen ökonomischer Prozesse und Transaktionen durch Entmaterialisierung (z. B. digitales Geld, Wissensarbeit)
3. Wandel von Sozialität und Sozialisation durch Virtualisierung und Medialisierung
4. Informatisierung und Technisierung von staatlicher Macht und Kontrolle (Kontrollgesellschaft, universeller Datentransfer)
5. Änderungen der Formen von Wahrnehmung und Kognition unter den Bedingungen medialisierter und informatisierter Umwelten (z. B. neue Aufmerksamkeitsmuster, Fragmentierung von Wahrnehmung)
6. Kybernetisierung von sozialer Beobachtung, Kommunikation und Handeln (soziale Regelkreisläufe, Dauerbeobachtung, Selbststeuerung)
7. Veränderungen des sozialen und kulturellen Gedächtnisses durch Medialisierung
8. Formen der Pädagogisierung durch Experten und Professionelle (Veralltäglichung wissenschaftlichen Wissens)

9. Verschiebungen und Überlagerungen von Systemgrenzen (z. B. hybride Formen wie mediopolitische Inszenierungen, „Mediokratie").

In der postkapitalistischen Wissensgesellschaft Peter Druckers und in Helmut Willkes Entwurf einer Wissensgesellschaft bilden die so genannten „Wissensarbeiter" (Steinbicker 2001, 38 f.; Willke 2002, 214) die intellektuelle und ökonomische Elite, die einen Anteil von ca. 20 % der gesamten Erwerbstätigen ausmachen. Bei ihnen handele es sich, so Willke, um

> „echte Wissensarbeiter (...) hochprofessionelle, hochkompetente Personen mit exzellenter Ausbildung, die global mobil sind und nicht die geringsten Sorgen haben, eine Anstellung zu finden (...) Sie sind global nachgefragt und werden von staatlichen Politiken überhaupt nicht berührt" (Willke 1999, 272).

Weitere 20 % seien von der Wissensgesellschaft „überfordert", während ein weites Feld von 60 % in Bezug auf die Qualifikation differenziert sei, in dem es wesentlich auf die Möglichkeit und Fähigkeit des Einzelnen, sich weiterzubilden, ankäme (vgl. ebd.). Daran schließt die Frage an, ob bzw. in welchem Ausmaß in der Wissensgesellschaft neue soziale Ungleichheiten entstehen, die *genuin* mit der ungleichen Verteilung von Wissen zusammenhängen.

Die Aspekte der Informatisierung und Intellektualisierung von Arbeit, die Tendenz zur zunehmenden sozialen, symbolischen und kulturellen Distinktion und die strukturelle Benachteiligung lassen eine weitergehende Ausdifferenzierung *gesellschaftlicher Klassen* und Schichten in der Wissensgesellschaft erkennen und implizieren daher nicht automatisch Chancengleichheit für alle, wie dies die Aussagen von Willke nahe legen. Seine Vorstellungen erinnern vielmehr an Schelskys Begriff von der „nivellierten Mittelstandsgesellschaft", wobei sein Hinweis auf die *differenzierte* Mittelschicht noch nichts über den sozialen und ökonomischen Status im Einzelnen aussagt und abstrakt bleibt. Daher ist eine *mehrdimensionale Betrachtung der Wissensgesellschaft* wichtig, bei der ökonomische, technologische, historische, sozialstrukturelle und kulturell-symbolische Merkmale gleichermaßen berücksichtigt werden müssen (z. B. Bourdieus Begriff vom sozialen Raum). So bleibt bei der teilweise enthusiastischen Einschätzung der Wissensgesellschaft durch Helmut Willke der 60 %-ige Anteil der Erwerbstätigen begrifflich wesentlich undifferenziert und spielt in seinem Konzept auch keine weitere wichtige Rolle. Demgegenüber ist zu betonen, dass im Verlauf der 1980er-Jahre die allgemeine soziale und ökonomische Abwärtsdynamik zugenommen hat. Untersuchungen zum sozialen Strukturwandel haben ergeben, dass den 60 % der Beschäftigten, die ihre Position halten konnten, 30 % „Unstetige" gegenüber stehen (vgl. Vester u. a. 2001, 146). *Die Prekarisierung der Arbeitsverhältnisse stellt also ein Strukturproblem der gegenwärtigen Wissensgesellschaft* dar, das weder allgemein durch Weiterbildung oder individuellen Kompetenzerwerb ausgeglichen werden kann noch in irgendeiner Weise individualisiert und pädagogisiert werden sollte.

Auf der anderen Seite lässt sich ein tiefgreifender *Wandel der Subjektivierungsformen bzw. Subjektvorstellungen* in der Wissensgesellschaft feststellen, wofür Begriffe wie „Ich-AG", „Arbeitskraftunternehmer" oder „Selbstunternehmer" stehen (vgl. Moldaschl 2002, 32). An diesen Etikettierungen werden Tendenzen zur „Ökonomisierung der Subjekte" und der „Subjektivierung der Ökonomie" bzw. „Subjektivierung der Arbeit" deutlich, die mit den herkömmlichen rationalitätstheoretischen Unterscheidungen wie „instrumentell" vs. „kommunikativ" kaum zu fassen sind. Nicht mehr die protestantisch-ethische Selbstdisziplinierung (= 1. Rationalisierungsstufe) oder die Fremdregulierung und Außenkontrolle von Arbeitsabläufen und Informationsströmen der tayloristisch ausgerichteten Industriegesellschaft (= 2. Rationalisierungsstufe) stehen nunmehr dabei im Mittelpunkt, sondern die *Selbstorganisation* auf allen denkbaren Ebenen (Individuen, Gruppen, Institutionen/Organisationen) als einer dritten Stufe der Rationalisierung. Hier kommt die systemisch-kybernetische Perspektive zum Tragen, die – wie oben bereits erwähnt – den Wissensgesellschaftsdiskurs genuin von Beginn an kennzeichnete und zu einer allgemeinen Subjektivierung transsubjektiver Einheiten wie etwa Organisationen führt. So werden beispielsweise explizit menschliche Eigenschaften wie komplexes Lernen auf Organisationen und ganze Gesellschaften übertragen. Diese Metaphorisierung des Systembegriffs hat eine wichtige Funktion im Wissensgesellschaftsdiskurs – etwa auch, wenn „Systemkompetenz" als zentrales Ziel festgeschrieben wird (vgl. Senge 1996; Willke 1998, 47 ff.).

Gleichzeitig ist eine immense Aufwertung des Subjekts im Wissensgesellschaftsdiskurs zu beobachten – das pädagogische Anschlusskonzept lautet hier „Kompetenz". Doch bei der theoretischen Bestimmung der Kompetenzen zeigt sich zum einen, dass von den *sozialen Bedingungen des Kompetenzerwerbs* weitestgehend abstrahiert wird. Zum anderen stellt sich der Kompetenzbegriff ambivalent dar, weil zwar größere Möglichkeitsräume für qualifizierte, gebildete und kompetente Personen entstehen, aber eine weitaus höhere Zahl an weniger qualifizierten und ausgebildeten Menschen zunehmend weniger Chancen auf dem Arbeitsmarkt haben wird, was aber im Diskurs kaum thematisiert wird.

Ein kritischer Blick auf den Wissensgesellschaftsdiskurs schließt eine fruchtbare Verwendung des Wissensgesellschaftskonzepts nicht aus, denn mithilfe eines kritischen Begriffs der Wissensgesellschaft können analytisch einige wichtige soziale und ökonomische Transformationen erfasst werden (Veränderung der Qualifikationsstruktur, der Arbeitsprozesse, der Vermittlungs- und Aneignungsformen von Wissen usw.).

3. Zur Neoliberalisierung von Bildung, Wissen und Subjekt in der Wissensgesellschaft

Zur Frage des Stellenwerts von Bildung in der Wissensgesellschaft möchte ich zunächst spezifisch auf den Wandel des Bildungswissens in der Moderne eingehen, um auch die Bedeutung der Kategorie des Wissens für die Erziehungswissenschaften deutlich zu machen. Basil Bernstein hat bereits in den 1970er-Jahren auf die veränderte Struktur und die Effekte des Wandels von Bildungswissen in der Moderne hingewiesen. Bei der Bestimmung des Wissens und der damit verbundenen Bildungsprozesse greift er auf die Durkheimsche Unterscheidung von mechanischer, d. h. vormoderner und moderner und organischer Solidarität zurück:

„Organische Solidarität verweist auf eine soziale Integration auf der Ebene individualisierter, spezialisierter und interdependenter sozialer Rollen, während mechanische Solidarität mit einer sozialen Integration auf der Ebene gemeinsamer Glaubensvorstellungen verknüpft ist" (Bernstein 1977, 105).

Moderne Gesellschaften würden im Unterschied zu vormodernen Gemeinschaften weniger über einen Kanon einheitlicher Werte zusammengehalten, über den rigide gewacht wird, sondern stützen sich eher „auf die Anerkennung von Unterschieden zwischen den Individuen" (ebd., 106). Dies ließe sich auch an der Struktur und der gesellschaftlichen Organisation von Bildungsprozessen ablesen. Weder die Klasse als einheitliche Größe (feste Klassenlehrer-Schüler-Beziehung) noch ein fixes Bildungswissen, das dogmatisch vermittelt würde, ständen in einer modernen, offenen Schule im Vordergrund. Vielmehr würden im Unterricht nun „die *Mittel*, durch die Wissen erzeugt wird" und damit der „Akt des Lernens selbst" (ebd., 107) relevant werden. Sowohl auf der Ebene der Interaktion zwischen Schülern und Lehrern als auch auf der Vermittlungsebene bezüglich der Wissensstruktur kommt es zu grundlegenden Veränderungen. So kann es nach Bernstein nicht mehr um die „curriculare Einheit" von Schulwissen als vielmehr etwa um die interdisziplinäre Behandlung von Themen gehen (vgl. ebd.). Der beschriebenen Entwicklung wurde beispielsweise in den Gutachten des Deutschen Bildungsrates der 1970er-Jahre mit der Empfehlung eines Wechsels vom geschlossenen zum offenen Curriculum und im Bereich der Weiterbildung mit dem Konzept der Schlüsselqualifikation Rechnung getragen.

Es werden also im Prozess der Modernisierung – Bernstein bezieht sich hier auf Entwicklungen nach 1945 im Zusammenhang mit der Bildungsreformdiskussion – mehrere Verschiebungen deutlich: a) Traditionelle und eng definierte Rollenbilder wandeln und erweitern sich, und ausdrücklich wird neben der klassischen Vermittlerrolle die zunehmende sozialpädagogische Funktion von Lehrern hervorgehoben (vgl. ebd.); b) der steigende Stellenwert von Differenzen wirkt sich pluralisierend und individualisierend auf Identität aus; c) das über Bildung vermittelte Wissen ist einer doppelten Transformation unterworfen: Zum einen pluralisiert es sich, so dass die curriculare Einheit zunehmend schwieriger zu begründen ist, und zum anderen werden so genannte „Metafähigkeiten", wie etwa das Lernen des Lernens, bedeutungsvoller.

Angesichts dieser Entwicklung des Bildungswissens erstaunt es nicht, dass im Kontext des Diskurses um Wissensgesellschaft primär der Integrations- oder Orientierungsverlust von Wissen diagnostiziert wird. Dessen Einheitlichkeit – ob im Sinne von Werten, Normen, Weltwissen oder Interpretationsweisen – kann aber nicht mehr unterstellt werden (vgl. Wimmer 2002). Das gilt für das Allgemeinwissen wie auch für das Spezialwissen, denn Ersterem wird nur noch in funktionaler Form als Erwerb von Kompetenzen Bedeutung beigemessen (vgl. de Haan/Poltermann 2002) und Spezialwissen als qualifizierter Abschluss wird als notwendige, aber nicht mehr hinreichende Bedingung für eine qualifizierte Arbeit erachtet.

Hierbei findet eine radikale Verschiebung bezüglich des Intergrationsmodus von einer sozialen und systemischen Integration hin zu einer *Selbst-Integration qua Individualisierungstechniken* statt. In diese Richtung weisen zentrale pädagogische Konzepte wie selbstorganisiertes und Lebenslanges Lernen, durch welche die Entwicklung-, Veränderungs- und Lernfähigkeit der Subjekte immer wieder hervorgekehrt wird. Auf diese Art wird der normative soziale Druck auf den Einzelnen erhöht und soziale Exklusion dadurch individualisiert, dass Misserfolge den Individuen zugerechnet werden können: Wer arbeitslos wird, ist selbst schuld, da er sich nicht fortgebildet hat; wer trotz Fortbildung dennoch arbeitslos bleibt, hat nicht das ‚richtige Wissen' bzw. die ‚richtigen Kompetenzen' erworben und verfügt (noch) nicht über die Fähigkeit zur Antizipation. Kompetenzkataloge bilden hierbei ein selbstreferentielles System von Fähigkeiten und Eigenschaften dar, auf die *je nach eingetretenem Erfolg oder Misserfolg nachträgliche Deutungen des Handelns vorgenommen werden, wodurch die Handlungen entsprechend legitimiert werden.*

In dem Maße, in dem staatlich-institutionelle Kontexte abgebaut werden und durch zum großen Teil tayloristische Verfahren von Vergleich, Evaluation und Quantifizierung ersetzt werden, schwindet der Gewährleistungsanspruch auf Seiten der Individuen gegenüber staatlich garantierten Mindestbedingungen für Bildung und Integration. Hierbei werden Risiken (falsche Entscheidungen bei Bildungs- und Schullaufbahn, Versäumnisse und Brüche in der Bildungsbiografie usw.) individualisiert, indem die Bewältigung dieser „Kontingenzen" dem Einzelnen aufgebürdet wird – diese Verantwortungsverschiebung stellt ein zentrales Signum neoliberaler Diskurse dar (vgl. Bröckling/Krasmann/Lemke 2000, 30). Und allgemein ist ein semantischer Wandel von Begriffen wie Freiheit, Emanzipation, Autonomie usw. in neoliberalen Diskursen charakteristisch (vgl. Höhne 2003, 101 ff.; Forneck 2002, 250), indem sie direkt an ökonomische Kategorien – und nicht mehr an die Subjekte selbst oder sozial – rückgebunden werden. In diesem Sinne gerät Freiheit zur „Wahlfreiheit" (vgl. Forneck 2002) und Autonomie wird zur strategischen Fähigkeit, ökonomisch zu (über)leben. Die Figur des „Arbeitskraftunternehmers" (z. B. Voß 2000) stellt darüber hinaus eine Mischung aus ökonomisch-liberalen und anthropologischen Prämissen dar, durch die der „Unternehmer" zur umfassenden Lebensform stilisiert wird. Bröckling spricht zu Recht von einer „Generalisierung der Unternehmerfunktion zu einem Anthropologicum", der die „Verallgemeinerung des Marktes als Medium sozialer Integration" entspräche (vgl. Bröckling 2002, 11). Pädagogisch-anthropologisch ist analoge Konstruktion, die komplementär zum Arbeitskraftunternehmer steht, die Vorstellung vom Menschen als „homo discens" (Prange nach Geißler 1998, 167), wodurch der Mensch zu einem „offenen, inhaltlich nicht festlegbaren Wesen" gemacht wird (vgl. Geißler 1998, 167). Hier wird Instinktunsicherheit des Menschen (Arnold Gehlen) positiv gewendet und an die allumfassende Formbarkeit des Menschen als pädagogischer Grundtopos angeschlossen, mit dem Effekt, dass die sozialen Bedingungen des Lernens ausgeblendet werden.[3] Der Kompetenzbegriff als pädagogisch-ökonomischer Grenzbegriff bringt diese positive Anthropologie des neoliberalen Diskurses auf den Begriff. Der Effekt ist, dass jede Form der Selbstökonomisierung der Individuen begrifflich gar nicht mehr in ihren negativen, ehemals als (selbst)repressiv kritisierten Effekten erfasst werden (können), sondern nur noch positiv-normativ im Sinne von individueller Kräftesteigerung umformuliert wird.[4]

Die Integration über Individualisierungstechniken erfolgt innerhalb des Bildungssystems im Rahmen weitgehender institutioneller Veränderungen (Stichwort „Deregulierung") und eines curricularen Wandels (Stichwort „Kerncurriculum") und ist daher institutionell bedingt. Dieser Entwicklung ist darüber hinausgehend der grundlegende Widerspruch von Autonomie und heteronomer Restandardisierung (Standardisierung von Bildungsabschlüssen, Evaluation und Einführung betriebswirtschaftlicher Steuerungsmittel zur Ermittlung von „Bildungsqualität") genuin eingeschrieben. In diesem Kontext könnte der Funktionswandel von Schule darauf hinauslaufen, dass sie nur noch eine Art kulturelle Grundversorgung bzw. Grundbildung durch den Erwerb von Kulturtechniken, Grundwissen und bestimmten Kompetenzen sicherzustellen hat. Gegenüber diesen Vorstellungen eines „funktionalen Kerngeschäfts" von

---

3   Hierbei wäre zu untersuchen, ob der Radikale Konstruktivismus innerhalb des neoliberalen Diskurses nicht eine zentrale legitimatorische Funktion einnimmt und hilft, ein spezifisches Menschenbild bzw. Subjektverständnis durchzusetzen. Denn in einem wichtigen Punkt konvergieren Neoliberalismus und Radikaler Konstruktivismus: Sie vernachlässigen bzw. blenden die sozialen Bedingungen individueller Entwicklung – ob Lernen, Wissens- oder Kompetenzerwerb – aus.

4   Dass diese Form der Individualisierung (von Risiken) nicht ganz neu ist, darauf hat im Zusammenhang mit der Diskussion um die Wissensgesellschaft Annette Stroß hingewiesen: Bereits vor dreißig Jahren hatte Claus Offe auf die „individualistische Problemdefinition einer gegebenen sozialen Lage" als Spezifikum bildungspolitischer Legitimation aufmerksam gemacht. Hierbei werde die „individuelle Lernanstrengung" anstelle der „kollektiven und organisierten politischen Auseinandersetzung als das adäquate Mittel der sozialen Veränderung nahegelegt" (Offe nach Stroß 2001, 91).

Schule wäre der beschriebenen institutionellen Entgrenzung ein integratives Konzept der Vernetzung entgegen zu setzen, bei dem Schule und außerschulische Institutionen kooperieren müssen. Ziel wäre es, die Individualisierungsprozesse bezüglich Bildung, Lernen und Wissenserwerb sozial durch neue Kooperations- und Vernetzungsformen zu stützen und gegen Risiken der Exklusion abzufedern, denn erfolgreiche Bildungsbiografien, dies haben bildungssoziologische Forschungen gezeigt, werden vor allem sozial(strukturell) und politisch ermöglicht und sind nicht lediglich das Resultat individueller Anstrengungen oder Fähigkeiten.

Pädagogische Reflexionen führen in diesem Zusammenhang wieder auf den Wandel von Wissen zurück. So heben etwa de Haan/Poltermann die neue Bedeutung des „Allgemeinwissens" in der Wissensgesellschaft hervor. Anschließend an Aussagen des Bildungs-Delphis, das das Bundesministerium für Bildung und Forschung (BMBF) Ende der 1990er-Jahre durchführen ließ, habe *„Allgemeinbildung"* ihre „ideelle Emphase" verloren und werde nun „funktionell" gesehen (vgl. de Haan/Poltermann 2002, 329). Allgemeinwissen sei durch drei Funktionen – die des Einstiegs, der Kommunikation und der Bewertung – gekennzeichnet, was von den Autoren anhand eines „Katalogs von Kompetenzen"[5] wie instrumentelle, personale oder soziale Kompetenz konkretisiert wird (vgl. ebd., 330). Dabei wird folgende Funktionsverschiebung von Bildung festgestellt:

„Sie (die Allgemeinbildung, T.H.) dient – wie die klassische Allgemeinbildung auch – der Entfaltung der Person, sie ist zweitens aber auch – und dieses wohl in zunehmendem Maße – geprägt von der Identifikation eines Korpus an Kompetenzen, der funktional ist für die Fortentwicklung und die Reaktion auf die Wissensgesellschaft (...) Drittens verliert die Allgemeinbildung die Funktion der Formung und Entfaltung der Person zugunsten der Fähigkeiten für Kommunikation, Urteilsbildung, Problemlösung und Gemeinschaftlichkeit" (ebd., 331).

Funktionalität für gesellschaftliche Zwecke und Subjektivität werden hier nicht entgegengesetzt, sondern verschmelzen vielmehr zu einem neuen Typ *(multi)funktionaler Subjektivität.* Hierbei geht es nicht mehr, wie oft unterstellt wird, ausschließlich um die Subsumtion des Subjekts unter die funktionalen Erfordernisse eines Subsystems, die von „Außen" (Ökonomie) an es herangetragen werden. Vielmehr wird die Multifunktionalität des Subjekts – zumeist mit dem Begriff der Flexibilität beschrieben und in den Vordergrund gerückt. Genannt werden u. a. Kreativtechniken, Fähigkeit zur Selektion von Information, Handlungskompetenz, Selbstmanagement, Reflexionsfähigkeit, Teamfähigkeit, Moderation, Selbstdarstellung (vgl. ebd., 330). Diese zunächst abstrakten und zudem normativen Bestimmungen betreffen das Subjekt in totaler Weise dadurch,

---

5 Hier wäre kritisch anzumerken, dass ein Kompetenzkatalog eine Theorie der Kompetenz nicht zu ersetzen vermag, an der es im gesamten Diskurs mangelt. Theoretische Probleme werden in dem vor allem psychologisch-pädagogisch orientierten Kompetenzdiskurs zumeist in Fragen der Messbarkeit und Operationalisierung „aufgelöst". Um einen Eindruck von der Unübersichtlichkeit und dem begrifflichen Wildwuchs des Kompetenzdiskurses zu erhalten, reicht ein Blick in das „Handbuch Kompetenzmessung" (Erpenbeck/von Rosenstiel 2003).

dass es in ganz unterschiedlicher Weise und biografischer Tiefe erfasst wird.[6] Ausgeblendet werden hingegen die Widersprüche und „Dysfunktionalitäten", die biografisch in jedem Subjekt angelegt sind. Wie etwa verhalten sich „Reflexionsfähigkeit" und „Selbstdarstellung" zueinander? Wie wirkt sich die kritische Reflexion eines Subjekts zu artifiziellen Formen der Selbstdarstellung auf seine Funktionalität respektive seine „Teamfähigkeit" aus? Ist die *Verweigerung* einer als Kompetenz beschriebenen Eigenschaft per se als Inkompetenz zu werten? Wenn ich beispielsweise „Selbstdarstellung" als künstlich und strategisch kritisiere und für mich als nur sekundär bedeutsam einstufe, so befinde ich mich in der paradoxen Situation, dass eine meiner Kompetenzen – nämlich kritische Reflexionsfähigkeit – eine andere strukturell ausschließt, d. h., ein positives Verhältnis zur Selbstdarstellung zu erlangen. Verdecken abstrakte und normative Bestimmungen von Kompetenzen, in denen einseitig die Selbstorganisationsfähigkeit des Subjekts beschworen wird, nicht die Selbstblockaden, Widersprüche und Brüche, die aber in letzter Instanz schließlich alleine dem Subjekt aufgebürdet werden (Stichwort „Flexibilität", „Selbstverantwortung")? Schließlich zeigt sich auch deutlich die Gefahr der inhaltlichen Entleerung des Bildungsbegriffs bei der Verwendung des Substituts „Kompetenz", wenn er von Wissen und den Veränderungen der Wissensformen abgekoppelt wird. Demgegenüber soll abschließend der Wissensbegriff für die Begründung einer weiterführenden pädagogischen Perspektive stark gemacht werden.

4. Perspektiven einer erziehungswissenschaftlichen Wissensforschung

Am Beispiel der sozialen Transformationen und der Veränderungen des Bildungswissens in der modernen und postmodernen Wissensgesellschaft wurde deutlich, dass es für die Erziehungswissenschaft von großer Bedeutung ist, die sich verändernden Wissens- und Wissensvermittlungsformen und ihre Auswirkungen auf die Bildungsinstitutionen sowie auf die Subjekte zu analysieren. In dieser Perspektive kann am Bildungsbegriff für die theoretische Begründung und praktische Legitimation pädagogischen Handelns weiterhin unter veränderten Vorzeichen im Kontext der Wissensgesellschaft festgehalten werden. Angesichts der aufgezeigten Veränderungen von Wissensformen sollte das Ziel darin bestehen, *Bildungsprozesse vom Wissen und seinen Formveränderungen* her zu beschreiben. Anstatt den Bildungsbegriff theoretisch primär an das Subjekt zu koppeln, gälte es, das soziokulturelle Wissen und seine Veränderungen in den Vordergrund zu rücken, und die hierbei eröffneten Räume des Wissens bildeten die Bedingungen der Möglichkeit von Subjektivität. Anhand

---

6   Voß spricht vom „totalen Zugriff auf die Person" (Voß 2000, 158).

der Veränderungen des Wissens würde daher, anders als in klassischer bildungstheoretischer Weise, zunächst nach den Bedingungen für Bildungsprozesse auf Seiten der Subjekte gefragt und normativer Bestimmungen von „einem zu bildenden Subjekt" oder „von zu wissendem Wissen" zunächst einmal die Struktur des Wissens selbst analysiert werden.

„Wissen" als systematischer und grundlegender Begriff gehört innerhalb der Erziehungswissenschaft zu den vernachlässigten Kategorien (vgl. Höhne 2003, 106 ff.). Wenn es auch in verschiedenen erziehungswissenschaftlichen Subdiskursen durchaus thematisiert wird (vgl. Hof 2001, 7 ff.), so besitzt es doch innerhalb der Erziehungswissenschaft nicht den kategorialen Status wie etwa „Bildung" oder „Lernen". Im Gegenteil wird kritisch auf das Verschwinden des Wissens beispielsweise in der Erwachsenenbildung hingewiesen, da weder Fragen der Bildungsinhalte, noch der didaktischen Vermittlung nachdrücklich aufgegriffen würden (Nolda 2001). Diese Tendenz zum Ausblenden des Wissens als erziehungswissenschaftlichem Gegenstand wird dadurch verstärkt, dass bei der Untersuchung der Prozesse der Vermittlung und des Erwerbs von Wissen einseitig auf die Aktivitäten des Subjekts fokussiert wird, ohne die Struktur des vermittelten Wissens zu berücksichtigen. *Wenn aber die Systematisierung und Strukturierung von Wissen für Vermittlungszwecke als eine zentrale pädagogische Aufgabe erachtet wird, dann ist es unabdingbar, sich spezifisch dem Gegenstand der Vermittlung, nämlich Wissen, zu zuwenden.*

Da Vermittlung in der Wissensgesellschaft an vielen unterschiedlichen sozialen Orten stattfindet (z. B. Medien), ergibt sich für die Pädagogik die Notwendigkeit, die nach Situation, Anlass und Kontext unterschiedlichen Vermittlungsformen zu untersuchen und zu differenzieren.[7] Der „Mehrwert" für die Disziplin läge dann genau in der Fähigkeit zur Unterscheidung, Klassifizierung und Funktionsbestimmung a) von Wissensformen im Allgemeinen und b) in der Differenzierung und Spezifizierung der Form der pädagogischen Wissensvermittlung gegenüber anderen Formen von Vermittlung im Spezifischen. Hierzu bedarf es eines Wissensbegriffs, mit dem die Strukturen des Wissens untersucht und verglichen werden können, der zum Gegenstand unterschiedlicher Vermittlungsformen gemacht wird (Schulwissen, Wissen in der Weiterbildung, Wissen, das auf Kompetenzen zielt, literarisches Wissen, deklaratives und prozedurales Wissen usw.).

Abschließend sollen noch einige Elemente einer erziehungswissenschaftlich orientierten Wissensforschung vorgetragen werden, die den programmatischen Rahmen für eine „Pädagogik der Wissensgesellschaft" bilden können:

1. Theoretisch wäre ein operativer *Wissens- bzw. Wissensformbegriff* zu entwickeln, der die empirische Erforschung unterschiedlicher Wissensformen sowie deren Vergleich ermöglicht. Dabei sind die unterschiedlichen theoretischen/disziplinären Konzepte von Wissen (kognitionspsychologisch, so-

---

7 Vgl. einschlägig hierzu Kade (1997, 47 ff.), der personale, mediale und strukturale Vermittlung unterscheidet, oder auch Hof (2003), die an diese Dreiteilung anschließt.

ziologisch, pädagogisch usw.) zu berücksichtigen, mit dem Ziel, einen *multidimensionalen, integrierten Wissensbegriff* herauszuarbeiten (z. B. Unterscheidungen wie Daten/Information/Wissen, implizites/explizites Wissen, Spezial- und Allgemeinwissen, Wissen und Können usw.).

2. Es wäre zu prüfen, ob und wie Veränderungen von Produktion, Reproduktion und Distribution von Wissen (z. B. Popularisierung wissenschaftlichen Wissens, Medialisierung) zu neuen Formen der Aneignung und Vermittlung des Wissens führen (z. B. Erziehungsberatungsliteratur).

3. Ein weiterer Aspekt von Wissensforschung stellt die Untersuchung der positiven *und* negativen Effekte von Wissenspraktiken dar, in denen Wissen systematisch vermittelt wird. So ist zu untersuchen, ob und in welcher Weise in der „Wissensgesellschaft" neue Formen sozialer Ungleichheit entstehen und welche individuellen sowie sozialen Möglichkeiten *und* Restriktionen bzw. Risiken mit dem Erwerb von Wissen und Kompetenzen verbunden sind. Denn individuell wie sozial steigt mit zunehmendem Wissen die *Kontingenz* und mithin das *Risiko*, sich nicht „das richtige Wissen" anzueignen.

4. Innerhalb von Pädagogik, Politik und Wirtschaft wird mit neuen *Subjektvorstellungen* bzw. *Menschenbildern* operiert, die in Begriffen wie „flexibles Subjekt" zum Ausdruck kommen. Um keiner Pädagogisierung sozialer und ökonomischer Probleme Vorschub zu leisten, ist es notwendig, pädagogische Konzepte wie „Lebenslanges Lernen" und „Kompetenz" genauer und kritischer als bisher zu beleuchten und sie mit soziologischen Analysen und Befunden zu verknüpfen. Im Anschluss an bildungstheoretische Perspektiven muss erforscht werden, welches Wissen, welche Kompetenzen und welches Vermögen sich Subjekte im Kontext der Wissensgesellschaft aneignen (sollen), in welchem Verhältnis Wissen und Kompetenz stehen und welche Subjektvorstellungen damit korrelieren, welche Brüche und Widersprüche damit verbunden sind. Von zentraler Bedeutung sind in diesem Rahmen auch mediensozialisatorische Überlegungen, die Aufwachsen und Identitätsfindung unter den Bedingungen der Medienumwelt thematisieren (vgl. Marotzki in diesem Band).

5. Die soziale Dynamisierung und Flexibilisierung von Wissen wirft die Frage auf, in welcher Weise und in welche Richtung sich die traditionellen Bildungsinstitutionen (Schule, Universität, Volkhochschule, privater Weiterbildungsmarkt) unter den Bedingungen der Wissensgesellschaft verändern. Es ist zu untersuchen, ob und inwiefern sich schulisches Wissen in Zukunft auf die Vermittlung elementarer Fertigkeiten und Basiswissen – Stichworte „Kerncurriculum", „Kernkompetenzen" – beschränken wird bzw. welche Selektionskriterien angesichts der Krise des repräsentativen Wissens noch zur Verfügung stehen, die traditionell seine curriculare Einheit verbürgten. Der Abbau staatlich garantierter Bildung und die zunehmende „Verantwortung" des Einzelnen für seine Aus-, Fort- und Weiterbildung stellen komplementäre Prozesse dar, wobei sich die sozialen Anforderungen an die indivi-

duelle Gestaltung von Bildungsverläufen signifikant erhöht haben. In einer solchen Forschungsperspektive muss die Entstrukturierung bzw. Deregulierung von Bildungsinstitutionen sowie die daraus resultierenden Effekte auf individuelle Bildungsverläufe und die Transformation des Vermittlungswissens untersucht werden. Der Individualisierung von Risiken und Deinstitutionalisierung von Bildungsbiografien kann von Seiten der Erziehungswissenschaft und der Bildungspolitik nicht einzig mit dem Konzept inhaltsunspezifischer Kompetenzen begegnet werden. Hier sind neue und institutionenübergreifende transitorische Bereiche und Felder durch Vernetzung verschiedener Akteure zu schaffen und sozial, d. h. institutionell, zu gestalten – Stichwort „Neueinbettung" –, um Übergänge und Veränderungen zu ermöglichen. Auch in der Wissensgesellschaft werden Subjekte nicht einfach freigesetzt, sind dann autonom und von allen sozialen Möglichkeiten und Restriktionen entbunden, die vorher nur eingeschränkt hätten. Wenn Deregulierung staatlicher Bildungsinstitution nicht die Form einer begriffslosen Destruktion annehmen soll, so gilt es, Veränderung durch eine sachgemäße, sachte und soziale Dekonstruktion des Alten und Unzeitgemäßen politisch zu gestalten. Dazu kann, wie ich denke, das Konzept einer schulübergreifenden Ganztagsbildung beitragen, um den Möglichkeiten und Herausforderungen genauso wie den Ungewissheiten und Risiken der Wissensgesellschaft für den Einzelnen konzeptionell zu begegnen.

Literatur

Arnold, R./Nolda, S./Nuissl, E. (Hg.): Wörterbuch Erwachsenenpädagogik, Darmstadt 2001.
Bell, D.: Die nachindustrielle Gesellschaft. Frankfurt a. M. und New York 1976.
Bernstein, B.: Beiträge zu einer Theorie des pädagogischen Prozesses, Frankfurt a. M. 1977.
Bröckling, U.: Jeder könnte, aber nicht alle können, in: Mittelweg, 2002, Heft 4, 6-25.
Bröckling, U./Krasmann, S./Lemke, T.: Gouvernementalität, Neoliberalismus und Selbsttechnologien. Eine Einleitung, in: U. Bröckling, S. Krasmann, T. Lemke (Hg.), Gouvernementalität der Gegenwart, Frankfurt a. M. 2000, 7-40.
Erpenbeck, J./ Rosenstiel, L. v. (Hg.): Handbuch Kompetenzmessung, Stuttgart 2003.
Flämig, M.: Naturwissenschaftliche Weltbilder in Managementtheorien, Frankfurt a. M. 1998.
Forneck, H. J.: Selbstgesteuertes Lernen und Modernisierungsimperative in der Erwachsenen- und Weiterbildung, in: Zeitschrift für Pädagogik, 2002, Heft 2, 242-261.
Geißler, H.: Umrisse einer systematischen Theorie des Organisationslernens, in: H. Geißler, A. Lehnhoff, J. Petersen (Hg.), Organisationslernen im interdisziplinären Dialog, Weinheim 1998, 163-224.
Giddens, A.: Konsequenzen der Moderne, Frankfurt a. M. 1996.
Haan, G. de/Poltermann, A.: Bildung in der Wissensgesellschaft, in: Heinrich Böll Stiftung (Hg.), Gut zu wissen. Links zur Wissensgesellschaft, Münster 2002, 310-341.
Heidenreich, M.: Die Debatte um die Wissensgesellschaft, in: S. Böschen, I. Schulz-Schaeffer (Hg.), Wissenschaft in der Wissensgesellschaft, Opladen 2003, 25-54.

Hof, C.: Konzepte des Wissens, Bielefeld 2001.
Hof, C.: Wissensvermittlung. Zur Differenz von personalen, medialen und strukturalen Formern der Wissensvermittlung, in: D. Nittel, C. Hof (Hg.), Die Bildung des Erwachsenen, Bielefeld 2003, 25-34.
Höhne, T.: Pädagogik der Wissensgesellschaft, Bielefeld 2003.
Homfeldt, H. G./Schulze-Krüdener, J. (Hg.): Wissen und Nichtwissen. Herausforderungen für Soziale Arbeit in der Wissensgesellschaft, Weinheim und München 2000.
Hubig, C. (Hg.): Unterwegs zur Wissensgesellschaft: Grundlagen – Trends – Probleme, Berlin 2000.
Kade, J.: Vermittelbar/nicht-vermittelbar: Vermitteln: Aneignen. Im Prozeß der Systembildung des Pädagogischen, in: D. Lenzen, N. Luhmann (Hg.), Bildung und Weiterbildung im Erziehungssystem, Frankfurt a. M. 1997, 30-70.
Kuwan, H./Waschbüsch, E.: Wissensgesellschaft und Bildungssystem – Ergebnisse aus dem „Bildungs-Delphi", in: B. v. Rosenbladt (Hg.), Bildung in der Wissensgesellschaft, Münster u. a. 1999, 19-36.
Lüders, C./Kade, J./Hornstein, W.: Entgrenzung des Pädagogischen, in: H.-H. Krüger, W. Helsper (Hg.), Einführung in die Grundbegriffe und Grundfragen der Erziehungswissenschaft, 4. Aufl., Opladen 1998, 207-216.
Moldaschl, M.: Ökonomien des Selbst. Subjektivität in der Unternehmergesellschaft, in: J. Klages, S. Timpf (Hg.), Facetten einer Cyberwelt, Hamburg 2002, 29-62.
Münch, R.: Die Dialektik der Kommunikationsgesellschaft, Frankfurt a. M. 1991.
Nolda, S. (Hg.): Erwachsenenbildung in der Wissensgesellschaft, Bad Heilbrunn 1996.
Nolda, S.: Vom Verschwinden des Wissens in der Erwachsenenbildung, in: Zeitschrift für Pädagogik, 2001, Heft 1, 101-120.
Pongs, A. (Hg.): In welcher Gesellschaft leben wir eigentlich? Band 1, München 1999.
Pongs, A. (Hg.): In welcher Gesellschaft leben wir eigentlich? Band 2, München 2000.
Rosenbladt, B. von (Hg.): Bildung in der Wissensgesellschaft, Münster u. a. 1999.
Seitter, W.: Aneignung: Entwicklung und Ausdifferenzierung eines Konzepts, in: D. Nittel, W. Seitter (Hg.), Die Bildung des Erwachsenen, Bielefeld 2003, 13-24.
Senge, P.: Die Fünfte Disziplin, Stuttgart 1998.
Stehr, N.: Arbeit, Eigentum und Wissen: zur Theorie von Wissensgesellschaften, Frankfurt a. M. 1994.
Stroß, A. M.: Die „Wissensgesellschaft" als bildungspolitische Norm?, in: Sozialwissenschaftliche Literatur Rundschau, 2001, Heft 42, 84-100.
Steinbicker, J.: Zur Theorie der Informationsgesellschaft, Opladen 2001.
Vester, M. u. a.: Soziale Milieus im gesellschaftlichen Strukturwandel. Zwischen Integration und Ausgrenzung, Frankfurt a. M. 2001.
Voß, G.: Unternehmer der eigenen Arbeitskraft. Einige Folgerungen für die Bildungssoziologie, in: Zeitschrift für Soziologie und Erziehungssozialisation, 2000, Heft 2, 149-166.
Willke, H.: Systemisches Wissensmanagement, Stuttgart 1998.
Willke, H.: Die Wissensgesellschaft, in: A. Pongs (Hg.), In welcher Gesellschaft leben wir eigentlich? Band 1, München 1999, 259-280.
Willke, H.: Dystopia. Studien zur Krisis des Wissens in der modernen Gesellschaft, Franfurt a. M. 2002.
Wimmer, M.: Bildungsruinen in der Wissensgesellschaft, in: I. Lohmann, R. Rilling (Hg.), Die verkaufte Bildung, Opladen 2002, 45-68.

Heinz Sünker

Kindheitsforschung und Bildungsforschung – Kinderpolitik und Bildungspolitik

I.

Die Frage nach möglichen Vermittlungen zwischen Kindheitsforschung und Bildungsforschung, Kinderpolitik und Bildungspolitik lässt sich zugespitzt diskutieren, wenn sie mit der Frage nach einer demokratischen Zukunft unserer Gesellschaften verknüpft wird. Denn diese Perspektivierung verdeutlicht die Bedeutung von Urteilskraft, Reflexivität, Handlungsfähigkeit und Bewusstsein der nachwachsenden Generationen für eine qualifizierte Zukunftsfähigkeit, in die Individuelles und gesellschaftlich Allgemeines miteinander einhergehen.[1] Dies verweist somit auf die Bedeutung von Bildungsprozessen, die die Grundlage für dergestaltige Entwicklungen und ihre möglichen Ergebnisse verkörpern.

Auf klassenspezifische Bedingungen, die ihr organisierendes Zentrum in der Reproduktion sozialer Ungleichheit mithilfe unterschiedlicher Institutionen haben, dieser Kompetenzen in den Konsequenzen für individuelle Lebensgestaltung wie gesellschaftliches Bewusstsein verweisen Überlegungen Bourdieus, wenn er herausstellt, dass zwar „(...) allen ein gleiches Recht auf persönliche Meinung zuerkannt wird, aber nicht allen die Mittel an die Hand gegeben werden, dieses formal universelle Recht auch wahrzunehmen" (Bourdieu 2001, 89). Und in seiner Studie „Die feinen Unterschiede" präzisiert Bourdieu das Problem des Politischen in der Habitusformierung in seinen Konsequenzen für Bewusstsein und Handlungspotenziale:

„Um den Zusammenhang von Bildungskapital und Geneigtheit, auf politische Fragen zu antworten, angemessen zu erklären, genügt nicht der Rückgriff auf die durch den Bildungstitel garantierte Fähigkeit zum Verstehen, zur Wiedergabe oder selbst noch zur Hervorbringung des politischen Diskurses; hinzukommen muss vielmehr noch das – gesellschaftlich gebilligte und geförderte – Gefühl, berechtigt zu sein, sich überhaupt mit Politik zu beschäftigen, ermächtigt zu sein, politisch zu argumentieren, über die Autorität zu verfügen, um über Politi-

---

[1] Auf diesen gesellschaftstheoretischen wie -politischen Zusammenhang verweisen Bowles/ Gintis (1987, 3), wenn sie formulieren: „This work is animated by a commitment to the progressive extension of people's capacity to govern lives and social histories. Making good this commitment, we will argue, requires establishing a democratic social order and eliminating the central institutions of the capitalist economy. So stark an opposition between ‚capitalism' and ‚democracy', terms widely held jointly to characterize our society, may appear unwarranted. But we will maintain that no capitalist society today may reasonably be called democratic in the straightforward sense of securing personal liberty and rendering the exercise of power socially accountable."

sches in politischen Begriffen zu sprechen, also eine spezifische politische Bildung einzusetzen, (...)" (Bourdieu 1984, 639).

In Frage steht mithin, was als Voraussetzung für Demokratie und Zukunftsfähigkeit gemeinhin als normal vorausgesetzt wird, die Beteiligung der Mitglieder der bürgerlich-kapitalistischen Gesellschaft an politischen Belangen, deren Basis in der Doppelsozialisation von Bourgeois und Citoyen besteht. In Frage steht auch, was in der sozialwissenschaftlich orientierten Kindheitsforschung in Folge der Ablösung vom Sozialisationsparadigma (vgl. Bühler-Niederberger/Sünker 2002) gesetzt wird: die Modellierung des Kindes zum relativ autonomen, kompetenten Akteur, damit die Ablösung naturalistischer Vorstellungen und Bilder vom ‚Kind', einhergehend mit einer Verteidigung der Lebensphase ‚Kindheit' gegen dessen Degradierung zur bloß transitorischen Phase (vgl. James/Prout 1997; Honig 1999).[2] Verlängert wird vielmehr eine Problemstellung, wie sie in prominenten Gesellschaftsanalysen zu unterschiedlichen Gestaltungen des Kapitalismus leitmotivisch immer wieder vorgestellt worden ist: Es handelt sich um den Zwiespalt zwischen technologischer Überentwicklung auf der einen und sozialer Unterentwicklung auf der anderen Seite (vgl. Castells 1998, 359), damit um einen Mangel gesellschaftlicher, gesellschaftlich verantworteter Gestaltungsfähigkeit mit humaner Perspektive – mit bislang immer wieder katastrophalen Folgen in der modernen Menschheitsgeschichte, wie sich nicht zuletzt für Deutschland im letzten Jahrhundert erwiesen hat.[3]

Der „neue" Blick auf Kindheit und Kind (vgl. Lange 1995, 65 f.) sollte in Verbindung mit Konzeptualisierungen von Kinderpolitik sowie dem Kinderrechtsdiskurs auf der Seite der nachwachsenden Generationen zumindest entscheidende Voraussetzungen für eine Änderung dieser mangelhaften zivilisatorischen Entwicklungen in vielfältigen Kontexten lokaler wie globaler Art be-

---

2   Gesellschaftsanalytisch relevant – weil auf spezifische Macht- und Herrschaftsverhältnisse verweisend – ist auf dieser Folie die Rede von „generationaler Ordnung" und „generationalem Kapital" (Bühler-Niederberger/Sünker 2002).

3   Vor dem Hintergrund des nazistischen Völkermords schreibt Sonnemann in seinen „Vorstudien zur Sabotage des Schicksals" (1969, 14): „ Die Verfallsform des bürgerlichen Bewusstseins, die nirgends deutlicher als in Berlin ist, dessen kritischer Witz sich dabei selbst sich verflüchtigte, hat sich eingeschliffen. Sie ersteht in der Gestalt der institutionalistischen Aggression: das Handgreifliche an ihrer Übermacht, deren Mittel fast grenzenlos sind, ist absurd. Während die naturwissenschaftliche Technik eine Utopie nach der andern verwirklicht, kleben die Menschen an bestehenden Verhältnissen ihres Bewusstseins und ihrer Gesellschaften nun mit einer Ohnmacht, die so vertrauensvoll sich der Macht unterstellt wie in unberatener Wanderer einem alleinstehenden Weidenbaum, wenn es blitzt; die Diskrepanz zwischen dem Verhängnis, das in den kainitischen Affekten eines eifernden, militant gewordenen Immobilismus liegt, und dem Geringen an Kraft, das schon jetzt gegen ihn eingesetzt werden kann, wird bedrohlicher, die Zeitspanne, die bis zum dritten Weltkrieg verbleiben mag, treibt die reflexiven Minderheiten zu einer Hast, die ihrerseits die Reflexion, von deren Genauigkeit alles abhängen muß, nicht begünstigt." Vgl. zur Debatte weiter Heinemann/Schmied-Kowarzik (1982).

reitstellen (vgl. Sünker 1989; Güthoff/Sünker 2001; Sünker/Swiderek 2002; Sünker/Swiderek 2003).[4]

II.

Einen entscheidenden Ausgangspunkt kann diese Debatte mit der Interpretation wesentlicher Artikel der UN-Konvention für die Rechte des Kindes nehmen, ohne dabei die notwendigen Differenzierungen zwischen den Besonderheiten in den Lebenslagen und Lebensweisen von Kindern zu negieren. Diese Differenzierungen sind wesentlich und notwendig, sie folgen Bestimmungen von Klasse, race, gender. Auf den Punkt gebracht, lautet das analytische Problem: „Aus reichen Kindern werden reiche Eltern" (Esping-Andersen 2003). Allein, gegen diese notwendigen Differenzierungen, die ihr Zentrum in der Reproduktion sozialer Ungleichheit haben – und dies in wesentlicher Weise durch das Bildungssystem –, gilt es, die Herausforderungen der UN-Konvention aufzunehmen und für eine Diskussion zu nutzen, mit der Kinderpolitik und Bildungspolitik sich verknüpfen lassen.

Im Ausgang geht es um das „Wohl des Kindes", dessen Vorrang vor allen anderen Gesichtspunkten (Art. 3); eine Bestimmung, die mit jener unmittelbar zusammenhängt, dass „das Überleben und die Entwicklung des Kindes", so wird ausdrücklich formuliert, „in größtmöglichem Umfang" zu gewährleisten sei (Art. 6). Bilden somit die Wohlfahrt, das Wohlergehen des Kindes die Grundlegung einer Debatte um Entwicklungsmöglichkeiten und ein qualifiziertes Leben wie Überleben, in das auch die Frage des „Lebensstandards"[5] (Art. 27) eingelassen ist, so beziehen sich weitere Bestimmungen ganz konkret auf Schutzrechte – vor allem Schutz vor Gewalt, Misshandlung und Vernachlässigung (Art. 19).

Verbunden mit der Freiheit, sich Informationen zu beschaffen und seine Meinung zu äußern (Art. 13), gilt die Bestimmung, den Kindeswillen im Kontext seiner Lebenswelt zu achten (Art. 12). Dementsprechend wird dem Kind auch

---

4   Selbst im Kontext von Kinder- und Jugendhilfe lassen sich Veränderungen aufzeigen, wenn es etwa im § 1 des Kinder- und Jugendhilfegesetz (KJHG) heißt: „Jeder junge Mensch hat ein Recht auf Förderung seiner Entwicklung und auf Erziehung zu einer eigenverantwortlichen und gemeinschaftsfähigen Persönlichkeit (...) Jugendhilfe soll zur Verwirklichung des Rechts nach Abs. 1 insbesondere junge Menschen in ihrer individuellen und sozialen Entwicklung fördern und dazu beitragen, Benachteiligungen zu vermeiden oder abzubauen (…) dazu beitragen, positive Lebensbedingungen für junge Menschen und ihre Familien sowie eine kinder- und familienfreundliche Umwelt zu erhalten oder zu schaffen"; vgl. zu professionellen und politischen Debatten Deutsches Jugendinstitut (1973).

5   Als Maßstab bietet sich hier Galtungs Definition von struktureller Gewalt an: „Gewalt liegt dann vor, wenn Menschen so beeinflusst werden, dass ihre aktuelle somatische und geistige Verwirklichung geringer ist als ihre potentielle Verwirklichung" (1975, 9).

ein Recht auf Bildung, auf Berufsausbildung zugesprochen, wobei dies mit konkreten Bildungszielen verknüpft wird, die eine gelungene Persönlichkeitsentwicklung wie Gesellschaftsfähigkeit in den Vordergrund stellen (Art. 28, 29).
Insgesamt lässt sich der Gehalt der Konvention durch die drei Dimensionen Schutz, Versorgung und Partizipation bestimmen wie strukturieren, so dass sich in der Relationierung dieser Dimensionen das ergibt, was sich als herausfordernder Charakter der Konvention benennen lässt und konzeptuell jeweils historisch konkret zu entwickeln ist.

1. Schutz: Auch wenn die Semantik von Schutz dem Umfeld eines traditionalen Zugangs zum Kindheitsthema zuzurechnen ist, sich dies mit der Ideologie der Kinder-Rettung und deren Widersprüchen[6] verbindet, besteht heute die Aufgabe, jenseits paternalistischer, damit bevormundender oder direkt auf Sozialkontrolle ausgerichteter Modelle, neue Vorstellungen zu entwickeln, um das Thema „Generation und Gewalt" nicht aus den Augen zu verlieren. Es geht um die Weiterentwicklung einer Debatte um die besondere Schutzbedürftigkeit von Kindern, die angesichts anderer in Lebensläufe eingelassener Probleme nicht in ein generationales Defizit umgedeutet werden darf.

2. Versorgung: Auch hier handelt es sich auf den ersten Blick um eine traditionsgeleitete Herangehensweise, die aber mit Bezug auf die „westlichen" Gesellschaften unter der Überschrift „Sozialstaat und Sozialpolitik" zunächst einmal Armut und Sozialhilfeabhängigkeit von Kindern zu skandalisieren hat. Weiter handelt es sich um das Thema „private und öffentliche Erziehung/Bildung", damit um die Kontextualisierung von Bildungs- und Jugendhilfepolitik, die gleichfalls in ihren gesellschaftspolitischen Dimensionen aufzuschlüsseln ist. Zudem ergibt sich aus der Forderung der Konvention nach einer internationalen Verantwortungsübernahme für die nachwachsenden Generationen insgesamt die Aufgabe, sich mit Konzeptionen von „basic needs" und „basic education" auseinander zu setzen.

3. Partizipation: Mit dieser Kategorie verbinden sich einerseits demokratietheoretisch und demokratiepraktisch interessierte Positionen, die in unterschiedlichen Formen die Förderung von demokratischer politischer Kultur zwecks Stärkung demokratischer Verhältnisse bezogen auf eine Gesamtgesellschaft und deren Entwicklungspotenziale sich erhoffen (vgl. Sünker/Swiderek 1998; Swiderek 2003). Es handelt sich andererseits um Positionen, die sich eine Verbesserung der Lebenssituationen von Kindern nur noch durch eine aktive Beteiligung dieser selbst vorstellen können und die darin eingeschlossen – gegen die Erwachsenenzentrierung – auch die Frage nach dem Verhältnis von Abhängigkeit und Autonomie in Lebensweisen und Lebensstilen insgesamt auflö-

---

6 Zu diskutieren ist hier vor dem Hintergrund der historischen Erfahrungen mit „guten Absichten", d. h. der Pädagogisierung gesellschaftlich verursachter Probleme, welche Konsequenzen sich daraus für den Umgang mit als „nicht-konform" definierten Kindern und Jugendlichen ergeben (vgl. Dekker 2001).

sen möchten. Überwunden werden kann damit auch ein restriktives Kompetenz/Inkompetenzmodell, das nur am Alter orientiert ist; an die Stelle derartiger Modellierung tritt das, was mit Bezug auf die Debatten um die „civil society" an der Zeit ist, die Orientierung an Bürgerrechten, dies auch in Gestalt der Rede vom Kind als „Rechtssubjekt".

Dem Paternalismus und – häufig – klassenbasierten bias (vgl. etwa Pelton 1989) der klassischen Familien-, Schutz- und Unreifeideologien widersprechen Formulierungen vieler Artikel der UN-Konvention, wenn von der Beteiligung der Kinder an sie betreffenden Angelegenheiten – und sie betrifft alles – die Rede ist: Dies bedeutet, dass offiziell anerkannt wird, dass Kinder an Entscheidungen über Bestimmungsgrößen und Bedingungsfaktoren ihrer Lebensverhältnisse real zu beteiligen sind, über diese mitzuentscheiden haben. Die Positionierungen der Konvention sind damit insgesamt betrachtet anschlussfähig für wesentliche Fragen von Kindheitstheorie – mit dem Zentrum „kindliche Subjektivität" und Kinderpolitik – mit der Priorität von „Partizipation" anstelle von „Stellvertretung".

Vor dem Hintergrund dieser kindheitstheoretischen und kinderpolitischen Position ist es ganz entscheidend, auf implizite wie explizite Verknüpfungen mit Bildungstheorie und Bildungspolitik zu achten; denn alle Fortschritte in den Diskursen von Kindheitstheorie und Kinderpolitik wie Kinderrechten erweisen sich als reiner Schein, wenn deren bildungsprozessuale wie -politische Grundlegung übersehen bzw. verkannt wird.

III.

Es geht heute, wie Heinz-Joachim Heydorn, der inspirierendste Bildungsanalytiker des 20. Jahrhundert, es genannt hat, um die Konzeptualisierung eines Begriffes von Bildung, der der Gegenwart angemessen ist, der Gerechtigkeit und Demokratie ermöglicht. Anders als – zumindest mehrheitlich – in hegemonialen, also herrschaftssichernden Auseinandersetzungen üblich betrieben, verbindet sich dies mit der gesellschaftstheoretisch wie gesellschaftspolitisch begründeten Einschätzung, dass angesichts der Erfahrungen mit dem katastrophalen 20. Jahrhundert und der Frage nach humanen Perspektiven für das 21. Jahrhundert nicht ökonomisch ausgerichtete, sondern gesellschaftlich-politische Problemstellungen die entscheidenden Grundlagen für eine Debatte um Ansprüche an Bildung und Bildungspolitik sowie Kinderpolitik darstellen.

Das bedeutet – in aller Kürze zunächst einmal – eine Abgrenzung von bildungsökonomischen Positionen, die im Humankapitalansatz, der Verwertungslogik des Kapitals folgend, enden. Dies bedeutet positiv gewendet: Die Bildungsfrage ist zum einen unmittelbar verknüpft mit der Frage nach der Urteilskraft und Kompetenz von Menschen, ihre gesellschaftlichen Beziehungen bewusst zu regulieren, Gesellschaft zu gestalten. Dies führt zum anderen zu der entscheidenden Erkenntnis, dass Bildungspolitik Gesellschaftspolitik ist – in vielerlei Hinsichten. Am wichtigsten ist dabei die Vermittlung zur Demokratie-Problematik. Dies bedeutet: Demokratie beruht auf Bewusstsein wie Fähigkeiten gebildeter Bürgerinnen und Bürger, die die öffentlichen Angelegenheiten als ihre eigenen begreifen und darum darin eingreifen. Die Basis hierfür besteht in der Bildung aller.

Der entscheidende Skandal in unserer real existierenden bürgerlich-kapitalistischen Gesellschaft besteht daher darin, dass gesellschaftliche Ungleichheiten, also Klassenverhältnisse, durch Bildung nicht nur nicht überwunden, sondern mehr und mehr reproduziert werden, weil ‚Bildung' für Lebensläufe immer entscheidender geworden ist. Bourdieu hat zur Aufklärung dieses gesellschaftlichen Mechanismus viele Studien vorgelegt.

Dementsprechend lautet auch der skandalöseste Satz in der Deutschen PISA-Studie, mit dem die Folgen scharfer sozialer Selektivität herausgestellt werden:

„Kulturelles Engagement und kulturelle Entfaltung, Wertorientierungen und politische Partizipation kovariieren über die gesamte Lebensspanne systematisch mit dem erreichten Bildungsniveau" (2001, 32).

Im Klartext heißt das: Denjenigen, denen die Möglichkeit der Bildung genommen wird – und das hat eben unmittelbar mit ihrer Klassenlage zu tun –, wird lebensgeschichtlich übergreifend auch vieles andere genommen, von Kultur bis zu politischem Bewusstsein, Interesse und Handlungsmöglichkeiten. Konsequenzen hat dies also für Lebenslage, Lebensweise und Lebensqualität, damit auf Chancen der Selbstverwirklichung und Selbstbestimmung, aber immer auch für „Typen der Bildungsorientierung" (Vester 2003, 9 f.). Ins Blickfeld gerät damit zugleich der bedeutsame Zusammenhang zwischen individuellen Bildungsmöglichkeiten und der Bildung des Politischen als Problem von Demokratisierung und Partizipation.

Verweist also das zitierte PISA-Ergebnis auf eine permanente grundlegende Verletzung von Prinzipien der Demokratie sowie einer Bildungsidee, die der Aufklärungstradition und dem Bezug auf die Mündigkeit aller Menschen entspricht, so fordert es dazu heraus, sich genauer mit Fragen nach gesellschaftlichen Grundlagen von und hegemonialen Auseinandersetzungen um Bildung zu beschäftigen. Gefolgt wird dem durch Überlegungen zum Verhältnis von demokratischer Bildung und der Bildung von Demokratie, um sich abschließend dem Problem gesellschaftlich-politischer Perspektiven, die den Zusammenhang von Bildung und sozialer Gerechtigkeit aufnehmen, zu widmen.

IV.

Im Rahmen eines Bündnisses von Aufklärern und Modernisierern, wie Ludwig von Friedeburg (1994) es genannt hat, kam es vor vierzig Jahren in der Bundesrepublik zu Auseinandersetzungen um bildungspolitische Veränderungen. Begonnen hatte diese Debatte mit Pichts Aufschrei über die „deutsche Bildungskatastrophe", mit dem dieser den „Bildungsnotstand" erklärte; ausgelöst durch „Sputnikschock" und eine damit einhergehend vermutete „technologische Lücke" kam der Ruf nach „Ausschöpfung der Begabungsreserven" auf. Im Zentrum stand bei Picht – und dies sollte ein gültiges Leitmotiv bis heute werden – die Vorstellung einer Verknüpfung von nationalem Bildungsniveau, d. h. Qualifikationsniveau der Ware Arbeitskraft, mit ökonomischer Wettbewerbsfähigkeit. Er malte dazu ein Bild, demzufolge „ (...) der durchschnittliche Bildungsstandard und die durchschnittliche Leistungsqualifikation der großen Mehrheit der Bevölkerung für lange Zeit unter dem Durchschnitt jener Länder liegen werden, mit denen wir wirtschaftlich und politisch konkurrieren müssen" (1964, 24, 66).[7] Zugleich – und dies wird meistens überlesen – benannte er unter der Überschrift „Schulpolitik: die Sozialpolitik von heute" (Picht 1964, 30 ff.) nachdrücklich „(...) die Ungerechtigkeiten, die mit der Sozialauslese durch die Schulen verbunden sind" (Picht 1964, 32) – eben infolge des dreigliedrigen Schulsystems und des entsprechenden Berechtigungswesens.

Auf demokratietheoretisch wie -praktisch orientierte Perspektiven verwies auch Dahrendorf mit seiner Aussage „Bildung ist Bürgerrecht". Er warb für ein Verständnis von Bildungspolitik als Mittel um „(...) Menschen die Teilnahme am Leben der Gesellschaft überhaupt erst zu ermöglichen" (Dahrendorf 1966, 25); damit verband sich die Forderung „mehr Bildung für Menschen" (Dahrendorf 1966, 28) – und dies im Rahmen einer „aktiven Bildungspolitik".

Wenn man zudem berücksichtigt, dass mit dem ‚Bildungsniveau' auch die Lebensqualität – intellektuell, sozial, finanziell, gesundheitlich – steigt, dann stellt sich die Frage, die mit dem Verhältnis von Bildungspolitik, sozialer Gerechtigkeit und Demokratie zu tun hat, wie denn hierzulande verhindert werden konnte, dass die permanente Verletzung von Gerechtigkeit im Bildungsbereich einer Gesellschaft mit demokratischen Ansprüchen, also die permanente Benachteiligung von Kindern aus der Arbeiterklasse bei permanenter Privilegierung vor allem der Kinder aus Bildungsbürgertum und Oberklasse, sich fast unwidersprochen hat durchsetzen lassen.

Eine knappe wie präzise Antwort gibt Bourdieu aus bildungssoziologischer Sicht, wenn er davon spricht, dass „unter all den Lösungen, die im Laufe der Geschichte für das Problem der Übermittlung der Macht und der Privile-

---

[7] Interessant ist in diesem Zusammenhang, dass bis in die Gegenwart hinein die Bildungsausgaben in Deutschland immer mehr als mittelmäßig waren – aller Wettbewerbssemantik zum Trotz (vgl. Schmidt 2002).

gien" gefunden wurden, keine besser „verschleiert" sei als die mit dem „Unterrichtssystem" verbundene, die „hinter dem Mantel der Neutralität" diese Reproduktionsfunktion verberge (Bourdieu 1973, 93). Den gesellschaftlichen Kontext bildet für ihn die Vermittlung von ökonomischem, sozialem und kulturellem Kapital, d. h. es geht um die Realisierung des Prinzips „wer hat, dem wird gegeben". Bildungshistorisch wie systematisch fragt Heydorn nach Zusammenhängen von „Gesellschaftsverfassung und Bildungsinstitution" und kommt zu dem Schluss, dass Bildung stets „(...) Ideologie und Macht einer bestehenden Gesellschaft absichern" soll (Heydorn 1994/95, Band I, 285). Mit Bezug auf die Gegenwart – so formuliert er zur Zeit der ‚Bildungsreform' – geht es um eine Bildung, „(...) die die maximale Effizienz des Menschen in einer technologischen Gesellschaft sicherstellt, einer Gesellschaft, die auf Anpassung, Wechsel und Mobilität in weithin determinierten sozialen Grenzen beruht" (Heydorn 1994/95, Band I, 284).

Die ideologischen Reden von „Chancengleichheit" oder – noch übler – „Chancengerechtigkeit" verschleiern diese Wirklichkeit mehr oder weniger bewusst; wird hiermit doch Gesellschaftsanalyse ersetzt durch individuelle Zuschreibungen oder Verdacht gegenüber Haltungen – nach dem Motto: Du bist schuld, weil (...). Entscheidend ist daher die Erkenntnis, dass insbesondere im Bildungsbereich ein gesellschaftlich vermittelter Mechanismus wirkt, der diesen Prozess steuert und in das bürgerlich-kapitalistische System von Beginn an quasi ‚eingebaut' ist: Es handelt sich um jene Ideologie, die Muschg an der Literatur (Romanen wie Novellen) des bedeutendsten Vertreters des bürgerlichen Realismus, der Gottfried Kellers, entziffert – weil dort äußerst anschaulich aufzufinden –, wonach dem Tüchtigen die Welt offen stehe, damit er sein Glück in ihr mache. Eben dies verspricht „(...) das liberale Credo, das den freien Wettbewerb an die Stelle von Gottesurteil und Gnadenwahl gesetzt, in der Praxis also: menschlichen Wert abhängig gemacht hat von ökonomischer Bewährung. Tritt jenes Glück nicht ein, so darf der Verstoßene die Ursache nicht mehr außerhalb seiner suchen. Das Unglück wird, je tiefer er sich die ökonomisch-moralische Prämisse zu eigen gemacht hat, desto tiefer zur Frage seiner persönlichen Schuld" (Muschg 1977, 153 f.). Aus diesem Blickwinkel betrachtet, ‚funktioniert' Schule hierzulande bestens; denn die Benachteiligten und Betrogenen schreiben sich (zumindest mehrheitlich) ihre Misserfolge selber zu – ‚Zeugnisse' sollen ja bekanntlich Zeugnis von individueller Leistungsfähigkeit, -bereitschaft und -willen ablegen.

In diesem Kontext ist die Frage nach dem Verhältnis von Bildung und sozialem Wandel zu stellen. Um das politische Projekt der „Aufhebung aller Bildungsrestriktion" (Heydorn 1994/95, Band IV, 138) konkret wie realistisch zu gestalten, ist daran festzuhalten, dass a) Bildung kein „selbständiges revolutionäres Movens" ist, sondern dies „nur in Verbindung mit der gesamten geschichtlichen Bewegung" sein kann; dass es aber b) wesentlich darum geht zu erkennen, wie Bildung „einen eigenen verändernden Beitrag" leistet, „der unauswechselbar ist" (Heydorn 1994/95, Band IV, 141).[8]

V.

Nicht nur vor dem Hintergrund des katastrophalen 20. Jahrhunderts, angesichts der mörderischen Zeiten von Faschismus und Stalinismus, sondern auch mit Bezug auf die Gegenwart, gilt es, den Bezug auf Bildung in einer übergreifenden individuellen wie gesellschaftlichen Bedeutung herauszustellen. Wenn, wie kritische Gesellschaftsanalytiker immer wieder bis heute betont haben, eine gewaltige Lücke zwischen technologischer Überentwicklung und gesellschaftlicher Unterentwicklung existiert, so führt das zu entscheidenden Herausforderungen für Bildung und Bildungspolitik. So kommt Castells in seiner Analyse des gegenwärtigen Kapitalismus angesichts alter wie neuer Gefahren für Demokratie wie Überleben zu dem Schluss, dass es zur Sicherung einer weltweit humanen Zukunft nicht allein verantwortlicher Regierungen bedürfe, sondern einer „verantwortlichen, gebildeten Gesellschaft" (Castells 1998, 353). Gebildet werden kann diese Gesellschaft aber nur aus gebildeten Bürgerinnen und Bürgern, die sich durch Urteilskraft und Handlungskompetenz auszeichnen.

Dies kennzeichnet den Zusammenhang zwischen demokratischer Bildung und der Bildung von Demokratie (vgl. Sünker 2003, Kap. X). Denn um zu verhindern, dass Menschen „(...) der blinden Unterwerfung unter eine Staatsleitung, eine Partei oder einen Führer" sich befleißigen, wie Siemsen dies 1948 in ihrer Zeitdiagnose aufschlussreich beschrieben hat, bedarf es demokratischer Verhältnisse im Bildungswesen, um entscheidende Voraussetzungen für eine Demokratisierung von Gesellschaft – basierend auf realer Partizipation und Solidarität – zu schaffen.

Angesichts der gesellschaftskritisch zu untersuchenden Prozesse des Verfalls von Öffentlichkeit und Politik kann die These Adornos von der Bedeutung der Erfahrung von Demokratie für das Leben von und in Demokratie gar nicht stark genug betont werden: Es geht darum, dass die Menschen „(...) sich selbst als Subjekte der politischen Prozesse wissen" (Adorno 1977, 559). Denk- wie Handlungsfähigkeit stehen nicht nur allen Menschen zu, sondern sind in der Vermittlung von Intellektualität und Sinnlichkeit auch im Interesse aller zu bilden.

Der in dieser Perspektive eingelassenen ‚Repolitisierung von Politik wie Bildung' entspricht das, was Heinrich Heine in seiner Lesart vom „Verständnis

---

8   Gegen jeden Fatalismus betont deshalb Bourdieu, dass Schule auch eine „Chance zum Durchbrechen" des Kreislaufs darstellen kann, „(...) eben weil sie ihre eigene, relativ autonome Logik hat" (Schwibs 1985, 378).

der Gegenwart" auf anschauliche wie realitätsgerechte Weise, Gesellschafts- wie Bildungsproblematik übergreifend, formuliert hat:

„Wenn wir es dahin bringen, dass die große Menge die Gegenwart versteht, so lassen die Völker sich nicht mehr von den Lohnschreibern der Aristokratie zu Hass und Krieg verhetzen, das große Völkerbündnis, die Heilige Allianz der Nationen, kommt zustande, wir brauchen aus wechselseitigem Misstrauen keine stehenden Heere von vielen hunderttausend Mördern mehr zu füttern, wir benutzen zum Pflug ihre Schwerter und Rosse, und wir erlangen Friede und Wohlstand und Freiheit" (Heine 1972a, 368 f.).

VI.

Ist die Bildung aller somit in einem allgemeinen Interesse, weil grundlegend für ein demokratisches Zusammenleben, so bleibt die Frage, weshalb die „Verallgemeinerung von Bildung" (Heydorn) noch immer auf sich warten lässt, warum statt dessen noch immer ein ungerechtes System, dessen Bedeutung für die Reproduktion sozialer Ungleichheit sich ideologisch wie materiell nicht hoch genug einschätzen lässt, sich erhalten lässt.

Das ‚Einfallstor' – und damit die zentrale Herausforderung für den Umgang mit dem Thema „soziale Gerechtigkeit" – für den Erhalt des herrschenden dreigliederigen Schulsystems, dessen Überwindung allein die real existierende Klassenstruktur noch nicht „erledigte", stellt eine Begabungsideologie dar, die zwar wissenschaftlich überholt, nichts desto trotz aber immer noch sehr wirksam ist.[9] Mit dieser Ideologie, die wesentlich die herrschende Gestalt des Gymnasiums absichert, legitimieren primär Bildungsbürgertum (vgl. Bollenbeck 1999) und Oberschicht im Kampf um knappe Güter, d. h. gesellschaftlich privilegierte Positionen, Einkünfte etc., ihre Wettbewerbsvorteile und betreiben eine klare Schließungspolitik zugunsten ihrer Kinder. Damit handelt es sich um die schulisch vermittelte Absicherung von Statuszuweisungen durch Zuschreibungen, mit denen – wie bildungssoziologische Analysen zur sozialen Selektivität seit langem aufweisen – über Lebenschancen und Lebensqualitäten in Deutschland bereits in einem sehr frühen Alter entschieden wird.[10]

An dieser Situation ändert die Einführung einer „Ganztagsschule" nichts, bedeutet sie doch de facto nur eine Verdopplung des schlechten Status quo, bein-

---

9 Gegen die Naturalisierung von ‚Begabung' ist auf die Potenzialität des Menschen zu setzen: „Es sind soziale Verhältnisse", sagt Bourdieu, „die verhindern, dass alle den teleologischen Weg bis zum Ende gehen, den die Modelle Piagets, die seiner Nachfolger oder analoge postulieren. Die an Wunder grenzenden historischen Errungenschaften, die – als Produkte der kollektiven Arbeit der Menschheit – allen zugänglich sein sollten, werden faktisch von einigen wenigen monopolisiert, eben weil es so viele gibt, die ihre menschlichen Potentialitäten nicht entfalten können" (Schwibs 1985, 388; siehe weiter Sünker 2003, 21 f.).

10 In diesem Kontext zeigt sich die Bedeutung der Forderung nach einer Demokratisierung von Institutionen besonders eindringlich (vgl. dazu Bowles/Gintis 1987, 204).

haltet sie damit doch eine bloße Symptomkuriererei, endet somit in einer Sackgasse, ähnlich den Entwicklungen der so genannten ‚Bildungsreform' vor 40 Jahren.[11] Alternativen ließen sich allein im Rahmen einer radikalen Strukturveränderung, der Einführung der „Einheitsschule", denken.

Vor diesem Hintergrund wird eine Grundlegung in der Gerechtigkeitsproblematik wichtig, wie Steinvorth in einer für unsere bildungspraktische wie bildungspolitische Konstellation faszinierenden Weise, unmittelbar anschlussfähig an die PISA-Debatte, vorstellt: Gesellschaftlich zu verantworten und einzufordern, damit der sozialen Gerechtigkeit förderlich, ist das, was „(...) jedem die Fähigkeit zur politischen Mitbestimmung sichert; denn ohne diese Fähigkeit bleibt der Mensch von allen Entscheidungen ausgeschlossen, die ihn selbst betreffen und den Rahmen seiner Selbstbestimmung bilden; sodann die Fähigkeit zur Teilnahme am Produktionsprozess, in dem er sich die materiellen Bedingungen seiner Existenz verschaffen kann" (Steinvorth 1999, 277).

Diese nicht besonders ‚radikale' Position macht 40 Jahre nach Dahrendorfs Vorschlag, Bildungspolitik als Mittel zu verstehen, „(...) Menschen die Teilnahme am Leben der Gesellschaft überhaupt erst zu ermöglichen" (1966, 25), weil es darum gehe, „(...) durch Ausbreitung effektiver Bürgerrechte den Grund für eine moderne Gesellschaft in der Verfassung der Freiheit zu legen" (1966, 28), deutlich, wie weit wir es inzwischen gebracht haben. Offensichtlich kommt es erneut darauf an, das bescheidene Ziel einer Bildung aller im Interesse aller zu fordern; nur dies kann eine Demokratisierung unserer Gesellschaft, die an Gestaltungsfähigkeit wie Partizipation aller Bürgerinnen und Bürger von ‚Kindesbeinen an' gebunden ist, realistisch erscheinen lassen. Die real existierende Bildungspolitik unterhöhlt alle Versuche einer die Demokratie befördernden Kinderpolitik und muss daher überwunden werden.[12]

Literatur

Adorno, T. W.: Was bedeutet: Aufarbeitung der Vergangenheit, in: T. W. Adorno, Gesammelte Schriften. Band 10.2, Frankfurt a. M. 1977.

---

11 Wenn denn überhaupt von „Ganztagsbildung" die Rede sein könnte, so wäre dies mit Ideen der *Community education* zu verbinden (vgl. Coelen 2002; Fabricant/Burghardt 1998).
12 Es ist wohl auch hier an der Zeit, sich einer Idee Heines, die dieser ebenfalls in einer restaurativen Epoche formulierte, zu erinnern: „Die brütende Stimmung unzufriedener Großen ist ansteckend, und die Luft wird schwül. Das Prinzip der Goetheschen Zeit, die Kunstidee, entweicht, eine neue Zeit mit einem neuen Prinzipe steigt auf, (…). Vielleicht fühlt Goethe selbst, dass die schöne objektive Welt, die er durch Wort und Beispiel gestiftet hat, notwendigerweise zusammensinkt, so wie die Kunstidee allmählich ihre Herrschaft verliert, und dass neue, frische Geister von der neuen Idee der neuen Zeit hervorgetrieben werden und gleich nordischen Barbaren, die in den Süden einbrechen, das zivilisierte Goethentum über den Haufen werfen und an dessen Stelle das Reich der wildesten Subjektivität begründen" (1972b, 246 f.); vgl. dazu weiter die Verteidigung menschlicher Subjektivität bei Marx (o. J., 387).

Bollenbeck, G.: Tradition, Reaktion, Avantgarde. Deutsche Kontroversen um die kulturelle Moderne 1880-1945, Frankfurt a. M. 1999.
Bourdieu, P.: Kulturelle Produktion und soziale Reproduktion, in: P. Bourdieu, J.-C. Passeron (Hg.), Grundlagen einer Theorie der symbolischen Gewalt, Frankfurt a. M. 1973, 91-137.
Bourdieu, P.: Die feinen Unterschiede, Frankfurt a. M. 1984.
Bourdieu, P.: Meditationen. Zur Kritik der scholastischen Vernunft, Frankfurt a. M. 2001.
Bowles, S./Gintis, H.: Democracy and Capitalism, New York 1987.
Bühler-Niederberger, D./Sünker, H.: Von der Sozialisationsforschung zur Kindheitssoziologie – Fortschritte und Hypotheken, in: A. Bernhard u. a. (Hg.), Kritische Erziehungswissenschaft und Bildungsreform, Baltmannsweiler 2002, 200-220.
Castells, C.: The Information Age. Vol. III: End of Millennium, Malden und Oxford 1998.
Coelen, T.: „Ganztagsbildung" – Ausbildung und Identitätsbildung von Kindern und Jugendlichen durch die Zusammenarbeit von Schulen und Jugendeinrichtungen, in: Neue Praxis, 2002, Heft 1, 53-66.
Dahrendorf, R.: Bildung ist Bürgerrecht, Osnabrück 1966.
Dekker, J.: The Will to Change the Child. Re-education Homes for Children at Risk in Nineteenth Century Western Europe, Frankfurt a. M. 2001.
Deutsches Jugendinstitut: Zur Reform der Jugendhilfe. Analysen und Alternativen, München 1973.
Deutsches PISA-Konsortium (Hg.): PISA 2000, Opladen 2001.
Esping-Andersen, G.: Aus reichen Kindern werden reiche Eltern, in: Frankfurter Rundschau, 2003, Nr. 297, 7.
Fabricant, M./Burghardt, S.: Bedingungen für die Entwicklung einer gemeinwesenorientierten Praxis der Sozialen Arbeit, in: Widersprüche, 1998, Heft 69, 7-17.
Friedeburg, L. v.: Bildung und Gesellschaft, in: Sozialwissenschaftliche Literatur Rundschau, 1994, Heft 29, 7-13.
Galtung, J.: Strukturelle Gewalt. Reinbek b. H. 1975.
Güthoff, F./Sünker, H. (Hg.): Handbuch Kinderrechte. Partizipation, Kinderpolitik, Kinderkultur, Münster 2001.
Heine, H.: Französische Zustände, in: H. Heine, Werke und Briefe. Band 4. Hrsg. von H. Kaufmann, Berlin und Weimar 1972a, 363-581.
Heine, H. : „Die Deutsche Literatur", in: H. Heine, Werke und Briefe. Band 4. Hrsg. von H. Kaufmann, Berlin und Weimar 1972b, 235-250.
Heinemann, G./Schmied-Kowarzik, W.-D. (Hg.): Sabotage des Schicksals. Für Ulrich Sonnemann, Tübingen 1982.
Heydorn, H.-J.: Werke Band I-IV. Bildungstheoretische und pädagogische Schriften 1949-1994. Hrsg. von H. Heydorn u. a., Vaduz 1994/95.
Honig, M.-S.: Entwurf zu einer Theorie der Kindheit, Frankfurt a. M. 1999.
James, A./Prout, A. (Hg.): Constructing and Reconstructing Childhood, London und Washington 1997.
Lange, A.: Eckpfeiler der sozialwissenschaftlichen Analyse von Kindheit heute, in: Sozialwissenschaftliche Literatur Rundschau, 1995, Heft 30, 55-68.
Marx, K.: Grundrisse der Kritik der politischen Ökonomie, Frankfurt a. M. o. J.
Muschg, A.: Gottfried Keller, München 1977.

Pelton, L. H.: For Reasons of Poverty. A Critical Analysis of the Public Child Welfare System in the United States, New York 1989.
Picht, G.: Die deutsche Bildungskatastrophe, Olten und Freiburg 1964.
Schmidt, M.: Warum Mittelmaß? Deutschlands Bildungsausgaben im internationalen Vergleich, in: Politische Vierteljahresschrift, 2002, Heft 1, 3-19.
Schwibs, B.: Gespräch mit Pierre Bourdieu. „Vernunft ist eine historische Errungenschaft, wie die Sozialversicherung", in: Neue Sammlung, 1985, 376-394.
Siemsen, A.: Die gesellschaftlichen Grundlagen der Erziehung, Hamburg 1948.
Sonnemann, U.: Negative Anthropologie. Vorstudien zur Sabotage des Schicksals. Reinbek b. H. 1969.
Steinvorth, U.: Gleiche Freiheit. Politische Philosophie und Verteilungsgerechtigkeit, Berlin 1999.
Sünker, H.: Pädagogik und Politik für Kinder, in: W. Melzer, H. Sünker (Hg.), Wohl und Wehe der Kinder, Weinheim 1989, 10-29.
Sünker, H.: Politik, Bildung und soziale Gerechtigkeit. Perspektiven für eine demokratische Gesellschaft, Frankfurt a. M. 2003.
Sünker, H./Swiderek, T.: Partizipation, Kinderpolitik und politische Kultur, in: K.-P. Hufer, B. Wellie (Hg.), Sozialwissenschaftliche und bildungstheoretische Reflexionen: Fachliche und didaktische Perspektiven zur politisch-gesellschaftlichen Aufklärung. Festschrift für B. Claußen, Glienicke und Cambridge 1998, 367-389.
Sünker, H./Swiderek, T.: Kinder, Politik und Kinderpolitik, in: H.-H. Krüger, C. Grunert (Hg.), Handbuch Kindheits- und Jugendforschung, Opladen 2002, 703-718.
Sünker, H./Swiderek, T.: Kinderrechte und Kinderpolitik in der Kommune – von der UN-Konvention zur Praxis ‚vor Ort', in: L. Peters, T. Coelen, E. Mohr (Hg.), Kommune Heute. Lokale Perspektiven der Pädagogik. Festschrift zum 60. Geburtstag von H. Richter, Frankfurt a. M. 2003, 151-170.
Swiderek, T.: Kinderpolitik und Partizipation von Kindern, Frankfurt a. M. 2003.
Vester, M.: Bildungsmodernisierung und soziale Ungleichheit, in: Vorgänge, 2003, Heft 3, 4-14.

Carola Groppe

Die Rolle der Familie im Kontext ganztägiger Bildungseinrichtungen

Bei der Betrachtung der Rolle der Familie im Kontext von Ganztagsbildung müssen mehrere Aspekte berücksichtigt werden: Erstens sozialstrukturelle und soziokulturelle Faktoren, zweitens direkte Einflussmöglichkeiten von Eltern auf Schule, Betreuungs- und nicht-formelle Bildungsangebote im Sinne elterlicher Mitwirkung, drittens indirekte Einflussnahmen auf die Lern- und Bildungsprozesse der Kinder durch elterliche Unterstützungsleistungen. In einem ersten Schritt werden daher grundlegende Entwicklungen und Probleme der gegenwärtigen Familie thematisiert, anschließend deren Bedeutung für die schulische Sozialisation und den Bildungserfolg der Kinder dargestellt und beides abschließend mit der sich wandelnden Bedeutung der Familie im Kontext von ganztägigen Bildungseinrichtungen verbunden, besonders bezogen auf die gegenwärtig laufenden Reformmaßnahmen in Nordrhein-Westfalen.

1. Entwicklungen und Probleme von Familie in der Gegenwart

Kurt Tucholsky hat 1929 unter dem Titel „Familienbande" zentrale Merkmale geschildert, welche die moderne Familie als soziale Formation kennzeichnen:

„Was hält die Familie zusammen –? (...) Die Stimme des Blutes? Das allein kanns nicht sein. Wenn Onkel Edgar, der schon als junger Mann nach Madagaskar gegangen ist, weil er sich zu viel auf den Rennplätzen herumgetrieben hat, wieder zurückkommt, dann verkriechen sich die Kinder und sagen zu Mama: ‚Da ist ein fremder Herr im Salon –!' und auch in den vier Wochen, wo er in der Familie lebt, wird das nichts Rechtes. (...) Es fehlt die Gemeinsamkeit der kleinen Hauserlebnisse. Und die sind es, die die Familie zu einer kompakten Einheit zusammenschweißen. (...) Der Familienkalender hat seine eigene Einteilung und mit dem gregorianischen wenig zu tun. Das war im Jahr 1921? Nein: ‚Das war damals, als Tante Frida deine Stehlampe umgeworfen hat!' (...) So war das" (Tucholsky 1965, 94).

Tucholskys Darstellung thematisiert in ironischer Brechung zwei zentrale Elemente der modernen Familie: 1. Die Funktion der Familie als primäre Sozialisationsinstanz, die als moderne Kernfamilie Prozesse der Persönlichkeitsentwicklung und Enkulturation einleitet, indem sie im Unterschied zu vormodernen Epochen psycho-soziale Moratorien für Kinder und Jugendliche bereitstellt. Damit verbinden sich individualisierte Generationsbeziehungen, durch die sich die Familie mental als durch Emotionen miteinander verbundene intergenerative Beziehungseinheit konstituiert.

2. Familien entwickeln im Zusammenleben und durch Erzählungen ein spezifisches ‚Familiengedächtnis', das neben das individuelle und das gesamtgesellschaftlich-kulturelle Gedächtnis tritt, und in dessen Zusammenhang Handlungsfigurationen, Werte und Normen der heranwachsenden Familienmitglieder entwickelt werden (vgl. Ecarius 2002; 2003). Damit verbunden erwerben Kinder und Jugendliche in der Familie spezifische Arbeitshaltungen und Lernmotivationen (vgl. Engel/Hurrelmann 1989, 480; Böhnisch 2002, 284 f.). Familie wird in der neueren Forschung daher nicht mehr als ein „(...) statischer Kontext begriffen, der in der Kindheit stark, in der Jugend bereits weniger, im mittleren Erwachsenenalter schließlich kaum noch die individuelle Entwicklung beeinflusst, sondern vielmehr als eine kontinuierlich vorhandene Stätte der vertrauten Beziehungen und Problematiken" (Kreppner 1991, 329 f.).

Dementsprechend stellt die Familie den Ort dar, an dem bereits Kleinkinder kognitive Konstrukte entwerfen, die für die Gestaltung sozialer Beziehungen in der Familie entscheidend sind und sich langfristig als Muster des Sozialverhaltens stabilisieren (vgl. Kreppner 1991, 325), d. h., Kinder und Jugendliche bringen ihre Sozialisations- und Erziehungserfahrungen aus der Familie in die Schule und weitere pädagogische Felder mit, die dann in erheblichem Maße den Verlauf und Erfolg außerfamilialer Erziehungs- und Bildungsprozesse beeinflussen (vgl. Ecarius 2002, 13) und auch – durch die soziale Lage der Familien und ihre interne ‚Familienkultur' – die Gestaltung der Peergroups prägen. Die Transitionsphase Adoleszenz, in der Jugendliche sich verstärkt nach außen öffnen, verlangt von der Familie schließlich umfassende Umstrukturierungen der internen Beziehungsmuster und des Familienalltags. Für das Familienleben kommt es darauf an, die Differenz zwischen Autonomiebestreben der Jugendlichen und Bindung an die Familie auszuloten und diese Entwicklungsprozesse möglichst konfliktfrei zu gestalten. Dies verlangt von den Familien ein hohes Potenzial an gegenseitigem Vertrauen und Bindungssicherheit (vgl. Kreppner 1991, 327 ff.; Deci/Ryan 1993, 229 f.; Fend 2000, 271 ff.).

Gleichzeitig übernimmt die Familie Schutzfunktionen und Hilfestellungen in Situationen des Umbruchs. Die amerikanische Familienforschung hat dies im Rahmen des life course-Paradigmas verstärkt untersucht (vgl. Hareven 1997; auch Grundmann 1992, 46 ff.). Ein Ergebnis war, dass sich Familien keineswegs im Rahmen von Modernisierungsprozessen konvergent veränderten, sondern z. B. traditionelle Verhaltensweisen und Strukturen beibehielten. Die Familie erscheint durch das in ihr institutionalisierte Generationengefüge als entscheidende Instanz, welche ihre Mitglieder vor rapiden Anpassungsprozessen schützt und ihnen zugleich ein Moratorium zur Vorbereitung auf Wandlungsprozesse ermöglicht (vgl. Hareven 1999, 29; zur Problematik von Familie als Ressource oder Belastung vgl. Franz/Herlyn 1995, 94 ff.). Gegenwärtig kann man diesen Zusammenhang z. B. bei Jugendlichen beobachten, die im

Zuge wachsender Berufs- und Sekuritätsängste Freundschaft, Partnerschaft und auch die Familie wieder verstärkt zu Grundwerten ihres Lebens erklären (vgl. Deutsche Shell 2002, 140 ff.; Zinnecker u. a. 2003, 22 ff.). Dabei hat sich das familiale Binnenverhältnis der Generationen heute umgekehrt: Wurden bis in die 1960er-Jahre vor allem die Pflichten und Leistungen der Kinder gegenüber den Eltern betont, so dominiert heute in der Auffassung der Eltern die Unterstützungsleistung für die Kinder, die zugleich von einem Selbstständigkeitstopos in den Erziehungszielen und im Erziehungsverhalten begleitet wird (vgl. Bundesministerium für Familie und Senioren 1994, 83). Dies spiegelt sich auch in der zunehmenden Umstellung der Erziehungspraxis vom Befehlen zum Verhandeln (vgl. du Bois-Reymond 1998; Fend 1988, 108 ff.; Schütze 1993, 345), wodurch Kindern und Jugendlichen Mitbestimmungsspielräume zugestanden, aber auch abverlangt werden. Die Konsequenzen dieses gewandelten Eltern-Kind-Verhältnisses sind für Erzieher und Erzogene vielfältig. Für die Eltern im Anspruch an ihre Kommunikationskompetenz und ihr pädagogisches Wissen: Wünsche und Aufforderungen müssen jeweils überzeugend begründet und zugleich auf die kognitiven Fähigkeiten des Kindes abgestimmt werden; für die Kinder als mögliche Überforderung ihrer Fähigkeiten, worauf z. T. mit subjektiven Willensbekundungen oder Verweigerung reagiert wird (vgl. Bundesministerium für Familie und Senioren 1994, 83; Büchner 1994, 25). Eltern sind sich zudem in hohem Maße einer besonderen Verantwortung für ihre Kinder bewusst und erarbeiten sich mit Hilfe von Ratgebern Wissen über Schwangerschaft und Kindheit. Sie verlangen damit implizit nach professioneller Unterstützung (vgl. Bundesministerium für Familie und Senioren 1994, 82; Büchner 1994, 15).

Nach wie vor vermittelt die Familie – wie Bourdieu formuliert hat – kulturelles, soziales und ökonomisches Kapital. Für Bourdieu ist nicht die Schule, sondern die Familie letztlich die entscheidende Instanz sozialer Platzierung. Die den Heranwachsenden in den Familien durch ökonomisches sowie vorhandenes kulturelles Kapital ermöglichte Zeit zum Aufbau eigenen kulturellen Kapitals eröffnet zunächst dessen „Akkumulation (...) in inkorporiertem Zustand" (Bourdieu 1983, 186); in Bourdieus Worten: aus Haben wird Sein (vgl. Bourdieu 1983, 186 f.; Böhnisch 2002, 290). Dagegen ist das institutionalisierte kulturelle Kapital in Form von Bildungsabschlüssen stark konjunkturabhängig. Generationen können mit denselben Leistungen im Bildungssystem mit adäquaten Berufspositionen und sozialen Aufstiegsprozessen belohnt oder aber um ihre Ambitionen – verglichen mit der Vorgängergeneration – geprellt werden (vgl. Zymek 1983; Müller 1985). Der Darmstädter Soziologe Michael Hartmann hat dies kürzlich anhand des „Mythos von den Leistungseliten" (Hartmann 2002) dargestellt. Bei gleicher formeller Qualifikation entscheidet bei einer Vielzahl von potenziellen Bewerbern das familial vermittelte inkorporierte kulturelle Kapital bei der Besetzung hochwertiger Arbeitsplätze. Die

Familie spielt also nach wie vor eine zentrale Rolle im Prozess sozialer Stratifizierung (vgl. Deutsches PISA-Konsortium 2001, 351).
In den letzten Jahren ist viel von der Krise der Familie die Rede gewesen (vgl. Nave-Herz 1998). Gemeint waren damit die Ausdifferenzierung der Formen des Zusammenlebens, die ansteigenden Scheidungsraten sowie die Zunahme der Eineltern-, Stief- oder Patchworkfamilien sowie der Single-Haushalte (vgl. Peuckert 2002, 29 ff.). Es ist zwar berechtigt, von einer De-Institutionalisierung des bürgerlichen Familienmusters im Sinne einer Abnahme von dessen normativer Verbindlichkeit zu sprechen (vgl. Peuckert 2002, 37 f.), jedoch bezieht sich dies statistisch vor allem auf die Formen des Zusammenlebens ohne Kinder. So wachsen gegenwärtig 76 % der in die PISA-Studie einbezogenen 15-Jährigen in einer Kernfamilie mit ihren leiblichen Eltern auf, 16 % in Einelternfamilien, 8 % in Stief- oder Patchworkfamilien:

„Die ‚vollständige Familie' (ist) nach wie vor die dominierende Lebenssituation für das Aufwachsen von Kindern" (Deutsches PISA-Konsortium 2001, 478). Dies entspricht etwa dem Bundesdurchschnitt (vgl. Liegle 2001, 511; Peuckert 2002, 41).

Die Familie befindet sich dennoch gegenwärtig in einem Wandlungsprozess, der aber weniger ihre Struktur betrifft als vielmehr die Organisation des Familienalltags und – wie vorausgehend angedeutet – die Ausgestaltung der intergenerativen Beziehungen. Als neue Aufgabe der Eltern erscheint z. B. die Koordination von Erziehungszielen und -stilen im Rahmen unterschiedlicher Betreuungsformen (Hort, Großeltern, Tagesmütter etc.) im Sinne der Eltern sowie das Management des kindlichen Tagesablaufs. Aufgrund des gesamtgesellschaftlichen Rückgangs der Kinderzahl wachsen Kinder immer häufiger in von Erwachsenen dominierten Milieus auf. An die Stelle der nachbarschaftlichen Spielgruppe tritt eine zunehmende Verinselung und Pädagogisierung von Kindheit, die besonders die berufstätigen Mütter, die traditionell der Doppelbelastung von Beruf und Familie unterliegen (vgl. Liegle 2001, 512 f.), unter Druck setzt, aber auch für nicht berufstätige Mütter gilt. Kinder müssen zu entfernt wohnenden Freunden, Sportvereinen etc. gefahren werden, die meisten dieser Inseln sind zudem bereits pädagogisch konzipiert und strukturiert, so dass Kinder zunehmend mit kurzfristigen und interaktionär vorgeformten Sozialkontakten konfrontiert werden. So ist inzwischen jedes dritte null- bis dreijährige Kind und die Hälfte der drei- bis sechsjährigen Kinder auf drei und mehr Betreuungsformen täglich angewiesen, vom Hort bis zur Tagesmutter und dem Aufenthalt in Vereinen. Die Alternative aus Familie und Institution löst sich zunehmend auf zugunsten eines vielfältigen Zusammenspiels von Betreuungsformen (vgl. Bundesministerium für Familie und Senioren 1994, 77).

2. Familie und Schule

Betrachtet man die dargestellte Lage und die Probleme der Familien in ihrem Zusammenhang mit der Schule, müssen zunächst sozialstrukturelle Aspekte und die Bildungsbeteiligung in der Elternschaft berücksichtigt werden. Inzwischen verfügen 70 % der Eltern der 15-Jährigen der PISA-Studie (Erhebung 2000) mindestens über einen Fachschul- oder einen mittleren Schulabschluss (vgl. Deutsches PISA-Konsortium 2001, 336) (Die IGLU-Studie stellte fest, dass in fast 40 % der Familien der getesteten Grundschulkinder (Erhebung 2001) wenigstens ein Elternteil das Abitur besitzt, vgl. Bos u. a. 2003, 270). Das Fazit der Autoren der PISA-Studie lautet:

„Im Vergleich zur Großelterngeneration der PISA-Teilnehmer ist der Strukturwandel der Bildungsbeteiligung in der Elterngeneration durchgreifend. Dies kann kaum ohne Konsequenzen für das Aufwachsen der nachfolgenden Generation sein. (...) Erkennbar ist (...) auch, dass die Neujustierung einer normalen Bildungsbiographie und die Durchsetzung eines mittleren Abschlusses als faktische Familiennorm soziale Milieus tangieren müssen. Man darf erwarten, dass sich im Ineinandergreifen von wachsendem Wohlstand und erhöhter Bildungsbeteiligung auch traditionell bildungsferne Milieus kulturell wandeln" (Deutsches PISA-Konsortium 2001, 337; zu den Milieus der Gesellschaft der Bundesrepublik vgl. Vester 2002; Wiebke/Vester 2002).

Gleichzeitig konnte die Vorstellung von bildungsbezogen homogenen Sozialschichten in der PISA-Studie nur begrenzt bestätigt werden, so dass sich der Zusammenhang von sozialer Herkunft und Bildungsbeteiligung zu entkoppeln beginnt.

„Die sozialen Klassen sind in der Generation der Eltern der 15-Jährigen hinsichtlich des familiären Bildungsniveaus mehr oder weniger heterogen. (...) Interpretiert man die verbesserte Bildungsbeteiligung (...) als Indikator für kognitive Mobilisierung, bedeutet allein die verstärkte bildungsmäßige Durchmischung der Sozialschichten eine Neuverteilung kultureller Ressourcen" (Deutsches PISA-Konsortium 2001, 340).

Auch ein direkter Zusammenhang zwischen mittelständisch-schulischer Wertordnung und sozialer Benachteiligung konnte nicht nachgewiesen werden (vgl. Deutsches PISA-Konsortium 2001, 352). Vielmehr zeigte sich in einer amerikanischen Grundschuluntersuchung, dass die unterschiedlichen Anregungsmilieus der Elternhäuser im Prozess des Unterrichts ausgeglichen werden konnten, aber nach längeren Phasen der alleinigen Angewiesenheit auf die Familie, z. B. in Ferienzeiten, sich die Anregungsmilieus stark auswirkten (vgl. Deutsches PISA-Konsortium 2001, 352 f.). Ein hohes Anregungsmilieu in den Familien ist somit ein wichtiger, ergänzender Faktor für die Schulleistung (vgl. Wild 2001a; Wild 2003; Grundmann/Huinink/Krappmann 1994, 78 ff.).

Grundlegend für Bildungskarrieren im deutschen Schulsystem sind, dies haben die Ergebnisse der PISA-Studie bestätigt, die Entscheidungen an Übergangs- und Gelenkstellen, die wiederum stark von Elternaspirationen beeinflusst werden, wobei sich der Zusammenhang von sozialer Herkunft und Bildungsaspiration für die Kinder zunehmend abschwächt, aber weiterhin deutlich erkennbar bleibt (vgl. Deutsches PISA-Konsortium 2001, 354 ff.). So entwickeln alle sozialen Schichten zunehmende Bildungsaspirationen für ihre Kinder, aber nur 29 % der Elternschaft mit Hauptschulabschluss strebt das Abitur für ihre Kinder an, dagegen 76 % der Elternschaft mit Hochschulabschluss (vgl. Deutsches PISA-Konsortium 2001, 352). Umgekehrt lässt sich aus den obigen Ausführungen schlussfolgern, dass dort, wo ein Gymnasialbesuch erreicht wird, das gymnasiale Milieu selbst keine sozialen Benachteiligungen entwickelt. So besitzen die Gymnasien zwar die sozial heterogenste Schülerschaft, aber die homogenste Schülerschaft bezogen auf die kognitiven Grundfähigkeiten. Umgekehrt zeigen Integrierte Gesamtschulen homogenere Schülerschaften hinsichtlich der sozialen Herkunft, aber eine deutlich heterogenere kognitive Grundfähigkeit. Hier ist die Kovariation von sozialer Herkunft und erworbenen Kompetenzen weitaus enger (vgl. Deutsches PISA-Konsortium 2001, 371). Andererseits führte die Öffnung des Gymnasiums in Deutschland nicht automatisch zum höheren Kompetenzerwerb einer Alterskohorte. Die PISA-Studie schlussfolgert, dass die Sicherung von Mindeststandards daher „(...) kein Problem der Eingangsselektivität, sondern eines der Förderung und des professionellen Umgangs mit Leistungsheterogenität im Unterricht" sei (Deutsches PISA-Konsortium 2003, 320). Es liegt somit nahe, die unterdurchschnittlichen Leistungen der deutschen Schüler auch auf das Lern- und Leistungsklima in den Schulen selbst sowie damit verbunden auf die in ihnen geführten Werte- und Normen-Diskurse zurückzuführen.

Auch ein direkter Zusammenhang von Familienformen und mütterlicher Erwerbstätigkeit mit der Schulleistung, also eine Benachteiligung der Kinder aus Einelternfamilien oder mit berufstätigen Müttern, hat sich in der PISA-Studie und weiteren Untersuchungen nicht feststellen lassen. So wiesen solche Kinder genauso gute Schulleistungen auf wie Kinder aus klassischen Kernfamilien bzw. ohne mütterliche Berufstätigkeit (vgl. Deutsches PISA-Konsortium 2001, 481; Deutsches PISA-Konsortium 2003, 390 ff.; Böhnisch 2002, 289; Diefenbach 2000, 179 ff.; Grundmann/Huinink/Krappmann 1994, 82 ff.). Entscheidend erscheint auch hier das kulturelle Kapital der Familie. Dagegen zeigt die Einbindung von Jugendlichen in Cliquen deutliche Bezüge zu den erworbenen Fachkompetenzen. Die Zugehörigkeit zu aggressiven, schuldistanzierten Cliquen, wiederum häufig in Zusammenhang mit den in der Herkunftsfamilie vermittelten Formen des Sozialverhaltens stehend, wirkt negativ auf die Schulleistung ein, während ein aktives Freizeitverhalten z. B. in Vereinen sowie eine entsprechende Leseorientierung die Schulleistung positiv beeinflussen (vgl. Deutsches PISA-Konsortium 2001, 483 ff.). In diesem Bereich, so die PISA-Studie, könnte die Ganztagsschule pädagogische Wirksamkeit entfalten (vgl. Deutsches PISA-Konsortium 2001, 489).

Verbindet man die schlechten deutschen Ergebnisse des PISA-Tests mit den Ergebnissen von IGLU, so erstaunt, für wie wenig Diskussion deren Diskrepanz gesorgt hat. Zusammenfassend kommen die Autoren der IGLU-Studie für das Leseverständnis zu dem Ergebnis, dass die deutschen Schüler ein gutes Kompetenzniveau im Vergleich zu europäischen Nachbarländern erreichen.

„Darüber hinaus gelingt es, dieses relativ hohe Niveau nicht nur für eine kleine Gruppe zu erreichen, sondern für einen verhältnismäßig großen Teil der Schülerschaft. (...) Nur wenige andere Länder erreichen eine geringere Streuung und übergeben somit eine in ihren Leseleistungen insgesamt homogenere Schülerschaft an nachfolgende Klassen" (Bos u. a. 2003, 134). „Damit muss die im Anschluss an TIMSS und PISA immer wieder geäußerte Vermutung zurückgewiesen werden, dass die Leistungsdefizite auf der Sekundarstufe I bereits durch Versäumnisse im Grundschulalter angebahnt werden" (Bos u. a. 2003, 181, 224).

Offenbar, so die Autoren, wird die Leistungsfähigkeit der Grundschüler in der Sekundarstufe I nicht ausreichend weiterentwickelt (vgl. Bos u. a. 2003, 137, 181). Zugleich, so die IGLU-Autoren, sei das ‚Gewicht' des Lernorts Familie noch größer als das der Schule und das elterliche Verhalten daher von herausragender Bedeutung für die Schulleistungen (vgl. Bos u. a. 2003, 60). In einem Vergleich mit den PISA-Ergebnissen stellt die IGLU-Studie zugleich fest, dass der Zusammenhang zwischen der sozialen Herkunft und dem Leseverständnis in der Grundschule geringer ist als in der 9. Klasse (vgl. Bos u. a. 2003, 284, 294 f.). Da nach neueren Studien der Aufbau intrinsischer Motivationsstrukturen für ein erfolgreiches Lernen in selbstständigkeitsorientierten Umwelten entscheidend ist (vgl. Wild 2001a; Pekrun 1997, 65 f.; Deci/Ryan 1993), belegt dies nochmals die Bedeutung der Familie als Ort der Gewinnung grundlegender Lern- und Leistungsorientierungen und motivationaler Einstellungen. Diese machen sich im Rahmen zunehmender Außenorientierung und Selbstständigkeitsentwürfe der Jugendlichen dann offenbar deutlich bemerkbar (vgl. Fend 2000, 300 ff., 346 ff.).

In den USA haben diese Erkenntnisse zur Entwicklung von Programmen eines „parental involvement and empowerment" als Verantwortung der Eltern für die schulische Entwicklung der Kinder geführt. Verbesserte Elternarbeit (school-based home instruction) soll dabei die Leistungsfähigkeit der Schüler fördern (vgl. Wild 2001b, 456). Jedes dritte Kind bekam in Deutschland 1998 von den Eltern geleistete oder finanzierte Nachhilfe, deren Qualität kaum überprüft wird (vgl. Wild 2001b, 456; Bundesministerium für Familie und Senioren 1994, 78), wobei sich in einer österreichischen Studie knapp 80 % der Eltern der Schüler der Klassen 1 bis 6 zugleich Tipps von den Lehrern wünschten, wie sie ihre Kinder besser im Lernen unterstützen können (vgl. Wild 2003, 514). Vor diesem Hintergrund geht es m. E. zunächst auch in Deutschland darum, Konzepte für eine verbesserte Elternarbeit der Schulen zu entwickeln und elterliches Wissen über Lernprozesse und Leistungserbringung von Kindern und Jugendlichen zu fördern (vgl. Zimmermann/Spangler 2001). Die Unterstützung und Kooperation mit den Eltern sollte daher stärker als bisher Teil der Arbeit von Schulen werden (vgl. Bundesministerium für Familie, Senioren, Frauen und Jugend 2002). Aufgrund des erreichten Bildungsniveaus und der zunehmenden Bildungsaspiration in der Elternschaft sowie der allmählichen Auflösung bildungsbezogen homogener Sozialschichten scheint es jetzt möglich, Lernklimata und motivationale Orientierungen in den Elternhäusern zu unterstützen und zu fördern und die Eltern zugleich darauf vorzubereiten, dass ein von ihnen kompetent gefördertes Lernverhalten entscheidend für den Bildungserfolg ihrer Kinder ist.

3. Ganztagsbildung: Familie und Eltern als Basis und Partner

Betrachtet man die gegenwärtige Debatte um ganztägige Unterrichts-, Betreuungs- und Bildungsangebote als Antwort auf den ‚PISA-Schock', so ist fraglich, ob dies eine adäquate und ausreichende Reaktion darstellen kann. Viel eher geht es m. E. nach den obigen Ausführungen um die Neufassung schulischer Lernprozesse und deren nachhaltige Förderung durch Kooperation mit den Elternhäusern, gerade bezogen auf das Lern- und Leistungsverhalten der Sekundarstufen-Schüler.

Das mit dem Schuljahr 2003/04 gestartete Projekt einer Offenen Ganztagsschule im Primarbereich wird in Nordrhein-Westfalen verbunden mit dem Konzept eines „Hauses des Lernens". Dieses Haus des Lernens soll nach der Aussage der Ministerin für Schule, Jugend und Kinder, Ute Schäfer, nicht mehr nur ein Ort wissensbasierten und leistungsbezogenen Unterrichts sein, sondern ein „Gesamtsystem von Bildung, Erziehung und Betreuung" (Schäfer 2003c; vgl. Bildungskommission NRW 1995, 86 ff.). Weil dies jedoch durch eine Zweiteilung des Schultages in morgendlichen Unterricht und nachmittägliche Spiel- und Betreuungsangebote geleistet werden soll, da zunächst nur für etwa 25 % der Grundschulkinder eine Ganztagsbetreuung auf freiwilliger Basis vorgesehen ist, kann die Offene Ganztagsgrundschule vorerst kein integriertes pädagogisches Konzept darstellen und stellt zudem die bisher geleistete Koordinationsarbeit der Eltern in Frage (Stichwort: Chaos der Anbieter, vgl. Ministerium für Schule, Jugend und Kinder des Landes Nordrhein-Westfalen 2003). Schule stärker als Erziehungsinstanz zu fassen und gleichzeitig, wie in der Informationsbroschüre der nordrhein-westfälischen Grünen dargelegt, alle Mitwirkenden „auf gleiche Augenhöhe" (Bündnis 90/Die Grünen 2003, 2) zu bringen, stellt m. E. eine bisher kaum geprüfte, nicht erprobte und damit riskante Veränderung von Schule dar. Für die Familien mit älteren Kindern stellt sich zudem die Frage, wie deren Nachmittage zukünftig zu gestalten wären. Da die außerschulischen Angebote der Wohlfahrtsverbände, der durch die Kommunen geförderten Vereine etc. maßgeblich in die offene Ganztagsgrundschule einbezogen werden sollen (vgl. Ministerium für Schule, Jugend und Kinder des Landes Nordrhein-Westfalen 2003), entsteht ein Szenario, das die bisherige Lage der Sekundarstufen-Schüler noch verschärfen wird. Die Familie wird hier noch stärker in die Pflicht genommen als bisher, steht aber bezogen auf die besonderen Entwicklungsprobleme und die Selbstständigkeitswünsche und Ablöseprozesse der Jugendlichen gegenüber dem Elternhaus auch vor noch schwierigeren Aufgaben.

Dabei geht das Konzept der Offenen Ganztagsgrundschule davon aus, dass es dem Lernen förderlich ist, Schule zur Lebenswelt mit abwechselnden Spiel-, Unterrichts- und Betreuungsangeboten umzugestalten:

„Schule ist für Kinder nicht immer nur Spaß. Kinder sind wissbegierig und wollen gerne lernen. Aber sie wollen nicht nur Unterricht. (...) Unterricht allein kann die vielfältigen Lernbedürfnisse der Kinder auch gar nicht zufriedenstellen. In der offenen Ganztagsgrundschule lernen Kinder, ihr persönliches Lernziel besser einzuschätzen und das Lernen im Unterricht mit ihren eigenen Interessen zu verbinden" (Schäfer 2003c). Hier besteht die Gefahr, dass die Bedeutung von Wissenserwerb und Leistungserbringung reduziert wird zugunsten von Selbstständigkeits- und Autonomietheoremen. Die Ministerin interpretiert die guten Ergebnisse der Grundschulkinder im IGLU-Test als Resultat neuer Angebotsformen und Methoden in der Grundschule (vgl. Schäfer 2003c).

Die Ergebnisse lassen sich jedoch auch anders deuten: In der Grundschule sind Eltern und Lehrer aufgrund der kognitiven und emotionalen Entwicklungsschritte sowie der Identitätsbildungsprozesse der Kinder in der Lage, deren Verhaltens- und Lernformen besonders intensiv zu beeinflussen. Das Problem beginnt, wie durch IGLU und PISA ersichtlich, erst in der Sekundarstufe I: Die zunehmende Außenorientierung der Jugendlichen ermöglicht ihnen die differenzierte Wahrnehmung von Selbstständigkeitsmustern auch im Sinne von Leistungsreduzierung. Hier spielen die familial erworbenen Motivationen und Einstellungen eine entscheidende Rolle (vgl. Zimmermann/Spangler 2001, 462, 466 ff.). Zugleich steht zu befürchten, dass im ‚Haus des Lernens' am ehesten die Kinder reüssieren, welche die dort geforderten Kompetenzen wie kompetentes Sozialverhalten, kreativer und eigenständiger Umgang mit Lerngegenständen und Selbstorganisation bereits im Elternhaus erworben haben. So könnte eine neue Diskrepanz zwischen gesellschaftlichen und beruflichen Anforderungen und Schuldiskurs entstehen, ohne dass denjenigen ohne kulturelles Kapital eine Zielorientierung in einem sich entstrukturierenden Feld angeboten würde (vgl. Zymek 1998). Es scheint vor diesem Hintergrund nicht zufällig, dass sich in der Bildungskommission des Landes Nordrhein-Westfalen Unternehmer und leitende Manager (u. a. Hilmar Kopper von der Deutschen Bank) mit Erziehungswissenschaftlern verständigen konnten. Ein gemeinsamer Diskurs konnte hier mit ganz unterschiedlicher Wirkungsabsicht verbunden und Begriffe konnten offenbar unterschiedlich semantisch aufgeladen werden (vgl. Bildungskommission NRW 1995, Zusammenfassung, XI ff., Kap. III, Gesellschaft, Bildung, Schule, 23 ff.). Begriffe wie Selbstverantwortung, Selbstmanagement oder Selbstgestaltung fokussieren unterschiedliche Zieldimensionen, wenn sie ökonomisch oder pädagogisch konnotiert werden.

Verbindet sich das Projekt der Offenen Ganztagsgrundschule darüber hinaus mit dem Projekt der selbstständigen Schule – „Die Zukunft der Schule gehört dem ‚Haus des Lernens', der selbstständigen Schule mit eigenem Gesicht" (Schäfer 2003b) –, so eröffnen sich zwar vordergründig größere Möglichkeiten individualisierter Lernprozesse, gleichzeitig verschieben sich aber Schulprofile in sozial symptomatischer Weise. Das reformpädagogische Bild von der Schule in der Dorfgemeinschaft, in der alle Bewohner verantwortlich an der Schule mitwirken (vgl. Schäfer 2003a), bedeutet gleichzeitig, dass kulturelles, soziales und ökonomisches Kapital der Eltern und der jeweils in den Stadtteilen Mitwirkenden viel stärker zum Tragen kommen werden als bisher. Hier entstehen enorme Spielräume der Schulgestaltung (vgl. Ministerium für Schule, Wissenschaft und Forschung des Landes Nordrhein-Westfalen 2002). Eine optimale Schule wird dann dort entstehen, wo es eine ambitionierte Elternschaft gibt, die sowohl die Zeit als auch die Mittel zur Mitgestaltung aufbringt.

Eltern, deren Kinder nun deutlich mehr Zeit in der Schule verbringen können, werden von der Schule vermutlich mehr Informationen und auch Rechtfertigungen über den Schulerfolg ihrer Kinder verlangen als bisher. Dies könnte konstruktiv genutzt werden im Sinne der Förderung engagierter Elternmitarbeit. Die Gefahr besteht zugleich darin, dass Eltern, solange ihre Mitwirkung nicht institutionell eingebunden ist, sich auch ihrer Mitwirkung entziehen könnten und die Verantwortung für die Bildung und Erziehung der Kinder deutlich stärker als bisher der Schule überantwortet wird, ohne dass damit – angesichts der Zeit, die Kinder weiter im Elternhaus verbringen – der Einfluss der Familie wirklich entscheidend reguliert werden kann. Solange die Ganztagsschule kein Internat ist, kommt es auch im Rahmen von Ganztagsbildung als integriertem Konzept von formellen und nicht-formellen Bildungsprozessen vor allem darauf an, den Zusammenhang von Familie und Bildung konsequenter als bisher zu bearbeiten und die Familie als Ort von Erziehung und Bildung nicht nur ernst zu nehmen, sondern im Rahmen von umfassender Elternarbeit noch zu fördern und zu unterstützen.

„Der Beitrag der Familie als Partner zum Bildungsprozess ist folglich – im positiven wie negativen Sinne – beachtlich. Die Schule müsste sich daher mit der Familie enger verbünden, um an die Lernvoraussetzungen der Kinder anknüpfen zu können. Es muss in ihrem besonderen Interesse sein, etwaige unzulängliche Bildungsleistungen der Familie durch gezielte bildungs- und familienpolitische Reformmaßnahmen zu unterstützen" (Bundesministerium für Familie, Senioren Frauen und Jugend 2002, 19).

Die Schulen könnten vor dem Hintergrund der jetzt politisch angestoßenen Erweiterung der schulischen Aufgaben auch Konzepte der Elternarbeit entwickeln, die besonders (aber nicht ausschließlich) bisher bildungsfernere Milieus ansprechen und ihnen die Bedeutung der Familienerziehung für den Schulerfolg vermitteln und ihnen zugleich Hilfestellungen anbieten. Die Kooperations- und

Unterstützungsmöglichkeiten sind vielfältig. Sie reichen von einer „Stärkung schulbezogener pädagogischer Kompetenzen von Eltern", z. B. als „instruktionale Kompetenz elterlicher Lernbetreuung" und „erzieherische Kompetenzen der Förderung schul- und leistungsbezogener Persönlichkeitsentwicklung", deren Vermittlung durch professionelles Personal aus weiteren pädagogischen Feldern vorgenommen werden kann, über die Öffnung des Unterrichts für elterliche Hospitationen im Sinne der Herstellung größerer Transparenz bis zur umfassenden Information der Lehrer über individuelle Entwicklungs- und Lernförderungsmöglichkeiten der Kinder u. v. a. (zur Darlegung und Kritik vgl. Pekrun 1997, 67 ff.).

Dabei müssten die professionelle Rolle des Lehrers gewahrt und Kompetenzen und Verantwortungen trotz zunehmender Kooperation erkennbar bleiben. Eine ‚Entprofessionalisierung' der Schule, wie in der Konzeption der Offenen Ganztagsgrundschule in Nordrhein-Westfalen möglich, wird Lehrer nicht entlasten, wie die Ministerin vermutet, weil sie mit den Problemen der Schule und der Kinder nicht mehr allein seien (vgl. Schäfer 2003c). Im Gegenteil werden Lehrer mit zunehmend komplexen Rollenanforderungen konfrontiert werden, die den Umgang mit Unterrichtsprozessen erschweren. Wenn jeder Schüler möglichst individuell angesprochen und gefördert und wenn möglich noch am Nachmittag vom Lehrer betreut werden soll, verlangt dies entweder sehr kleine, in der Struktur familienähnliche Lerngruppen – vor dem Hintergrund der Haushaltslage der öffentlichen Hand praktisch unmöglich –, oder aber eine zunehmende Diversifikation der Lehrerrolle, die in Probleme der Unterrichtsgestaltung und Leistungsbewertung führen kann. Universalistische Rollenmuster werden durch partikularistische ersetzt, die Aufgabe der Schule als Institution, die Kinder und Jugendliche zur Wahrnehmung gesellschaftlicher Anforderungen unter Zurückstellung von und schließlich kompetenter Abwägung mit individuell-partikularistischen Bedürfnissen befähigt, erschwert. Richard Sennett hat schon in den 1970er-Jahren von der „Tyrannei der Intimität" (Sennett 1983, 15) gesprochen und damit die zunehmende Auflösung der Bedeutung des öffentlichen Lebens zugunsten der Privatheit gemeint, die zum Selbstzweck wird. Das hat zur Konsequenz, dass entweder Schule insgesamt zum primären Lebensraum werden muss, d. h. als Internat die Aufgabe der Erziehung den Eltern wirklich abnimmt und intern Unterricht mit Erziehung und Betreuung professionell durch jeweils dafür ausgebildetes Personal verbindet, oder aber die einzelnen Sozialisationsinstanzen und Institutionen klar profiliert und in ihren unterschiedlichen Aufgaben und Zielen für die Schüler erkennbar sein müssen. Ich plädiere vor diesem Hintergrund für eine Pädagogik der Differenz (vor dem Hintergrund ähnlicher Diagnosen diametral entgegengesetzt argumentierend Büchner 1994, 29 ff.; Grundmann/Huinink/Krappmann 1994, 94). Das Ziel besteht m. E. in gleichwertigen, aber nicht gleichartigen Lernorten. Dies kann nur gelingen, wenn gleichzeitig ein deutlicherer Diskurs über die Bedeutung der Schule als gesellschaftliche Institution geführt wird. Die Schule wird die Rolle der Familie zugleich noch ernster nehmen müssen als bisher und dazu der Unterstützung durch professionelle außerschulische Akteure bedürfen. Letztlich wird die Bedeutung der Familie im Rahmen von Ganztagsbildung eher steigen als sinken. Da die Familie als primäre Sozialisationsinstanz den Bildungsprozess von Kindern und Jugendlichen maßgeblich prägt, werden Abstimmungsprozesse zwischen den Institutionen, die jeweils Erziehungsverantwortung übernehmen, deutlich verstärkt werden müssen, wenn es nicht zu Orientierungsproblemen der Kinder und Jugendlichen hinsichtlich verschiedener Erziehungsziele und -stile kommen soll. Gleichzeitig müsste dafür gesorgt werden, dass Zuständigkeiten und Kompetenzen klarer als in dem in Nordrhein-Westfalen entwickelten Konzept geregelt werden, um einen reibungslosen Verlauf von Unterrichts- und Lernprozessen zu gewährleisten. Ganztagsbildung als integriertes Konzept von formeller und nicht-formeller Bildung sollte daher Eltern und Familien insgesamt stärker als bisher als wichtige Größe bei der Gestaltung von Bildungsprozessen berücksichtigen.

Literatur

Bildungskommission NRW: Zukunft der Bildung – Schule der Zukunft. Denkschrift der Kommission „Zukunft der Bildung – Schule der Zukunft" beim Ministerpräsidenten des Landes Nordrhein-Westfalen, Neuwied 1995.

Böhnisch, L.: Familie und Bildung, in: R. Tippelt (Hg.), Handbuch Bildungsforschung, Opladen 2002, 283-292.

Bois-Reymond, M. du: Der Verhandlungshaushalt im Modernisierungsprozess, in: P. Büchner u. a. (Hg.), Teenie-Welten. Aufwachsen in drei europäischen Regionen, Opladen 1998, 83-223.

Bos, W. u. a. (Hg.): Erste Ergebnisse aus IGLU. Schülerleistungen am Ende der vierten Jahrgangsstufe im internationalen Vergleich, Münster u. a. 2003.

Bourdieu, P.: Ökonomisches Kapital, kulturelles Kapital, soziales Kapital, in: R. Kreckel (Hg.), Soziale Ungleichheiten. Soziale Welt. Sonderband 2, Göttingen 1983, 183-198.

Büchner, P.: (Schul-)Kindsein heute zwischen Familie, Schule und außerschulischen Freizeiteinrichtungen, in: P. Büchner u. a. (Hg.), Kindliche Lebenswelten, Bildung und innerfamiliale Beziehungen (Materialien zum 5. Familienbericht, Band 4), München 1994, 9-39.

Bundesministerium für Familie, Senioren, Frauen und Jugend (Hg.): Die bildungspolitische Bedeutung der Familie – Folgerungen aus der PISA-Studie (Wissenschaftlicher Beirat für Familienfragen beim Ministerium), Stuttgart 2002.

Bundesministerium für Familie und Senioren (Hg.): Fünfter Familienbericht: Familien und Familienpolitik im geeinten Deutschland – Zukunft des Humanvermögens, Bonn 1994.

Bündnis 90/Die Grünen im Landtag NRW: Info: Offene Ganztagsschule im Primarbereich, überarbeitete und aktualisierte Neuaufl. April 2003, 2003.

Deci, E. L./Ryan, R. M.: Die Selbstbestimmungstheorie der Motivation und ihre Bedeutung für die Pädagogik, in: Zeitschrift für Pädagogik, 1993, Heft 2, 223-238.

Deutsche Shell (Hg.): Jugend 2002. Zwischen pragmatischem Idealismus und robustem Materialismus, Frankfurt a. M. 2002.
Deutsches PISA-Konsortium (Hg.): PISA 2000. Basiskompetenzen von Schülerinnen und Schülern im internationalen Vergleich, Opladen 2001.
Deutsches PISA-Konsortium (Hg.): PISA 2000. Ein differenzierter Blick auf die Länder der Bundesrepublik Deutschland, Opladen 2003.
Diefenbach, H.: Stichwort: Familienstruktur und Bildung, in: Zeitschrift für Erziehungswissenschaft, 2000, Heft 2, 169-187.
Ecarius, J.: Familienerziehung im historischen Wandel. Eine qualitative Studie über Erziehung und Erziehungserfahrungen von drei Generationen, Opladen 2002.
Ecarius, J.: Biografie, Lernen und Familienthemen in Generationsbeziehungen, in: Zeitschrift für Pädagogik, 2003, Heft 4, 534-549.
Engel, U./Hurrelmann, K.: Familie und Bildungschancen. Zum Verhältnis von Familie, Schule und Berufsausbildung, in: R. Nave-Herz, M. Markefka (Hg.), Handbuch der Familien- und Jugendforschung, Band 1, Familienforschung, Neuwied und Frankfurt a. M. 1989, 475-489.
Fend, H.: Sozialgeschichte des Aufwachsens. Bedingungen des Aufwachsens und Jugendgestalten im zwanzigsten Jahrhundert, Frankfurt a. M. 1988.
Fend, H.: Entwicklungspsychologie des Jugendalters. Ein Lehrbuch für pädagogische und psychologische Berufe, Opladen 2000.
Franz, P./Herlyn, U.: Familie als Bollwerk oder Hindernis? Zur Rolle der Familienbeziehungen bei der Bewältigung von Vereinigungsfolgen, in: B. Nauck, N. Schneider, A. Tölke (Hg.), Familie und Lebensverlauf im gesellschaftlichen Umbruch, Stuttgart 1995, 90-102.
Grundmann, M.: Familienstruktur und Lebensverlauf. Historische und gesellschaftliche Bedingungen individueller Entwicklung, Frankfurt a. M. und New York 1992.
Grundmann, M./Huinink, J./Krappmann, L.: Familie und Bildung, in: P. Büchner u. a. (Hg.), Kindliche Lebenswelten, Bildung und innerfamiliale Beziehungen (Materialien zum 5. Familienbericht, Band 4), München 1994, 41-104.
Hareven, T. K.: Familie, Lebenslauf und Sozialgeschichte, in: T. K. Hareven u. a. (Hg.), Historische Familienforschung. Ergebnisse und Kontroversen. Michael Mitterauer zum 60. Geburtstag, Frankfurt a. M. und New York 1997, 17-37.
Hareven, T. K.: Familiengeschichte, Lebenslauf und sozialer Wandel, Frankfurt a. M. und New York 1999.
Hartmann, M.: Der Mythos von den Leistungseliten. Spitzenkarrieren und soziale Herkunft in Wirtschaft, Politik, Justiz und Wissenschaft, Frankfurt a. M. und New York 2002.
Kreppner, K.: Sozialisation in der Familie, in: K. Hurrelmann, D. Ulich (Hg.), Neues Handbuch der Sozialisationsforschung, 4. Aufl., Weinheim und Basel 1991, 321-334.
Liegle, L.: Familiale Lebensformen, in: H.-U. Otto, H. Thiersch (Hg.), Handbuch Sozialarbeit/Sozialpädagogik, 2. Aufl., Neuwied 2001, 508-520.
Ministerium für Schule, Jugend und Kinder des Landes Nordrhein-Westfalen: Offene Ganztagsschule im Primarbereich, Runderlass vom 12.02.2003, in: Ministerium für Schule, Jugend und Kinder des Landes Nordrhein-Westfalen, Amtsblatt, Nr. 2, Düsseldorf 15. Februar 2003, 45-47.
Ministerium für Schule, Wissenschaft und Forschung des Landes Nordrhein-Westfalen: Verordnung zur Durchführung des Modellvorhabens „Selbstständige Schule"

(Verordnung „Selbstständige Schule" – VOSS) vom 12.04.2002, in: Ministerium für Schule, Wissenschaft und Forschung des Landes Nordrhein-Westfalen, Amtsblatt Teil 1, Schule, Nr. 5, Düsseldorf 15. Mai 2002, 189-190.

Müller, D. K.: Bildungssystem und Generationskonflikt, in: Bildung und Erziehung, 1985, Heft 2, 231-244.

Nave-Herz, R.: Die These über den „Zerfall der Familie", in: J. Friedrichs u. a. (Hg.), Die Diagnosefähigkeit der Soziologie (Kölner Zeitschrift für Soziologie und Sozialpsychologie, Sonderheft 38), Opladen 1998, 286-315.

Pekrun, R.: Kooperation zwischen Elternhaus und Schule, in: L. A. Vascovics, H. Lipinski (Hg.), Familiale Lebenswelten und Bildungsarbeit. Interdisziplinäre Bestandsaufnahme 2, Opladen 1997, 51-79.

Peuckert, R.: Familienformen im sozialen Wandel, 4. Aufl., Opladen 2002.

Schäfer, U.: Bildung und Erziehung. Rede der Ministerin am 11.07.2003 auf dem Erziehungsforum Gütersloh, 2003a (http://www.bildungsportal.nrw.de/BP/Ministerium/Ministerin_Schaefer/Reden/2003/Guetersloh.html am 20.10.2003).

Schäfer, U.: Bildung zuerst! Rede der Ministerin am 14.06.2003 auf dem Landesparteitag der SPD in Bochum, 2003b (http://www.bildungsportal.nrw.de/BP/Ministerium/Ministerin_Schaefer/Reden/2003/Landesparteitag_NRW_SPD.html am 20.10.2003).

Schäfer, U.: Die offene Ganztagsgrundschule – auf dem Weg zu einem ganztägig geöffneten Haus des Lernens. Rede der Ministerin am 15.05.2003 auf dem Forum Familie und Betreuung in Witten, 2003c (http://www.bildungsportal.nrw.de/BP/Ministerium/Ministerin_Schaefer/Reden/2003/Offene_Ganztagsgrundschule.html am 20.10.2003).

Schütze, Y.: Jugend und Familie, in: H.-H. Krüger (Hg.), Handbuch Jugendforschung, 2. Aufl., Opladen 1993, 335-350.

Sennett, R.: Verfall und Ende des öffentlichen Lebens. Die Tyrannei der Intimität, Frankfurt a. M. 1983.

Tucholsky, K.: Familienbande, in: K. Tucholsky, Ausgewählte Werke in 2 Bänden, ausgew. u. zusammengestellt von F. Raddatz. Band 1, Reinbek b. H. 1965, 94-96.

Vester, M.: Die sozialen Milieus in der Bundesrepublik Deutschland, in: W. Vögele, H. Bremer, M. Vester (Hg.), Soziale Milieus und Kirche, Würzburg 2002, 87-107.

Wiebke, G./Vester, M.: Das Gesamtbild: Zwanzig Datenprofile sozialer Milieus, in: W. Vögele, H. Bremer, M. Vester (Hg.), Soziale Milieus und Kirche, Würzburg 2002, 267-418.

Wild, E.: Familiale und schulische Bedingungen der Lernmotivation von Schülern, in: Zeitschrift für Pädagogik, 2001a, Heft 4, 481-499.

Wild, E.: Wider den ‚geteilten Lehrer'. Einleitung in den Thementeil, in: Zeitschrift für Pädagogik 2001b, Heft 4, 455-459.

Wild, E.: Einbeziehung des Elternhauses durch Lehrer: Art, Ausmaß und Bedingungen der Elternpartizipation aus der Sicht von Gymnasiallehrern, in: Zeitschrift für Pädagogik, 2003, Heft 4, 513-533.

Zimmermann, P./Spangler, G.: Jenseits des Klassenzimmers. Der Einfluss der Familie auf Intelligenz, Motivation, Emotion und Leistung im Kontext von Schule, in: Zeitschrift für Pädagogik 2001, Heft 4, 461-479.

Zinnecker, J. u. a.: Null zoff & voll busy. Die erste Jugendgeneration des neuen Jahrtausends. Ein Selbstbild, 2. Aufl., Opladen 2003.

Zymek, B.: Perspektive und Enttäuschung deutscher Gymnasiasten 1933 und 1983, in: Bildung und Erziehung, 1983, Heft 3, 335-349.

Zymek, B.: „Leitbild ist nicht mehr der erwerbstätige, sondern der tätige Mensch." Ein bildungshistorischer Kommentar zu den Forderungen der Kommission für Zukunftsfragen der Freistaaten Bayern und Sachsen, in: Zeitschrift für Pädagogik, 1998, Heft 6, 789-803.

Isabell Diehm

Ganztagseinrichtungen als Inklusionshilfe für ethnische Minderheiten: Nicht-formelles und informelles Lernen in der Einwanderungsgesellschaft

Wer in der gegenwärtigen Situation eines evidenten und inzwischen vielfach theoretisierten gesellschaftlichen Wandels von einer Arbeits- in eine Wissensgesellschaft der Frage nachgehen will, inwieweit Ganztagsbildung als eine gemeinsame Aufgabe der Kinder- und Jugendhilfe wie der Schule formuliert und begründet werden kann, muss zwangsläufig über Gehabtes, Bekanntes und immer wieder Beklagtes hinaus weisen wollen. Denn die programmatische Forderung nach einer Kooperation von Jugendhilfe und Schule wurde nicht erst seit dem so genannten PISA-Schock und der darauf folgenden Debatte um die Einführung der Ganztagsschule laut. Die mangelnde Verzahnung und Kooperation von Jugendhilfe und Schule wird in einigen Bereichen von Erziehung und Bildung anhaltend, zum Teil seit Jahrzehnten beklagt. Zu nennen wäre etwa die in regelmäßigen Abständen heraufbeschworene, als überaus notwendig beschriebene, jedoch bislang eher unbefriedigende Kooperation zwischen Kindergarten und Grundschule, die seit den 1970er-Jahren sowohl die Elementar- wie die reformorientierte Primarpädagogik bewegt (vgl. etwa die Publikationsreihe „Beiträge zur Reform der Grundschule", die inzwischen mit einer Anzahl von über einhundert Bänden den grundschulpädagogischen Reformdiskurs reflektiert und in regelmäßigen Abständen unter dem Stichwort ‚Kooperation von Kindergarten und Grundschule' eben dieses Problem thematisiert; als jüngste Publikation in diesem Zusammenhang vgl. Faust-Siehl/Speck-Hamdan 2001).

Mit programmatischen Forderungen, die den Kern geläufiger Reformsemantiken ausmachen, aber zumeist nicht mehr als ein ‚more of the same' bedeuten, kann man sich unter den gegenwärtigen Bedingungen nicht begnügen. Und dies zurecht, denn der Ruf nach der Ganztagsschule erscheint in der Tat vorschnell erhoben und aus pädagogischer Sicht tendenziell zum Scheitern verurteilt, wenn nicht berücksichtigt wird, dass sich die daran geknüpfte Erwartung an mehr Bildung nicht durch ein quantitativ verstandenes Mehr an formeller Bildung, also Ausbildung durch Unterricht, wird realisieren lassen. Absehbar ist vielmehr, dass ‚more of the same' auch in diesem Fall nicht zu dem erhofften qualitativen Sprung führen würde. Insofern gilt es, das Verhältnis von formeller Bildung, für das die Schule steht, und nicht-formeller sowie informeller Bildung, das die Kinder- und Jugendhilfe repräsentiert, auf der Grundlage theoretischer Perspektiven und Modelle wie empirischer Befunde und konzeptioneller Überlegungen zu klären.

Im Folgenden wird es darum gehen, die in Frage stehende Kooperation von Jugendhilfe und Schule mit Blick darauf einzukreisen, dass die Bundesrepublik Deutschland in den vergangenen Jahrzehnten de facto zu einer Einwanderungsgesellschaft geworden ist[1]: Im Jahr 2000 betrug der Anteil derjenigen, die ohne deutschen Pass in der Bundesrepublik Deutschland lebten, 9 % der Gesamtbevölkerung oder 7,34 Millionen Menschen. In einigen Ballungsräumen Deutschlands macht der Anteil der Einwanderer inzwischen über 25 % der Bevölkerung aus, so etwa in der Stadt Offenbach im Rhein-Main-Gebiet, wo der Anteil der nichtdeutschen Bevölkerung bei 25, 9 % liegt. Das Bundesland Hessen verzeichnete im Jahr 2002 einen Ausländeranteil von 12 % der Gesamtbevölkerung. Nach Baden-Württemberg hat Hessen damit den zweithöchsten Anteil an nichtdeutscher Bevölkerung zu verzeichnen. 21 % aller hessischen Ausländer[2] leben in Frankfurt. Jeder Dritte dieser Bürger ohne deutschen Pass lebt seit mehr als 20 Jahren in der Bundesrepublik.

Für die Bereiche Bildung und Erziehung ist diese Entwicklung nicht ohne Folgen geblieben. In den hessischen Kindergärten betrug der Anteil der nichtdeutschen Kinder im Alter von drei bis sechs Jahren im Jahr 1999 knapp 20 %. Dabei ist im Vergleich zum Jahr 1990 ein Anstieg der Besucherquote zu verzeichnen: Waren es 1990 noch 77 % aller ausländischen Kinder dieser Altersgruppe, die einen Kindergarten besuchten, so lag die Quote im Jahr 1999 bei 99 %. Im Hort, d. h. in der außerschulischen Tagesbetreuung für die 6- bis unter 16-Jährigen, lag der Anteil bei 35 %. Von allen Kindern, die einen Hort besuchten, hatten demnach 35 % keinen deutschen Pass.[3]

Migration und mithin zunehmende Mobilität erweisen sich als konstitutive Merkmale einer zunehmend globalisierten Welt, zu deren Charakteristika eben nicht allein der beschleunigte Austausch von Information und Wissen zählen, sondern auch die räumliche Bewegung der Menschen. Aus der Sicht der aufnehmenden Gesellschaft stellen sich diese Wanderungsbewegungen, stellt sich Migration freilich als Einwanderung dar, auch wenn nicht gesichert ist, ob sich die Zuwanderer dauerhaft niederlassen werden. Aus diesem Grund wird im Folgenden von ‚Einwanderung' und nicht von ‚Migration' gesprochen.

Auf Seiten der aufnehmenden Gesellschaft, so sie sich demokratischen und sozial- bzw. wohlfahrtsstaatlichen Prinzipien verpflichtet hat, provoziert Zu- oder Einwanderung die Frage, wie sie die Neuhinzukommenden eingliedern will und kann. Aus soziologischer Sicht hat eine aufnehmende Gesellschaft in diesem Zusammenhang durchaus verschiedene Optionen. Zwei dieser

---

1 Als ein Einwanderungsland, wie etwa die USA, Kanada oder Australien, deklariert sich die Bundesrepublik nicht.
2 Im offiziellen Sprachgebrauch wird bis heute von ‚Ausländern' gesprochen, lediglich im sozialwissenschaftlichen Bereich ist man bemüht, von ‚Migranten' oder, wie in der PISA-Studie, von ‚Kindern und Jugendlichen mit Migrationshintergrund' zu sprechen (vgl. Deutsches PISA-Konsortium 2001).
3 Datenquelle: Hessisches Sozialministerium/Forschungs- und Entwicklungsgesellschaft Hessen (Hg.): Migrationsreport, Wiesbaden 2002.

Optionen werden in einem ersten Schritt in Anlehnung an eine dementsprechende, aber ausführlichere Darstellung knapp beleuchtet (vgl. Diehm/Radtke 1999, 162 ff.), um deutlich zu machen, weshalb es im Folgenden vorzuziehen ist, entgegen dem gängigen Verständnis nicht von ‚Integration', sondern von ‚Inklusion' zu sprechen, wenn Eingliederung gemeint ist (1). Vor dem Hintergrund dieser theoretischen Entscheidung werden im zweiten Schritt mit Blick auf den pädagogischen Umgang mit ethnisch codierter Differenz Strukturmerkmale der beiden in Frage stehenden Bereiche – Jugendhilfe und Schule – herausgearbeitet. Sie dienen als Folie dafür, sich der je spezifischen Bildungsaufträge zu vergewissern (2). Was Bildung im Bereich der Kinder- und Jugendhilfe im Sinne von Inklusionshilfen für die Einwanderungsgesellschaft heißen könnte, wird schließlich im dritten Schritt unter konzeptionellen Gesichtspunkten in Erwägung gezogen (3).

1. Integration versus Inklusion[4]

Der im politischen Alltag gebräuchliche Begriff der „Integration" bezeichnet in der soziologischen Theorielinie des Strukturfunktionalismus, die auf Emile Durkheim, Max Weber, maßgeblich aber auf Talcott Parsons (1951 sowie Parsons/Shils 1951) zurückgeht, eine doppelte Aufgabe: Integration gehört zusammen mit den Begriffen „Funktionalität", „Stabilität" und „Konsens" zu den Grundbegriffen einer Theorie, deren erstes Interesse der Kontinuität und dem Bestandserhalt sozialer Systeme gilt. In Frage steht, wie arbeitsteilig verfahrende, funktional differenzierte Gesellschaften integriert, d. h. trotz divergierender und konkurrierender Interessen zusammengehalten werden, und wie Individuen so in diese, durch Partikularinteressen wie von Zentrifugalkräften bedrohten Gesellschaften eingebunden werden, dass trotz aller Differenzierungen das Ganze erhalten bleibt.

Jede funktional differenzierte Gesellschaft steht vor der Aufgabe, ihre Funktionssysteme (Politik, Ökonomie, Recht, Erziehung, Familie u. a.) und die Handlungen ihrer Mitglieder zu koordinieren. Strukturfunktionalisten sehen für diese Aufgabe allgemein geteilte Werte vor, die Akteure nach innen so binden, dass sie sich nicht gegenseitig stören oder ihre Operationen wechselseitig verunmöglichen, sondern das Ganze der Gesellschaft funktionsfähig erhalten. Für Parsons sind darum nur wertintegrierte Systeme stabile Systeme und Integration dient dem Erhalt und der Stabilität des Gesamtsystems der Gesellschaft. Wandel ist in dieser Perspektive ein Symptom der Krise, auf die neue Stabilität folgen müsste.

---

4   In dem diesem Abschnitt zugrunde liegenden Text wird neben den beiden Optionen ‚Integration' und ‚Inklusion' als dritte Option die ‚Inkorporation' diskutiert (vgl. Diehm/Radtke 1999).

Um die Stabilität einer Gesellschaft zu gewährleisten, werden vom Individuum Anpassungsleistungen an die Werte und Normen der Gesellschaft verlangt, die die wünschenswerte Richtung des Handelns in der Form von Zielen und Verhaltensmaßstäben vorgeben. Sie werden über die Sozialisation in der Familie und die öffentliche Erziehung vermittelt und in der sozialen Interaktion im Alltag ständig reproduziert. Sie bilden ein System normativer Handlungsmuster, das neben kognitiven Vorstellungs- oder Deutungsmustern als ein wichtiges Element der Kultur einer Gesellschaft betrachtet werden kann. Die sozialen Beziehungsmuster werden innerhalb der Teilsysteme der Gesellschaft realisiert; sie müssen von den Individuen internalisiert, zu einer Charakterstruktur verfestigt und dann rollenförmig erfüllt werden. Institutionalisierte Rollen übernehmen oder erleichtern die Definition einer Situation und binden so das Individuum an die soziale „Struktur" einer Gesellschaft. Anpassung als vollständige Übereinstimmung von individuellen Motiven und sozialen Erwartungen wäre die Endstufe dieser An- und Einpassung und insofern eine Qualität der vollständigen Integration des Individuums in die Gesellschaft. Wird diese Anpassung der individuellen Wünsche und Verhaltensweisen an die Werte und Normen der Gesellschaft verfehlt, bedeutet dies in der Logik strukturfunktionalen Denkens Anomie mit der Gefahr der Desintegration und des abweichenden Verhaltens.

Wenn bis heute im Kontext der Einwanderung der Begriff der „Integration" benutzt wird, resoniert darin zumeist dieses struktur-funktionalistische Konzept der Integration durch Kultur, das längst ins Alltagsdenken abgesunken ist. Der Begriff „Integration" wurde in der Bundesrepublik der 1970er-Jahren sowohl in der Politik wie in der Wissenschaft zu einem Schlüsselkonzept, dessen Ambivalenz zwischen Ermöglichung der Teilnahme einerseits und Anpassung bzw. Einschränkung der Handlungsoptionen andererseits von Einwanderern selbst bisweilen misstrauisch wahrgenommen wurde. Integrationshilfen des Staates, wie kompensierende Bildungsangebote und Deutschkurse, wurden als einseitige Assimilationsforderungen gedeutet und im Sinne einer kulturellen Überwältigung, als ‚Eindeutschung' gar, gefürchtet.

Der Begriff der Assimilation ist zentral für das struktur-funktionalistische Denken. Er beschreibt in der Theorie wie auch in der öffentlichen Debatte den Endpunkt individueller Anpassungs- bzw. Identifikationsleistungen, die alle Zuwanderer selbst zu erbringen haben, um für sie neue gesellschaftliche Anforderungen in den dafür vorgesehenen Mustern meistern zu können. Auch in dieser Perspektive geht es um den Bestand der Gesellschaft als ganzer, nämlich um die Frage, wie sich Veränderungen in der Zusammensetzung der Bevölkerung möglichst spannungsfrei, sozial wenig belastend und nicht desintegrierend gestalten lassen. Die Verantwortung, dass dies gelingt, wird an die Neulinge als Anpassungsforderung abgegeben.

Hingegen geht der Begriff der „Inklusion" auf die soziologische Systemtheorie zurück und vermag die Eigenrationalität der spezialisierten Funktionssysteme, in denen u. a. die Wirtschaft, das Recht, die Gesundheit und die Erziehung organisiert sind, in den Blick zu nehmen. Diese funktionieren autonom und inkludieren Mitglieder nach ihrer eigenen Rationalität. Inklusion meint in dieser Theorieperspektive die Teilnahme von Individuen an den Operationen oder Kommunikationen der Systeme und die Teilhabe an der Verteilung ihrer Leistungen. Der Begriff der „Inklusion" betont mithin die Autonomie der Teilsysteme sowie die eigensinnig operierenden sozialen Organisationen. Das Problem ungleicher Zugangschancen zu wichtigen Teilsystemen der Gesellschaft wird so nicht mehr nur individuumzentriert im Rekurs auf dessen Anpassungsleistungen fokussiert, sondern lässt sich nun auch im Lichte system- und organisationsinterner Logiken beschreiben. Die Inklusion bzw. Exklusion von Neuankömmlingen, d. h. der politische und soziale Umgang mit ihnen, kann dann auch aus der Sicht der aufnehmenden Gesellschaften und ihrer Teilsysteme analysiert werden.

In der Bundesrepublik Deutschland, die sich nicht als Einwanderungsland deklariert, gleichwohl aber kontinuierlich Einwanderung zu verzeichnen hat, lässt sich an den gebräuchlichen Kategorisierungen der Immigranten ablesen, welcher Rechts- und Aufenthaltsstatus ihnen zugestanden wird. Um die Kategorisierung „Einwanderer" zu vermeiden, werden Immigranten als „Gastarbeiter", „Familienangehörige", „Flüchtlinge", „(Spät-)Aussiedler", „Asylbewerber" oder „Illegale" etikettiert. Aus diesen Kategorisierungen leiten sich unterschiedliche Ansprüche und Berechtigungen, mithin Inklusionschancen in den einzelnen Teilsystemen ab. Keinerlei Bildungsanrechte haben die so genannten ‚Illegalen'. Ihren Kindern wird jeglicher Zugang zum Erziehungssystem verweigert, was nicht in Übereinstimmung mit der UN-Menschenrechts-Charta steht.

Demgegenüber gewährt der deutsche Staat, vor dem Hintergrund eines auf Pluralität und Diversität setzenden Entwurfs von Gesellschaft, allen anderen Einwanderern Inklusionshilfen durch sein öffentlich finanziertes Erziehungssystem. Dieses soll auf die Wahrnehmung von Partizipationsmöglichkeiten im politischen System vorbereiten und zur Verbesserung der individuellen Inklusionschancen ins ökonomische System wie zur allgemeinen Wohlfahrt und Prosperität beitragen. Formale Schulbildung und qualifizierte Bildungsabschlüsse erscheinen als die Kernelemente eines eigenständigen, auf die subjektive Aneignung der Kultur gerichteten Bildungsangebotes, das alle weiteren Teilnahmechancen determinieren soll. Das Erziehungssystem ist im Laufe des 20. Jahrhunderts zu einem der größten Teilsysteme moderner Gesellschaften geworden. Beinahe alle Fragen der sozialen Eingliederung lassen sich mittlerweile als Erziehungsfragen behandeln. Die Schule und alle Formen sozialpädagogischer Angebote haben deshalb eine herausragende Bedeutung.

Weil der Begriff der ‚Inklusion' also auch die Seite der Organisationen und Institutionen zu beleuchten vermag und nicht allein auf individuelle Anpassungsleistungen setzt, erscheint er im Kontext von Einwanderung angemessener als der Begriff der ‚Integration'.

2. Kinder- und Jugendhilfe als Inklusionshilfe

Als diejenige Leistung, welche die Schule für die Gesellschaft zu erbringen hat, wurde in der Literatur die Qualifikation, im Sinne von Inklusionsvermittlung, hinlänglich beschrieben. In diesem Zusammenhang gehört auch die Selektion nach Leistung zu ihren Kernaufgaben, sie determiniert die Funktionslogik der Organisation Schule zentral. Selektionsentscheidungen sollen nach transparenten Leistungskriterien möglichst gerecht vollzogen werden und müssen individuell begründet werden. Kollektivmerkmale wie Geschlecht, sozialer oder ethnischer Hintergrund sind als Selektionsgrund unzulässig. Und doch verweist die Bildungsbeteiligungsforschung im Falle der Kinder und Jugendlichen mit Migrationshintergrund seit Jahrzehnten auf deren kollektive Benachteiligung – die PISA-Studie stellt lediglich die jüngste Untersuchung dar, in deren Folge diese skandalisiert wurde. Die schulische Ungleichbehandlung ganzer Bevölkerungsgruppen, früher der Mädchen, heute bestimmter Gruppen von Einwandererkindern, reproduziert die soziale Ordnung, oder besser: Unordnung. Wiederum auf das Bundesland Hessen bezogen lässt sich festhalten, dass die Sitzenbleiberquote in den letzten Jahren stark angestiegen ist. Im Jahr 2000/2001 lag sie drei- bis viermal höher als die der deutschen Kinder. In den so genannten Sonderschulen für Lernhilfe betrug der Anteil der ausländischen Kinder 9 %, der der deutschen Kinder 4 %. Demgegenüber weist die Besucherquote im Gymnasium aus, dass hier 36 % deutsche, aber nur 16 % ausländische Kinder vertreten waren. Bezogen auf die Hauptschulen dreht sich diese Quote fast gänzlich um. Hier lag der Anteil der Ausländer bei 32 %, der der deutschen Kinder bei 15 %. Nur jedes zehnte ausländische Kind erreichte als Schulabschluss das Abitur. In allen Bereichen schnitten die ausländischen Jungen schlechter ab als die ausländischen Mädchen.[5]

Innerhalb der Organisation Schule funktioniert diese im Grunde kollektive Benachteiligung über den Mechanismus der Homogenisierung von Lerngruppen nach Leistung. Mit verallgemeinernden Erziehungs- und Sozialisationskonstruktionen wird im Einzelfall operiert, wenn es um die Begründung von Selektionsentscheidungen geht. Ein immer wieder vorgebrachtes Argument ist der „Mangel an Unterstützung durch die Familie", mit dem beispielsweise einem Schüler mit Migrationshintergrund die Übergangsempfehlung auf ein Gymnasium verweigert wird, selbst dann noch, wenn die formalen Bedingungen, gemessen in Noten, eine solche Empfehlung erlauben würden. In der Selektionspraxis der Schulen wurden solche Mechanismen, die als institutionelle Diskriminierung beschrieben werden, inzwischen auch empirisch untersucht (vgl. Gomolla/Radtke 2002). Dabei stellte sich heraus, dass eine Selektionsentscheidung, die Kinder mit Migrationshintergrund in besonderem Maße trifft:

---

5 Datenquelle: Hessisches Sozialministerium/Forschungs- und Entwicklungsgesellschaft Hessen (Hg.): Migrationsreport, Wiesbaden 2002.

die Zurückstellung am Schulanfang – in Vorklassen und Schulkindergärten sind sie in allen Bundesländern überproportional vertreten –, dann zurückhaltender getroffen wird, wenn die Kinder einen Kindergarten besucht haben. Schule betrachtet also die Leistungen der vorschulischen Kindertagesbetreuung, einem der größten Zuständigkeitsbereiche der Kinder- und Jugendhilfe, als Startvorteil. Aus der Sicht der Schule sind Kinder mit Migrationshintergrund durch den dreijährigen Kindergartenbesuch besser auf den Schulbesuch vorbereitet, so dass die erste Hürde, die Einschulung, weniger hoch gesteckt wird.

Dieser Befund verdeutlicht, dass die Perspektive der Schule auf den Bereich der Kindertagesbetreuung, ob Kindergarten oder Hort, eindeutig eine kompensatorische ist. Von außen betrachtet, d. h. die Organisation Schule als Ganzes in den Blick genommen, erweist sich die Sichtweise der Schule auf alle außerschulischen Bereiche, auch auf die Familie, immer als eine von hohen Erwartungshaltungen getragene. Das Teilsystem Schule erwartet von der Familie sowie von den Einrichtungen der Kinder- und Jugendhilfe Vor- und Zuarbeit im Sinne von Vorbereitung auf die Schule und mithin im Sinne von kontinuierlicher Unterstützung. Historisch konnte Schule diese Erwartungshaltung gegenüber ihrem Umfeld deshalb ausprägen, weil sie als eine hoheitsstaatliche Veranstaltung in wesentlich stärkerem Maße als etwa der Bereich der Kinder- und Jugendhilfe imstande war und ist, Inklusionsbedingungen zu formulieren. Indem Schule ihre Erwartungshaltungen gegenüber dem, was vor und außerhalb ihrer Reichweite geschieht und zu geschehen hat, allein auf ihre Belange zuzuschneiden vermag, kann sie vor sich selbst verdunkeln, wo die Gründe für die evidente Bildungsbenachteiligung von Kindern mit Migrationshintergrund auch innerhalb ihrer eigenen, organisationsinternen Operationen zu suchen sind. Zugleich oszillieren die schulischen Selbstbeschreibungen zwischen omnipotenten Vorstellungen ihrer Allzuständigkeit und einer habitualisierten Abwehrhaltung gegenüber Schulkritik.

Vor allem in diesen die Schule auszeichnenden Strukturmerkmalen sind in dieser Sichtweise die Ursachen für die erschwerte Kooperation zwischen ihr und der Jugendhilfe auszumachen. Die schulische, dominant auf kompensatorische Erwartungen basierende Sicht auf den außerschulischen Bereich entwertet diesen mithin strukturell. Leistungen, welche durch die Angebote der Kinder- und Jugendhilfe im Hinblick auf die Inklusion von Kindern und Jugendlichen mit Migrationshintergrund erbracht werden, seien es die Leistungen der Kindertagesbetreuung in Krippen, Kindergärten und Horten, seien es Leistungen der Jugendberufshilfe oder der offenen Jugendarbeit, werden nicht konsequent genug als komplementär, sondern immer noch als substitutiv oder nachrangig zu denjenigen Leistungen gesehen, welche die Schule erbringt. Das Plädoyer „Jugendhilfe als Bildung", das innerhalb der Sozialpädagogik seit einiger Zeit vorgebracht wird, richtet sich nun darauf, „informelle, nicht-formelle und formelle Bildungsanteile" im Sinne eines „komplementären Verhältnisses" zu beschreiben (vgl. Kessl/Otto/Treptow 2002, 75). Jugendhilfe wird in dieser Sicht als eine „inklusionsorientierte Handlungsinstanz" verstanden, die „alle diejenigen personenbezogenen Unterstützungsleistungen und Bildungsangebote (umfasst), welche Zugangschancen und Teilhabemöglichkeiten für die einzelnen Akteure an gesellschaftlichen Interaktions- und Produktionsformen sicherstellen" (Kessl/Otto/Treptow 2002, 76). Dabei dürften nichtformelle und informelle Lernprozesse allerdings nicht einer „neoliberalen Programmierung", d. h. einer „umfassenden Verwertung für aktuelle (Re-)Produktionsprozesse" in der Wissensgesellschaft unterworfen werden, die auf „Lebenslanges Lernen" und entsprechende „Schlüsselqualifikationen", wie ‚Kommunikationsfähigkeit', ‚Belastbarkeit', ‚Leistungsbereitschaft' und ‚Teamfähigkeit' setze. Vielmehr gelte es, auch querliegende, alternative und kritische Bildungsgehalte nicht vollständig auszublenden, um informelle Lernprozesse nicht am Ende doch vor allem an das formelle Bildungssystem zu koppeln und somit in dessen „Exklusionsfalle" zu geraten. Diese Gefahr drohe insbesondere denjenigen Kindern und Jugendlichen, die auf die Angebote der Kinder- und Jugendhilfe verwiesen seien (vgl. Kessl/Otto/Treptow 2002, 78 f.).

Kinder und Jugendliche mit Migrationshintergrund gehören nun zweifellos zu dieser Gruppe der Heranwachsenden. Ihre Zugangschancen und Teilhabemöglichkeiten zu bzw. an allen Bereichen gesellschaftlichen Lebens stellen sich empirisch als wesentlich eingeschränkt dar. Dabei bezieht sich diese Feststellung zuerst auf das formelle Bildungssystem. Doch auch die Angebote der Kinder- und Jugendhilfe werden von ihnen in einem geringeren Maße wahrgenommen als dies zu erwarten wäre. Im 11. Kinder- und Jugendbericht heißt es:

> „(Die) Inanspruchnahme von ambulanten, Familien unterstützenden, die ursprüngliche Lebenswelt erhaltenden Leistungen (ist) weit unterdurchschnittlich, ferner sind die Abbruchquoten – etwa bei der Familien- und Erziehungsberatung – überdurchschnittlich hoch. Zugewanderte sind lediglich in solchen Diensten und Einrichtungen stärker vertreten, die interventionistische Leistungen erbringen. Unterrepräsentiert sind sie z. B. bei der Vollzeitpflege, bei der Erziehungsberatung und bei Tagesgruppen, überrepräsentiert sind sie hingegen bei der häufig von Jugendrichtern angeordneten Sozialen Gruppenarbeit, dem ebenfalls justiznahen Betreuungshelfer sowie bei der Inobhutnahme. Wie es scheint, erreichen die vorsorgenden Angebote die Zugewanderten in geringerem Maße" (BMFSFJ 2002, 212).

So vage diese Angaben aufgrund einer völlig unzureichenden Datenlage sind, so deutlich wird, dass eine auf Inklusion bedachte Perspektive auch den Inklusionsgrad einer Bevölkerungsgruppe in das hier in Frage stehende Teilsystem zu bedenken und zu problematisieren hätte. Bei der Suche nach Ursachen für die Zugangsbarrieren von Einwanderern gilt es allerdings Erklärungen zu vermeiden, die allein auf der noch immer weit verbreiteten Defizithypothese der Ausländerpädagogik der 1970er-Jahre (vgl. Diehm/Radtke 1999, 125 ff.) basieren und die die mangelnde Teilhabe an den Angeboten der Kinder- und Jugendhilfe in kulturalisierender und ethnisierender Weise den Betroffenen selbst zuschreiben. Der Duktus im 11. Kinder- und Jugendbericht ist nicht frei von solchen Ursachenbeschreibungen. Von Inklusion sprechen zu wollen hieße demgegenüber konsequenterweise, mögliche Ursachen auch auf Seiten der Organisation(en) selbst zu suchen. Erklärungen für die festgestellte Abstinenz und ihre Ursachen gilt es mithin auf der Basis verstärkter Forschungsanstrengungen zu suchen, um auf diese Weise an aussagekräftige empirische Daten zu gelangen. Solange man jedoch über ethnisierende oder kulturalisierende Erklärungen nicht hinaus kommt, riskiert man immer wieder, dass Angebote in segregierender Weise entlang ethnischer Differenzmerkmale gruppenbezogen organisiert würden. Dies aber konterkariert gleichsam die individualisierende, fallbezogene Organisation der Angebote, welche ein zentrales Strukturmerkmal sozialpädagogischen Anspruchs und Arbeitens ausmacht.

3. Was könnte Ganztagsbildung in der Einwanderungsgesellschaft heißen?

Ausgangspunkt aller Überlegungen muss die Tatsache sein, dass Einwanderung eine Normalität darstellt. Sie geht mit der paradox anmutenden Forderung einher, dass im Bereich von Erziehung und Bildung Inklusionshilfen ebenfalls eine Normalität darstellen, die aber spezifische Bedürfnisse der Neuankömmlinge zu berücksichtigen haben. Schulpädagogische und außerschulische Praxen in avancierten Einwanderungsländern, etwa in Kanada, können in diesem Zusammenhang als beispielhaft herangezogen werden (vgl. in bildungspolitischer Perspektive Steiner-Khamsi 1992).

Die Instanzen, welche die formelle Bildung bzw. nicht-formelle und informelle Bildung repräsentieren, hätten die Inklusion von Kindern und Jugendlichen mit Migrationshintergrund im Sinne einer komplementären Aufgabenverteilung als gemeinsamen Auftrag zu begreifen. Um dieser Aufgabe umfassend nachkommen zu können, haben sie zum einen die Inklusionsbedingungen innerhalb des jeweiligen organisationellen Rahmens selbstreflexiv zu überprüfen, um zum anderen gewährleisten zu können, dass sie individuelle Teilhabechancen an Bildungsprozessen bieten. Dies trifft sowohl für die Schule als auch für die Jugendhilfe zu.

Die Aneignung reflexiver und sozialer Kompetenzen stellt für die Kinder und Jugendlichen mit Migrationshintergrund wie für alle Heranwachsenden eine zentrale Aufgabe der Lebensbewältigung dar. Hinzu kommt in ihrem Fall, dass sie zur Entfaltung ihrer kommunikativen Kompetenzen in der Verkehrssprache Deutsch auf informelle Arrangements angewiesen sind, die ihnen in einem weitaus höheren Maße, als dies die Schule je leisten könnte, selbstgesteuerte Lernmöglichkeiten zu eröffnen hätten. Mit Blick etwa auf die so genannte

Literalität[6] oder auch die Media Literacy sind Teilhabechancen von Einwanderern armutsbedingt häufig mehr als eingeschränkt. Dabei setzt z. B. ein sachgerechter und reflexiver Umgang mit Informations- und Kommunikationstechnologien wie dem Computer grundlegende Kompetenzen wie Sprache, Literalität und Numeralität voraus. Um derartige Bildungschancen zu initiieren und zu unterstützen, erscheinen die Angebote der Kinder- und Jugendhilfe, d. h. ihre Möglichkeiten, nicht-formelle und informelle Zugänge individualisiert zu arrangieren, als prädestiniert.

Im Aufbau lokaler Zentren des Lernens innerhalb der Schulen oder in enger Kooperation mit ihnen ist darüber hinaus eine Chance zu sehen, die Komplementarität von formellen und nicht-formellen Bildungsangeboten anzustoßen. Die Early Exellence Centres, die im Bereich der frühkindlichen Bildung in so genannten Brennpunktgebieten Großbritanniens seit einigen Jahren entstehen, bieten so gesehen eine Menge an Anregungen dafür, was Ganztagsbildung unter der Prämisse von Inklusion leisten könnte (vgl. Elschenbroich 2001, 229 ff.). Neben der Betreuung und gezielten Bildungsarbeit mit jungen Kindern, sind hier insbesondere die Familien auf neue Weise durch nicht-formelle und informelle Bildungsarrangements eingebunden – mit dem Ziel, die Bildungsprozesse der Kinder wahrnehmen zu lernen und zu begleiten. Unter der Maßgabe, dass alle Eltern ein Interesse an der Entwicklung ihrer Kinder haben – eine Interesse, das Einwanderern in der Bundesrepublik von Seiten der pädagogischen Praxis notorisch abgesprochen wird – sind die Early Exellence Centres zu Zentren des Lernens, Forschens und mithin zu Frei- und Erfahrungsräumen geworden, in denen gerade die von Benachteiligung besonders Betroffenen als Experten für ihre Kinder angesprochen werden. Eine Verschränkung von ‚Hilfe' und ‚Bildung' im Sinne einer ‚reflexiven Hilfe' scheint hier in besonderem Maße gelungen. Die informellen Arrangements in den Zentren setzen auf Verantwortung, Mitsprache, Auseinandersetzungsfähigkeit und ziviles Engagement der Familien und bilden die Voraussetzungen für den Aufbau von Selbstachtung.

Als Grundhaltung des finnischen Erziehungs- und Bildungssystems wird kolportiert, dass man sich dort an der Prämisse orientiert, keine und keinen verlieren zu dürfen, weil das Land auf keine und keinen verzichten könne. Eine solche Haltung ist uns in der Bundesrepublik vor allem in Bezug auf die Einwanderer noch zu wünschen.

Literatur

Bundesministerium für Familie, Senioren, Frauen und Jugend (Hg.): Elfter Kinder- und Jugendbericht. Bericht über die Lebenssituation junger Menschen und die Leistungen der Kinder- und Jugendhilfe in Deutschland, Berlin 2002.

---

6   Zum Thema Literalität sei an dieser Stelle auf den jüngst erschienenen, luziden Beitrag von Stephan Sting (2003) verwiesen.

Deutsches PISA-Konsortium (Hg.): PISA 2000. Basiskompetenzen von Schülerinnen und Schülern im internationalen Vergleich, Opladen 2001.

Diehm, I./Radtke, F.-O.: Erziehung und Migration. Eine Einführung, Stuttgart 1999.

Elschenbroich, D.: Das Weltwissen der Siebenjährigen. Wie Kinder die Welt entdecken können, München 2001.

Faust-Siehl, G./Speck-Hamdan, A. (Hg.): Schulanfang ohne Umwege. Beiträge zur Reform der Grundschule 111, Frankfurt a. M. 2001.

Gomolla, M./Radtke, F.-O.: Institutionelle Diskriminierung. Die Herstellung ethnischer Differenz in der Schule, Opladen 2002.

Hessisches Sozialministerium/Forschungs- und Entwicklungsgesellschaft Hessen (Hg.): Migrationsreport, Wiesbaden 2002.

Kessl, F./Otto, H.-U./Treptow, R.: Jugendhilfe als Bildung, in: R. Münchmeier, H.-U. Otto, U. Rabe-Kleberg (Hg.): Bildung und Lebenskompetenz, Opladen 2002, 73-84.

Parsons, T.: The Social System, 3. Aufl., Glencoe 1951.

Parsons, T./Shils, E. (Hg.): Toward a General Theory of Action, Cambridge 1951.

Steiner-Khamsi, G.: Multikulturelle Bildungspolitik in der Postmoderne, Opladen 1992.

Sting, S.: Stichwort: Literalität – Schriftlichkeit, in: Zeitschrift für Erziehungswissenschaft, 2003, Heft 3, 317-337.

Erziehungswissenschaftliche Sichtweisen auf ‚ganztägige Bildung'

Klaus-Jürgen Tillmann

Schulpädagogik und Ganztagsschule

In vielen europäischen Ländern, so etwa in Frankreich, gibt es keinen Begriff für „Ganztagsschule". Dort ist es so selbstverständlich, dass Schule über den Vormittag hinausgeht, dass es dafür kein gesondertes Wort gibt (vgl. Veil 2002, 29). Es deutet somit alles darauf hin, dass wir auch mit unserer Halbtagsschule im internationalen Vergleich sowohl auffällig als auch rückständig sind.

1. Blick über den Zaun: Kanada

Ich möchte diese Vermutung konkretisieren, indem ich kurz berichte, was ich auf einer Studienfahrt in Kanada im letzten Jahr gesehen habe. Mit einer Gruppe deutscher Lehrerinnen und Lehrer haben wir Schulen in Ontario (Toronto) besucht. Kanada hat – wie fast alle entwickelten Länder dieser Welt – ein reines Gesamtschulsystem. Der Unterbau wird als Grundschule bezeichnet und geht von der 1. bis zur 9. Klasse. Diese Schule wird von allen Kindern der jeweiligen Wohnregion besucht – behinderte Kinder eingeschlossen. Für sie gibt es besondere Fördermöglichkeiten. Daran schließen Sekundarstufenzentren der Klassen 10-12 an, über die ich hier nicht rede.

Der Kindergarten gehört wie selbstverständlich zu jeder Grundschule in Ontario dazu. Ich habe Kindergartengruppen für 4-Jährige und für 5-Jährige gesehen, in denen es sehr spielerisch zuging, in denen aber die kindgemäße Hinführung zum Lesen, Zählen und Rechnen durchaus schon eine Rolle spielte. Der Kindergartenbesuch ist freiwillig und kostenlos – mehr als 90 % der Eltern machen von diesem Angebot Gebrauch. Die Pädagogen, die in diesen Kindergartengruppen arbeiten, haben dafür eine spezielle Ausbildung an der Universität durchlaufen, sie werden genauso bezahlt wie die Lehrer in der Grundschule.

Von der 1. Klasse an ist diese kanadische Gesamtschule wie selbstverständlich eine Ganztagsschule. Kinder, die in unmittelbarer Nähe wohnen, dürfen in der Mittagspause nach Hause gehen. Die anderen bleiben in der Schule und erhalten dort kostenlos ein Mittagessen. Es gibt keine Trennung von Unterricht vormittags und Betreuung nachmittags, sondern eine Mischung unterschiedlicher Lernaktivitäten: Sport und Arbeitsgemeinschaften werden bevorzugt am Nachmittag angeboten. Diese Schule ist auch eine Ganztagsschule für die Lehrerinnen und Lehrer. Es besteht bei voller Stelle eine Anwesenheitspflicht von 8:30 Uhr bis etwa 15:30 Uhr, zugleich gibt es aber auch gute Arbeitsmöglichkeiten für die Lehrkräfte: Bibliothek, PC-Ausstattung etc. Unter den Lehrkräften gibt es nicht nur Spezialisten für die Unterrichtsfächer, sondern auch solche für Behindertenpädagogik, für soziale Betreuung etc. Sie alle haben den formal gleichen Universitätsabschluss (BA) und entstammen somit der gleichen Ausbildungskultur. Ich breche diese Skizzierung jetzt ab und versuche einen knappen systematischen Vergleich zur deutschen Situation.

Erstens: Der Übergang vom Kindergarten in die Grundschule ist in Kanada kein institutionelles Problem und kein Problem unterschiedlicher pädagogischer Professionen. Schulkindergärten gibt es nicht, weil es keine Rückstellungen gibt. Und die Einrichtung Hort ist unbekannt, weil es nur Ganztagsschulen gibt. Kurz: Das deutsche Kampffeld Schule vs. Jugendhilfe, auf dem gegenwärtig bei uns die alten Bataillone wieder aufrüsten, gibt es so in Kanada nicht.

Zweitens: Die Entscheidung für eine gemeinsame Schule für alle ist in Kanada vor vielen Generationen gefallen – sie wird politisch von Niemandem in Frage gestellt. Damit sind aber auch die Bedingungen für die Integration von Migrantenkindern (ca. 20 % in Kanada, 15 % bei uns)[1] ungleich besser als in unserem gegliederten Schulsystem. Kurz: Das Kampffeld selektives vs. integriertes Schulsystem, auf dem wir in der Bundesrepublik seit mehr als 30 Jahren ohne Ergebnisse agieren, entfällt in Kanada.

Und drittens: Die ideologisch gefärbten Auseinandersetzungen um Halb- oder Ganztagsschulen sind bei uns zwar abgeflaut, aber noch nicht völlig beendet. Allerdings hat das Argument, die Ganztagsschule sei der staatliche Würgegriff, um den Familien den Erziehungsauftrag zu entziehen, inzwischen auch in konservativen Kreisen an Überzeugungskraft verloren. Dafür wird aber in jüngerer Zeit ein ganz anderes Argument wiederbelebt: Die Ganztagsschule bedeute für Kinder und Jugendliche eine fortschreitende Fremdbestimmung und gefährde die emanzipatorischen Angebote der Jugendarbeit. Auch diese Auseinandersetzung ist in Kanada unbekannt, weil dort die Ganztagsschule weder von konservativen Politikern noch von schulkritischen Sozialpädagogen in Frage gestellt wird.

In vielen Ländern der Welt, in denen Ganztagsschulen selbstverständlich sind, gibt es all diese Schlachtordnungen nicht. Wenn man also nach den Ursachen für das deutsche PISA-Desaster sucht, dann darf man nicht übersehen, dass wir – von wenigen Ausnahmen abgesehen – in Deutschland

- eine scharfe institutionelle Trennlinie zwischen Vorschul- und Schulbereich ziehen,
- kein integriertes, auf Förderung ausgerichtetes Bildungssystem besitzen,
- und uns durchgängig auf Halbtagsschulen beschränken.

Kurz: Wir verausgaben uns in Deutschland auf bildungspolitischen Kampfplätzen, die in vielen Ländern der Welt unbekannt sind.

---

[1] Migrationskriterium: beide Eltern im Ausland geboren (vgl. Deutsches PISA-Konsortium 2001, 348).

2. Ganztagsschulen – die schulpädagogische Traditionslinie

Die Argumente, die in der Bundesrepublik seit vielen Jahren für die Ganztagsschule ins Feld geführt werden, lassen sich in zwei Gruppen aufteilen: in sozialpolitische und in schulpädagogische Argumente.

Die sozialpolitischen Argumente verweisen auf das gewandelte Frauenbild, auf die tief greifenden Veränderungen der Institution Familie, auf die dramatisch gesunkenen Geburtenraten, um von dort aus ganztägige Betreuungseinrichtungen für Kinder zu fordern. Diese sollen den Eltern die Berufstätigkeit ermöglichen und den Kindern altersgemäße Förderung bieten (vgl. Radisch/Klieme 2003, 14).

Die schulpädagogische – genauer: die reformpädagogische – Argumentationslinie steht nicht in Konkurrenz zur sozialpolitischen, sondern ergänzt sie, indem sie eine andere Perspektive einnimmt. Schon vor und in der Weimarer Zeit wurde von vielen Reformpädagogen unter der Losung „Weg von der Buchschule, hin zur Lebensgemeinschaftsschule" auch das enge Zeitregiment der Halbtagsschule angegriffen, wurde ein größerer zeitlicher Bereich für alternative Lernformen gefordert. An einigen Orten wurden „Wald- und Freiluftschulen" als Versuchsschulen gegründet: Im Rahmen der Arbeitsschulbewegung gab es erste Ganztagsschulen, und auch Peter Petersen propagierte die Abkehr von der Halbtagsschule (vgl. Ludwig 1993). Die Hauptintentionen bei all diesen Reformen: Die Schule soll wegkommen von der autoritären Stoffvermittlung, soll mit vielfältigen Arbeitsformen Selbstständigkeit und soziale Kompetenz fördern – und benötigt dafür einen umfänglicheren zeitlichen Rahmen.

Eine Neuauflage dieser Debatte hat es dann Ende der 1960er-, Anfang der 1970er-Jahre gegeben. Das Konzept Gesamtschule wurde eng mit dem Konzept Ganztagsschule verknüpft (vgl. Deutscher Bildungsrat 1968; 1969). Dies gilt insbesondere für Nordrhein-Westfalen, wo alle Gesamtschulen als Ganztagsschulen errichtet wurden. Dabei spielte neben dem soeben geschilderten reformpädagogischen Motiv einer offenen Schulerziehung auch das Motiv der sozialen Gerechtigkeit eine große Rolle: Die Ganztagsschule sollte die Lernprozesse gerade bei den Kindern aus benachteiligten Schichten stützen. Aus dieser Diskussion sind nicht nur viele Regel-Gesamtschulen, sondern auch etliche bundesweit bekannte Reformschulen entstanden. Zu nennen sind hier vor allem die Offene Schule Waldau, die Reformschule Kassel, die Helene-Lange-Schule Wiesbaden und die Bielefelder Laborschule. All diese bundesweit bekannten Reform- und Versuchseinrichtungen sind als Gesamtschulen im Ganztagsbetrieb organisiert (vgl. Tillmann 2003).

In den 1970er- und 1980er-Jahren hat es in der Verkoppelung mit der Gesamtschule einen Ausbau von Ganztagsschulen gegeben – vor allem in Berlin und Nordrhein-Westfalen. Insgesamt gesehen blieb die Zahl der Ganztagsschulen aber im einstelligen Prozentbereich. In den letzten 25 Jahren hat es in der

Bundesrepublik keine relevante Debatte über Ganztagsschulen mehr gegeben. Es war kein Thema, weder in der Bildungspolitik noch in der Erziehungswissenschaft. In diesem ‚Windschatten' des öffentlichen Interesses hat zugleich ein leichter Ausbau vor allem in der Sekundarstufe I stattgefunden (vgl. Holtappels 1994, 175 ff.). Je nachdem, wie man „Ganztagsschule" definiert, gibt es gegenwärtig in der Bundesrepublik zwischen 800 und 1.000 solcher Schulen. Knapp 9 % aller Schüler von Primarstufe und Sekundarstufe I besuchen eine Ganztagsschule (vgl. ebd., 171 ff.).

3. Mehr Ganztagsschulen: Folgerungen aus PISA

Fragt man, seit wann es denn in der Bundesrepublik wieder eine Diskussion über Ganztagsschulen, gar eine Ganztagsschulentwicklung gibt, so ist die Antwort einfach: seit PISA. Davon gibt es nur eine Ausnahme: In Rheinland-Pfalz wurde ein entsprechendes Programm bereits ein Jahr vor Veröffentlichung der PISA-Ergebnisse aufgelegt.[2] Ansonsten gilt aber die Feststellung von Jürgen Oelkers (2003, 36): „Die beiden zentralen Reformthemen in der nationalen Reaktion auf PISA sind Ganztagsschulen und nationale Bildungsstandards." Also: Mehr Gestaltungszeit und striktere Anforderungen. Auf beide Reaktionen konnte man sich in der Kultusministerkonferenz und zwischen den politischen Parteien einigen. Demgegenüber bleiben andere Themen – insbesondere die Strukturfrage in der Sekundarstufe I – außen vor.

Die Ganztagsschulentwicklung erhält auch deshalb einen Schub, weil – trotz aller Finanznot – die Bundesregierung hier erhebliche Summen bereitstellt, um Investitionen in den Ländern zu stützen. Insgesamt vier Milliarden Euro Bundesmittel stehen zur Verfügung und werden von den Bundesländern nun auch nach und nach abgerufen. Die Anstrengungen in den Ländern, mehr und bessere Ganztagsschulen zu schaffen, sind unterschiedlich. Besonders ehrgeizig scheinen sie mir in Nordrhein-Westfalen und in Rheinland-Pfalz. Ich konzentriere mich im Folgenden auf das nordrhein-westfälische Konzept und beziehe mich dabei auf die offiziellen Verlautbarungen des Ministeriums[3]:

Darin wird deutlich, dass sich die Ministerin Ute Schäfer auf den Grundschulbereich konzentriert: Propagiert, und inzwischen auch eingerichtet, werden „Offene Ganztagsgrundschulen". Diese Schulen bieten vormittags Unterricht, nachmittags Aktivitäten und weitere Lernmöglichkeiten an – und zwar täglich von 8:00 Uhr bis etwa 16:00 Uhr. Dabei ist die Beteiligung an den nachmittäglichen Angeboten freiwillig, es nimmt also nur ein Teil der Kinder daran

---
2 Internet-Quelle 30.11.2003: www.mbfj.rlp.de/bildung/ganztagsschule.htm.
3 Ministerium für Schule, Jugend und Kinder des Landes NRW: Runderlass zur Offenen Ganztagsschule im Primarbereich vom 12.02.2003; Informationsblatt „Die offene Ganztagsgrundschule in Nordrhein-Westfalen" vom März 2003.

teil. Deren Eltern müssen dafür einen Beitrag von max. 100 Euro pro Monat bezahlen, außerdem fallen Kosten für das Mittagessen an. Als Nachmittagsaktivitäten werden in dem Erlass genannt: Arbeitsgemeinschaften, Projekte, Theater, Sport – aber auch Hausaufgabenhilfe und Sprachförderung. Über Kooperationsverträge soll schulexternes Personal insbesondere aus der Jugendhilfe und aus dem Sport in die Nachmittagsangebote einbezogen werden: Erzieher, Sozialpädagogen, Übungsleiter aus Sportvereinen, bei entsprechender Eignung auch Eltern und Studierende. Die Finanzierung, so heißt es im Erlass, „wird in erster Linie durch den flexiblen Einsatz der vorhandenen Mittel gewährleistet". Das bedeutet, dass das Personal, das bisher in Horten, in Schülertreffs, aber auch in den aufzulösenden Horten tätig war, nun in die Offene Ganztagsschule integriert werden soll. Dass sich gerade an dieser Stelle bereits intensive Zuständigkeits- und Professionskämpfe abspielen, kann Niemanden verwundern. Diese Offenen Ganztagsschulen erhalten außerdem eine doch recht bescheidene zusätzliche Lehrerzuteilung von 0,1 Stelle pro 25 Schüler. Das bedeutet, dass jedes Kind maximal drei zusätzliche Unterrichtsstunden bei einer Lehrkraft erhalten kann.

Soweit – in knappen Zügen – die Beschreibung des nordrhein-westfälischen Modells – und zwar nach Erlasslage. Wie ist dieses Konzept zu bewerten? Legt man die sozialpolitische Perspektive an, so kommt man zu ausschließlich positiven Bewertungen. Hier erfolgt ein entscheidender Schritt, um Betreuungsplätze für 6- bis 10-Jährige zu schaffen. Die langfristige Perspektive, soviel offene Ganztagsgrundschulen zu schaffen, dass jedes Elternpaar, das es möchte, einen solchen Platz erhält, ist sehr zu begrüßen. Würde dies realisiert, so könnten viele Eltern, könnten insbesondere viele Frauen, ihren Berufs- und Lebensalltag weit selbst bestimmter gestalten als bisher. Zu kritisieren ist hier allenfalls, dass mit dem Elternbeitrag von max. 100 Euro eine Art verkapptes Schulgeld eingeführt wird.

Betrachtet man das Ganze unter einem schulpädagogischen Aspekt, so fällt die Bilanz weit verhaltener aus: Zu begrüßen ist zunächst, dass zwei ‚alte' reformpädagogische Forderungen durch die „flexible Schuleingangsphase" nun realisiert werden sollen: Keine Zurückstellungen vom 1. Schulbesuch mehr – und altersgemischtes Lernen (wie in der Laborschule) in der 1. und 2. Klasse. Kritisch zu bewerten ist allerdings, dass es zu einer klaren Trennung zwischen einem Unterrichtsvormittag und einem Betreuungs- und Beschäftigungsnachmittag kommt. Weil nur ein Teil der Kinder an den Nachmittagsangeboten teilnimmt, muss das Unterrichts-Pflichtangebot am Vormittag stattfinden. Das bedeutet auch, dass die von der Reformpädagogik immer wieder eingeforderte Veränderung der Unterrichtskultur – gefördert durch größere zeitliche Spielräume – hier nicht eintreten kann. Auch die wechselseitigen Anregungen zwischen schulischer und außerschulischer Pädagogik werden bei dieser zeitlichen Trennung nur schwer wirksam werden können.

Und schließlich: Zusätzliche fachliche Förderung gerade für Kinder mit Lernschwierigkeiten, unter ihnen viele Migrantenkinder, lässt sich in dieser Struktur nicht so einfach unterbringen. Denn ob diese Kinder an dem gebührenpflichtigen Nachmittagsangebot überhaupt teilnehmen werden, weiß man nicht. Hier ist dringend wissenschaftliche Begleitforschung erforderlich, um zu schauen, welche Selektionsprozesse greifen. Und inwieweit ein Lehrerzuschlag von 0,1 pro Klasse hinreicht, um die notwendige individuelle Lernförderung zu realisieren, scheint mir sehr fraglich.

4. Fazit

Die vielbeschworene Antwort auf PISA ist eine solche Form der fakultativen Ganztagsschule nur sehr in Grenzen – und selbst bei flächendeckendem Angebot wären wir von der kanadischen Situation der kostenlosen Ganztagsschule für alle noch sehr weit entfernt. Dennoch: Für deutsche Verhältnisse ist dies ein großer Sprung nach vorn, deshalb hoffe ich, dass die Realisierung gelingt. Damit würde dann auch ein neues institutionalisiertes Kooperationsfeld zwischen Schule und Jugendhilfe geschaffen, das uns sicher noch stark beschäftigen wird.

Literatur

Deutscher Bildungsrat: Einrichtung von Schulversuchen mit Ganztagsschulen. Empfehlungen der Bildungskommission, Bonn 1968.
Deutscher Bildungsrat: Einrichtung von Schulversuchen mit Gesamtschulen. Empfehlungen der Bildungskommission, Bonn 1969.
Deutsches PISA-Konsortium (Hg.): PISA 2000. Basiskompetenzen von Schülerinnen und Schülern im internationalen Vergleich, Opladen 2001.
Holtappels, H. G.: Ganztagsschule und Schulöffnung. Perspektiven für die Schulentwicklung, Weinheim und München 1994.
Ludwig, H.: Entstehung und Entwicklung der modernen Ganztagsschule in Deutschland. 2 Bände, Köln u. a. 1993.
Oelkers, J.: Ganztagsschulen, Gesamtschulen und demokratische Schulkultur. Überlegungen zur Schulreform in Deutschland, in: Pädagogik, 2003, Heft 12, 36-40.
Radisch, F./Klieme, E.: Wirkung ganztägiger Schulorganisation. Bilanzierung der Forschungslage (Manuskript). Deutsches Institut für internationale Pädagogische Forschung, Frankfurt a. M. 2003.
Tillmann, K. J.: Rochows Erben. Über Versuchsschulen und das Regelschulwesen, in: Neue Sammlung, 2003, Heft 4, 461-475.
Veil, M.: Ganztagsschule mit Tradition: Frankreich, in: Aus Politik und Zeitgeschehen. Beilage zur Wochenzeitung Das Parlament, 2002, B 41, 29-37.

Heinz Sünker

Sozialpädagogik und Ganztagsbildung

Aus der Perspektive der Sozialpädagogik will ich drei Bemerkungen machen: erstens zum Thema Bildungspolitik und Gesellschaft, zweitens zur Kindheitsforschung und drittens eine Nachbemerkung zum Thema Bildungsarbeit in der Schule vor meinem Erfahrungshintergrund.

Erstens: Bildungspolitik ist Gesellschaftspolitik, d. h. eine absichtliche Strukturierung gesellschaftlicher Verhältnisse, so dass sich die Frage nach dem ‚cui bono?' stellt. Diese Erkenntnis ist uns durch die PISA-Studie noch einmal nachdrücklich vermittelt worden; und zwar aufgrund der Erkenntnisse über die Reproduktion sozialer Ungleichheit mit Hilfe des Bildungssystems. Das war uns aber bestens bekannt, spätestens seit den Debatten Mitte bis Ende der 1960er-Jahre. Alle empirischen Untersuchungen – die waren zum Teil besser als die PISA-Untersuchungen, aber eben nicht auf international vergleichende Rankings bezogen, weil sie klarer waren in dieser Hinsicht – haben diesen Zusammenhang gezeigt! Deshalb war das Ergebnis für niemanden aus der Bildungsforschung eine Überraschung und sollte als Gelegenheit genommen werden, die immer wieder verpasste oder verhinderte Strukturdebatte endlich zu führen. Deshalb würde ich auch gegen die Ministerin für Schule, Jugend und Kinder des Landes NRW argumentieren, wenn sie sagt, die Schulstrukturdebatte dürfe nicht zu Lasten der Kinder gehen oder würde momentan zu Lasten der Kinder gehen. Das gegenwärtige Schulsystem geht zu Lasten der Kinder! Das ist meines Erachtens das entscheidende Argument.

Der entscheidende Punkt ist doch in der Tat, dass es nicht (nur) um die Frage von Mentalitäten geht, sondern diese Mentalitäten sind zurückzuführen – jedenfalls im Kontext eines materialistischen Ansatzes – auf Klasseninteressen, und dann sind die ‚Schrecklichen' – jedenfalls in ihrer großen Mehrheit – das deutsche Bildungsbürgertum, die nun schon wirklich viel Dreck am Stecken haben mit der ganzen deutschen Geschichte und ihren Katastrophen – auch im Rahmen ihrer, von Historikern ausführlich analysierten, Bündnispolitik vom 19. Jahrhundert bis zur Gegenwart.

Es geht in der Tat um Klasseninteressen. Die Begabungsideologie wird seit vielen Jahrzehnten funktionalisiert, indem gesagt wird: „Die Klugen gehen aufs Gymnasium, die Dummen gehören auf die Hauptschule." Und dieser Prozess setzt sich als Prozess der Selbststigmatisierung bei den Schülerinnen und Schülern weiter fort. Es geht in Wirklichkeit um Konkurrenz, um die Verteilung knapper Güter. Interessanterweise hat es das deutsche Bildungsbürgertum seit den Reichsschulkonferenzen 1900/1920 geschafft, diese Position des Gymnasiums so zu installieren, dass das Gymnasium in seiner bildungsbürgerlichen Ausgestaltung als sakrosankt erscheint. Damit müssen wir uns auseinandersetzen, wenn wir erkennen, dass Bildungspolitik Gesellschaftspolitik ist, dass es um die Zuweisung von Lebenschancen, um die Entwicklung einer bestimmten Lebensqualität im Individuellen und demokratischen Qualitäten im Allgemeinen geht.

Deshalb, zweitens, das Thema „Kindheits- und Jugendforschung": Was können wir auch mit Bezug auf die Debatte um Ganztagsbildung, Ganztagsschule und Bildungspolitik aus der Perspektive der Kindheitsforschung, so wie sie sich in den letzten 25 Jahren entwickelt hat, lernen? Welche Konsequenzen können wir ziehen? Den Ausgangspunkt bilden meiner Ansicht nach zum einen das Kinder- und Jugendhilfegesetz, vor allem der § 1, und zum anderen die UN-Konvention für die Rechte des Kindes. Beide Grundlagen sprechen von einem Recht auf Entwicklung, von einem Recht auf ein qualifiziertes Leben und einem Recht auf Bildung, um an Gesellschaft partizipieren zu können. Und das bedeutet – wenn ich Punkt eins und Punkt zwei miteinander verbinde – die Forderung nach einer Bildung aller im Kontext einer Einheitsschule, vor allem vor dem Hintergrund der Erkenntnis der scharfen sozialen Selektivität im Bildungssystem mit der Folge der Bildungsapartheid hierzulande. Das ist im Übrigen keine Forderung, die wesentlich oder primär abzielt auf benachteiligte Kinder und Jugendliche, sondern es geht um ein allgemein gültiges Interesse, ein Interesse aller Bürgerinnen und Bürger in dieser, unserer Gesellschaft, mit Bezug auf die Möglichkeit der Demokratisierung von Lebensverhältnissen, mit Bezug auf die qualitativ gehaltvolle Gestaltung von Leben wie Zusammenleben überhaupt.

Dies bedeutet auch, dass die Einführung von Ganztagsschulen de facto nur das real existierende Elend verlängert, weil eine Verdoppelung des schlechten status quo – mit den sozialen Selektionsmechanismen – keine wirkliche systematische Verbesserung bedeuten kann. Damit möchte ich auf der individuellen Ebene keineswegs gering schätzen, dass vielleicht oder wahrscheinlich eine Reihe ansonsten vernachlässigter Kinder dann das Mittagessen erhalten, an dem es ihnen ansonsten mangelt.

Wenn wir in der Kindheits- und Jugendforschung heute von Kindern als relativ autonomen Akteuren sprechen, dann bedeutet das auch, dass die Strukturen des so genannten Bildungssystems in Wirklichkeit eher Bildung verhindern. Ich würde am Bildungsbegriff festhalten, ihn verteidigen, ja, mit Zähnen und Klauen gegen ‚falsche' Interpretationen verteidigen; denn in Tradition und Systematik verbindet sich mit ihm – eben gegen das Bildungsbürgertum, wo er zum ‚Bildungsgut', also schon früher als jetzt mit GATS, zur Ware verkommt – die Perspektive auf Mündigkeit, Emanzipation und Politikfähigkeit, die auf Reflexivität und Urteilskraft basiert. Dass die Kinder und Jugendlichen institutionell Möglichkeiten geboten bekommen, um tatsächlich Bildungsprozesse zu erfahren, darum muss es gehen!

Und da ist der Anschluss an die moderne Debatte, die sich um Denken und Gehirnforschung dreht, interessant: Es gibt ein ganz spannendes Buch eines Kulturpsychologen, der jetzt zum Glück Co-Direktor am Max-Planck-Institut für evolutionäre Anthropologie in Leipzig ist: Michael Tomasello „Die kulturelle Entwicklung des Denkens", mit dem sich m. E. überzeugend begründen lässt, dass von frühester Kindheit, ja von Geburt an – er hat zahlreiche empirische Untersuchungen an sechs- bis vierundzwanzigmonatigen Kindern gemacht – die Frage der Unterstützung von Kleinkindern für die Entwicklung der Kompetenzen zur Lebensführung in kognitiven, emotionalen, sozialen und weiteren Bereichen grundlegend ist. Das finde ich deshalb wichtig, weil diese Dimensionierung bisher von unserem Bildungssystem nicht erreicht wird, vielleicht auch gar nicht erreicht werden soll. Siehe Punkt eins: Klasseninteressen und Herrschaftserhaltung.

Drittens, abschließend, ganz kurz noch die Frage von Bildungsarbeit in der Schule, damit nach der Lehrerbildung: Ich frage mich, welche Kompetenzen – auf der Basis von Gesellschaftsanalyse, Urteilsvermögen und disziplinärer Einsicht – brauchen Lehrerinnen und Lehrer, damit sie den Herausforderungen von Arbeit in der Schule, als Bildungsarbeit also, entsprechen oder gewachsen sind? Das ist ein Punkt, der mich deshalb interessiert, weil nur bei einer positiven Beantwortung dieser Frage auch die Möglichkeit existieren wird, dass im sicherlich nicht konfliktfreien Interagieren zwischen Lehrerinnen respektive Lehrern und Schülerinnen respektive Schülern, die Möglichkeiten von Bildungsarbeit als Beitrag zur Entwicklung zu selbstständigen Persönlichkeiten – in der erwähnten mehrdimensionalen Verfasstheit – gegeben sind. Mir ist vor dem Hintergrund von praktischen Erfahrungen wie theoretischer Arbeit wichtig zu betonen, dass Lehrerarbeit zu den komplexesten Praxen in dieser Gesellschaft gehört. Ich erlebe aber demgegenüber in Staatsexamina, dass die Kandidatinnen und Kandidaten mehrheitlich – und das ist m. E. Folge der desaströsen Verfasstheit von Schulpädagogik, über die man bei Hartmut von Hentig, der zu den wenigen Ausnahmen in diesem Feld zu zählen ist, viel lernen kann – keinen Begriff von Bildung haben, keinen Begriff von Kindheit, keinen Begriff von Schule als Institution – und somit kein Verständnis haben für das, was sie als Lehrerinnen und Lehrer tun (sollten). Ich denke dieser Mangel führt auch dazu, dass wir in der Tat die Frage stellen müssen: Was interessiert Lehrerinnen und Lehrer am meisten? Wenn ich dann höre, es ist die Lehrerarbeitszeit, dann sträuben sich bei mir die Nackenhaare. Es geht vielmehr um Arbeitsbedingungen, und im Zentrum steht dabei das Problem einer die gesellschaftliche Ungleichheit absichernden dreigliedrigen Schulstruktur.

Das bedeutet: Wir brauchen eine öffentliche, politische und professionelle Diskussion, in der die unterschiedlichen Disziplinen wie Professionen – die Kinder- und Jugendhilfe muss sich da im eigenen Interesse wie dem des Klientels stark machen – an der Möglichkeit einer Initiierung und Beförderung von Bildungsprozessen – auch in der Schule, wenngleich nicht nur dort, also mit Bezug auf formelle wie informelle Orte – im Interesse aller Bürgerinnen und Bürger in dieser Gesellschaft festhalten. Es fragt sich, wie die Fehler der Debatten und Entscheidungen aus der Zeit der ersten bundesrepublikanischen Bildungsreform, die keine war, im Interesse einer realen demokratischen Entwicklung hierzulande vermieden werden können. Um darüber zu entscheiden, muss aber zunächst einmal mit dieser Debatte um Schulstruktur und die gesellschaftlichen Funktionen des Bildungssystems begonnen werden!

Heinz-Hermann Krüger

Allgemeine Pädagogik und ganztägige Bildungseinrichtungen

Aus der Perspektive der Allgemeinen Pädagogik ist das Thema Ganztagsbildung bzw. die Kooperation von Schule und Jugendhilfe bisher überhaupt kein Thema, da die Allgemeine Pädagogik, wenn sie nicht ausschließlich bildungshistorisch oder wissenschaftstheoretisch argumentiert, in ihren klassischen Varianten der 1970er- und 1980er-Jahre etwa bei Benner oder Klafki ihre bildungstheoretischen Entwürfe vorrangig auf das Gegenstandsfeld Schule bezogen hat.

Erst mit der Debatte um die Entgrenzung des Pädagogischen, die von Vertretern der außerschulischen Erziehungswissenschaft (in der Erwachsenenbildung von Kade; in der Sozialpädagogik von Hornstein/Lüders) in den 1990er-Jahren angestoßen und dann von Vertretern der Allgemeinen Erziehungswissenschaft (Krüger, Winkler) aufgegriffen wurde, kam der Tatbestand in den Blick, dass sich in den letzten Jahrzehnten nicht nur die pädagogischen Institutionen, Tätigkeitsfelder und Adressatengruppen enorm ausdifferenziert haben, sondern dass heute so gut wie alle Bereiche des öffentlichen Lebens mit Momenten pädagogischen Handelns und Denkens durchsetzt sind. Während bis vor nicht allzu langer Zeit Lernen in eigens dafür eingerichteten Institutionen wie der Schule, der Universität oder der Jugendbildungsstätte, oder beschränkt auf bestimmte Lebensphasen stattfand, ist für die Gegenwart kennzeichnend, dass man praktisch überall zu lernen hat und dass nicht nur eine Reihe von Fernsehsendungen pädagogisch arrangiert sind, sondern auch Kaufhäuser, Museen, kommerzielle Freizeitangebote und die Werbung damit locken, dass es etwas zu lernen gibt.

Die aktuelle Debatte um die formelle und nicht-formelle Bildung scheint einen ähnlichen Verlauf zu nehmen. Sie kommt ursprünglich aus der Erwachsenenbildung (Dohmen), wird inzwischen in der Sozialpädagogik breit rezipiert, während die bisherigen Diskurse in der Allgemeinen Erziehungswissenschaft von diesen Diskussionen nur wenig tangiert worden sind. Auch inhaltlich sehe ich in den aktuellen Diskussionen, wenn man etwa im Anschluss an Dohmen nicht zwischen formeller und nicht-formeller Bildung, sondern zwischen formellem Lernen in öffentlichen Bildungsinstitutionen wie der Schule oder der Jugendbildung und informellem Lernen im Alltag (unter der Schulbank, in der Peergroup, im Internet) unterscheidet, Parallelen zum Entgrenzungsdiskurs, der ja auch schon auf die Differenz zwischen Lernen in pädagogischen Institutionen und in nicht-institutionalisierten Arrangements hingewiesen hatte.

Blickt man auf die aktuelle erziehungswissenschaftliche Forschungslandschaft im deutschsprachigen Raum, so ist das in der sozialpädagogischen Zeitschriftenliteratur und auf der Tagung „Ganztagsbildung in der Wissensgesellschaft" diskutierte Verhältnis zwischen den Effekten schulischer und außerschulischer Bildung empirisch bislang kaum untersucht worden. In der nationalen und internationalen PISA-Studie werden zwar die erreichten mathematischen, naturwissenschaftlichen und Lesekompetenzen von 15-jährigen Schülern umfassend untersucht, die Effekte außerschulischen Lernens kommen hingegen nur sehr randständig in den Blick. Und auch in der Sozialpädagogik finden die umfassenden theoretischen Debatten um den wichtigen Stellenwert der außerschulischen Bildung bislang kaum in empirischer Forschung ihren Niederschlag. So zeigt etwa eine Durchsicht des aktuellen Forschungsberichts des Deutschen Jugendinstitutes, dass sich von einer Vielzahl der darin dokumentierten Projekte nur eines mit dem informellen Lernen in Jugendverbänden beschäftigt. Gerade in der empirischen Analyse des Verhältnisses von formellem und informellem Lernen in der außerschulischen Bildung sehe ich eine große Herausforderung für die erziehungswissenschaftliche Forschung, die in Kooperation zwischen Vertretern einer Allgemeinen Erziehungswissenschaft und der Sozialpädagogik durchgeführt werden kann.

Ich will abschließend, obwohl ich sicherlich dafür nicht der Experte bin, noch eine Anmerkung zu den auf der Tagung diskutierten Modellen zu institutionalisierten Kooperationsformen zwischen Schule und Jugendhilfe machen. Sicherlich finde auch ich es allein schon aus frauen- und familienpolitischen Gründen sinnvoll, mehr Ganztagsschulen in Deutschland einzurichten und ihre Einführung ist vor allem in Stadtteilen oder ländlichen Räumen mit hohen sozialen Problembelastungspotenzialen notwendig und wichtig, um über Hausaufgabenhilfen, Sprachförderunterricht und sozialpädagogische Beratung die Bildungschancen jener 15 % bis 20 % der Schüler zu verbessern, die nach den Ergebnissen der PISA-Studie zur Risikogruppe der Verlierer des deutschen Bildungssystems gehören. Im Übrigen finde ich jedoch, dass diese Debatte zu sehr unter einer System- und Organisationsperspektive geführt wird. Gefragt wird vor allem, wie passen die Systemelemente von Schule und Jugendhilfe zusammen. Viele Vorschläge erinnern mich zudem an alte Rezepte zur Schulsozialarbeit oder zur kommunal eingebundenen Stadtteilschule aus den 1970er-Jahren. Den neuen Anforderungen einer Wissens- und Mediengesellschaft, den aktuellen Phänomenen des Erwerbs von außerschulischem Bildungskapital in Peer-Kontexten oder jugendkulturellen Szenen werden diese Vorschläge jedoch nur begrenzt gerecht.

Bildungs- und Jugendpolitik muss deshalb nicht nur mehr verschiedene Varianten von Ganztagsschulen bereitstellen und dort vor allem professionell ausgebildetes pädagogisches Personal (Lehrer, Diplom-Pädagogen, Diplom-Sozialpädagogen, Erzieher) beschäftigen, sondern sie muss vor allem eine räumliche Infrastruktur, z. B. in Gestalt von Lernzentren (etwa Internet-Cafés) bereitstellen, in denen informelle Lernprozesse von Heranwachsenden stattfinden können. Im Gefolge des aktuellen Diskurses um Ganztagsbildung muss somit nicht nur das Wechselverhältnis zwischen formellem Lernen im Unterricht und in der außerunterrichtlichen Bildung neu justiert werden, sondern es muss vor allem über neue Modelle kreativ nachgedacht werden, die jenseits der etablierten Institutionen der Schule und der Jugendhilfe liegen.

Vorläufer, Grundlegungen und Konzepte der Ganztagsbildung

Harald Ludwig

Die geschichtliche Entwicklung der Ganztagsschule in Deutschland

1. Ganztagsschule als Schule der Zukunft?

Die Diskussion um die Ganztagsschule ist in Deutschland nicht neu, sondern hat eine lange zurückliegende Geschichte. So entwarf zum Beispiel im Jahr 1963 der Erziehungswissenschaftler Carl Ludwig Furck, ein Schüler Herman Nohls, einen Schulplan für das Jahr 2000. Darin lesen wir u. a.:

„Die Schule im Jahr 2000 wird eine ‚Tagesheimschule' von 8.00 bis 16.30 Uhr sein. Das bedeutet keineswegs, daß die Zahl der Unterrichtsstunden einfach vermehrt wird, sondern man wird Erfahrungen der Jugendpflege und der Gruppenpädagogik weitgehend berücksichtigen. Dazu gehört auch all das, was in der schwedischen und zum Teil auch der angelsächsischen Schule selbstverständlich ist: das gemeinsame Mittagessen, die Mittagsruhe, Sport und Spiel. Die neue Schule bietet individuelle Studienmöglichkeiten in Werkstatt, Labor oder Bibliothek. Sie ist offen für die Initiative der Schüler und ein Ort jugendgemäßen Lebens und Arbeitens (Furck 1963, 384).

Furck stand mit seiner Ansicht nicht allein. Viele Erziehungswissenschaftler oder Bildungspolitiker in der Bundesrepublik Deutschland wie Theodor Ballauff, Franz Pöggeler, Hellmut Becker, Walter Schultze u. a. erblickten in den 1960er-Jahren trotz aller Unterschiedlichkeit ihrer Denkansätze und Ausgangspunkte in der Tagesheim- bzw. Ganztagsschule die „Schule der Zukunft". Auch in der damaligen DDR wurde 1962 von Horst Drewelow ein Buch über die Tagesheimschule unter diesem Titel veröffentlicht.

Inzwischen sind fast vier Jahrzehnte vergangen. Das Jahr 2000 ist überschritten. In der Bundesrepublik Deutschland ist die Zahl der Ganztagsschulen zwar seit Mitte der 1960er-Jahre, als es kaum mehr als 50 Ganztagsschulen verschiedener Art gab, erheblich angestiegen. Aber noch im Schuljahr 1988/89 besuchten mit etwas mehr als 315.000 Jungen und Mädchen nur etwa 5,4 % der Gesamtschülerschaft der Bundesrepublik (ohne Sonderschüler) ganztägig geführte Schulen unterschiedlicher Struktur (vgl. Bargel/Kuthe 1991). Heute sind es mit ca. 7 % nur wenig mehr. Damit bleibt das Schulwesen in Deutschland noch weit von der Projektion Furcks für das Jahr 2000 entfernt.

Indessen haben Formen ganztägiger Schulerziehung seit Ende der 1980er-Jahre und dann wieder im Rahmen der durch die PISA-Studie ausgelösten Bildungsdiskussion erneut zunehmendes Interesse gefunden. Die Forderung nach mehr Ganztagsschulen bewegt sich in einer Art Wellenbewegung. Unterschiedlichste gesellschaftliche Gruppen erheben heute die Forderung nach einer Ausweitung und Verbesserung des öffentlichen Angebots an Ganztagserziehung. So stellt sich im Hinblick auf die Schule erneut die Frage, ob und in welcher Form die Ganztagsschule eine Schule der Zukunft ist oder sein kann.

Ich möchte auf diese Frage nur in historischer Perspektive eingehen: Dabei versteht es sich, dass die in dieser Perspektive sichtbar werdenden Aspekte des komplexen Gegenstandes im Rahmen eines kurzen Vortrages nur skizziert und angedeutet, nicht im Einzelnen und vollständig dargelegt werden können. Dabei konzentriere ich mich auf die Entwicklung in Deutschland.

2. Historische Wurzeln moderner Ganztagsschulen

2.1 Traditionelle und moderne Ganztagsschule

Wenn ich den Begriff „moderne Ganztagsschule" verwende, so bedarf dieser zunächst einer Erläuterung. Ich meine damit eine Form der Ganztagsschule, wie sie sich erst seit dem Ende des 19. Jahrhunderts entwickelt hat mit Überwindung jener Form ganztägiger Schulorganisation, die bis dahin in Deutschland und in anderen Ländern üblich war. Diese „traditionelle Ganztagsschule" verteilte den Unterricht auf den Vor- und Nachmittag, etwa von 8:00 bis 12:00 Uhr und 14:00 bis 16:00 Uhr. Während der zweistündigen Mittagspause gingen die Schüler nach Hause, um dort im Kreise der Familie das Mittagessen einzunehmen, eine Ruhepause einzulegen und dann zum Nachmittagsunterricht in die Schule zurückzukehren. Joachim Lohmann (1965) hat in seiner Würzburger Dissertation im Einzelnen aufgezeigt, wie sich aus dieser „Schule mit geteiltem Unterricht", wie man sie zutreffend bezeichnete, in Deutschland die heute geläufige halbtägige Unterrichtsschule entwickelte, während in den angelsächsischen Ländern die Schule zwar einen ganztägigen Organisationsrahmen beibehielt, aber zugleich neue Strukturelemente in sich aufnahm und ihre Aufgabenstellung erweiterte, damit zur „modernen Ganztagsschule" wurde. Eine Leitfunktion hatte dabei die amerikanische Ganztagsschule. Schultheoretisch abgesichert wurde die neue Konzeption vor allem durch die Pädagogik des amerikanischen Reformpädagogen John Dewey (1859-1952).

2.2 Ganztagsschuldiskussion in Deutschland erst nach 1945?

In Deutschland hingegen wurden die neuen, durch die gesellschaftliche und politische Entwicklung bedingten, sozialen und pädagogischen Aufgaben als eine Angelegenheit der Familie und der außerschulischen Jugendhilfe betrachtet. Zu einer Neukonzeption einer ganztägig geführten Schule sei es daher – so Lohmann (1965) – dort nicht gekommen. Auch die deutsche Reformpädagogik sei ohne Einfluss auf die Ausbildung und Realisierung moderner Ganztagsschulen in Deutschland geblieben. Vielmehr sei dort erst nach 1945 eine entsprechende Diskussion entstanden, angestoßen vor allem durch Beiträge von Lina Mayer-Kulenkampff (1947) und Herman Nohl (1947). Diese hätten unter dem Eindruck der katastrophalen Notlage der Nachkriegszeit die Einführung von „Tagesheimschulen" zur Behebung der sozialen Not von Kindern und Jugendlichen gefordert. Damit habe die ganztägige Schule in Deutschland zunächst den Charakter einer sozialen Sonderschule erhalten und sei in diesem Sinne auch seit Mitte der 1950er-Jahre in einzelnen Schulen erstmals verwirklicht worden. Erst später habe man – seit Ende der 1950er-Jahre – diese sozialpädagogische Engführung ganztägiger Schulerziehung zu überwinden begonnen und unter Rückgriff auf die Gestaltung des Schulwesens in anderen Ländern die Ganztagsschule als moderne Schule für alle konzipiert und zu realisieren gesucht.

Diese durch Joachim Lohmann eingeführte Sicht der Entwicklung der modernen Ganztagsschule in Deutschland konnte lange Zeit als herrschende Meinung der Erziehungswissenschaft gelten. Dennoch war sie so nicht haltbar und bedurfte dringend der Korrektur. Bereits Ende der 1950er-Jahre hatte der Pädagoge und Kulturpolitiker Hans Wenke, Schüler Eduard Sprangers, die Ganztagsschule für alle gefordert und sie aus der „Lebensordnung unserer Zeit" begründet (vgl. Wenke 1958a; 1958b). Dabei betonte er die Priorität einer pädagogischen Legitimierung der Ganztagsschule. Denn „die Ganztagsschule sehe ich nicht als Notbehelf an, zu dem uns eine unbequeme Ordnung des sozialen Lebens zwingt, sondern als das Ziel einer Entwicklung, in der unser deutsches Bildungswesen seit Beginn dieses Jahrhunderts und für alle deutlich seit dem Ende des ersten Weltkriegs steht" (Wenke 1958a, 129 f). Wenke denkt bei dieser nicht näher explizierten These offenbar an den im Rahmen der Reformpädagogik vollzogenen Wandel des Verständnisses von Schule als bloßer Unterrichtsanstalt zur umfassenderen Erziehungs- und Lebensstätte des jungen Menschen (vgl. Wenke 1958b, 9), als dessen Konsequenz ihm die Neuorganisation der Schule als Ganztagschule erscheint.

2.3 Ganztagsschulen in der frühen Reformpädagogik

Nun lässt sich indessen zeigen, dass diese Konsequenz nicht erst nach 1945 gezogen wurde, sondern schon zu Beginn unseres Jahrhunderts. Seit der Frühzeit der Reformpädagogik sind auch in Deutschland immer wieder Entwürfe der modernen Ganztagsschule vorgelegt und teilweise auch realisiert worden (vgl. Ludwig 1993).

2.3.1 Das Halbinternat des Reformpädagogen Ernst Kapff (1906)

So veröffentlichte der süddeutsche Pädagoge Ernst Kapff im Jahre 1906 eine Schrift unter dem Titel „Die Erziehungsschule". Darin entwickelte er detailliert den Plan einer ganztägig geführten Tagesschule, für die er die Bezeichnung „Halbinternat" verwendete. Den entscheidenden Grund für die Neukonzeption der Schule erblickte Kapff in dem gesellschaftlichen Wandel, der sich im Zuge der Entwicklung zur Industriegesellschaft vollzogen hat und noch vollzieht. Kapff wertete diese Entwicklungen nicht negativ, sondern sah sie insgesamt als Fortschritt an, forderte aber, dass das Erziehungs- und Bildungswesen ihnen Rechnung tragen müsse. Sein Konzept eines Halbinternats sollte ein Beitrag dazu sein.

Vorbild für seinen Entwurf waren die Landerziehungsheime von Hermann Lietz und Einrichtungen des englischen Bildungswesens, insbesondere die Public Schools. An den Landerziehungsheimen kritisierte er die Flucht vor der modernen Welt in eine ländliche Idylle, an den Public Schools deren Überbetonung ethisch-moralischer Erziehung zu Ungunsten der intellektuellen Bildung. Beide Einrichtungen haben als Internate den Mangel, dass sie das Elternhaus, „den zweiten Hauptfaktor der Jugenderziehung" (Kapff 1906, 63), nicht in dem notwendigen Maße in die Erziehungs- und Bildungsbemühungen der Schule einbeziehen können. Mit dem Halbinternat – gewissermaßen einem Landerziehungsheim in Tagesform in unmittelbarem Kontakt mit den sozialen, industriellen, aber auch kulturellen Gegebenheiten der Stadt – hoffte Kapff diese Nachteile vermeiden zu können.

2.3.2 Weitere Ganztagsschulpläne der frühen Reformpädagogik

Im Jahre 1910 veröffentlichte Gustav Wyneken, der Gründer der Freien Schulgemeinde Wickersdorf, im Wickersdorfer Jahrbuch für das Jahr 1909 einen Plan für ein Halbinternat am Rande der Stadt, der in manchen Zügen dem Entwurf von Kapff glich, insgesamt aber eine Übertragung der Internatserziehung von Wickersdorf auf die Bedingungen einer ganztägig geführten Tagesschule darstellte (vgl. Wyneken/Halm 1910).

Wenig später legte der Kieler Pädagoge Eduard Edert eine kleine Schrift vor mit dem Titel: „Die Tagesschule – die Schule der Großstadt – Der Plan ihrer Ausführung in Kiel" (Edert 1914). Dieses Projekt entsprach in den Grundzügen dem, was auch Kapff und Wyneken in ihren Entwürfen entwickelten. Aber Edert bezog sich nicht direkt auf sie, sondern auf das Vorbild der 1910 gegründeten höheren „Waldschule" Charlottenburg.

2.3.3 Die Wald- oder Freiluftschule (1904; 1910)

Im Konzept der „Waldschule", die bereits 1881 von dem Berliner Arzt Dr. Baginsky gefordert wurde, versuchte man eine Synthese gesundheitsfürsorgerischer, sozialpädagogischer sowie pädagogisch-didaktischer Zielsetzungen und Maßnahmen. Als erste Schule dieser Art wurde 1904 durch den Stadtschulrat Neufert und den Medizinalrat Dr. Bendix die Waldschule Charlottenburg gegründet (vgl. Neufert 1906/1926; König 1910). Es handelte sich um eine Schule in einem Kiefernwald am Rande der Stadt, in der kränkliche, gesundheitlich gefährdete Großstadtkinder aus verschiedenen Charlottenburger Volksschulen ganztägig betreut sowie gesundheitlich und pädagogisch gefördert wurden. Zunächst war diese Waldschule nur während des Sommerhalbjahrs geöffnet, später wurde sie ganzjährig betrieben. Man kann diese Einrichtung als eine erste Realisierung moderner Ganztagsschulerziehung in Deutschland bezeichnen. In den folgenden Jahren kam es im Rahmen der sich entfaltenden Wald- bzw. Freiluftschulbewegung rasch zu weiteren Gründungen dieser Art, nicht nur in Deutschland, sondern auch im Ausland (vgl. König 1910). Dazu gehörte auch die bereits erwähnte Gründung einer höheren Waldschule in Charlottenburg, die zunächst auf die unteren Klassen des Gymnasiums beschränkt blieb.

Edert versuchte nun in seinem Projekt von 1914 das Konzept von seinem Charakter einer sozialen Sonderschule zu befreien und als Reformmodell für die Gestaltung der Großstadtschule überhaupt auszubauen. Aufgrund des Ausbruchs des Ersten Weltkriegs konnte der Kieler Pädagoge sein schon weit gediehenes Vorhaben nicht realisieren. Auch die Waldschulbewegung erlitt einen Rückschlag.

2.4 Ganztagsschulmodelle zur Zeit der Weimarer Republik

Indessen wurden entsprechende Bemühungen nach 1918 wieder aufgenommen und weitergeführt. Im Jahr 1923 erreichte Wilhelm Krause, der Leiter der höheren Waldschule in Berlin-Charlottenburg, dass die Schule als selbstständige, ganzjährig geöffnete Tagesschule ohne Beschränkung auf erholungsbedürftige Kinder genehmigt und in den folgenden Jahren zu einer vollständigen, bis zum Abitur führenden Einrichtung ausgebaut wurde (vgl. Krause1929; Richter 1960). In den 1920er-Jahren kam es zu einer verstärkten internationalen Organisation der Freiluftschulbewegung. Sie beeinflusste auch erste Ansätze der ganztägigen Schulerziehung in Österreich (vgl. Timp 1935).

Weitere Ansätze gab es vor allem bei Paul Oestreich und anderen Pädagogen aus dem Kreis des von ihm gegründeten und geleiteten Bundes entschiedener Schulreformer. So stand Fritz Karsens Modell einer Gesamtschule in Ganztagsform in Neukölln Ende der 1920er-Jahre kurz vor der Verwirklichung (vgl. Karsen/Taut 1928). Auch Kurt Hahn bemühte sich um die Realisierung seines Konzeptes einer „Stadtrandschule" (vgl. Hahn 1958). In Leipzig kam es 1932 zur Gründung einer höheren Waldschule als Ganztagsschule in freier Trägerschaft (vgl. Merker 1987). Auf Einzelheiten dieser Entwicklungen kann ich hier nicht eingehen (vgl. dazu Ludwig 1993).

Versucht man aus den hier beschriebenen reformpädagogischen Ganztagsschulentwürfen zentrale Strukturelemente für eine moderne Ganztagsschule zusammenzustellen, so ergeben sich vor allem diese: Mittagsmahlzeit und Freizeitangebote, Arbeitsgemeinschaften und Neigungsgruppen, Förderunterricht, Integration der Hausaufgaben in die Schule, neue Unterrichtsformen („Offene" Unterrichtsgestaltung, Gruppenarbeit, Projekte), flexible Stundenplangestaltung und Rhythmisierung, enge Kooperation mit Eltern, Intensivierung des Schullebens, Ausgestaltung als Lebensraum, Öffnung der Schule zum „Leben", Ausbau des schulischen Beratungswesens, mehr Gelegenheit für Schüleraktivitäten, Wandlungen der Lehrerrolle. Es sind dies im Wesentlichen die Elemente, die auch heute noch für eine Ganztagsschule als wichtig angesehen werden müssen.

2.5 Ganztagsschulrelevante Entwicklungen zur Zeit des Nationalsozialismus

Unter dem Nationalsozialismus wurde die Entfaltung reformpädagogischer Schulreformbestrebungen unmöglich gemacht. Das Schul- und Bildungswesen wurde im Sinne der Ideologie des Regimes formiert. Gleichwohl kann man nicht von einem völligen Abbruch reformpädagogischer Bemühungen sprechen.

Zunächst ist hier auf Weiterführungen der Reformpädagogik im Exil zu verweisen (vgl. Feidel-Mertz 1983). So hat etwa Kurt Hahn seine Vorstellungen in England weiterentwickelt und sie nach dem Zweiten Weltkrieg erneut in die damalige Diskussion um eine ganztägig organisierte Schule eingebracht (vgl. Hahn 1958). Entsprechendes gilt auch für Minna Specht, die in den 1920er-Jahren zusammen mit dem Philosophen Leonard Nelson das Landerziehungsheim Walkemühle gegründet hatte und nach 1933 reformpädagogische Ansätze ganztägiger Schulerziehung in Exilschulen in Dänemark und England erprobte. Bemerkenswert hinsichtlich heutiger Bestrebungen sind insbesondere die Versuche, die Minna Specht, Gustav Heckmann und andere Pädagogen aus dem Umkreis Leonard Nelsons im Hinblick auf eine Öffnung der Schule und eine Nutzung der Schulumgebung als Lernfeld unternommen haben (vgl. Ludwig 1993, Band 1, 187 ff.). Hingewiesen sei auch auf die Mitarbeit Minna Spechts an einem Ganztagsschulkonzept, das in Anlehnung an das Modell Paul Oestreichs von einer sozialistisch orientierten Emigrantengruppe in den 1930er-Jahren in Paris entworfen wurde. Noch bedeutsamer waren die Schulpläne der in England gegründeten britisch-deutschen Gruppe „German Educational Reconstruction" (G. E. R.), die nach Kriegsende bis weit in die 1950er-Jahre hinein im westlichen Deutschland wirkte und viele deutsche Pädagogen im Rahmen von Austauschprogrammen mit dem englischen Schulwesen bekannt machte. Minna Specht übernahm nach dem Zweiten Weltkrieg für einige Jahre die Leitung der von Paul Geheeb 1910 gegründeten Odenwaldschule und gab der Diskussion um die Ganztagsschule in den 1950er-Jahren wichtige Impulse (vgl. Specht 1956; 1957).

Aber auch innerhalb Deutschlands konnten in verschiedener Form während der ersten Jahre der nationalsozialistischen Herrschaft für die Ganztagsschulentwicklung wichtige reformpädagogische Ansätze noch bewahrt oder sogar weiterentwickelt werden. So wurden etwa in jüdischen Erziehungs- und Schuleinrichtungen, in welche die antisemitische NS-Politik die jüdischen Deutschen zunächst aussonderte, wie der Theodor-Herzl-Schule in Berlin oder den Landschulheimen Caputh bei Potsdam und Herrlingen bei Ulm reformpädagogische Ansätze beibehalten. Adolf Reichweins Schulmodell in Tiefensee brachte sogar wichtige neue Impulse (vgl. Ludwig 1993, Band 1, 328 ff.). Schließlich konnte auch Peter Petersen seine Jena-Plan-Pädagogik fortsetzen – allerdings um den Preis mancher aus heutiger Sicht fragwürdiger Anpassungen – an das NS-Regime – und 1936 einen Plan für den Ausbau seiner Universitätsschule als Ganztagsschule vorlegen, der allerdings nicht verwirklicht wurde. Erst gegen Ende des Zweiten Weltkriegs realisierte Petersen kurzzeitig eine Tagesheimschule (vgl. ebd., 305 ff.).

2.6 Die Wiederaufnahme der Bemühungen um moderne Ganztagsschulen nach dem Zweiten Weltkrieg

Schon bald nach Ende des Zweiten Weltkriegs und der Beseitigung des NS-Regimes wurden Bestrebungen zur Errichtung moderner Ganztagsschulen wieder aufgenommen.[1] Da diese Entwicklung bekannter ist als die der vorangegangenen Jahrzehnte soll sie hier nur überblicksartig behandelt werden.

Besonders bekannt geworden sind die Konzepte, welche Lina Mayer-Kulenkampff und Herman Nohl 1947 vorgelegt haben. Sie erwuchsen aus dem Geist der Reformpädagogik. Insbesondere der Entwurf Herman Nohls ist keineswegs, wie dies in der Regel verstanden wird, ein Neben- und Zufallsprodukt seines pädagogischen Denkens im Hinblick auf die speziellen Nöte der Zeit nach dem Zweiten Weltkrieg. Man kann vielmehr zeigen, dass diese Schulkonzeption das Endprodukt eines anspruchsvollen schultheoretischen Denkens im Schnittpunkt und Spannungsfeld bildungstheoretischer und sozialpädagogischer Überlegungen ist. Dieses Denken hat seine Wurzeln bereits in den 1920er- und 1930er-Jahren und lässt sich nur aus Nohls Gesamtwerk rekonstruieren. Versucht man dies, so ergibt sich ein Schulmodell, das zwar in man-

---

[1] In der Direktive 54 des Alliierten Kontrollrates von 1947 wird zwar die Gesamtschule, aber nicht ausdrücklich die Ganztagsschule gefordert. Allerdings finden sich in dem Bericht der amerikanischen Expertenkommission von 1946, welcher der Direktive 54 zugrunde liegt, Forderungen nach Übernahme weitgehender Betreuungsaufgaben durch die Schule, ebenso in Erläuterungen zur Direktive 54 (siehe dazu ausführlich Ludwig 1993 Band 2, 358 ff.). Diese Forderungen sind aber – ähnlich wie die zur Gesamtschule – in der späteren Entwicklung kaum aufgegriffen worden, man bezog sich eher auf deutsche Autoren wie Mayer-Kulenkampff und Nohl.

cher Hinsicht nur skizzenhaft ausgeführt wird, insgesamt aber ein differenziertes Konzept einer reformpädagogisch geprägten modernen Ganztagsschule darstellt (vgl. Ludwig 1993, Band 2, 370-414).
Weitere reformpädagogisch orientierte Entwürfe für ganztägige Schulerziehung kamen hinzu. (vgl. Ludwig 1993, Band 2, 415 ff.). Seit Mitte der 1950er-Jahre erfolgten erste Verwirklichungen dieser neuen Pläne, nicht zuletzt dank der Bemühungen des 1955 von Reformpädagogen gegründeten Ganztagsschulverbandes „Gemeinnützige Gesellschaft Tagesheimschule", der sich auch heute noch um die Verbreitung, Weiterentwicklung und Realisierung ganztägiger Schulerziehung bemüht. Man kann sagen, dass in diesen, von reformpädagogischen Denken geprägten Bestrebungen zwischen 1945 und 1965 alle wichtigen Formen ganztägiger Schulerziehung konzipiert und realisiert wurden, die auch in der heutigen Diskussion eine Rolle spielen. Das Für und Wider der Ganztagsschule wurde vor allem in der zweiten Hälfte der 1950er-Jahre auch öffentlich intensiv erörtert. Erstmals wurden in dem Jahrzehnt zwischen 1955 und 1965 auch empirische Forschungsergebnisse größeren Umfangs zu Fragen ganztägiger Schulerziehung vorgelegt. Am Ende dieser zwei Jahrzehnte umfassenden Entwicklungsphase ist die moderne Ganztagsschule, wenn auch in geringer Zahl, ein fester Bestandteil des deutschen Schulwesens geworden und bildungspolitisch als Versuch und Angebot weithin akzeptiert.

2.7 Die Ganztagsschule in der Periode sozialwissenschaftlich geprägter Bildungsreform

Es ist bedauerlich, dass diese Entwicklungsarbeit im Bereich ganztägiger Schulerziehung in der nun folgenden Phase sozialwissenschaftlich und sozialpolitisch orientierter Bildungsreform zwischen 1965 und 1975 für die Gestaltung von Ganztagsschulen nicht angemessen aufgenommen wurde. Allerdings erhielt die Ganztagsschulentwicklung insbesondere durch die Empfehlungen des Deutschen Bildungsrats von 1968 und 1969 erheblichen Auftrieb. Es stand die bereits in Konzeptionen der 1920er- und 1950er-Jahre enthaltene Verknüpfung von Ganztagsschule und Gesamtschule nun eindeutig im Vordergrund der bildungspolitischen und erziehungswissenschaftlichen Bemühungen.

Trotz der Kontinuität in der äußeren Entwicklung – die Zahl der Ganztagsschulen nimmt in diesem Jahrzehnt erheblich zu – ergeben sich für die innere Entwicklung nicht unbeachtliche Diskontinuitäten. Sie bestehen einerseits darin, dass die traditionellen Motive der Begabungsförderung und Verbesserung der Chancengleichheit durch ganztägige Schulerziehung nun eine so beherrschende Bedeutung erhalten, dass das reiche Spektrum der übrigen Zielsetzungen nicht mehr angemessen zur Geltung kommt; andererseits zeigen sie sich in der sozialwissenschaftlichen Umschrift des die moderne Ganztagsschule fundierenden Begründungszusammenhangs.

Vor dem Hintergrund eines behavioristisch akzentuierten Lernbegriffs wird Schule als bestmögliche Organisation von Lernprozessen verstanden und die Ganztagsschulorganisation vornehmlich funktional als Optimierungsmittel für dieses Zentralverständnis von Schule gesehen. Auch die neuen Ganztagsgesamtschulen sind zunächst von dieser Auffassung geprägt, die in mancher Hinsicht an eine Wiederbelebung der traditionellen „Lernschule" auf neuem Niveau erinnert und damit der von der Kritik an deren intellektuellen Einseitigkeit bestimmten modernen Ganztagsschule reformpädagogischer Prägung widerspricht. Im weiteren Verlauf hat die Gesamtschule der Ganztagsschulentwicklung wichtige neue Impulse gegeben (vgl. Ludwig 1987b). Indessen werden neben diesen neuartigen Denkformen auch traditionelle Ansätze pädagogisch-anthropologischer Ausrichtung, wenngleich weniger beachtet, weitergeführt – etwa wenn Probleme der Rhythmisierung des Unterrichts bzw. des Tagesablaufs in der Ganztagsschule, Fragen der Belastbarkeit von Schülern und Möglichkeiten der Gesundheitsförderung diskutiert werden. Es ist wohl als ein Verdienst der „Gemeinnützigen Gesellschaft Tagesheimschule" anzusehen, dass bei aller Offenheit für die neuen Ansätze doch auch die innere Kontinuität zur bisherigen Entwicklung ganztägiger Schulerziehung gewahrt wurde.

2.8 Rückbesinnung auf Ansätze der Reformpädagogik und neue Impulse

Noch stärker kommt der Rückgriff auf reformpädagogisches Denken in der Phase der Ganztagsschulentwicklung in Deutschland zum Ausdruck, welche im Zusammenhang mit der bildungspolitischen Ernüchterung und der kritischen Überprüfung der sozialwissenschaftlich geprägten Bildungsreform etwa ab 1975 anzusetzen ist. Bei aller Kritik, die von den verschiedensten Standpunkten her geübt wird, versucht man doch überwiegend den durch den „Modernisierungsschub" erreichten Fortschritt in der Entwicklung des Schulwesens zu erhalten. Für die Ganztagsschulentwicklung ergeben sich neue Anstöße für die innere Ausgestaltung von seiten der Sozial-, der Freizeit- sowie der Ausländerpädagogik (vgl. z. B. Hoyer/Kennedy 1978; Ludwig 1987c; Raab u. a. 1987). Aber auch die Schulpädagogik besinnt sich wieder stärker auf freiere, an den Bedürfnissen von Kindern und Jugendlichen orientierte Lernformen und entdeckt die Konzeption des „Schullebens" neu, wie überhaupt reformpädagogische Unterrichts- und Schulmodelle abermals auf großes Interesse stoßen und auch für Formen ganztägiger Schulerziehung fruchtbar gemacht werden. Schließlich ist hervorzuheben, dass in dieser Phase eine Fülle von Ergebnissen empirischer Forschung zu Fragen der Ganztagsschule vorgelegt wird, die jedoch viele Fragen unbeantwortet lassen (vgl. Ludwig 1993, Band 2, 578 ff.).

Seit Ende der 1980er-Jahre erfolgte eine Neubelebung der Bemühungen um ganztägige Schulerziehung, wie sie sich etwa in der auf das Schuljahr 1988/89 bezogenen empirischen Erhebung zu Angebot und Nachfrage hinsichtlich ganztägiger Schulerziehung von Bargel und Kuthe (1991) dokumentiert. Die seitdem andauernden Bemühungen werden erheblich durch die im Zusammenhang mit der Wiedervereinigung Deutschlands entstandene Knappheit öffentlicher Ressourcen behindert und führen u. a. zur Entwicklung zahlreicher Zwischenstufen auf dem Weg zu einer modernen Ganztagsschule (vgl. z. B. Appel 1991; Burk 1990).

Es besteht die Gefahr, dass im Rahmen dieser Entwicklung die im Laufe der Ganztagsschulgeschichte erarbeiteten und erprobten pädagogisch-didaktischen Standards für ganztägige Schulerziehung nicht eingehalten werden. Die Einbringung dieser fast einhundertjährigen Entwicklung in den aktuellen Diskurs erscheint daher dringlich. Denn die Gründe, die schon zu Anfang unseres Jahrhunderts zur Forderung nach modernen Ganztagsschulen führten, haben sich durch die weiteren gesellschaftlichen Entwicklungen noch verschärft und zusätzliche Dimensionen erhalten. Es ist daher anzunehmen, dass auch das deutsche Schulwesen sich in Richtung auf ein ausgedehnteres Angebot an ganztägiger Schulerziehung weiterentwickeln wird, wie man sie in unterschiedlichen Formen im mehr und mehr zusammenwachsenden Europa überwiegend praktiziert.

Literatur

Appel, S.: Formen und Bildungsmöglichkeiten ganztägig geführter Schulen in Deutschland, in: Die Ganztagsschule, Sonderheft 1991, 3-20.
Bargel, T./Kuthe, M.: Ganztagsschule – Untersuchungen zu Angebot und Nachfrage, Versorgung und Bedarf, Bonn 1991.
Burk, K. (Hg.): Die ganze Halbtagsschule, Frankfurt a. M. 1990.
Edert, E.: Die Tagesschule – die Schule der Großstadt. Der Plan ihrer Ausführung in Kiel, Leipzig und Berlin 1914.
Feidel-Mertz, H. (Hg.): Schule im Exil, Reinbek b. H. 1983.
Furck, C.-L. (1963): Schule für das Jahr 2000 – Ein utopischer Plan, in: Neue Sammlung, 1963, 501-508.
Hahn, K.: Erziehung zur Verantwortung, Stuttgart 1958.
Hoyer, K./Kennedy, M. (Hg.): Freizeit und Schule, Braunschweig 1978.
Kapff, E.: Die Erziehungsschule, Stuttgart 1906.
Karsen, F.: Die geplante Gesamtschule in Neukölln, in: Die Scholle 1927/28, 805-811.
Karsen, F./Taut, B.: Die Dammwegschule Neukölln, Berlin 1928.
König, K.: Die Waldschule, in: Enzyklopädisches Handbuch der Pädagogik. Hrsg. von W. Rein. Band 10, 2. Aufl., Langensalza 1910, 63-111.
Krause, W.: Die Höhere Waldschule, in: J. Nydahl (Hg.), Das Berliner Schulwesen, Berlin 1928, 316-326.
Krause, W.: Die Höhere Waldschule Berlin-Charlottenburg, Berlin 1929.
Lohmann, J.: Das Problem der Ganztagsschule, Ratingen 1965.
Ludwig, H.: Die Schulkonzeption Paul Oestreichs und des Bundes Entschiedener Schulreformer, in: Gesamtschul-Informationen 18, 1987a, Heft 3/4, 191-219.

Ludwig, H.: Gesamtschule und Ganztagsschule, in: Gesamtschul-Informationen 18, 1987b, Heft 3/4, 125-154.

Ludwig, H.: Ganztagsschule und Ausländerkinder, in: Bildung und Erziehung, 1987c, 305-319.

Ludwig, H.: Entstehung und Entwicklung der modernen Ganztagsschule in Deutschland. Studien und Dokumentationen zur deutschen Bildungsgeschichte. Hrsg. vom Deutschen Institut für Internationale Pädagogische Forschung. Band 51. 2 Teilbände, Köln u. a. 1993.

Mayer-Kulenkampff, L.: Gedanken zur Schule heute, in: Die Schule, 1947, Heft 8, 1-6.

Merker, F.: Die Waldschule Leipzig 1932-1939 – Eine Ganztagsschule, in: Pädagogische Rundschau, 1987, 445-462.

Neufert, H.: Die Waldschule, in: G. Porger (Hg.), Pädagogische Zeit- und Streitfragen, 2. Aufl., Bielefeld und Leipzig 1926 (erstmals 1906), 130-136.

Nohl, H.: Die pädagogische Aufgabe der Gegenwart, in: Die Sammlung, 1947, 694-701.

Oestreich, P.: Die elastische Einheitsschule – Lebens- und Produktionsschule, 2. Aufl., Berlin 1923.

Raab, E. u. a.: Handbuch Schulsozialarbeit, Weinheim und München 1987.

Radde, G.: Fritz Karsen – Ein Berliner Schulreformer der Weimarer Zeit, Berlin 1973.

Richter, I.: Aus dem Leben der Waldschule, in: Festschrift zum 50jährigen Bestehen der Wald-Oberschule Berlin-Charlottenburg, Berlin 1960, 13-24.

Schede, F./Bergelt, A.: Neugestaltung der höheren Schule im Sinn der Freiluftschule, in: K. Triebold (Hg.), Die Freiluftschulbewegung, Berlin 1931, 139-142.

Specht, M.: Stadtrandschule und Landerziehungsheime, in: Die Sammlung, 1956, 192-195.

Specht, M.: Erfahrungen mit der Ganztagsschule – Bericht über eine Studienfahrt nach England, in: Die Sammlung, 1957, 262-265.

Timp, O.: Das Halbinternat als geschlossene Erziehungsanstalt für Mittelschüler – Versuch einer praktischen Lösung. Dissertation an der Universität Wien, Wien 1935.

Triebold, K.: Gegenwärtiger Stand der deutschen Freiluftschulbewegung, in: K. Triebold (Hg.), Die Freiluftschulbewegung, Berlin 1931, 58-77.

Wenke, H.: Für und wider die Fünftagewoche, in: R. Bamberger u. a. (Hg.), Das Kind in unserer Zeit, Stuttgart 1958a, 121-134.

Wenke, H.: Die Ganztagsschule in der Lebensordnung unserer Zeit, in: Gemeinnützige Gesellschaft Tagesheimschule (Hg.), Theorie und Praxis der Tagesheimschule, Frankfurt a. M. 1958b, 7-18.

Wyneken, G./Halm, A. (Hg.): Wickersdorfer Jahrbuch 1909-1910, Jena 1910.

Jürgen Oelkers

Gesamtschule und Ganztagsschule – Politische Dimensionen des deutschen Bildungswesens

1. Das Ausgangsproblem

Auch nach PISA ist in Deutschland keine Diskussion entstanden, die das Verhältnis von Demokratie und Schule zum Thema hätte, obwohl – oder vielleicht gerade weil – die Daten der PISA-Lesestudie darauf verweisen, dass der wesentliche Effekt der deutschen Schulbildung auf Benachteiligung oder Bevorzugung durch Herkunftsmilieus hinausläuft. Das ist unverträglich mit dem demokratischen Gebot der Chancengleichheit. Die beiden zentralen Reformthemen in der bildungspolitischen Reaktion auf PISA sind demgegenüber Ganztagsschulen und nationale Bildungsstandards, also mehr Zeit und striktere Anforderungen unter der Voraussetzung, dass mehr vom Gleichen die beste Lösung sein wird. Aber die Schulqualität entsteht in einem bestimmten System; wenn die Qualität als ungenügend angesehen wird, müssen die Ursachen *im* System gesucht werden.

Der internationale Vergleich macht deutlich, dass alle Systeme, die in etwa vergleichbar sind mit dem deutschen, und bessere, zum Teil weit bessere, Resultate erzielt haben, über qualitativ klar bestimmbare Merkmale verfügen:

- Es handelt sich um Gesamtschulen mit einem Tagesangebot,
- die über einen hohen Betreuungsaufwand verfügen,
- gezielt Förderungen anbieten,
- die nicht selektiv sind und
- gleichwohl hohe Leistungen erzielen.

Kurz gesagt: Nicht-selektive Systeme erreichen im Durchschnitt eine höhere Qualität als selektive. Damit stellt sich die Systemfrage. Aber die wird entweder nicht gerne gehört oder einseitig positioniert, als Marotte der Gewerkschaft Erziehung und Wissenschaft (GEW) und nicht als wirkliches und zentrales Problem der Schulentwicklung. Eigentlich wäre die deutsche Bildungspolitik dafür zuständig, aber die weicht der Systemfrage aus und will die Effizienz des bestehenden Systems verbessern, was immer dann gesagt wird, wenn etwas unangetastet bleiben soll.

Das hat, historisch gesehen, Methode, denn die Etablierung einer Gesamtschule für alle Kinder ist in Deutschland vor 1914 intensiv gefordert worden und nach 1918 zweimal gescheitert, ohne je eine ernsthafte Realisierungschance gehabt zu haben. Die Einführung der *Grundschule* nach der Reichsschulkonferenz 1920 war gleichbedeutend mit der Reduktion der gemeinsamen Verschulung auf den kleinsten gemeinsamen Nenner, nämlich die ersten vier Schuljahre, was im Prinzip noch immer gilt. Vermieden werden sollte seinerzeit die sozialistische „Einheitsschule", und es ist einigermaßen ironisch, dass gerade Einheitsschulen durchschnittlich höhere Leistungen erzielen und bessere Gewähr für Chancengleichheit bieten als gegliederte Schulen. Das deutsche System setzte und setzt demgegenüber auf Selektion, was zur Folge hat, dass sehr weitgehend die soziale Herkunft über den Bildungserfolg entscheidet. Bildung ist in diesem Sinne kein Bürgerrecht, die Anstrengung des Systems ist nicht darauf gerichtet, niemanden zurückzulassen, sondern zu sortieren, wer wo hingehört.

In der Konsequenz des Entscheids vor mehr als achtzig Jahren, der alle deutschen Gesellschaftssysteme mit Ausnahme der DDR überstanden hat, findet die schulische Selektion so früh statt wie in keinem anderen Bildungssystem. In kaum einem anderen System ist sie auch so unkorrigierbar und mit so weit reichenden Folgen verbunden. Es ist geradezu Elternpflicht, alles zu versuchen, den Abschluss der Grundschule mit einem Übergang zum Gymnasium oder mindestens zur Realschule zu verbinden, um die Hauptschule als Restschule der „Verlierer" zu vermeiden.

Das hat zur Folge, die Leistungen der Hauptschulen, die in diesem System den schwierigsten Auftrag erfüllen müssen, gering zu schätzen oder zu ignorieren, um nur ja den negativen Selektionsfolgen auszuweichen. Gesagt werden darf das öffentlich nicht, gleichwohl ist die Strategie klar erkennbar. Wer kann, schickt sein Kind aufs Gymnasium, nicht damit das Kind gymnasiale Bildung erwirbt, sondern damit es gegen viele andere die besten Chancen erhält. Diese Haltung entsteht aus der Verteilung der Privilegien. Solange das Abitur die höchste Berechtigung ist, die den Hochschulzugang öffnet, und solange ein Studium als Königsweg für den Eintritt in den Arbeitsmarkt gilt, solange werden die unteren Bildungsabschlüsse massiv entwertet und also gemieden, wo es nur irgend geht.

Diese Entwertung hat de facto dem System der Berechtigungen nichts angetan, im Gegenteil: Berechtigungen und nicht Kompetenzen definieren den Erfolg oder den Misserfolg der Bildung und so die Zugänge zur Gesellschaft. Dabei ist nicht der Bildungswert entscheidend, sondern der Tausch- und Gebrauchswert, der mit den unterschiedlichen Berechtigungen ungleich verteilt ist. Berechtigungen oder Abschlüsse sind staatliche Regelungen, auf die hin das System eingestellt ist. Genauer: Die *Differenz* der Abschlüsse definiert Dynamik und Qualität des Systems. Die Macht hat der Staat, nicht der Bürger. Über das deutsche Schulsystem ist nie demokratisch abgestimmt worden, nicht der Souverän hat darüber entschieden, sondern etatistische Festlegungen in einem feudalen System vor mehr als hundertfünfzig Jahren.

Warum ist dieses starre und ungleiche System nie strukturell verändert worden? Nach dem Zweiten Weltkrieg ist versucht worden, im Zuge der Re-Education einen radikalen Systemwechsel herbeizuführen, nämlich die Etablierung eines nicht selektiven Bildungswesens nach Vorbild der amerikanischen High School. Begründet wurde dieser Systembruch mit dem Beginn der neuen Demokratie, die endlich auch in der Bildung Chancengleichheit realisieren sollte. Die Privilegierung der Gymnasien sollte aufgehoben und die Schulzeit für alle auf zwölf Jahre verlängert werden, ohne länger auf ein dreigliedriges System zu vertrauen. Chancengleichheit ist also nicht erst im Zuge von Georg Pichts Philippika der „deutschen Bildungskatastrophe" diskutiert worden, sondern unmittelbar nach der Zerschlagung der nationalsozialistischen Herrschaft.

Mit Neugründung der Bundesländer war diese Idee vom Tisch. Als dann nach 1949 die Einheitsschule in der DDR realisiert wurde, konnte darauf in der alten Bundesrepublik kaum noch Bezug genommen werden. Die Gesamtschulen der siebziger Jahre sind immer von dem Verdacht begleitet gewesen, sie seien leistungsfeindliche Produkte sozialistischer Gleichmacherei, ein Odium, das bis heute besteht. Zudem wirken die naturalistischen Begabungstheorien der zwanziger Jahre nach, die die Dreiklassigkeit des Systems begründeten und auf die offenbar noch immer zurückgegriffen werden kann. Den realen Sozialismus freilich gibt es nicht mehr, es ist nur noch Nostalgie, wenn man fragt, wie wohl die DDR beim PISA-Lesetest abgeschnitten hätte. Das demokratische Deutschland kann also nicht mehr unter Hinweis auf den Sozialismus und schon gar nicht auf Begabungstheorien darüber diskutieren, wie die Schule dieser Demokratie aussieht und wie sie sich entwickeln soll.

Wie erklärt sich aber der historische Befund? Warum ist das System, wie es ist? Ich gehe davon aus, dass diese Struktur mental tief verankert ist und immer wieder Bestätigung gefunden hat, was ohne reflexive Muster nicht möglich gewesen wäre. Das Problem ist auch eines der Theorie und so eines, das auf die Pädagogik als Disziplin verweist. Eine meiner Vermutungen geht dahin, dass die deutsche Pädagogik immer noch von staatstheoretischen Voraussetzungen des 19. Jahrhunderts ausgeht, mindestens stillschweigend, die wie dauerhafte Entwicklungssperren wirken. Es kann kein Zufall sein, dass Demokratie als Referenzrahmen der Erziehungs- und Bildungstheorie bis heute so wenig Beachtung findet. Andererseits sind pädagogische Theorien im Blick auf ihre Legitimationspotenziale ausgesprochen mächtige Größen, wie nicht nur die genannten Beispiele „Sozialismus" und „Begabung" zeigen. Bildungssysteme reagieren wohl vordergründig auf Kritik, vor allem aber auf reflexive Stabilisatoren. Es ist daher nicht nebensächlich oder zweitrangig, wie die pädagogische Reflexion beschaffen ist und welche nationalen Besonderheiten sie verfolgt.

2. Eine historische Hypothese

Eine Besonderheit der deutschen Erziehungsreflexion ist das Konzept der pädagogischen Autonomie, das entgegen der landläufigen Meinung nicht von Herman Nohl und der „geisteswissenschaftlichen Pädagogik" erfunden wurde. Meine These geht davon aus, dass hinter dem, was seit der Weimarer Republik „pädagogische Autonomie" genannt wird, *staatstheoretische* Auffassungen stehen, die es überhaupt erst ermöglichen, Erziehung unabhängig von Gesellschaft und so für sich zu betrachten. Die Vergesellschaftung der Erziehung muss abgewehrt werden, damit sie „autonom" erscheinen kann. Erziehung wird dabei ausschließlich auf Familie bezogen, die ja auch den Untergrund abgibt für die von Nohl entwickelte Theorie des „pädagogischen Bezuges". Sie setzt voraus, dass Gesellschaft im Kern der Erziehung keine Rolle spielt. Nur deshalb kann sie „autonom" erscheinen.

Für Vergesellschaftung der Erziehung steht der Ausdruck „pädagogischer Kommunismus", den Albert Schäffle im ersten Teil seines Buches „*Bau und Leben des socialen Körpers*" von 1874[1] geprägt hat. Der Begriff kritisiert jeden Versuch, Erziehung anders als in der Familie zu organisieren. Die Familie wird verstanden als einzig möglicher Hort der „Individualisierung der menschlichen Anlage", der heilig gehalten werden müsse. Dieser auratische Ort ist ein Exterritorium der Gesellschaft, der aus sich selbst heraus zu verstehen ist. Darauf hatte schon Wilhelm Heinrich Riehl in seinem Buch über die Familie (1855) insistiert (vgl. Leip 1994). Die Idee der heiligen deutschen Familie ist romantischen Ursprungs und hält sich als Topos der öffentlichen Reflexion im ganzen 19. Jahrhundert.

Schäffle verwendet also einen hochgradig akzeptierten Gemeinplatz, wenn er schreibt:

„Das Kind ist geistig, wie leiblich, das Erbe aller Eigenschaften der Eltern (…) Vater und Mutter sind bis zu einem gewissen Punkt die einzig geeigneten Pädagogen, um in Sprache, Sitte, Standesanschauung, Fachüberlieferungen der neuen Generation den geistigen Gesammtgehalt des Volksthums in jener *individuellen* und *concreten Form* zu übertragen, welche für den jungen Geist aus ihrem Geist und für das junge Fleisch aus ihrem Fleisch wirksam und fruchtbar ist" (Schäffle 1881, 242).

Schäffle war Ökonomieprofessor in Tübingen und Wien.[2] Später war er einer der einflussreichsten Politikberater im frühen Kaiserreich, der die Konzepte der deutschen Sozialpolitik wesentlich mitbestimmt hat. Er gehörte zu der Gruppe

---

[1] Zweite Auflage 1881.
[2] Albert Schäffle (1831-1903) war zunächst Redakteur beim „Schwäbischen Merkur" und lehrte seit 1861 Ökonomie an der Universität Tübingen. Er gehörte von 1862 bis 1865 dem Württembergischen Landtag an und wurde 1868 Mitglied des deutschen Zollparlaments. Im gleichen Jahr wurde Schäffle als ordentlicher Professor an die Universität Wien berufen. Im Februar 1871 wurde er Handelsminister im Ministerium Hohenwart. Nach dem Fall des Ministe-

der so genannten „Kathedersozialisten",[3] die einen staatlich organisierten Sozialismus vor Augen hatten, der sowohl dem westlichen Liberalismus wie dem Kommunismus französischer oder englischer Prägung entgegengesetzt war. Der Ausdruck „Sozialismus" steht dabei für staatliche Verteilung. „Kathedersozialisten" wie Schäffle oder auch Adolph Wagner[4] gingen davon aus, dass die Ausdehnung des modernen Verwaltungsstaates nicht nur eine irreversible historische Tendenz sei,[5] die nicht mehr umgekehrt werden könne, sondern dass damit ein geschichtlicher Endzustand verbunden sein werde, nämlich der des allumfassenden Sozialstaates. Dabei ist nicht Freiheit grundlegend, sondern rationale Ordnung, die von der Bürokratie erwartet wurde. Demokratie war wohl ein Thema des *„Kommunistischen Manifests"*, aber nicht des deutschen „Staatssozialismus", ein Ausdruck, den deutsche Privatunternehmer als Kampfbegriff[6] gegen Bismarcks Politik der Verstaatlichung gebrauchten.[7]

Wagners (1894, 299 ff.) Ausgangspunkt war die Bildung von Nationalkapital, das von der Größe der Produktion, der Qualität der Produkte und dem Unterhaltsbedarf der Bevölkerung abhängig gemacht wurde.[8] Schäffle sprach ähnlich von der Verwandlung des privaten in „vereintes Kollektivkapital", das staatlich verteilt werden müsse. Familie und Erziehung sind davon nicht berührt. Sie sind private Größen und werden „autonom" verstanden; die Verstaatlichung von Ökonomie und Gesellschaft sollte die Familie und die Erziehung in der Familie ausnehmen. Diese Annahme pädagogischer Autonomie gilt im

---

riums im Oktober 1871 zog sich Schäffle nach Stuttgart zurück. Danach begann seine erfolgreiche Karriere als ökonomischer Schriftsteller und politischer Berater.

3 „Kathedersozialisten" nannten ihre Gegner die Mitglieder des 1872 in Eisenach gegründeten „Vereins für Sozialpolitik", dem auch Professoren angehörten.

4 Adolph Wagner (1835-1917) studierte unter anderem bei Robert von Mohl (1799-1875) Staatswissenschaften. Wagner wurde 1864 an die Universität Dorpat berufen, ging 1868 von dort nach Freiburg/Breisgau und wurde 1870 ordentlicher Professor der Staatswissenschaften in Berlin. Wagner trat 1881 der konservativen Christlich-socialen Partei bei und wurde kurzfristig ihr zweiter Präsident. Wegen der Abspaltungstendenzen in der Partei trat er bald von diesem Amt zurück. Wagner wurde 1882 Mitglied der Konservativen Partei und war von 1882 bis 1885 Mitglied des Preußischen Abgeordnetenhauses. Im Mai 1890 wurde Wagner Präsident des ersten „Evangelisch-socialen Kongresses", der in Berlin stattfand und dessen sozialreformerisches Programm er mit entworfen hatte.

5 „Tendenz" im Sinne der Sozialstatistik (vgl. Wagner 1864, 44 ff.).

6 Der „Staats-Socialist" war zugleich das 1877 gegründete Organ des „Central-Vereins für Social-Reform aus religiöser und constitutionell-monarchischer Grundlage". An der Probenummer der Zeitschrift wirkte Adolph Wagner mit (Der Staats-Socialist. Wochenschrift für Socialreform 1. Jg. (1877/1878) bis 5. Jg., Heft 13 (1882)).

7 1883 entstand die deutsche Krankenversicherung, 1884 wurde die Unfallversicherung eingeführt, 1889 die Alters- und Invalidenversicherung, parallel dazu entstand das staatliche Tabakmonopol und wurde mit der Verstaatlichung der Eisenbahnen begonnen, nachdem der Prozess der Verstaatlichung des Schulwesens schon wesentlich früher eingesetzt hatte.

8 „Je größer die Production, je geeigneter die Producte für die Function als Kapital, je kleiner der nothwendige Unterhaltsbedarf der ganzen Bevölkerung und insofern, je kleiner, bei einem gegebenen Productionsertrages, die Bevölkerung, desto rascher und größer kann das Wachsthum des Nationalkapitals sein, falls nur die richtigen Dispositionsacte getroffen werden" (Wagner 1894, 303).

Prinzip bis heute, wer die Familie im gesellschaftlichen Kontext sieht, verfolgt Ziele des Kollektivismus, was für die Verstaatlichung der Bildung nicht gilt. Der Aufbau der staatlichen Volksschule im 19. Jahrhundert und die Intimität der Familien waren keine Widersprüche, sondern Entsprechungen. Die Folgen sind evident: Der Staat unterhält und regiert die Schule, aber der Einfluss der Gesellschaft auf die Erziehung wird beschnitten, es gibt daher mit Rücksicht auf das Familienprinzip und die pädagogische Autonomie nicht zufällig keine ganztägige Verschulung. Kein Zufall ist es auch, dass die staatliche Bildung kein Prinzip der Einheitlichkeit der Bildungsanforderungen kennt, die eine Gesamtschule rechtfertigen würde. Das „vereinte Kollektivkapital" ist im Bildungsbereich immer nach der sozialen Herkunft und so ungleich verteilt worden, wobei inzwischen eine bürokratische Verdichtung erreicht ist, die es tatsächlich schwer macht, sich einen anderen Modus der Verteilung oder gar eine Schule *ohne* staatlichen Zuteilungsmodus vorzustellen.

Schäffle begründete diesen Hiatus zwischen staatlicher Bildung und pädagogischer Autonomie negativ und prägte dafür den Begriff des „pädagogischen Kommunismus":

„Zu den vielen Unbegreiflichkeiten unserer Zeit gehört es, daß sie zwar die Herstellung des Collectiveigenthums an den Mitteln eines doch wirklich collectiven Arbeitsprozesses unbesehen und blindlings als ‚unnatürlichen' Communismus verabschiedet, dagegen einen vergleichsweise tausendmal bedenklicheren pädagogischen Kommunismus, einen Kommunismus, welcher in das innerste Heiligthum der social unentbehrlichen Individualisirung und Individualtradition eingreift, wenigstens theoretisch hätschelt" (Schäffle 1881, 242 f.).

Die Grundlage dieser Kritik ist die Theorie des „Volkskörpers". Der Volkskörper besteht aus *Zellen*, die nach Virchows Zellularpathologie[9] erkranken können (vgl. ebd., 256 f.). Familien sind soziale Zellen, typische Störungen ihrer Funktionsweise sind Scheidungen, Ehebruch, „*wilde Ehen*" und Prostitution sowie „unnatürliche geschlechtliche Laster" (ebd., 259). Die „Erschütterungen der allgemeinen Gesellschaftszustände" tragen auch zur „Entartung" des Verhältnisses zwischen Eltern und Kindern bei, die so gefasst wird:

„Laxheit der öffentlichen Moral, Verfall alles idealen Strebens, proletarische Verkümmerung der Hauswirthschaft, welche die Eltern und Kinder trennt, letztere früh der Fabrik ausliefert, isolirt und allen Verführungen preisgiebt, auf der anderen Seite Verzärtelung der im Reichthum geborenen Kinder, welchen nicht moralische Zucht, sondern Affenliebe der Eltern zu Theil wird, das sind hauptsächliche Ursachen der Erschütterung des natürlichen Verhältnisses zwischen Eltern und Kindern. Ohne Hebung dieser Grundursachen der Erkrankung bringt es auch auf diesem Gebiete die sociale Therapie nur zu Palliativen" (Schäffle 1881, 262).

Auch das kommt in der heutigen Diskussion ungebrochen vor. Nur die wahre Familie und die natürlichen Beziehungen schützen vor den beiden Gefahren der materiellen Verelendung und der Wohlstandsverwahrlosung. In beiden Fällen wird der gesellschaftliche Einfluss nur negativ bestimmt, „Gesellschaft"

---

9   „Die Cellularpathologie in ihrer Begründung auf physiologische und pathologische Gewebelehre" (1858).

ist der äußere und feindliche Raum, dem der innere Raum der Familie und so der pädagogischen Gemeinschaft entgegengestellt werden muss. Nur so, autonom gegenüber Gesellschaft, ist Erziehung möglich

Vermutlich kommt auch der Ausdruck „sociale Therapie" zum ersten Male bei Schäffle vor. Gemeint ist das Fort- und Umbauen der „vorhandenen socialen Gewebe und Organe", also die Verbesserung des Volkskörpers, der, solange er „lebt", nicht von neuem beginnen kann (vgl. ebd., 738). Der Kernsatz der Theorie Schäffles lautet daher: Conservatio continua creatio – Erhaltung ist fortgesetzte Schöpfung.[10]

Die soziale Organisation muss „mit denselben Mitteln erhalten" werden, „durch welche sie begründet wurde" (ebd., 739). Im Falle von Volk und Staat gilt das für das Prinzip der Zentralisierung, „Sozialismus" ist für Schäffle und die Kathedersozialisten beschränkt auf Staatseigentum, das zentral gelenkt werden muss. Dabei wird die Ausweitung der staatlichen Verteilung und so der Verwaltung auf alle Lebensbereiche angestrebt, eingeschlossen die Bildung und ausgenommen die Familie.

Wagner (1894, 230) nannte das den dritten, den deutschen Weg zwischen Liberalismus und Kommunismus, also zwischen Besitz und Selbstorganisation. Privateigentum ist für Wagner lediglich eine „historische Kategorie" und in diesem Sinne „eine Einrichtung relativer Zweckmäßigkeit", die von ihrer volkswirtschaftlichen Nützlichkeit her betrachtet werden muss, also nicht als unantastbares Prinzip gelten kann.[11] Das gilt auch für das Prinzip der *Aufhebung* des Privateigentums. Sozialismus kann also nicht „deduziert" werden, vielmehr müssen die historische „Function des Privateigenthums", die „Technik der Production" sowie die maßgebenden Motive des Wirtschaftens in Rechnung gestellt werden (vgl. ebd., 231 f.). Je nach sozialökonomischer Nützlichkeit kann oder muss die Verstaatlichung forciert werden, ohne dass auf der anderen Seite ein Konzept der Zurücknahme des Staates notwendig erscheint.

In Wagners politischer Ökonomie ist nicht die „individuelle Arbeit, sondern die im socialen, durch die Staatsordnung geschützten Verband ausgeübte Arbeit die eigentlich productive Kraft" (ebd., 241). Daher geht es nicht, wie bei Marx, um die Assoziation der freigesetzten Lohnarbeiter, die das revolutionäre Potenzial der sozialen Veränderung hervorbringt, sondern um Effektivierung der staatlich geschützten Arbeitsorganisation. Letztlich schützt der Staat nicht einfach das Kapital, sondern die Produktion, und zwar durch Formatierung und Normenvorgaben, wie dies an der Rationalisierung der Schule leicht abgelesen werden kann. Damit verbunden ist die allmähliche Verstaatlichung des Privateigentums, zu verstehen als „Hinüberführung der in diesem Eigentum stehenden Objecte in gesellschaftliches oder Gemeineigenthum". Eine Grundbedin-

---

10   Emile Durkheim (1885) hat das Buch rezensiert. Für ihn lief das Konzept auf eine „statique sociale" hinaus, also auf ein soziales System, das sich weder bewegen noch fortlaufend verändern kann.

11   Die Kritik am Eigentum hatte schon Fichte formuliert: Grundlegend ist nur das Recht auf bestimmte freie Tätigkeit, nicht Eigentum an Boden oder Sachen (vgl. Fichte 1977, 106 ff.).

gung dafür ist „sittliche Zucht" und „Bildung des Volks" in der dafür eigens entwickelten staatlichen Volksschule (vgl. ebd., 252).

Die Entwicklung des Privateigentums wird nicht als Frage des Privatrechts verstanden, sondern stellt eine „öffentlich-rechtliche Frage" dar, über die „vornemlich nach volkswirthschaftlichen und socialpolitischen Gesichtspuncten zu entscheiden ist" (ebd., 274). Diese Frage

„(...) fällt im Wesentlichen zusammen mit der Frage nach der *Möglichkeit* und *Zweckmäßigkeit* der Ausdehnung des zwangsgemeinwirtschaftlichen auf Kosten des privatwirtschaftlichen und zum Theil des freigemeinwirtschaftlichen Systems. Je *leistungsfähiger* sich das zwangsgemeinwirtschaftliche, besonders durch den Staat und die Gemeinde repräsentirte System erweist und je mehr inhärente Schäden das privatwirtschaftliche zeigt, desto mehr empfiehlt sich die Ausdehnung des ersteren. Dies führt tatsächlich zu einer Beschränkung des Privateigenthums und zu dessen Ersatz durch öffentliches Eigenthum, z. B. bei Wegen, Wäldern, Bergwerken, Verkehrsanteilen, und kann zum principiellen Ausschluss desselben an ganzen Kategorieen von Objecten, wie den eben erwähnten führen" (Wagner 1894, 274 f.).

Das einflussreichste Lehrmittel der sozialistischen deutschen „Arbeiterbildung" war nicht das „Kommunistische Manifest", sondern Albert Schäffles Lehrbuch *„Die Quintessez des Socialismus"* von 1875.[12] Die „Quintessenz" war die geschichtliche Entwicklung des staatlichen Sozialismus, ein Programm, das auch auf Schule und Bildung übertragen wurde. Die deutsche Pädagogik ist im Sinne ihres Systems eine Staatspädagogik, die sich auf protestantische Gesellschaftstheorien des 19. Jahrhunderts gestützt hat. Die stets schwachen Versuche einer Demokratisierung der Theorie sind regelmäßig gescheitert. Im Vormärz gab es demokratisches Schrifttum,[13] das mit der halbherzigen Revolution von 1848 verschwand und deren Autoren ins westliche Ausland, vor allem in die Schweiz und die Vereinigten Staaten, emigrierten.[14] In der Weimarer Republik wurde der „Dritte Weg" der *Staatspädagogik* fortgesetzt und nach 1945 scheiterte, wie gesagt, die amerikanische Re-Education an den Strukturen der deutschen Bildungsinstitutionen.

Das gilt ähnlich für die parallele Geschichte der Reflexionsformen. Für eine Theorie der demokratischen Erziehung fehlen die Traditionen. Die zentra-

---

12 Dreizehn Auflagen bis 1891.
13 Darin eingeschlossen sind auch Forderungen nach Demokratisierung der Erziehung. Diese Schriften politischer Schriftsteller außerhalb der pädagogischen Professionen sind kaum bekannt und wenig aufgearbeitet (vgl. etwa Wirth 1832; Fröbel 1847; Hagen 1845).
14 Friedrich Edding (1936, 85) hat die demokratischen Ideen der Frankfurter Nationalversammlung so kommentiert: „Es zeigt sich zum ersten, das sie (die Demokratie, J. O.) nicht imstande ist, dem Volke eine wirkliche Führung zu geben. Das kunstvolle Gleichgewichtssystem der „Organisation der Freiheit" ist vielmehr darauf angelegt, Führung unmöglich zu machen, dafür aber Demagogen und anonymen Mächten zu ihrer eigennützigen Herrschaft zu verhelfen und so schließlich das Ende aller Freiheit, die Diktatur herbeizurufen. Das demokratische Prinzip vermag zum zweiten keine gestalthafte Gemeinschaft zu bilden, führt sich vielmehr selbst ad absurdum, insofern es, folgerichtig angewandt, keine Handhabe bietet, der Staatsidee abträglichen Bestrebungen in Presse, Vereinswesen, Schule und Kirche entgegenzutreten. (...) Am allerwenigsten endlich ist eine gesunde soziale Volksordnung mit dem demokratischen Prinzip aufzubauen. Es taugt nur, um Überlebtes zu zerschlagen."

le Schrift der politischen Bildung im 19. Jahrhundert waren Fichtes „*Reden an die deutsche Nation*", die ihrerseits zurück gingen auf die Theorie des geschlossenen Handelsstaates, die Fichte im Jahre 1800 vorgelegt hatte.[15] Die Grundidee ist die eines „geschlossnen Reiches der Gesetze und der Individuen". Diesem Reich gehört man an oder nicht, jeder Einzelne ist entweder Mitglied oder gar nichts, und man kann nur *exklusiv* Mitglied sein, also nicht zwei oder mehreren Staaten gleichzeitig angehören, eine These, die auf erstaunliche Weise die deutsche Auffassung von Staatszugehörigkeit geprägt hat.

„Geschlossen" ist der Staat bei Fichte (1977, 88 ff.), weil den „Untertanen" aller Verkehr mit dem Ausland verboten ist und nur der Staat Handel treiben darf. Im Gegenzug sorgt nicht der Monarch, sondern der Staat für seine Bürger, und zwar mittels Verteilung der Arbeit. Zur Erhöhung des Wohlstandes der *Nation*[16] ist es unerlässlich, so Fichte, dass der Staat „die zum menschlichen Leben nötigen Arbeitszweige verteilt" (ebd., 92). Das geschieht durch Steuern und Abgaben, durch staatliche Umverteilung sowie durch den Aufbau einer staatlichen Beamtenschaft (vgl. ebd., 93 f.). Zentral ist der „Wille des Staates" (ebd., 100), der sogar den Wert des Geldes repräsentieren soll (vgl. ebd.), Demokratie ist nicht notwendig. Die Bürger sind *Mitglieder* und so von *Untertanen* nicht zu unterscheiden.

3. Die fehlende Tradition

Die Konzentration auf den Staat und das Volk dieses Staates ist nicht nur, aber vornehmlich ein Problem der politischen Theorie in Deutschland. Zwar trifft es zu, dass generell in Kontinentaleuropa Begründungen politischer Erziehung mit Demokratie eher selten sind, aber dominante Linien, wie die von Fichte über die Kathedersozialisten bis in die Weimarer Republik und danach, sind eine Besonderheit der deutschen Erziehungstheorie. Auffällig ist, dass die damit verbundenen Reflexionsformen immer noch wenig gebrochen und wenigstens im öffentlichen Diskurs nach wie vor appellationsfähig sind. Natürlich heißt es nicht mehr „deutsche Bildung", aber die Erziehungsreflexion kann immer noch auf die „pädagogische Autonomie" zurückkommen, wenn es um den Vorrang der Familie geht, und die erste Maxime der Schulentwicklung ist nicht *Demokratie*, sondern staatliche Verteilung.

Die Geschichte dieses Problems hat auch innerhalb der Professionsliteratur im engeren Sinne einen eindeutigen Befund. Liberaldemokratische Ansätze Mitte des 19. Jahrhunderts, die ihrerseits eher marginal waren (vgl. z. B. Rümelin

---

15 Johann Gottlieb Fichte, Tübingen 1800: „Der Geschlossne Handelsstaat. Ein philosophischer Entwurf als Anhang zur Rechtslehre und Probe einer künftig zu liefernden Politik" (Fichte 1977, 59-167).
16 Formuliert im Singular gegen Adam Smith' „Wealth of Nations".

1846 oder Hegener 1848), sind am Ende des Jahrhunderts vergessen. Wenn es vor 1914 Reflexionen über „demokratische Pädagogik" (Gansberg 1911) gab, dann eher im methodischen Verständnis als „partnerschaftlichen Unterricht" oder „Selbstregierung" in der Schule (vgl. Klatt 1911), ohne dabei eine demokratische Gesellschaft vorauszusetzen oder anzustreben. Für die Professionsliteratur war Demokratie wenn, dann Verhalten im pädagogischen Nahraum, das einen Erziehungszweck erfüllen sollte und nicht politisch verstanden wurde.

Nach dem ersten Weltkrieg änderte sich das Bild insofern, als sich sozialistische, bolschewistische und faschistische Weltanschauungsblöcke entwickelten, aus denen jeweils Konzepte politischer Erziehung hervorgingen. Sie waren sämtlich konträr zu einer liberalen Demokratie eingestellt, die als historisch auslaufendes Modell verstanden werden konnte. In den sozialistischen Optionen wurde „Demokratie" oft mit „bürgerlicher Gesellschaft" und „Kapitalismus" gleichgesetzt, die „demokratische Erziehung" wiederum, verstanden als Verhaltensmodus, sollte dann zur *Überwindung* dieser Gesellschaft eingesetzt werden (vgl. Löwenstein 1976 u. a.). Auf der faschistischen Seite war die „Erziehung zur Volksgemeinschaft" dezidiert antidemokratisch, eine Orientierung am „Führerprinzip" gab es in Deutschland seit der Jugendbewegung mit starken Präferenzen für Gruppenerlebnisse und volkspädagogische Dienlichkeit, die zum Beispiel Heinrich Roth (1938) für den Nationalsozialismus zu adaptieren verstand.

Interessant ist in diesem Zusammenhang das Wahrnehmungs- und Rezeptionsverhalten, das ich an einem Beispiel aus der Reformpädagogik illustrieren möchte. Einer der bekanntesten Autoren der deutschsprachigen Erziehungsliteratur vor dem Ersten Weltkrieg war Friedrich Wilhelm Förster. Er hatte 1907 – vielleicht nicht zufällig von Zürich aus[17] – amerikanische Methoden und Experimente der „Selbstregierung" in demokratischen Schulen als Reformstrategie empfohlen, die einem europäischen Publikum[18] nahe gebracht werden sollte. Bekannte Modelle des „self-government" waren etwa Wilson Gills[19] „*School*

---

17 Friedrich Wilhelm Förster (1869-1966) kam 1896 von Berlin nach Zürich. Er habilitierte sich 1898 für Philosophie an der Universität Zürich, 1901 an der ETH. 1911 lehnte der Regierungsrat des Kantons Zürich einen Antrag auf Erweiterung der „Venia Legendi" für die gesamte Pädagogik ab. Förster folgte daraufhin einem Ruf an die Universität Wien. 1914 wurde er an die Universität München berufen, Förster versah die Professur bis 1920, bevor er unter dem Druck der nationalistischen Studentenschaft den Lehrstuhl aufgab. Er kehrte in die Schweiz zurück und musste erleben, wie seine Schriften 1935 in Deutschland verbrannt wurden. 1942 ging Förster in die USA, 1964 kehrte er abermals in die Schweiz zurück. Förster ist europaweit als Schriftsteller der Reformpädagogik rezipiert worden, ohne einer liberalen „neuen Erziehung" das Wort zu reden. Förster war konsequenter Pazifist (vgl. Pascal 1999).

18 Förster war ein viel übersetzter Autor mit Lesern in ganz Europa. Er repräsentierte eine einflussreiche literarische oder essayistische Reformpädagogik, die in der Rezeption weit gehend unterschlagen wird (vergleichbar Theodor Lessing und diversen anderen).

19 Wilson L. Gill war Präsident der „Patriotic League" von New York City. „Die Patriotic League of the Revolution" wurde 1882 gegründet.

City" in New York oder die von William George[20] gegründete „Junior Republic" in Freeville im Staate New York.[21] Gill ging davon aus, dass Verfassung und Unterrichtsmethoden in den öffentlichen Schulen nicht demokratisch seien. Die Schüler hätten keine demokratischen Rechte und seien undurchsichtigen Autoritäten unterworfen, die sie regierten, ohne von ihnen gewählt worden zu sein. Das Konzept der „School City" verwandelte die autoritäre Schule in eine Republik, in der die Schüler mitregieren, also exekutive, legislative und juridische Funktionen übernehmen. Zur Überraschung der Lehrkräfte erwiesen sich die Schüler als sehr geschickt in diesen Funktionen. Sie enttäuschten das Vertrauen nicht und entwickelten Stolz über ihre Selbstregierung (vgl. Gill 1913).

Die erste *Junior Republic* entstand 1895 in Freeville. Sie wurde gegründet für adoleszente Jugendliche, die entweder vernachlässigt wurden oder delinquent geworden waren. Auch hier war Selbstregierung ein Grundprinzip, nur eben bezogen auf eine sozialpädagogische Einrichtung und nicht auf eine öffentliche Schule. Die Machtbalance mussten die Jugendlichen demokratisch aushandeln, wobei wiederum zwischen Legislative, Exekutive und Jurisdiktion unterschieden wurde. Es gab eine gesetzgebende Körperschaft, ursprünglich sogar unterschieden zwischen Repräsentantenhaus und Senat, später[22] organisiert als ständige Versammlung, die über die Grundregeln des Zusammenlebens zu befinden hatte.

Die zentrale Maxime war Respekt vor dem Gesetz. Die delinquenten Jugendlichen sollten nicht nur lernen, wie Gesetze auf demokratischem Wege zustande kommen, sondern vor allem, dass sie eingehalten werden müssen. 1908 waren 70 Mädchen und 90 Jungen Mitglieder dieser selbst verwalteten Republik. Sie mussten sich ihren Lebensunterhalt verdienen und sollten auch in dieser Hinsicht eine möglichst authentische Miniatur der amerikanischen Gesellschaft erfahren. „Nothing without Labour" war das Motto[23] der Kolonie (vgl. George 1910; Commons 1898; Lincoln 1900). Das mag rückblickend ziemlich rigoros erscheinen, muss aber auch vor dem Hintergrund gesehen werden, dass die zeitgenössische deutsche Arbeitsschule ohne jeden Gedanken an eine Republik entwickelt wurde.

---

20 William Reuben George (1866-1936) war ein New Yorker Geschäftsmann, der sich in der „Fresh Air Fund Charity der New York Tribune" engagierte. Mit diesem Fonds wurden zwischen 1890 und 1894 Sommerkolonien für Schulkinder organisiert. George war davon überzeugt, dass diese kostenlosen Kolonien eher das Gegenteil von dem hervorbrachten, was sie intendierten, nämlich eine Verstärkung von Verwahrlosung und Kriminalität der älteren Kinder und Jugendlichen. Aus dieser Erfahrung entstand der Plan, eine permanente und sich selbst unterhaltende Kolonie zu gründen.
21 Die „Junior Republic" hat über Homer Lanes (1875-1925) englische Gründung „Little Commonwealth" (1913-1918) auch das Konzept von „Summerhill" beeinflusst. Lane war zuvor Erzieher in der „George Junior Republic".
22 Seit 1899.
23 So hieß auch ein Handbuch (manual) der „George Junior Republic", das 1909 in siebter Auflage vorlag.

Bereits die deutsche Übersetzung des Anliegens ist kennzeichnend für die Wahrnehmung. Der amerikanische Ausdruck „self-government" wird wohl mit „Selbstregierung" übersetzt, aber nicht mit pädagogischen Republiken, sondern mit *Schulstaaten* zusammengebracht. Schulen sind für deutsche Autoren staatliche Anstalten, keine öffentlichen Einrichtungen, die sich selbst das Gesetz geben könnten. In der deutschsprachigen Rezeption vor dem Ersten Weltkrieg ist auffällig, dass von den bekannteren Autoren nur Förster Chancen sieht, die Versuche mit Selbstregierung übertragen zu können, ohne allein schon die Herkunft – Amerika – als pädagogische Unmöglichkeit zu betrachten. Aber auch Förster sieht die „Selbstregierung" in Schulstaaten nicht wirklich in einem demokratietheoretisch versierten Zusammenhang, der auf das politische System bezogen werden könnte.

Försters primäres Interesse ist *Moralerziehung*. Er diskutiert die amerikanischen Erfahrungen unter dem Stichwort „Reform der Schuldisziplin". Disziplin, so die These, lasse sich in einem partizipatorischen System besser bewerkstelligen als mit der herkömmlichen Lehrerautorität. Die Schule[24] werde von den amerikanischen Autoren als politisches „Gemeinwesen" verstanden, Klassen seien demokratische Wahlbezirke, die sich auf ein öffentliches Leben beziehen, also auf konflikthafte Prozesse des Aushandelns. Das heißt:

- Schüler wählen ihre Repräsentanten,
- sie lernen debattieren,
- sie lernen, ihre *nominating speech* wirkungsvoll darstellen,
- sie müssen politische Urteilskraft herausbilden,
- die öffentliche Meinung respektieren usw. (vgl. Förster 1908, 150 ff., 162 ff.).

Dieses System, so zitiert Förster die amerikanischen Lehrkräfte, übe Disziplin „spielend", weil Regeln eingehalten werden müssen und Verfahren die Auseinandersetzung bestimmen (vgl. ebd., 165 f.). Wir haben es, kommentiert Förster, „mit einem *,sozialpädagogischen'* Unternehmen ersten Ranges" zu tun, mit Erziehung zur „Gewissenhaftigkeit" und „Verantwortung", also mit Moral und nachgeordnet mit Demokratie (vgl. ebd., 161, 166 ff.). Das gelte auch für „self-government" in Schweizer Schulen, die sich nach dem Vorbild der *Landsgemeinde* organisierten (vgl. ebd., 168 ff.).[25] Die „Selbstregierung" diene der „Selbstverantwortung", und wenn mit der „öffentlichen Meinung" statt mit körperlichen oder psychischen Strafen erzogen werde, dann in diesem moralischen Sinne (vgl. ebd., 170).

Für deutsche Reformpädagogen war hier bereits das Überschreiten der Grenze politischer Reformpädagogik gegeben. Ein hervorstechendes Beispiel

---

24 Beschrieben wird die „Lagrange-City-Schule" in Toledo (Ohio).
25 Förster bezieht sich auf Interviews mit Toggenburgischen Lehrkräften (vgl. Förster 1908, 168).

ist Hugo Gaudig, der sich 1917[26] mit dem amerikanischen „self-government" auseinandersetzte und darin nur einen Gegensatz zur Schule als Gemeinschaft erkennen konnte. Die „amerikanische Importidee", heißt es spitz, definiere „Selbstregierung der Schüler (...) unter Verwendung *staatlicher* Formen", während die Gemeinschaft der Schüler eine *organische* Verbindung sein müsse (Gaudig 1922, Band I, 175; Hervorhebung J. O.). Die Ablehnung „amerikanischer" Reformpädagogik wird geradezu zum nationalpolitischen Bekenntnis:

„Bei uns Deutschen, die wir durch die lange Gewöhnung geschichtlichen Denkens gelernt haben sollten, unorganische Formübertragungen an der Schwelle zurückzuweisen, hätte die große Weisheit, daß die Schule kein Staat ist, genügen sollen, das Ideengebilde der *schoolcity* in seinen wesentlichen Momenten abzulehnen" (Gaudig 1922, 176).

Aber gerade die deutsche Schule *ist* staatlich, nur die Phantasie der „Gemeinschaft" ist imstande, diesen Zusammenhang auszublenden. Im Blick auf die amerikanischen Erfahrungen übersieht Gaudig, dass es sich um konkrete Versuche gehandelt hat, keineswegs um „Ideengebilde", bei denen man ohnehin nicht wüsste, wie sie „unorganische Formübertragungen" vornehmen könnten. „Unorganisch" ist alles, was mit parlamentarischer Demokratie und so mit repräsentativer Beteiligung zutun hat. Gaudig formuliert seine „Ablehnung" in „schroffer" Form so:

„Parlamentswahlen, Zusammenkünfte in Parlamentsform, Parlamentsreden der Jünglinge, Parlamentsbeschlüsse in der Schule gehören für mich zu den Ungeheuerlichkeiten. Noch ungeheurer ist ein Gerichtswesen auf den Schulbänken.[27] Das Ungeheuerlichste aber dünkt mich das Beamtentum der Knaben und Jünglinge" (Gaudig 1922, 176).

Im System des *self-government* wählt die Schülerschaft Vertreter für bestimmte Sachgebiete, die für begrenzte Zeit ein Ressort führen sollen. Gaudig sieht darin „Beamte", die den „Geist der (...) Selbstregierung zerstören" würden, der nur aus der „Natur der Schulgemeinschaft" heraus erwachsen könne (vgl. ebd.). „Selbstregierung" ist daher kein politisches, sondern ein methodisches Prinzip, das nichts mit *self-government* zu tun haben soll. Positiv also wird „Selbstregierung" von Gaudig dezidiert unpolitisch verstanden, als Prinzip der

---

26 Gaudigs Schrift „Die Schule im Dienste der werdenden Persönlichkeit" ist eine zweibändige Sammlung von Aufsätzen und Einzelschriften, die 1917 zuerst veröffentlicht wurde. Hugo Gaudig (1860-1923) studierte Philologie und Theologie in Halle, war anschließend Gymnasiallehrer, unter anderem an den „Franckeschen Stiftungen" in Halle, und wurde 1900 zum Direktor der „Höheren Mädchenschule" nach Leipzig berufen. Hier entstand ein Lehrerinnenseminar mit angeschlossener Übungsschule unter Gaudig. Sein Konzept der „freien geistigen Schularbeit" führte die „Arbeitsschule" aus dem Kontext der Handwerkserziehung heraus und machte daraus ein Prinzip der allgemeinen Schulreform, das Erleben und Selbsttätigkeit, in diesem Sinne Persönlichkeitsbildung, in den Mittelpunkt stellte. Gaudigs „Didaktische Ketzereien" von 1904 kritisierten folgenreich den „fragend-entwickelnden" Frontalunterricht.

27 Gemeint sind „Schüler- oder Schulgerichte", die das Verfahren der normalen Gerichtsbarkeit übernehmen. Damit sollen autoritäre Urteile vermieden und soll der Prozess der Urteilsfindung mit den Instanzen des Rechtsstaates eingeübt werden.

schulischen Lernarbeit, nicht der staatsbürgerlichen Erziehung (vgl. ebd., 177). Gaudigs Gegner war Georg Kerschensteiner (1928), der ein staatsbürgerliches Konzept der Arbeitsschule begründet hatte, das sich aber insofern gar nicht von Gaudig unterschied, als auch Kerschensteiner Gemeinschaft (Arbeitsgemeinschaft) und nicht Demokratie in den Mittelpunkt stellte.

Die „Grundgesetze der Schule", heißt es bei Gaudig weiter, „gibt der Staat". Schulen müssen „im Sinne der Staatsgesetze" ihre je „individuellen Lebenssphären" ausbilden und „die Normen festlegen, die ihr Lebensprozeß fordert" (Gaudig, 179). Demokratie in irgendeinem nennenswerten Sinne ist nicht erforderlich, und „Staat" ist *jeder* Staat, unabhängig von seiner Verfassung. „Schulgemeinschaft", „Selbstregierung" oder auch „staatsbürgerliche Erziehung" lassen sich auf alle möglichen Staatsformen beziehen, sofern diese Erziehung oder Reformpädagogik benötigen, was gleichsam nie ausgeschlossen werden kann. Oft wird auch gar nicht von „Staat" gesprochen, sondern von „Volk", „Volksgemeinschaft" oder „Kollektiv", auf die hin die staatlichen Ressourcen eingestellt werden sollen.

Es geht nicht um Freiheit, letztlich auch nicht um Gleichheit, sondern tatsächlich um Eingliederung. Personen sind *Mit-Glieder* der Gemeinschaft oder des Kollektivs und müssen dafür erzogen werden, ohne die Wahl zu haben. Sie partizipieren nicht einfach und können sich nach eigenem Entschluss beteiligen oder nicht, sondern werden auf soziale Kollektive eingestellt, die im Gegenzug Fürsorge übernehmen. Der Gemeinschaftsgedanke fundiert die deutsche Reformpädagogik, nicht etwa die Freiheit des Kindes oder die Entwicklung der Demokratie. Freiheit und Demokratie sind keine Themen, weder im politischen noch im pädagogischen Sinne, was alleine erklärt, warum Autoren wie Alexander Neill Außenseiter gewesen sind, die den Kern der Reformpädagogik weder dargestellt noch bestimmt haben. Charakteristisch ist auch, dass Neill nach 1969 als Protagonist der „anti-autoritären" und nicht der demokratischen Erziehung wahrgenommen wurde.

Die geringe Frequenz demokratischer Theorien, die eine Kontrollinstanz hätten sein können, kann daher nicht erstaunen. Das Grundproblem war das Verhältnis von Individuum und Gemeinschaft, nicht von Bildung und Demokratie. Nochmals, das ist nicht allein ein deutsches Problem, die Instanz einer demokratischen Theorie der Erziehung wurde auch in der kontintenaleuropäischen Pädagogik eher nur am Rande gesucht. Wenigstens gilt das für die Zwischenkriegszeit, die wohl radikale, aber kaum demokratische Konzepte entwickelte. Weit mehr war die *politische Reformpädagogik* (vgl. Rülcker/Oelkers 1998) mit autoritären oder totalitären Zielen verbunden, die den Charme der „Kindzentriertheit" in einem anderen Licht erscheinen lassen. Die „Gemeinschaft" war in diesem Lichte immer grundlegender als das Kind, auch weil Distanz oder gar Widerstand keine pädagogischen Kategorien waren.

„Gemeinschaft" bleibt trotz dieser Geschichte attraktiv. Heutige Internet-Einträge beziehen sich wie selbstverständlich auf Ferdinand Tönnies und den

Vorrang der *Gemeinschaft* vor der *Gesellschaft*,[28] um progressive Erziehung zu begründen, mehr als hundert Jahre *nach* ihrem Entstehen und unbeschadet aller politischen Katastrophen, die mit dem Ausdruck „Gemeinschaft" angerichtet wurden. Das überrascht nicht, wenn man die Macht der pädagogischen Wünsche in Rechnung stellt; andererseits verblüfft dieser Befund, weil „Gemeinschaften" keine autonomen Größen sind und der Gegensatz zur Gesellschaft nicht existiert. Umso mehr kann dann Erziehungsreflexion darauf Bezug nehmen, wenn und soweit immer noch die beste *aller* Welten gefunden werden soll. Pädagogische Gemeinschaften sind immer Inseln, auf denen die eigentliche, die wahre Erziehung stattfinden soll, und dies mit Effekten, die die Gesellschaft *draußen* verändern sollen, als habe gerade Rousseau den *„Emile"* geschrieben.

Bekanntlich fehlt dem „Emile" der theoretisch überzeugende Bezug zum „Contrat Social". Wenn es zwischen natürlicher Erziehung und Gesellschaft einen Zusammenhang gibt, dann den der Totalität. Rousseau entfaltet im *„Emile"* das Panorama der total gelenkten Erziehung, die nur zum Schein frei ist, und er braucht im Gesellschaftsvertrag am Ende eine natürliche Religion, um Sozialität zu stiften, die wohl einen Vertrag kennt, aber im Kern nicht demokratisch ist. Offenbar ist das Verhältnis von Demokratie und Erziehung nicht über die *„volonté générale"* zu bestimmen und hat Auswirkungen auch auf die Theorie selbst. Letztlich ist die Frage, ob die Theorie selbst demokratisch sein kann und muss.

4. Demokratie und Erziehung

Fragt man nach einem „Referenzrahmen" für die pädagogische Theorie, also einem Rahmen, in dessen Grenzen die Theorie Geltung finden soll, und behauptet, es sei in politischer Hinsicht die Demokratie, dann handelt man sich eine Reihe von schwierigen Fragen ein, etwa die nach dem Zweck einer solchen Theorie oder nach dem praktischen Nutzen. Nicht das geringste Problem ist, dass Demokratie in der traditionellen Erziehungstheorie *keinen* – ausdrücklichen – Referenzrahmen darstellt. Das gilt mindestens für die europäischen Traditionen, die fast alle protestantisch geprägt sind und das eigene Objekt, also das Kind oder den Menschen, immer in ein abstraktes Verhältnis zur „Welt", zum „Geist" oder zur „Gesellschaft" gesetzt haben. Seit dem 18. Jahrhundert war für diese Theorie wesentlich nur zweierlei interessant, die Einführung des Individuums *in* die Gesellschaft oder seine Befreiung *von* der Gesellschaft. Im ersten Falle steht das Individuum der Gesellschaft gegenüber und wird in sie integriert, im zweiten Falle ist das Individuum gehalten, Gesellschaft von sich abzuschütteln, sie zu vermeiden oder aus sich heraus zu erneuern.

---

28 Ich beziehe mich auf die Internet-Version von Duncan Dwyers Handbuch „Strengthening Community in Education".

Zum Nachweis dieser Thesen dienen allerlei Hilfskonstruktionen, etwa die der „Verinnerlichung" der Gesellschaft oder der fortlaufenden „Emanzipation" von Gesellschaft, die sämtlich nicht besonders plausibel sind, weil Individuum und Gesellschaft wie ein innerer kleiner und ein äußerer großer Raum betrachtet werden, die irgendwie in ein Verhältnis gesetzt werden müssen. Der innere Raum oder die „Seele" lässt wie ein *Mikrokosmos* verstehen, den ein *Makrokosmos* ständig begleitet oder besser umfasst, wobei *mehr* oder *weniger* Übereinstimmung bestehen kann. Erziehung lässt sich so abstrakt als Annäherung oder Distanzierung von „Individuum" und „Gesellschaft" fassen, ein Verhältnis, dem alle Spezifika fehlen. Die Theorie fasst und variiert nur das eigene Schema, keine Beobachtungen der Wirklichkeit, so dass sie auch durch Erfahrungen nicht korrigiert oder wenigstens konkretisiert werden kann. Sie stimmt einfach immer und kann so weder klüger werden noch sich selbst zurücknehmen.

Wissenschaft basiert auf Beobachtung, ohne Beobachtungsdaten hat die Theorie keine Basis. Soll sie so angelegt sein, als Theorie ohne Basis, also auf der Grundlage von Metaphysik, muss das gesagt werden. Anders wäre die Theorie ein Schwindel mit dem Etikett. Wir beobachten das Verhalten anderer und schließen induktiv auf allgemeine Verhältnisse, ohne die Realität des Beobachteten zu bezweifeln. Was zweifelhaft werden kann, ist die aus den Beobachtungsdaten gewonnene Theorie, wenn sie dem widerspricht, was beobachtet wird. Theorien verallgemeinern, aber das Allgemeine ist nie direkt zugänglich (vgl. Peirce 1991, 99 f.). Daraus müsste eigentlich folgen, dass neue und abweichende Beobachtungsdaten Theorien verändern können und in bestimmten Fällen auch müssen.

Erziehungstheorien aber sind im historischen Längsschnitt erstaunlich stabil, auch wenn gelegentlich die Semantik ausgewechselt wird und neue Autorennamen den Diskurs bestimmen. Diese Theorien gelten entweder aufgrund historischer Gewohnheit oder weil sie durch besondere Überzeugungen gesichert sind. Hinter Erziehungstheorien stehen daher nicht zufällig oft spezielle Sicherungssysteme, etwa solche der Anthropologie oder der Metaphysik, denen eigen ist, dass sie durch keine Erfahrung korrigiert werden können oder sollen. Sie und die aus ihnen abgeleiteten Theorien der Erziehung werden nicht als Hypothesen angesehen, sondern als selbstevidente Wahrheiten. Ihnen kann nichts hinzugefügt und nichts weggenommen werden, und sie gelten immer, ohne dass ihr Entstehungskontext oder ihre Rezeptionsgeschichte den Geltungsanspruch beeinflussen würden.

Eine demokratische Theorie der Erziehung muss in dem Sinne demokratisch sein, dass sie keinen höheren Standpunkt als den der Erfahrung einnehmen kann, der im Prinzip jedermann zugänglich ist. Jede allgemeine Schlussfolgerung ist im Lichte neuer Erfahrungen veränderbar, Theorien, anders gesagt, gelten nicht qua Tradierung, sondern aufgrund von Regeln der Bewährung. Auch Theoriesysteme müssen sich neuen Situationen anpassen können, es ist nicht einfach die pädagogische Tradition, also ein Konstrukt der Geschichtsschreibung, die sie sichert, sondern Bewährung im Zusammenhang von Problemlösungen. Also nicht der Tatbestand, dass Rousseau, Pestalozzi und Herbart den Status pädagogischer Klassiker einnehmen, macht sie hervorragend, sondern ob die Theorien der natürlichen Erziehung, der ganzheitlichen Entwicklung der Kräfte oder des erziehenden Unterrichts Potenziale entfalten zur Bearbeitung heutiger Probleme, der Theorie wie der Praxis.

Ein Kriterium zur Abgrenzung hat John Dewey 1916 vorgeschlagen. Er unterscheidet in „*Democracy and Education*" Erziehungstheorien danach, ob sie sich auf feudale oder auf demokratische Verhältnisse beziehen. Erziehung ist kein „autonomer" Bereich irgendwo gegenüber der Gesellschaft, soziale und pädagogische Erfahrung lässt sich gar nicht unterschieden, während Erziehungsreflexionen auf die gesellschaftliche Situation reagieren, in denen sie entstehen. Das gilt nicht im Sinne einer Spiegelungstheorie, sondern eher in dem Sinne, dass spätere Erfahrungen von früheren Theorien nicht antizipiert werden können. Im Sinne dieses Prinzips müssen auch und gerade Erziehungstheorien Lernfähigkeit beweisen, während im aktuellen pädagogischen Diskurs nichts wirklich ausgeschlossen ist und man auf alles zurückkommen kann.

Konzepte allein sind kein Maßstab, vielmehr muss der jeweilige Kontext ihrer Entstehung und Verwendung in Rechnung gestellt werden. Natürlich spricht auch Rousseau von „Entwicklung", aber unter der Voraussetzung von Sensualismus und Anthropologie des 18. Jahrhunderts. Deweys eigenes Konzept der Rekonstruktion der Erfahrung und der intelligenten Anpassung setzt den Darwinismus voraus, eine Wasserscheide, mit der sich pädagogische Autoren immer noch schwer tun (vgl. Egan 2002). Aber auch beim Darwinismus sind vor allem die Beobachtungstaten interessant, die Konzepte müssen sich anpassen lassen. Wie immer, bei Dewey ist interessant, dass Demokratie als evolutionäres Produkt oder besser: als Problemlösung verstanden wird, mit der die industrielle Gesellschaft auf Prozesse der Mobilisierung und Differenzierung, damit zusammenhängend der Freisetzung, reagiert hat. Emanzipation ist kein pädagogisches Programm, sondern eine Möglichkeit gesellschaftlicher Erfahrung, die mit dem Aufbau transnationaler Formen der Produktion und Kommunikation immer wahrscheinlicher wurde. Übrigens hätte spätestens hier, Ende des 19. Jahrhunderts, die Theorie des „geschlossenen Handelsstaates" korrigiert werden müssen.

Eine demokratische Erziehung setzt eine freie und offene Gesellschaft voraus, also das, was in den dreißiger Jahren des 20. Jahrhunderts politisch fraglich schien und auch von vielen angelsächsischen Intellektuellen in Frage gestellt wurde. Demokratie wurde oft gleichgesetzt mit Kapitalismus, eine Analogie, die John Dewey (1987, 297) nie vollzogen hat. Im Januar 1937 verfasste er einen wenig bekannten kleinen Essay mit dem Titel „*Democracy is Radical*".[29] Der Anspruch der beiden großen Diktaturen, sie seien im Kern auch demokratisch,

---

29 John Dewey: Democracy is Radical, in: Common Sense, 6, 1937, 10-11 (Dewey 1987, 296 ff.).

nur sozial gerechter als das angelsächsische System, wird zurückgewiesen. Auch die zeitgenössische, von nicht wenigen amerikanischen Autoren vertretene Gleichsetzung von politischer Erziehung und Klassenkampf wird zurückgewiesen (vgl. Slesinger 1937). Die amerikanische Demokratie ist nicht einfach die des Kapitalismus, vielmehr ist damit die ständige Auseinandersetzung zwischen Freiheit und Macht gemeint, die in keiner offenen Gesellschaft je zu einem Abschluss gebracht werden könnte. Daher ist die Frage des Mittels oder der Methode dieser Auseinandersetzung zentral. Sie nennt Dewey „radikal":

„The fundamental principle of democracy is that the ends of freedom and individuality for all can be attained only by means that are acrid with those end" (Dewey 1987, 298).

Faschismus, Nationalsozialismus und Bolschewismus missachten sowohl Freiheit als auch Individualität, sie zerstören die Meinungsfreiheit und negieren das freie Spiel der intellektuellen Kräfte. Ihre „Revolutionen" waren Gewaltakte oder Erfolge in Krisen, aber wichtiger noch, die Ergebnisse sind der Kritik entzogen und dürfen nicht durch freie Erfahrungen korrigiert werden. Alle europäischen Diktaturen verstanden sich selbst als finales Ergebnis der Geschichte, die nicht nochmals neu eröffnet werden sollte. Aber, so Dewey, nichts ist radikaler, als darauf zu insistieren, sozialen Wandel mit demokratischen Mitteln herbeizuführen (vgl. ebd., 299). Reaktionär ist der, der demokratische Auseinandersetzung mit physischer Gewalt unterdrückt (vgl. ebd.).

1939, in „Freedom and Culture", setzte sich Dewey mit dem „wissenschaftlichen Materialismus" auseinander und dabei auch mit der Attitüde westlicher Intellektueller, Wissenschaft zu betrachten, als sei sie „a new kind of infallibility" (Dewey 1991, 131). Die marxistische Theorie ist insofern ein Testfall für den Pragmatismus, als sie die von Charles Sanders Peirce entwickelte praktische Logik ausschließt und behauptet, letzte Wahrheiten über physikalischen wie sozialen Wandel zu besitzen (vgl. ebd.). Eine solche monolithische Theorie sozialen Handelns und sozialer Ursachen hat immer die perfekte (ready-made) Lösung zur Hand, ohne je wirkliche Probleme zu treffen (vgl. ebd., 134). Die Theorie ist uniform und einseitig, sie behauptet Objektivität und ist außerstande, die Interaktion zwischen objektiven und menschlichen Faktoren auch nur zu registrieren (vgl. ebd., 132). Und es ist sehr ironisch, dass die Theorie, die am lautesten „Wissenschaftlichkeit" für sich reklamiert hat, diejenige ist, die am meisten die Grundregeln der wissenschaftlichen Methode verletzt (vgl. ebd., 135). Sie behauptet „Gesetze" und missachtet das Verfahren. Hier rächt sich der inhärente Hegelianismus der marxistischen Theorie. Die abstrakten Prinzipien werden durch die Praxis widerlegt, aber das intellektuelle Regime kann nicht lernen, weil keine Erfahrung es korrigieren könnte, es sei denn der eigene Zusammenbruch.

Dewey bezieht also den „contemporary totalitarianism" (ebd., 149) auf beide diktatorischen Systeme der dreißiger Jahre, also auf den Faschismus und den Bolschewismus gleichermaßen. Beide sind mit der Kultur der Freiheit und so mit Demokratie nicht vereinbar (vgl. ebd., 151). Dabei ist nicht an einen

Wettbewerb der Systeme gedacht, Dewey geht von grundsätzlicher Unvereinbarkeit aus, also bezieht sich an dieser Stelle nicht allein auf das Prinzip praktischer Bewährung, sondern nimmt eine Beziehung an zwischen der Demokratie und der Natur des Menschen, die sich nur entwickeln kann, wenn eine Kultur der Freiheit gegeben ist. Die Kultur der Freiheit setzt allgemeine Bildung voraus, die nicht entgegen den Prinzipien der Demokratie organisiert sein darf. Es ist nicht einfach ein Akt der Verteilung, sondern der Partizipation und des Austausches, um die beiden Kriterien zu nennen, die Dewey 1916 in „*Democracy and Education*" entwickelt hat.

Jeder Bürger und jede Bürgerin muss die Freiheit haben, an die Demokratie glauben zu können (vgl. ebd., 179). Sie ergibt sich weder aus ökonomischen Gesetzen, wie die marxistische Theorie annimmt, noch ist sie einer bestimmten Rasse inhärent, wie die faschistische Theorie behauptet. Demokratie auf der anderen Seite verlangt den Glauben an die uneingeschränkte Entwicklung der menschlichen Potenziale (vgl. ebd., 154), was nicht möglich wäre ohne moralische Verpflichtung (vgl. ebd., 78) und öffentliche Bildung. Aus diesem Grunde sind Gesamtschulen oder Schulen für alle entwickelt worden, die mit ihrem Bildungsangebot soziale Vor- und Nachteile ausgleichen sollen. Das mag gerade auch angesichts der realen Bedeutung amerikanischer Privatschulen (vgl. Powell 1996) naiv sein, aber ist als öffentliche Forderung unverzichtbar.

Was hat das alles mit deutscher Bildungspolitik zu tun? Hinter einem Schulsystem steht immer eine politische Überzeugung, die pädagogisch reflektiert und stabilisiert wird. Der Zweck der Schule ist aber weniger im Streit der Meinungen erkennbar, vielmehr muss er an der institutionellen Form abgelesen werden und an der Geschichte des Problems. Wenn meine Analyse zutreffend ist, dann stabilisieren Reflexionsformen des 19. Jahrhunderts und nicht eine demokratisch entschiedene Reflexion die deutsche Schule. Demokratische Ziele werden nicht auf demokratische Mittel bezogen, vielmehr bestimmt eine historische Struktur die soziale wie die reflexive Wirklichkeit der Schule. Die Struktur ist im ersten Drittel des 19. Jahrhunderts entwickelt und im letzten Drittel etabliert worden. Seitdem ist sie auf merkwürdige Weise unangetastet, was sich auch im Vermeiden von Systemfragen zeigt. Umso mehr liegen Wünsche nahe. Wenn das finnische System so gut ist, warum führen wir es nicht einfach ein?

5. Ein bildungspolitischer Vorschlag

Was ist aber falsch an der Idee, sich an der skandinavischen Gesamtschule zu orientieren? Ich vermute, es ist das *Vorbild*. Man kann nach Lage der Dinge nicht einfach fremde Systeme kopieren, und seien sie noch so erfolgreich. Man kann immer nur das eigene System entwickeln, das nie ein zweites Mal komplett neu erfunden wird, wie manche Kommentare unterstellen. Die zentrale

Frage ist, in welche Richtung die Entwicklung gehen soll und was die Ursache dafür ist, dass jahrzehntelang offenkundig in die falsche Richtung entwickelt worden ist, sofern man überhaupt von „Entwicklung" sprechen kann.

Das Problem lässt sich auch mit einem Destruktionsszenario aufzeigen: Die Einführung einer echten Gesamtschule in Deutschland würde bedeuten, alle Kinder und Jugendlichen von der Vorschule bis zum Abschluss der Sekundarstufe I, also zwischen vier und sechzehn Jahren, im Wesentlichen gleich zu verschulen, während in Deutschland noch nicht einmal das Prinzip der Schulstufen durchgesetzt ist. Die Primarstufe umfasst mit wenigen Ausnahmen nur vier Jahre, es gibt keine verbindliche Vorschule oder Schuleingangsstufe, die Sekundarstufe I ist nach Typen unterschieden, die Gymnasien entziehen sich der Stufung und bieten integrale Programme von der fünften bis zur dreizehnten Klasse an. Die Kürzung auf zwölf Schuljahre ändert an dieser Struktur nichts.

Die Einführung einer echten Gesamtschule hätte zur Folge, dass im Primar- und Sekundarbereich nicht nur die heutigen Schultypen, sondern auch die Lehrerkategorien verschwinden würden. Die Gymnasien hätten nur noch vier Jahre Schulzeit zur Verfügung, sie würden zu dem, was in der Schweiz „Kurzzeitgymnasium" heißt, das logisch wie symbolisch auf der gleichen Stufe steht wie die Berufsschulen. Das würde bedeuten, auf mehr als die Hälfte der heutigen Stellen im Gymnasialbereich zu verzichten, die frei werdenden Mittel könnten anders investiert werden, aber das wäre längst nicht alles. Es müssten größte Anstrengungen für einen kompletten Systemumbau unternommen werden, die derzeit nicht annähernd absehbar sind, und dies nicht nur wegen der finanziellen Möglichkeiten, sondern mehr noch aufgrund der historischen Mentalitäten. Auch sie müssen entwickelt werden, der Umbau ist auch und wesentlich ein Umdenken. Die geschichtliche Anlage von Reflexion und System ist dafür mehr als hinderlich.

Niemand würde wirklich wollen oder können, was mit einem Entscheid für eine Gesamtschule nötig wäre. Die gesamte Infrastruktur und Organisation des Schulsystems müsste grundlegend verändert werden, die Ausbildung der Lehrkräfte müsste einen kompletten Wandel erfahren, das vorhandene Personal, eingestellt auf Besitzstandswahrung, müsste gegen seinen Willen umgeschult werden, die Lehrpläne müssten völlig neu geschrieben werden, die Ministerialbürokratie müsste quer zu den bisherigen Laufbahnen neue Aufgaben übernehmen, die Mentalität der Lehrkräfte müsste sich entgegen jahrzehntelanger Statuspflege radikal umstellen, die Öffentlichkeit müsste auf grundlegend neue Konzepte der Erziehung und Bildung eingestellt werden – und dann hätte man immer noch nicht die Voraussetzungen für die Qualität, die in Finnland oder im besten aller Systeme, der kanadischen Provinz Alberta, erzielt werden.

Der zentrale Wandel nämlich ist der von der *Unterrichtsschule* zur *Angebots- und Förderschule*, die mehr bietet als nur Schulstunden. Unterricht wird bekanntlich auch dann abgehalten, wenn niemand etwas lernt. Der Ausfall von Unterricht ist ein Dauerthema im Beschwerdekatalog der Kunden der öffentlichen Bildung, während kaum je gefragt wird, was passiert, wenn der Unterricht stattfindet. Von ihrer Struktur her ist die deutsche Schule eine typische Unterrichtsschule, das Hauptaugenmerk liegt darauf, dass der Stundenplan erfüllt und nicht, welche Qualität erzeugt wird. PISA war deswegen ein so großer Schock, weil die gute Qualität vorausgesetzt, nie jedoch ernsthaft geprüft wurde. Deutsche Lehrkräfte sind Einzelkämpfer, die für ihren Unterricht zuständig sind, nicht jedoch dafür, Qualität zu erzeugen, ausgenommen eben durch Unterricht.

Das klingt befremdlich, denn was sollen Lehrkräfte anderes tun, als zu unterrichten? Unterricht ist, wie man heute so schön sagt, das „Kerngeschäft" der Schule, aber Schule ist mehr als Unterricht (vgl. Oelkers 2003), nämlich ein umfassendes Lern- und Erfahrungsfeld, das nicht allein durch die Stundentafel bestimmt sein kann und auch nicht bestimmt ist. Jeder Unterricht erzeugt eine bestimmte Ungleichverteilung von Leistungen und so von Qualität, deutsche Lehrkräfte unterrichten in einem System, das gegen diese Ungleichverteilung wenig bis nichts tut. Daran würde sich auch mit der formalen Einführung von Gesamtschulen kaum etwas ändern, solange

- keine Förderprogramme,
- keine sozialpädagogische Betreuung,
- keine medizinische Versorgung und
- keine kompetenten Schulleitungen zur Verfügung stehen.

Wenn das alles fehlt oder mindestens nicht integral vorhanden ist, müssen schwache Schulleistungen als sozusagen gottgegeben hingenommen werden, und wer einmal ein „schwacher Schüler" geworden ist, wird es mit hoher Wahrscheinlichkeit auch bleiben, weil dagegen nichts unternommen wird, ausgenommen das zufällige Engagement einzelner Lehrkräfte. Die Einstellungen und Lernhaltungen von Schülern generell lassen sich nicht beliebig verändern, und dies nicht nur, weil sie Etiketten erhalten, sondern weil die Schüler gelernt haben, sich auf die Schule einzustellen und daraus ihre Schlüsse ziehen.

Mit der Gestaltung von Chancengleichheit hat das ersichtlich kaum etwas zu tun. Aus der PISA-Studie darf nicht der fatalistische Schluss gezogen werden, man könne angesichts der starken Milieubedingtheit der Schulleistungen ohnehin nichts tun. Das Problem ist zu einem guten Teil hausgemacht, denn die Schule ist auf gezielte Förderung durch und neben Unterricht kaum eingestellt. Vielleicht das alarmierendste Resultat der PISA-Studie ist, dass die diagnostischen Fähigkeiten der Lehrkräfte oft nicht ausreichen, zum Beispiel Leseschwächen zu erkennen und dann gezielt zu fördern. Zudem ist nicht geregelt, was genau „gezieltes Fördern" heißt, Standards dafür gibt es nicht, jede Lehrkraft handelt nach eigenem Dafürhalten, wobei es keinen Ersatz gibt, wenn das individuelle Engagement sich abgenutzt hat. Ein schulischer Leistungsservice für schwache oder überhaupt für Schüler mit besonderen Anliegen ist nicht oder nur sehr rudimentär vorhanden, oder anders: Der tägliche Unterricht *ist* dieser Service, mit allen Belastungsfolgen für die Lehrkräfte, die Eltern und die

Schüler. Die besten PISA-Systeme erreichen ihre Qualität mit einem hohen Aufwand an *zusätzlichen* Unterstützungen, was sie also vor allem unterscheidet, ist der Support und nicht einfach nur die Verfassung als Ganztagsschule.

Was man „Chancengleichheit" nennt, wird nicht einfach zugeteilt, sondern muss von der Schule gestaltet werden. Es handelt sich nicht um einen staatlichen Gnadenakt oder um eine Verweigerungshaltung der Gesellschaft, sondern um eine Handlungsaufgabe, die konkret bestimmt werden muss. Es fällt auf, dass in Deutschland lediglich der Begriff benutzt wird, ohne damit eine Praxis zu verbinden; das *Postulat* wird heftig befürwortet und ebenso heftig verworfen, aber wie genau Schulen darauf reagieren sollen, ist unbekannt. Auch hier hilft ein Blick über den Zaun:

- Skandinavische oder auch angelsächsische Bildungssysteme verwenden Förderprogramme,
- stellen die Lehrpläne auf Standards um,
- setzen Leistungstests zur Qualitätsentwicklung ein,[30]
- integrieren die sozialpädagogischen Dienste und
- versuchen, mit diversen weiteren Maßnahmen, die Milieuunterschiede zu minimieren.

Das alles ließe sich in deutschen Schulen sofort realisieren, und zwar auch dann, wenn keine Gesamtschule eingeführt wird, was politisch wie gesellschaftlich zu erwarten ist. Skandinavische oder angelsächsische Bildungssysteme reagieren mit diesen Maßnahmen wohlgemerkt auf eine wachsende Heterogenität der Gesellschaft, die die Schule auffangen und bearbeiten muss, was mit einer reinen Unterrichtsschule nicht möglich ist. Und bevor der typisch deutsche ideologische Streit durch die Koppelung von PISA-Daten und der bloßen Idee der Gesamtschule neu entfacht wird, mit der Aussicht, ihn nie entscheiden zu können, sollte überlegt werden, was organisatorisch getan werden kann, die Lernchancen der Schüler zu verbessern.

Dafür habe ich abschließend drei Vorschläge. Der erste Vorschlag betrifft die Struktur der Verschulung, der zweite die Verantwortung und der dritte den Erziehungsauftrag. Die strukturelle Möglichkeit, für die ich plädiere, bezieht sich auf die Verlängerung der Grundschule auf sechs Jahre, wies dies heute in Brandenburg und Berlin der Fall ist. Zudem wäre eine Vorschule einzuführen, die den Kindergarten ersetzt. Man hätte so eine sieben- bis achtjährige Gesamtschule, die das bisherige System nicht völlig auf den Kopf stellt, aber frühe Förderung mit besserer Beachtung des Gebotes der Chancengleichheit verbinden könnte. Ich weiß, dass selbst das von vielen Eltern und Politikern nicht gewollt wird, weil die historische Mentalität stärker ist als die abstrakte Einsicht. Und ich weiß auch, wie schwer sich die deutsche Bildungsbürokratie damit tun, eine Systemfrage, die so hochgradig ideologisch besetzt ist, wie die der Gesamt-

---

30 Es ist kein „Teaching for Testing" wie in den USA (vgl. Ornfield/Kornhaber 2001).

schule, neu auf den Tisch zu legen und einer Öffentlichkeit zu präsentieren, die oft schlicht nicht gewillt ist, Fragen der Erziehung mit Fragen der Demokratie zu verknüpfen.

Man sieht Schäffles „pädagogischen Kommunismus" an vielen Stellen der Diskussion, aber das Gegenteil ist europäischer Standard. Schuleingangsstufen gibt es fast überall, nirgendwo erfolgt die Einschulung so spät wie in Deutschland, und wem schon vor dem Wort „Einschulung" graust, der sei darauf verwiesen, dass es in europäischen Nachbarländern sehr wohl möglich ist, in den ersten Jahren einen ebenso individuellen und spielerischen Zugang zum Lernen zu finden, der die Chancen bestimmter Schüler verbessert und die anderer Schüler nicht beeinträchtigt. Warum sich das in Deutschland nicht auch erreichen lassen soll, ist eines der großen Rätsel in der Diskussion. Im Übrigen wäre diese Frage für mich ein typisches Thema für eine Volksabstimmung.

Ein starker Schnitt, der auch unter den gegebenen Bedingungen bezahlbar wäre, ist zweitens die Entwicklung von kompetenten und weisungsbefugten Schulleitungen. In der heutigen Debatte wird, wie gesagt, viel über Ganztagsschulen oder Bildungsstandards gesprochen, nicht jedoch darüber, wie beides durchgesetzt werden soll. Vor allem ist unklar, was beide Maßnahmen im Blick auf die Defizite der PISA-Studie bewirken sollen. Wer den ganzen Tag, statt den halben, zur Schule geht, muss deswegen nicht besser Lesen lernen, und wer seinen Unterricht in Richtung Bildungsstandards einstellt, unterrichtet nicht deswegen schon besser. Allein das spricht dafür, die Schulleitung anders zu fassen als bislang, weil etwa die gezielte Förderung der Leistungsschwachen hohe innere Koordination verlangt und im bloßen Vertrauen auf Kollegialität nicht zu haben ist.

Ein solches Ziel muss notfalls auch gegen Widerstände durchgesetzt werden können, kontinuierlich angestrebt werden und ist daher ein vorrangiges Entwicklungsziel der Schule, dem die Schulleitung Priorität verleiht. Ohne eine solche Steuerung wird auch die Vier-Milliarden-Euro-Ganztagsschule nur dort die PISA-Bilanz verbessern, wo zufälliges Engagement vorhanden ist. Sollen also Leseschwächen minimiert oder die eklatanten Leistungsunterschiede zwischen den Geschlechtern ausgeglichen werden, muss dafür jemand zuständig und verantwortlich sein. Das wäre ein echter Beitrag zur Gestaltung von Chancengleichheit und so zur Bearbeitung von Heterogenität im Bildungssystem.

Der Hinweis auf die Lehrerfort- und Weiterbildung ist zu dünn und nicht überzeugend. Hier geschieht nichts, was mit verantwortlicher Steuerung der Chancen zu tun hätte. Das Problem wird gar nicht bearbeitet, die Verbesserung der durchschnittlichen Bildungsqualität der Schüler, *die* Forderung nach PISA, kann aber nicht der Zustimmung oder Ablehnung einzelner Lehrkräfte überlassen bleiben, sondern verweist auf hohen Steuerungsbedarf und so Leitung. Die Forderung muss zur Priorität werden, die handlungsleitenden Charakter annimmt, während heute niemand ernsthaft in schlechten Mathematikunterricht eingreift oder den guten Mathematikunterricht der einen Lehrkraft als Beispiel für die anderen hinstellt. Die Lesekompetenz wird sich also nicht verbessern, wenn niemand dieses Ziel wirklich anstrebt und niemand qua Amt oder Auftrag dafür zuständig ist.

Das gilt generell, eine starke Veränderung der deutschen Schule wäre die Preisgabe der Illusion, dass Gleichheit der Lohnklasse mit Gleichheit des Engagements oder auch nur der Qualität verbunden ist. Kollegialität ist ein hohes Gut und zugleich ein Hindernis der Reform, wenn damit wechselseitige Ignoranz und Entscheidungsunfähigkeit verbunden sind. Die Schule muss konkret verantwortet werden, sonst ist es auch nicht möglich, drittens, ihren Erziehungsauftrag zu realisieren. Auf sehr auffällige Weise und fast reflexhaft wird dieser Auftrag angemahnt, wenn Defizite beseitigt werden sollen, ohne je *genau* zu sein, insbesondere genau in der Hinsicht, wer die Verantwortung trägt und wer zuständig ist.

Es können nicht einfach alle Lehrer für Erziehung zuständig sein, wenn sie sich höchst unterschiedlich angesprochen fühlen. Aber genau das wird unterstellt, so dass der Adressat unspezifisch wird. Die 669.500 voll angestellten Lehrerinnen und Lehrer an deutschen Schulen[31] werden kaum so handeln, dass am Ende ein doch höchst vage formulierter Erziehungsauftrag erfüllt ist. Charakteristisch ist auch, dass dieser Auftrag gar kein Ende hat, er wird immer nur wiederholt, was möglich ist, weil jeder leicht an die Postulate glauben kann, aber unklar ist, was die Praxis ausmachen soll. Es gibt Worte, aber keine Standards, während beides verändert werden muss, die Macht der Worte und die dafür in Anspruch genommene Organisation.

Dafür ist auch eine demokratische Theorie der Erziehung nötig, die zu einer öffentlichen Überzeugung wird. Die Pädagogik hätte hier eine lohnende Aufgabe, statt immer wieder auf die pädagogische Autonomie zurückzukommen, die letztlich nur das Gegenüber der staatlichen Gesamtversorgung ist. In der Spur des 19. Jahrhunderts ist diese Versorgung immer noch eine ungerechte Verteilung, die den Schulerfolg abhängig macht von der Herkunft, also feudale Verhältnisse voraussetzt. Angriffige Theorien demokratischer Erziehung, die diese Verhältnisse gut begründet herausfordern, sind in der deutschen Pädagogik zu wenig vorhanden, weil die Grundrelation von Individuum und Gemeinschaft seit dem 19. Jahrhundert nie verändert worden ist. Aber Erziehung ist nicht einfach Einführung in die Gemeinschaft, sondern Vorbereitung auf Demokratie und Gesellschaft. Begründet wird diese Vorbereitung seit Condorcet mit einem Konzept öffentlicher Bildung, das allen Kindern als den zukünftigen Bürgerinnen und Bürgern offen steht. Ein „geschlossener Handelsstaat" ist dafür nicht nötig.

---

31 Zahlen für 1999 gemäß den „Grund- und Strukturdaten 2000/2001" des Bundesministeriums für Bildung, Wissenschaft, Forschung und Technologie.

Literatur

Commons, J. R.: The Junior Republic, in: The American Journal of Sociology, 1898, Heft 1, 433-448.
Dewey, J.: The Later Works, 1925-1953, 11, 1935-1937. Hrsg. von J. A. Boydston mit einer Einleitung von J. J. McDermott, Carbondale und Edwardsville 1987.
Dewey, J.: The Later Works, 1925-1953, 13, 1938-1939. Hrsg. von J. A. Boydston mit einer Einleitung von St. M. Cahn, Carbondale und Edwardsville 1991.
Durkheim, E.: A. Schaeffle, Bau und Leben des sozialen Körpers. Erster Band, in: Revue philosophique, 1885, 85-101.
Dwyer, D. M.: Strengthening Community in Education. A Handbook for Change, o. J. (http://www.newmaine.com).
Edding, F.: Vom Ursprung des Demokratismus in Deutschland. Die Verfassungsideen der demokratischen Parteien in der Paulskirche, Düsseldorf 1936.
Egan, K.: Getting it Wrong from the Beginning. Our Progressive Inheritance from Herbert Spencer, John Dewey, and Jean Piaget, New Haven und London 2002.
Fichte, J. G.: Ausgewählte Politische Schriften. Hrsg. von Z. Batscha, R. Saage, Frankfurt a. M. 1977.
Förster, F. W.: Schule und Charakter. Beiträge zur Pädagogik des Gehorsams und zur Reform der Schuldisziplin, 4. Aufl., Zürich 1908 (erste Auflage 1907).
Fröbel, J.: System der socialen Politik, Band I und II, Mannheim 1847.
Gansberg, F.: Demokratische Pädagogik. Ein Weckruf zur Selbstbetätigung im Unterricht, Leipzig 1911.
Gaudig, H.: Die Schule im Dienste der werdenden Persönlichkeit, Band I und II, 2. Aufl., Leipzig 1922 (erste Auflage 1917).
George, W. R.: The Junior Republic. Its History and Ideals, New York 1910.
Gill, W. L.: A New Citizenship. Democracy Systematized for Moral and Civic Training, Philadelphia 1913.
Hagen, K.: Fragen der Zeit, Stuttgart 1845.
Hegener, F.: Die Unterrichtsfrage vom demokratischen und nationalen Gesichtspunkt, Essen 1848.
Kerschensteiner, G.: Begriff der Arbeitsschule, 7. verbesserte Aufl., Leipzig und Berlin 1928 (erste Auflage 1912).
Klatt, W.: Self-government im Schulwesen der Vereinigten Staaten Amerikas und bei uns, in: Jahrbuch des Vereins für wissenschaftliche Pädagogik, 1911, Heft 43, 298-329.
Leip, E.: Der Einfluß eines konservativen Familienideals. Rezeptionsgeschichte einiger Thesen Wilhelm H. Riehls, Hamburg 1994.
Lincoln, D. F.: The George Junior Republic, in: The Coming Age, 1900.
Löwenstein, K.: Sozialismus und Erziehung. Eine Auswahl aus den Schriften 1919-1933. Hrsg. von F. Brandecker, H. Feidel-Mertz, Berlin und Bonn-Bad Godesberg 1976.
Oelkers, J.: Erziehung und Gemeinschaft: Eine historische Analyse reformpädagogischer Optionen, in: C. Berg, S. Ellger-Ruettgardt (Hg.), „Du bist nichts, Dein Volk ist alles." Forschungen zum Verhältnis von Pädagogik und Nationalsozialismus, Weinheim 1991, 22-45.
Oelkers, J.: Wie man Schule entwickelt. Eine bildungspolitische Analyse nach PISA, Weinheim u. a. 2003.

Ornfield, G./Kornhaber, M. L. (Hg.): Raising Standards or Raising Barriers? Inequality and High-Stakes Testing in Public Education, New York 2001.
Pascal, M.: Pädagogische und politische Kritik im Lebenswerk Friedrich Wilhelm Försters (1869-1966), Stuttgart 1999.
Peirce, C. S.: Vorlesungen über Pragmatismus. Hrsg. von E. Walther, Hamburg 1991.
Powell, A. G.: Lessons from Privilege. The American Prep School Tradition, Cambridge u. a. 1996.
Roth, H.: Psychologie der Jugendgruppe. Aufbau, Sinn und Wert jugendlichen Gemeinschaftslebens, Berlin 1938.
Rülcker, T./Oelkers, J. (Hg.): Politische Reformpädagogik, Bern u. a. 1998.
Rümelin, G.: Die Aufgabe der Volks-, Real- und Gelehrtenschulen, zunächst mit Beziehungen auf die Württembergischen Zustände, Heilbronn 1846.
Schäffle, A. E. F.: Bau und Leben des socialen Körpers. Erster Band. Einleitung und erste Hälfte des allgemeinen Theils, neue, zum Theil umgearbeitete Ausgabe, Tübingen 1881.
Schäffle, A. E. F.: Die Quintessenz des Socialismus, 13. Aufl., Gotha 1891 (erste Aufl. 1875).
Slesinger, Z.: Education and the Class Struggle. A Critical Examination of the Liberal Educator's Program for Social Reconstrucion, New York 1937.
Wagner, A.: Die Gesetzmäßigkeit in den scheinbar willkührlichen menschlichen Handlungen vom Standpunkt der Statistik. Erster oder allgemeiner Theil. Statistisch-anthropologische Untersuchung der Gesetzmäßigkeit in den scheinbar willkührlichen menschlichen Handlungen, Hamburg 1864.
Wagner, A.: Grundlegung der politischen Ökonomie. Dritte, wesentlich um-, theilweise ganz neu bearbeitete und stark erweiterte Auflage. Zweiter Theil. Volkswirtschaft und Recht, besonders Vermögensrecht, oder Freiheit und Eigenthum in volkswirthschaftlicher Betrachtung. Buch 1-3, Leipzig 1894.
Wirth, J. G. A.: Die politische Reform Deutschlands, Straßburg 1832.

Thomas Coelen

„Ganztagsbildung"– Integration von Aus- und Identitätsbildung durch die Kooperation zwischen Schulen und Jugendeinrichtungen

Im Gegensatz zur verbreiteten Engführung der aktuellen Bildungsdebatte auf Lernleistung oder Förderung bzw. Ganztagsschule oder einer an den Unterrichtsvormittag angehängten, so genannten „Ganztagsbetreuung" wird in diesem Beitrag ein Vorschlag zur Begründung und Gestaltung einer ‚ganztägigen Bildung' für Kinder und Jugendliche gemacht – einer Form, die Bildung in ihrer Einheit aus Ausbildung und Identitätsbildung ermöglicht. Von diesem Grundgedanken geleitet werden hier unter „Ganztagsbildung" – in doppelter Unterscheidung von „Ganztagsschule" und „Ganztagsbetreuung" – solche Institutionalisierungsformen verstanden, die formelle und nicht-formelle Bildung durch die komplementären Kernelemente „Unterricht" und „Kinder- und Jugendarbeit" sowie weiteren Elementen unter Beibehaltung ihrer jeweiligen institutionellen Eigenheiten zu einem integrierten Ganzen gestalten.[1]

Die Frage ist, wie eine ‚ganztägige Bildung' von Kindern und Jugendlichen theoretisch begründet und praktisch ausgestaltet werden kann. Dabei besteht die Hauptintention des vorliegenden Versuchs darin, das Verhältnis von schulischer und außerschulischer Pädagogik auf eine positive (d. h. nicht defizitorientierte) Grundlage zu stellen, die sich sowohl auf Gemeinsamkeiten stützt als auch an deren ‚Weiterbildung' mitwirkt. Bei der Suche nach solchen theoretischen Schnittmengen wird man schnell auf die Kategorie des Sozialraums oder der Gemeinde u. Ä. verwiesen. Die aus solchen Konzepten zu extrapolierende Hintergrundthese lautet, dass die Bildung dessen, wovon man in der demokratischen Öffentlichkeit ausgeht und ausgehen *muss*, nämlich vom mündigen und entscheidungsfähigen (‚gebildeten') Bürger, in pädagogischer

---

1 Ursprünglich war „Ganztagsbildung" ein mit halbironischer Absicht zusammengefügtes Schlagwort, das ich für einen Artikel in der Zeitschrift Neue Praxis (Heft 1, 2002, 53-66) wenige Wochen nach Veröffentlichung der PISA-Studie und der damals gerade erst beginnenden Debatte um die bildungspolitischen Konsequenzen und noch weit vor den Überlegungen der Bundesregierung zum Investitionsprogramm „Zukunft Bildung und Betreuung" gewählt habe. Der vorliegende Text ist eine stark überarbeitete Version dieses Artikels. Ich denke nach wie vor, dass Worte wie „Ganztagsbildung" oder „ganztägige Bildung" nur in Anführungszeichen verwendet werden können, weil weder ein Vormittag und ein Nachmittag den ganzen Tag ausmachen, noch Bildung um 15:00, 16:00 oder auch 18:00 Uhr beendet ist: Die anderen, neben Schule und Jugendhilfe, bildenden Institutionen wie Familie, Peergroups und Medien können nicht ignoriert werden. Gleichwohl eignet sich das Wort „Ganztagsbildung" als begriffliche Verdichtung für eine von zahlreichen möglichen Institutionalisierungsformen der Zusammenarbeit zwischen Schulen und Einrichtungen der Kinder- und Jugendhilfe.

Hinsicht auf sozialräumlicher Grundlage und mit der Perspektive einer kommunalen Öffentlichkeit vonstatten geht. Die Problemstellung ist also, inwiefern die raumbezogene Aus- und Identitätsbildung von Kindern und Jugendlichen durch eine nach Institutionen ausdifferenzierte, stadtteil- bzw. gemeindeorientierte und demokratische Pädagogik aufgenommen und befördert werden könnte, so dass Schulen und Jugendeinrichtungen gleichberechtigt nebeneinander – und möglicherweise miteinander – in der kommunalen Öffentlichkeit bestehen können.

Der Argumentationsgang des Essays findet seinen Ausgangspunkt in den bestehenden Institutionen schulischer und außerschulischer Pädagogik sowie den sie betreffenden Debatten und verläuft dann zu den lebensweltlichen Grundfragen nach dem Zusammenhang von (raumbezogener) Bildung und (demokratischer) Öffentlichkeit. Die theoretische und institutionelle Perspektive ist eine „kommunale Jugendbildung in arbeitsteiliger Trägerschaft". Mit diesem Begriff wird sowohl der schulische Bildungsauftrag als auch der Bereich der Außerschulischen Jugendbildung aufgenommen und beide in einem lokalen Bezug verbunden.

Wenn aber eine „kommunale Jugendbildung" als Kooperation zwischen Schulen und Jugendeinrichtungen[2] entworfen werden soll, muss zunächst kurz auf die lange und wirkmächtige Tradition der wechselseitigen Abwertung dieser Bildungsinstitutionen eingegangen werden,[3] um dann im zweiten Schritt anhand einiger Homologien, Analogien und Parallelen nach Ansatzpunkten für eine gemeinsame Grundlegung zu suchen.

1. Hemmnisse der Kooperation

Die Analyse des historisch gewachsenen wie aktuellen Verhältnisses von schulischer und außerschulischer Pädagogik lässt wenige Versuche einer gemeinsamen Fundierung erkennen.[4] Beide Bereiche definieren sich – falls überhaupt mit Bezügen auf den jeweils anderen – in mehr oder weniger deutlicher Abgrenzung voneinander. Selbst die in den letzten ca. 15 Jahren immer häufiger anzutreffenden Kooperationen bleiben pragmatisch und funktional bis instrumentell geprägt (z. B. namentlich zur Lösung einer „Betreuungslücke"). Ganz selten sind pädagogische oder gar bildungs-, identitäts- und gesellschaftstheo-

---

2 Das Wort „Jugendeinrichtungen" verwende ich allein aus praktischen Gründen als Kurzform für „Einrichtungen, von denen Kinder- und Jugendhilfe angeboten wird". Damit meine ich vor allem die offene und die mitgliederbezogene Kinder- und Jugendarbeit, aber auch einige Bereiche, die im Kinder- und Jugendhilfegesetz (KJHG) unter Kindertagesbetreuung (z. B. Horte) bzw. unter den Hilfen zur Erziehung (z. B. Tagesgruppen) kodifiziert sind.
3 Siehe dazu ausführlich Coelen (2002a, 31-56).
4 Den umfassendsten und aktuellsten Überblick bietet das Handbuch von Hartnuß/Maykus (2004).

retische Grundlegungen für eine Arbeitsteilung oder für die vielfältigen praktischen Kooperationen zu finden.[5]

Indem die beiden Bereiche kaum positive Argumente für eine Zusammenarbeit anführen, sondern in der Regel defizitorientierte Begründungen, übernehmen die allermeisten Kooperationsprojekte das Dilemma der Sozialpädagogik, (auch) für Problemfälle zuständig zu sein und aufgrund dessen allzu oft (allein) für diese zuständig gemacht zu werden. Auf diese Weise wird eine dreifache Defizitzuschreibung reproduziert, und zwar in Bezug auf die Lebenssituation und/oder das Verhalten von Kindern und Jugendlichen (Jugend als problematische/problemverursachende Lebensphase), die Aufgabenbereiche der Sozialpädagogik (*Not*hilfe/Jugend*hilfe*) und die mangelnde soziale Leistungsfähigkeit der Schule (Lernanstalt/Selektionsinstanz). Es finden sich kaum Begründungen aus der Systematik eines komplementären Verhältnisses, beispielsweise von kognitivem und sozialem Lernen oder von Aus- und Identitätsbildung oder ähnlichen Komplementärbegriffen. Vielmehr scheinen große Teile der Sozialpädagogik ihr ‚Selbstbewusstsein' allein aus der kritischen Abgrenzung von der Schule und nicht aus eigenen Qualitäten zu beziehen, währenddessen – nicht minder problematisch – die Schuldiskussion allein um sich selber kreist.[6] Der tendenzielle Monopolanspruch der Schule auf Erziehung und Bildung (basierend auf Art. 7 GG) einerseits und der sozialpädagogische Gesamtanspruch auf Verbesserung der Lebensverhältnisse (basierend auf § 1 KJHG) andererseits erschweren die Einsicht in die Möglichkeit und Notwendigkeit eines arbeitsteiligen Verhältnisses.

2. Ansatzpunkte in den getrennten Fachdebatten

Im Gegensatz zum gängigen Defizitansatz der Sozialpädagogik wird hier ein Differenzansatz (vgl. Bäumer 1929/1966, 3-4; Richter 1998, 17-19) vertreten, der auch dazu dienen kann, die komplementären Erziehungs- und Bildungsqualitäten von Schulen und Jugendeinrichtungen herauszustellen. Dazu seien im Folgenden einige ausgewählte Charakteristika dieser Institutionen illustriert:[7]

---

5   Beispielsweise bei Braun (1994).
6   An der intensiven Debatte um das Verhältnis von Jugendhilfe und Schule in den 1990er-Jahren hat sich – mit Ausnahme von Klaus-Jürgen Tillmann und Werner Helsper – kein einziger Vertreter der wissenschaftlichen Schulpädagogik beteiligt.
7   Jede Gegenüberstellung birgt die bei Analysen unvermeidliche Gefahr der Schematisierung. Deshalb möchte ich an dieser Stelle ausdrücklich darauf hinweisen, dass die aufgeführten Charakteristika Schwerpunkte und keinesfalls Ausschließlichkeiten schulischer und außerschulischer Pädagogik repräsentieren. Mit einer vereinfachenden Lesart würde man die innovativen Anstrengungen vieler Reformschulen (siehe dazu beispielsweise die Beiträge von

- Das pädagogische Personal in Schulen besitzt differenzierte Fähigkeiten bezüglich der Verschränkung von Zielen, Inhalten, Sozialformen und Medien des pädagogischen Handelns, während in Jugendeinrichtungen ein vielschichtiges Wissen über die Verschränkung von objektiven Bedingungsveränderungen und subjektiver Entwicklungsförderung vorliegt.
- Die Schule hat durch die Schulpflicht, ihren großen Zeitanteil am Alltag von Schülern und die oftmals intensiven Beziehungen zwischen Schülern und Lehrern große erzieherische Möglichkeiten, während Jugendeinrichtungen wegen ihres Grundprinzips der freiwilligen Teilnahme geringere Sanktionspotenziale besitzen, deshalb aber größere Chancen haben, den Bedürfnissen von Kindern und Jugendlichen zu begegnen.
- Viele Formen von Jugendarbeit wirken – im Gegensatz zur Schule – am ‚Eingang' informell selektiv (nach Klassen/Schichten, Geschlechtern, Ethnien), während die Schule ihre Klientel – im Gegensatz zur Jugendarbeit – am ‚Ausgang' (mittels Zugangsberechtigungen und Zertifikaten) kanalisiert.
- Die Schule genießt trotz aller aktuellen Kritik eine hohe bildungspolitische und gesellschaftliche Anerkennung als wichtige pädagogische Institution sowie einen Vertrauensvorschuss vieler Eltern hinsichtlich der Betreuung und Versorgung von Kindern und Jugendlichen (auch über die Unterrichtszeit hinaus), während die Jugendarbeit aufgrund ihrer vergleichsweise geringeren Verrechtlichung und Bürokratisierung flexibler und pluraler ist und durch ihre lokalen Bezüge oft eine größere Basisnähe besitzt.
- Die Schule stärkt vor allem das kognitive, ästhetisch-expressive und soziale Lernen, Denken und Handeln, während in der Jugendarbeit das soziale, ästhetisch-expressive und moralisch-evaluative Handeln, Denken und Lernen im Vordergrund steht.
- Während die Schule zielorientiert vor allem – aber bei weitem nicht nur – die abschluss- und leistungsbezogene Bildung unterstützt, sind Jugendeinrichtungen eher prozessorientiert – aber ebenfalls nicht ausschließlich – auf freizeit- und bedürfnisbezogene Bildung angelegt.[8]
- Viele schulische Inhalte sind durch staatliche Lehrpläne unter Wahrung weltanschaulicher Neutralität vorgegeben, während in der Jugendarbeit

---

Tillmann und Ludwig in diesem Band) und moderner Jugendeinrichtungen (siehe z. B. die Beiträge in Lindner/Sturzenhecker 2004) ignorieren.

8 In der Debatte entlang der Begriffe „formelle, nicht-formelle und informelle Bildung" (siehe z. B. Bundesjugendkuratorium 2002, 4) wird oft übersehen, dass selbstverständlich auch in der Schule informelle (z. B. in den Pausen) und nicht-formelle Lernprozesse (z. B. in Arbeitsgemeinschaften) vorkommen und dass auch in der Jugendarbeit formelle Lernformen existieren (z. B. die Ausbildung von Jugendgruppenleitern und Trainern/Übungsleitern). Es wäre grob falsch, diese beiden – aber auch andere – Institutionen mit bestimmten Lernarten in eins zu setzen.

Verbandsautonomie und Wertorientierungen in den (oft auf einzelne Einrichtungen oder Vereine/Verbände bezogenen) Konzepten vorherrschen.
- Selbstorganisation und Mitbestimmung von Kindern und Jugendlichen ist in beiden Institutionen in vielfältiger, aber unterschiedlicher Weise möglich, jedoch oft unzureichend ausgeschöpft (in Projekten, bezüglich Inhalten und Thematisierungsweisen, bei Wahlen von Vertretern u. v. a. m.).

Auf der Basis eines solchermaßen ausformulierten Differenzansatzes wird hier der skizzenhafte Versuch unternommen, das Verhältnis Jugendeinrichtungen und Schulen auf eine positive Grundlage zu stellen.

2.1 Analogien und Gemeinsamkeiten

Als Ansatzpunkte dienen eine historisch-systematische Homologie (1), eine analoge Differenz zwischen Anspruch und Wirklichkeit (2) und eine implizite theoretische Gemeinsamkeit (3) aus den weitgehend getrennt voneinander verlaufenden Fachdiskussionen aus Schul- und Sozialpädagogik:

1. Durch die gesamte Schulreformdebatte zieht sich bis heute als historischer Dissens die Frage, ob die Schule Segment oder Ganzes sei: Soll die Schule lediglich ein Teil des Lebens sein (vgl. Horne[9] 1931; Giesecke 1996) oder soll sie das Leben in seiner Totalität hereinlassen (vgl. v. Hentig 1991; Gudjons 1996)? In der Sozialpädagogik lässt sich ein homologer Disput ausmachen: Ist sie der außerschulische Ausschnitt (vgl. Bäumer 1929/1966) oder eine kritische Betrachtungsweise (vgl. Hornstein 1971; Mollenhauer 1997) aller pädagogisch relevanten Institutionen? Es lässt sich erahnen, das Konzepte, die in der jeweils erstgenannten Tradition stehen, eher in kooperative Praktiken münden, während die zweiten leicht zu Inkorporierungen bzw. Konfrontationen führen.
2. Als ein weiterer Ansatzpunkt für eine tiefer gehende Erörterung hat sich aus der Diskussion vor allem der 1990er-Jahre herauskristallisiert, dass Jugendeinrichtungen und Schulen in unterschiedlichen Mischungsverhältnissen Ansprüche auf Gemeinschaft und Gerechtigkeit verkörpern,[10] dass aber in der Umsetzung genau dieser Ansprüche auch ihre jeweiligen Mängel liegen: Die auf Freiwilligkeit basierende Jugendarbeit bietet zwar die Möglichkeit zu gemeinschaftlichen Erlebnissen, hat aber gleichzeitig mit Tendenzen zur Unverbindlichkeit und Dissoziierung zu kämpfen; die für alle verpflichten-

---
9 Der englische Erziehungswissenschaftler Horne wandte sich gegen eine Überfrachtung und Überforderung der Schule durch die griffige Formel „Schule gleich Leben", die er fälschlicherweise John Dewey zuordnete. Vielmehr sei die „Aufgabe der Schule (...) notwendigerweise darauf begrenzt, einige bestimmte Stufen des Lebens auf die bestmögliche Weise beispielhaft zu vergegenwärtigen" (zit. n. Röhrs 1991, 12).
10 Zum sozialphilosophischen Hintergrund siehe Brumlik/Brunkhorst (1993).

de Schule löst zwar Individualisierungstendenzen aus, bietet aber strukturell gleichzeitig vielfältige Chancen auf Bindung und Gruppenbildung. Auch gemessen am Horizont des Bildungsbegriffs fällt unausgesprochen etwas hinter den Rücken der beiden Institutionen: „Die nicht in der Schule thematisierten Lebenskompetenzen und Gerechtigkeitsansprüche bleiben (...) den Prozessen des informellen Lernens und damit den gegebenen gesellschaftlichen Ordnungen überlassen"; aber auch in der Sozialpädagogik „kann sich der emanzipative Ansatz im Projekt Bildung nur bedingt entfalten; er bricht sich an Erwartungen von Kontrolle, Stigmatisierung, Anpassung (...)" (Thiersch 2004, 7).[11] So ergibt sich, vor dem Hintergrund des Bildungsbegriffs, eine widersprüchlich gebrochene Struktur von Bildungsinstitutionen: „Neben den scholarisierten Institutionalisierungen für alle, mit einem aber nur segmentierten Programm, stehen die nicht-formalisierten Institutionen für die Gruppe besonders belasteter Menschen, die ganzheitliche Bildungsaufgaben nur gleichsam coupiert repräsentieren" (ebd., a. a. O.). Die Konsequenz daraus wäre entweder eine „Erweiterung der Bildungsinstitutionen, auf die Aufgaben, die darin nicht abgedeckt sind" (ebd., 9), also eine institutionelle Allmachtsphantasie, oder eine institutionelle Bescheidenheit und Einsicht in die eigenen systematischen Grenzen und die Sinnhaftigkeit komplementärer Ergänzung, weil beide Institutionen von Ansprüchen auf Gemeinschaft und Gerechtigkeit in je unterschiedlicher Gewichtung getragen sind, aber sie beide nicht vollständig verwirklichen (können).

3. Über die genannten Homologien und Analogien hinaus können Schulen und Jugendeinrichtungen auf einige, größtenteils implizite fachliche Gemeinsamkeiten zurückgreifen: So erweisen sich z. B. die Gedanken zu einer „Öffnung von Schule" (Reinhardt 1992) und zu einer „sozialräumlichen Jugendarbeit" (Deinet 1997) als geeignete Anknüpfungspunkte auf dem Weg zu einer neuen Arbeitsteilung zwischen Schul- und Sozialpädagogik – sowohl aus theoretischen, wie auch aus ganz praktischen Gründen.[12] Verfolgt man diesen Pfad weiter, lässt sich zeigen, dass sowohl die vielfältigen Ansätze von *Community education* als auch von Gemeinwesenarbeit deutliche Präferenzen für eine enge Verbindung zwischen Leben und Lernen zeigen. Sie bieten sich allein schon deshalb als Basis für weitere Überlegungen hinsichtlich einer gemeinsamen Grundlegung an, wenngleich aus den allermeisten pädagogischen Konzepten, die räumliche Kategorien verwenden, kaum deutlich wird, welche identitäre Bedeutung die lokale Ebene neben ihren pragmatischen und organisatorischen Vorzügen hat oder haben könnte. Es wird aber auch deutlich, dass *Community education* in Deutschland

---

11 Die Seitenangaben zu Thiersch beziehen sich auf die Manuskriptform und weichen deshalb von der Druckfassung in Otto/Rauschenbach (2004) ab, die zum Zeitpunkt des Schreibens noch nicht vorlag.

12 Ein weiterer Anknüpfungspunkt ist neben dem schon erwähnten Bildungsbegriff und der im Folgenden ausgeführten Raumkategorie der Subjektbegriff. Siehe dazu den Beitrag von Scherr in diesem Band.

vor allem schulpädagogisch verkürzt wird (vgl. Reinhardt 1992) und dass in der Gemeinwesenarbeit Unklarheiten darüber bestehen, ob und wie in Theorie und Praxis eine Trennungslinie zwischen (Sozial-)Politik und (Sozial-)Pädagogik gezogen werden sollte (vgl. Heiner 1994). Im Unterschied zu diesen schulzentrierten bzw. politikorientierten Entwürfen begreift das Konzept der „Kommunalpädagogik" (Richter 2001) Pädagogik als einen konstitutiven und kulturorientierten Ausschnitt von Politik in den segmentierten Öffentlichkeiten eines demokratischen Rechtsstaat und scheint deshalb geeigneter, um Schulen und Jugendeinrichtungen gemeinsam zu fundieren.

Es soll im Folgenden gezeigt werden, dass mit dem ausgeführten Differenzansatz von Schul- und Sozialpädagogik, ihrer wechselseitigen Ergänzungsbedürftigkeit hinsichtlich der Verwirklichung von Gemeinschafts-/Gerechtigkeits- und Bildungsansprüchen sowie auf Basis einer raumbezogenen Pädagogik in einem demokratischen Rechtsstaat Schulen und Jugendeinrichtungen in ein erziehungswissenschaftlich begründbares Verhältnis treten können.

2.2 Komplementäre Schwerpunkte

Im Vorgriff auf den folgenden gesellschafts- und bildungstheoretischen Abschnitt wird zunächst der bisher erarbeitete Diskussionsstand zum Verhältnis von Sozial- und Schulpädagogik noch einmal anhand einer Gegenüberstellung verdeutlicht. Dabei symbolisieren auch hier die aufgezählten Stichworte einige Schwerpunkte der jeweiligen pädagogischen Arbeit und sind keinesfalls als Ausschließlichkeiten gedacht (vgl. Fußnote 7):

- Hinsichtlich ihrer Grundprinzipien basieren Schulen auf Pflicht und Lernzielen bzw. Standards, Jugendeinrichtungen auf Freiwilligkeit und Entwicklungsaufgaben bzw. thematischer Offenheit.
- Die jeweiligen Grundintentionen sind einerseits Chancengleichheit[13], individuelle Förderung und die „Herstellung von Bestimmtheit", andererseits Gemeinschaftlichkeit, ggf. der Ausgleich von Ungerechtigkeiten und die „Ermöglichung von Unbestimmtheit" (Marotzki 1988).
- Bezüglich von Bindungen an Personen und Institutionen ist die Schule von Stabilität und Konstanz geprägt, während Jugendeinrichtungen durch Flexibilität und Spontaneität charakterisiert sind.
- Bei den Sozialformen überwiegen kollektive Ansprachen und um Gerechtigkeit bemühte Einzelbewertungen bzw. individuelle Bezüge und gemeinschaftliche Erlebnisse.

---

13 Diese professionelle Intention ist kanalisiert durch die Vorstrukturierungen des gegliederten Schulsystems.

- In Bezug auf die zeitliche Dimension ist die Schule eher ergebnisorientiert und auf Zukunftsperspektiven ausgerichtet, während der Gegenwartsbezug von Jugendeinrichtungen sie eher prozessorientiert figuriert.
- Hinsichtlich räumlicher Dimensionen unterstützt die Schule globale Denkweisen auf der Basis zumeist ortsgebundenen Unterrichts, während Jugendeinrichtungen lokale Bezüge mit Hilfe teilweise mobiler Aktivitäten aufgreifen.
- Bei den Handlungsorientierungen ist in Schulen der Anteil zweckrationaler und auf Disziplin basierender Interaktionen größer als in Jugendeinrichtungen, in denen eher wertrationale und um Konsens bemühte Interaktionen vorherrschen.

Insbesondere die letzte Gegenüberstellung führt häufig zu Missverständnissen und Einwänden, weil sie fälschlicherweise als eine Zuordnung von Schulen zum „System" und Jugendeinrichtungen zur „Lebenswelt" im Habermasschen Sinne aufgefasst wird. Hingegen ist hierzu erstens in theoretischer Hinsicht zu betonen, dass Habermas die Vergesellschaftungsprinzipien System und Lebenswelt gerade *nicht* mit den Handlungsorientierungen (ergebnis- und verständigungsorientiert) in eins setzt und zweitens in thematischer Hinsicht, dass beide Institutionen gemäß dieser Begrifflichkeit lebensweltliche sind, weil die Interaktionen sowohl in Schulen als auch in Jugendeinrichtungen letztlich unter dem Primat der Verständigungsorientierung ablaufen. Gleichwohl scheint es angebracht, die Grade der zweck- und wertrationalen Handlungsorientierungen in Schule und Jugendarbeit voneinander abzuheben. Diese an sich noch unkritische Unterscheidung gewinnt erst dann Substanz im Sinne einer *kritischen* Gesellschaftstheorie, wenn empirisch nachgewiesen werden kann, dass systemische Imperative aus Wirtschaft und Verwaltung solchermaßen Eingang in schul- oder sozialpädagogische Interaktionen gewinnen, dass sie die Verständigungsbasis der Beteiligten nicht bloß ergänzen, sondern ersetzen.[14]

Auf diese Weise idealtypisch gegenübergestellt, lassen sich Jugendarbeit und Schulunterricht als Ausdrucksformen von Freiheit und Notwendigkeit fassen, die in einer begründeten Zusammenarbeit ihre vernunftgemäße Einheit finden könnten. Aus der Schnittmenge der aufgelisteten Stichworte ergeben sich – neben anderen denkbaren – folgende Anforderungen an eine gesellschafts- und bildungstheoretische Grundlegung:

Hinsichtlich der Grundprinzipien und -intentionen muss erläutert werden, welche Demokratiepotenziale die beiden Institutionen in sich tragen, welchen systematischen Grenzen sie diesbezüglich unterliegen und inwiefern Kooperationen die jeweiligen Lücken füllen könnten.

Hinsichtlich der Interaktionen muss geprüft werden, inwieweit systemische Imperative in pädagogische Bereiche der Lebenswelt eingreifen und welche

---

14 Zu einigen Hinweisen auf eine solche „Kolonialisierung" siehe z. B. die weiter unten vorgestellte Fallstudie.

Beiträge verschiedene pädagogische Institutionen zur Formierung einer gegensteuernden „kommunikativen Macht" (Habermas 1962/1993, 44) leisten könnten. Hinsichtlich der Raumdimension muss erörtert werden, was unter Sozialraum/*community*/Gemeinwesen/Kommune empirisch zu verstehen und von welchen Formen raumbezogener Identität sinnvoller Weise zu sprechen ist. In diesem Zusammenhang muss auch herausgearbeitet werden, welche Anteile Jugendeinrichtungen und Schulen für die raumbezogene Identitätsbildung von Kindern und Jugendlichen beisteuern könnten.

3. Gesellschaftstheoretische Begründung

In Bezug auf den erstgenannten Aspekt der Interaktionen war nicht zuletzt im Zuge der Debatten um „Gemeinschaft und Gerechtigkeit" (Brumlik/Brunkhorst 1993) – namentlich um den Kommunitarismus (vgl. Honneth 1993), die „asymmetrische Gesellschaft" (Coleman 1986) und Verrechtlichung der Lebenswelt (vgl. Habermas 1981/1995) – erneut die Frage aufgebrochen, ob Pädagogik eher für eine Stärkung der Lebenswelt oder eher für eine Integration in die Subsysteme Wirtschaft und Verwaltung zuständig sei. Eine Antwort darauf konnte und kann ebenso wenig eindeutig sein, wie das pädagogische Feld einheitlich ist. Im hier verfolgten Zusammenhang scheint es jedoch angebracht, die Jugendarbeit bewusst schematisierend einer Gemeinschaftsorientierung in der symbolischen Reproduktion der Lebenswelt zuzuordnen und die Schule einer Gerechtigkeitsorientierung am Übergang zur materiellen Reproduktion im System.[15] Die Chance auf Vermittlung zwischen diesen beiden Vergesellschaftungsprinzipien liegt in demokratischen Verfahren der „prozeduralistischen Rechtsetzung" (Habermas 1992) – nicht zuletzt innerhalb von sowie zwischen pädagogischen Institutionen.[16]

In Bezug auf den zweiten der oben genannten Aspekte ließen die vielfältigen Debatten um „Gemeinschaft und Gerechtigkeit" trotz zahlreicher theoretischer Klärungen einen erheblichen Empiriemangel offenbar werden, der besonders gravierend in Bezug auf die räumlichen Auswirkungen von Individualisie-

---

15 Beispielsweise halte ich das m. E. wichtigste Gegenargument gegen die Freiwilligkeit von Ganztagsformen, nämlich die möglicherweise mangelnde Nutzung offener Angebote durch sozial Benachteiligte, für einen typischen Fall von Güterabwägung zwischen dem Guten und dem Gerechten: Hohe Inklusion qua Pflicht präferiert Gerechtigkeit; hohe Motivation per Freiwilligkeit favorisiert das gute Leben.

16 Aus der sozialintegrativen Funktion von Verfahren der Rechtsetzung begründet sich die besondere Rolle des Vereins in demokratischer Politik und Gesellschaft (vgl. Zimmer 1996) sowie Pädagogik (vgl. Richter 1998, 220-226). Zur praktischen Umsetzung dieses Prinzips siehe Abschnitt 4 des vorliegenden Beitrags.

rung und Gemeinsinn ausfällt.[17] So müsste z. B. dringend erhoben werden, von welchen Formen identitätsrelevanter Raumkonstituierungen die theoretischen Konstrukte des Kommunitarismus und die daran geknüpften Konzepte ausgehen können. In diesem Zusammenhang gilt es auch herauszuarbeiten, welchen Beitrag Jugendeinrichtungen und Schulen zu einer – wie auch immer gearteten – raumbezogenen Identitätsbildung leisten könnten. Dabei kommt in Bezug auf die Identitätsentwicklung des Individuums die Erkenntnis zu Hilfe, dass der Zusammenhang aus den vielfältigen „sozialen Rollen" (Krappmann 1978) mit der singulären „kulturellen Rolle" (Greverus 1987) unteilbar ist. Das praktische und theoretische Verbindungsglied dieser „(inter-)kulturellen Identität" (Richter 1998) ist die Kategorie des relationalen und dualen, d. h. sich aus Handlung und Struktur konstituierenden Raumes (vgl. Löw 2001).[18] Als Konsequenz aus diesen theoretischen Vorüberlegungen und den vorhandenen empirischen Studien ergibt sich, dass die entscheidende Raumdimension für die (inter-)kulturelle Identitätsbildung in der Kommune, die in Großstädten auf der Ebene der Stadtteile zu verorten ist, und den kleineren Sozialräumen zu sehen ist.[19]

Von diesen Begriffsdefinitionen ausgehend zeigt sich mindestens dreierlei:

1. Hinsichtlich des Zusammenhangs von Raum und Identität wird deutlich, dass der Bezug zum Raum und die Herstellung von Räumlichkeit von ebenso fundamentaler Bedeutung für den Menschen ist, wie seine Zeitlichkeit sowie seine unhintergehbare Zugehörigkeit bzw. Zuschreibung zu einer Generation, einem Geschlecht, einer Ethnie/Religion und einer Klasse/Schicht. Gleich diesen Einbindungen sind Raumkonstituierungen individuell und gesellschaftlich-politisch gestaltbar und somit auch pädagogisch motivierbar.
2. Hinsichtlich des Zusammenhangs von Identität und Öffentlichkeit wird angesichts der Spannungen zwischen (z. T. globalen) Handlungen in sozialen (z. B. beruflichen) Rollen und der lokal verbundenen (sub-)kulturellen Rolle die beständige Aufgabe einer Integration der Gesamtpersönlichkeit zu einer „(inter-)kulturellen Identität" offenbar. Zudem führt die Erkenntnis, dass das Zugehörigkeitsgefühl stark vom Grad der Beteiligung an lokalen Aktivitäten beeinflusst wird (Greverus 1987), zum genuinen Ansatzpunkt für Pädagogik: der Bildung und Motivierung verschiedener Formen von Öffentlichkeit auf kommunaler Basis.
3. Hinsichtlich des Zusammenhangs von Raum und Öffentlichkeit kann die kommunale Ebene als gemeinsames, sowohl räumliches als auch soziales,

---

17 An dieser Lücke hat das Hamburger Forschungsprojekt „Kontakte und Konflikte in der Kommune" u. a. durch lokale Vereinserhebungen angesetzt (vgl. Mohr/Riekmann 2000).
18 Zum Zusammenhang von Raum und Identität siehe die Diskussion der umfangreichen, aber im Wesentlichen theoretischen Literatur bei Coelen (2002a, 144-201) und in Richter/Coelen (2004).
19 Dagegen wenden sich kritisch Kessl/Otto/Ziegler (2002) und das Bielefelder DFG-Projekt „Räumlichkeit und soziales Kapital in der Sozialen Arbeit. Zur Governance des Sozialen Raumes."

Forum avisiert werden, denn sie birgt Auswege aus den instrumentalisierenden Tendenzen einer etwaigen sozial segregierenden Raumpolitik einerseits und den gemeinschaftszersetzenden Tendenzen der geografischen Mobilität andererseits. Dabei zeigt nicht zuletzt der Blick auf die Funktion der Raumforschung im Nationalsozialismus (vgl. Gutberger 1996), dass auch die Sozialwissenschaften ihren Beitrag zur Bildung der (kommunalen) Öffentlichkeit leisten müssen, wenn sie nicht allein verobjektivierend wirken wollen.[20]

Die hier grob skizzierte gesellschaftstheoretische Grundlegung einer raumbezogenen Identitätsbildung könnte z. B. in der Zusammenarbeit von Schulen und Jugendeinrichtungen konkretisiert werden (siehe dazu Abschnitt 4) oder umgekehrt: Die Kooperation von Jugendeinrichtungen und Schulen ließe sich auf diese Weise bildungs- und gesellschaftstheoretisch begründen. Jedoch muss vorweg noch einmal auf Kooperationshemmnisse und -voraussetzungen eingegangen werden:

Exkurs: Lokale Fallstudie zum Verhältnis von Jugendlichen, Jugendeinrichtungen und Schulen

Eine Fallstudie zu Jugendarbeit und Schule im Hamburger Stadtteil Horn (1997-1998) förderte einiger dieser Hemmnisse und Voraussetzungen sowie denkbare Kooperationsfelder und -formen für Schulen und Jugendeinrichtungen zutage: Die Interviews mit Jugendeinrichtungen ergaben, dass sie entweder dazu neigen, sich als zielgruppen-parteiliche und politisch-strategische Institutionen ohne lebensweltliche Kontakte zu Schulen zu gerieren oder sich ohne eigene Profilierung als funktional für Schulen zu gestalten. Demgegenüber zeigten die zwischen Schulen Tendenzen, sich als ‚pädagogische Provinzen' oder als umfassende ‚Gegenwelten' zum außerschulischen Leben von Kindern und Jugendlichen zu begreifen oder dem Anforderungsdruck aus Wirtschaft und Verwaltung wenig entgegensetzen zu wollen. Im Kontrast zu diesen institutionellen Präferenzen haben die Interviews mit Jugendlichen vor Augen geführt, dass sie – neben aller situativen Mobilität – in einer kleinräumigen Alltagswelt mit einer daran geknüpften Identität leben und eine egozentrisch (nicht aber egoistisch) zu nennende Motivation zu ehrenamtlichem Engagement in den verschiedenen institutionsinternen Öffentlichkeiten besitzen.[21]

Aus den bisherigen Überlegungen ergeben sich für die weitere Forschung und Theoriebildung sowie Bildungspolitik und pädagogische Praxis einige Aspekte, die hier z. T. nur kurz als Fragen aufgeworfen, z. T. etwas ausführlicher umrissen werden sollen:

---

20 In diesem Zusammenhang ist in methodologischer Hinsicht diskutiert worden, wie soziale Zusammenhänge mit Methoden der pädagogischen Bildungs- und Sozialforschung nicht nur abgebildet, sondern auch gebildet werden können. Um die metatheoretische Trennung von Theorie und Praxis in der Erziehungswissenschaft zu überwinden, macht das Konzept der „Handlungspausenforschung" dazu einen Vorschlag (vgl. Richter u. a. 2003). Die nachfolgend geschilderten Ergebnisse einer Fallstudie zu Jugendarbeit und Schule im Hamburger Stadtteil Horn wurden mit dieser Methode gewonnen.

21 Die ausführliche Darstellung der Ergebnisse ist zu lesen bei Coelen (2002a, 237-254).

- In bildungstheoretischer Hinsicht geht es um die Frage, wie man Ausbildung und Identitätsbildung zugleich lokal und global in Kooperation von verschiedenen pädagogischen Institutionen und Beteiligten gestalten kann.
- In institutionstheoretischer Hinsicht geht es um die Frage, welche unterschiedlichen Anteile Schulen und Jugendeinrichtungen an demokratischer Bildung haben und wie sie zueinander passen.
- In praktischer Hinsicht müsste ein Handlungsmodell vorgelegt werden, das – ausgehend von den etablierten, aber segmentierten Ansätzen „sozialräumliche Jugendarbeit" und „Öffnung von Schule" – zu einer „kommunalen Jugendbildung" führt, die die Faktizität und Notwendigkeit der Aus- und Identitätsbildung von Kindern und Jugendlichen in verschiedenen *settings* berücksichtigt.
- In bildungspolitischer Absicht müsste ein Konzept ausgearbeitet werden, das Schulen und Jugendeinrichtungen als gleichwertige Bildungs- und Sozialisationsinstanzen zu integrieren vermag und das der Schul- und Jugendpolitik nachvollziehbarer erscheint als der Ausbau von Ganztagsschulen und -betreuungsformen.

Die ersten beiden, theoretischen Punkte sollen in diesem Abschnitt kurz angeschnitten werden, die praktischen und politischen Möglichkeiten im darauf folgenden.

3.1 Ausbildung und Identitätsbildung

Wie bereits dargestellt können formelle und nicht-formelle Bildung, oder anders betrachtet: materiale und formale Bildung (vgl. Klafki 1963; v. Hentig 1991; Giesecke 1996), im Rahmen einer kommunalen Öffentlichkeit in ein erziehungswissenschaftlich begründbares Verhältnis eintreten. Wenn hier also eine „kommunale Jugendbildung" als gemeinsame Basis und Aufgabe von Schulen und Jugendeinrichtungen projektiert wird, muss dieses theoretische Konzept noch einmal anhand (einer Lesart) des Bildungsbegriffs fokussiert werden – nicht zuletzt, um anschließend in praktischer und politischer Hinsicht erörtern zu können, welche Beiträge Schulen und Jugendeinrichtungen zu einer ‚ganztägigen Bildung' bereits leisten und in Zukunft leisten könnten:

Hartmut v. Hentig beklagt m. E. zu Recht die vorherrschende Verengung des Bildungsbegriffs auf die kognitive und die praktische Dimension und die damit einhergehende Vernachlässigung des identitären Aspekts:

„Unter den drei Verben, mit denen man das Wort Bildung assoziieren kann: etwas haben bzw. wissen, etwas können bzw. tun, etwas sein bzw. sich einer Sache bewusst sein, verwenden wir noch immer die größte Anstrengung auf das erste und fast keine auf das letzte, auf das es in unserer Zeit am meisten ankäme" (v. Hentig 1991, 447).

Jedoch wird hier, entgegen der Intention v. Hentigs, die Ansicht vertreten, dass die Einheit dieser Bildungsdimensionen in unserer arbeits- und wissensteiligen Gesellschaft nicht mehr in einer einzigen Institution gefunden werden kann. Denn es muss berücksichtigt werden, dass die Identitätsbildung Jugendlicher auch außerhalb der Schule ihren Ort hat und haben muss, weil die wertrationale „kulturelle Rolle" (Greverus 1987) als Grundierung für die verschiedenen, unter Umständen zweckrationalen „sozialen Rollen" – von denen die Schülerrolle das Kindes- und Jugendalter beherrscht – vonnöten ist. Die Schule kann aus systematischen Gründen (Schulpflicht, Zertifizierungswesen) eben nur einen Teil des Lebens verkörpern, und zwar den, der zu einem „kategorial erschlossenen Weltverständnis" (Giesecke 1996, 144) führt oder zumindest führen soll. Das heißt, die Schule hat ihren Schwerpunkt im ersten und zweiten der von v. Hentig genannten Verben („etwas wissen" und „etwas können"), während die Jugendarbeit ihren Schwerpunkt im zweiten und dritten Verb („etwas können" und „etwas sein") hat.[22]

Eine (erneute) Besinnung der Schule auf ihre Kernaufgabe des Unterrichtens, wie sie Giesecke (1996) vorschlägt, kann aber nur dann sinnvoll sein – und das ist m. E. der entscheidende Punkt –, wenn sie im Rahmen einer institutionalisierten Arbeitsteilung mit der Jugendarbeit vollzogen wird. Auf diese Weise wäre dann auch die Sozialpädagogik – zumindest begrifflich – soweit „ausgestaltet, durchgebildet und abgerundet", wie es Gertrud Bäumer (1966/1929, 4) avisiert und erhofft hatte, nämlich so, dass sie mit der Schule „von neuem in einer Synthese zusammenwachsen" kann.[23] Im Anschluss an Giesecke und in Abwandlung und Umkehrung des Wortes von Bäumer ist also Schule alles, was Bildung und Erziehung, aber nicht Familie und nicht Sozialpädagogik ist.

3.2 „Ganztagsbildung" und Demokratie

Wenn Bildung ein Projekt zur „Ausbildung von Identität unter den Bedingungen einer sich demokratisierenden Gesellschaft" ist (Thiersch 2004, 5), dann stellt sich die Frage, welche Elemente demokratischer Bildung in Schulen und

---

22 Selbstverständlich wirkt auch die Schule identitätsbildend, wie auch in der Jugendarbeit Ausbildung stattfindet (vgl. Fußnote 8). Ebenfalls bei dieser Unterscheidung handelt es sich um eine zu analytischen Zwecken notwendige Vereinfachung; die Empirie ist viel bunter.
23 Allerdings zeigt sich aus heutiger Sicht in praktischen Kontexten erstens, dass die Sozialpädagogik auch trotz des 1991 in Kraft getretenen KJHG zu keiner „Einheit" (Bäumer 1966/1929, 4) gefunden hat und auch zu bezweifeln ist, ob sie aufgrund ihrer vielgestaltigen Ausgangspunkte, Aufgaben und Leistungen (siehe dazu den Beitrag von Treptow in diesem Band) und ohne formgebende und verengende Institution überhaupt zu dieser Abrundung kommen kann. Es zeigt sich zweitens, dass von einer Einheit der Schule angesichts der Vielgliedrigkeit des Schulsystems nicht (mehr) gesprochen werden kann. Drittens ist in vielen schulischen Praxisentwürfen eine deutliche Lockerung der traditionellen Verengung auf Lehraufgaben zu beobachten, wie es Bäumer als Voraussetzung für eine Synthese gefordert hatte, ohne dass sich bisher eine durchkonzipierte Arbeitsteilung von Jugendhilfe und Schule andeuten würde.

welche in Jugendeinrichtungen im Vordergrund stehen, wo ihre diesbezüglichen systematischen Lücken sind und wie sie sich ergänzen können.[24] In der aktuellen Debatte um die Einführung von ganztägigen Bildungseinrichtungen wird der Demokratiebegriff wie folgt verwendet:

- In inhaltlich-methodischer Hinsicht wird mit „Demokratie" argumentiert, dass sich die Subjekte zu vollen Persönlichkeiten entfalten können müssten (und das ginge besser mit großen Anteilen von Jugendarbeit an Ganztagseinrichtungen; Jugendeinrichtungen müssten auf der ‚sozialpädagogischen Gestaltung des Lernens' insistieren, um nicht von Schulen als Hilfsinstanz benutzt zu werden). Diese ist m. E. eine notwendige, aber keine hinreichende Bedingung für demokratische Bildung in Ganztagsform.
- In materieller Hinsicht wird mit „Demokratie" argumentiert, dass durch eine spätere Selektion im Schulwesen die Chancengleichheit erhöht werden müsse (und das ginge besser durch eine Gesamtschule als durch das gegliederte Schulsystem). Auch dies ist m. E. eine notwendige, aber ebenfalls noch keine hinreichende Bedingung demokratischer Bildungsinstitutionen.

Vor der Beantwortung der Frage, warum die beiden genannten Argumentationsstränge notwendig, aber nicht hinreichend sind, sollen zunächst drei Hypothesen aufgestellt werden:

1. Demokratiebildende Institutionen weisen ein Mischungsverhältnis aus zweckrationalen und wertrationalen Interaktionsstrukturen auf bzw. ermöglichen sie als Handlungsorientierungen.
2. Der demokratiebildende Charakter von pädagogischen Institutionen lässt sich nach formalen (z. B. Pflicht, Zertifizierung, Mitwirkungsrechte) und inhaltlichen Anteilen differenzieren (z. B. Motivation, Selbstorganisation, Beteiligung).
3. Bildungsinstitutionen wirken umso mehr demokratiebildend, desto ausgewogener das Mischungsverhältnis aus zweckrationalen und wertrationalen Interaktionsstrukturen bzw. Handlungsorientierungen ist.

Vor dem Hintergrund dieser Hypothesen werden die beiden o. g. notwendigen Bedingungen zu hinreichenden, wenn sie durch eine dritte ergänzt werden: Unter demokratischen Aspekten muss Jugendarbeit aufgrund ihrer formalen Organisationsprinzipien eine signifikante Rolle in ganztägigen Bildungseinrichtungen spielen: Durch ihre Prinzipien der Freiwilligkeit und Selbstorganisati-

---

24 Auf die unterschiedlichen Formen von formeller und nicht-formeller Selektivität im Schul- und Jugendhilfesystem, die verschiedenen Mischungsverhältnisse von Gerechtigkeits- und Gemeinschaftsansprüchen und die Abwägung zwischen Inklusion und Motivation ist schon eingegangen worden. Hier soll es in Bezug auf die aktuelle Debatte um die Einführung von Ganztagsformen spezieller um einen ersten Versuch gehen, den Demokratiebegriff für diese Frage fruchtbar zu machen; zu bildungstheoretischen Grundlegung siehe den vorstehenden Beitrag von Jürgen Oelkers.

on, der Partizipation und Mitbestimmung, durch die Wahl von (Ehren-)Ämtern und Formen von interner und externer Öffentlichkeit, schließlich durch die Verbürgung von Mitwirkungsrechten, füllt die Jugendarbeit die systematisch unüberbrückbare Demokratie-Lücke der Schule. Und zwar erst recht, wenn die beiden erstgenannten Bedingungen hinzukommen.

Das führt – als Überleitung zum letzten Abschnitt über praktische Umsetzungsmöglichkeiten – zur abschließenden jugendhilfe- und schultheoretischen Doppelthese: Kinder und Jugendliche müssen im Rahmen ganztägiger Bildungseinrichtungen zeitlich und inhaltlich signifikante Angebote der Jugendarbeit nutzen können, weil diese durch ihr Grundprinzip der Freiwilligkeit ein Maß an Selbstorganisation und Verständigungsorientierung ermöglichen, dass für die symbolische Reproduktion (in) der Lebenswelt unverzichtbar ist und in der Struktur des schulischen Aufsichts- und Beurteilungswesens nicht ausreichend gewährleistet werden kann; um ihrem Bildungsauftrag gerecht werden zu können, ist die Schule auf andere lebensweltliche, weniger verrechtlichte und vermachtete Institutionen angewiesen, da sie die symbolische Reproduktion (in) der Lebenswelt aus strukturellen Gründen (Schulpflicht, Beurteilungswesen, Zertifizierung von Zugangschancen) nur begrenzt gewährleisten kann.

4. Praktische Umsetzung[25]

Die vorangestellten Erörterungen mussten noch abstrakt bleiben; konkret werden sie, wenn die Einzelaufgaben von z. B. Schulen und Jugendeinrichtungen sowie ihre gemeinsamen Aufgaben im Rahmen eines übergreifenden Konzepts formuliert und in lokalen Öffentlichkeiten institutionalisiert werden, wie dies z. B. in der „Kommunalpädagogik" (Richter 2001) angelegt ist. Dasjenige Segment, welches sich mit der Alters- und Zielgruppe der Kinder und Jugendlichen beschäftigt, wäre dann – so der Vorschlag – als „kommunale Kinder- und Jugendbildung" zu bezeichnen. Innerhalb dieses Segments sollte die Aufgabenteilung zwischen Jugendeinrichtungen und Schulen nicht, wie bisher verbreitet, als stillschweigendes Zuschieben von Einzel-(problem-)fällen oder als Delegation der Nachmittagsbetreuung bzw. als destruktives Kritisieren von schulischen Strukturen, sondern als institutionalisierte „kommunale Jugendbildung in gemeinsamer, arbeitsteiliger Trägerschaft" gestaltet werden.

„Kommunale Jugendbildung" ist keine Aufgabe, die sich allein durch eine veränderte Lehrerrolle oder eine reformierte Lehrerausbildung bewältigen lie-

---

25 Mit diesem Abschnitt mache ich einen Schritt über die Beschreibung und Analyse hinaus, hin zu konzeptionellen Überlegungen. Mir ist bewusst, dass die Legitimität solcher Schritte in den Sozialwissenschaften umstritten ist. Ich bin aber der Ansicht, dass zumindest die Erziehungswissenschaft gar nicht umhin kann, den Zusammenhang von Theorie und Praxis bzw. Politik in der einen oder anderen Form, implizit oder explizit, zu thematisieren.

ße; analog kann es nicht darum gehen, die Schulsozialarbeit (im engeren Sinne) zu verbessern oder auszuweiten, vielmehr wäre statt ihrer eine „schulbezogene Jugendhilfe" (Prüß/Bettmer 1996) zu institutionalisieren. Allerdings blieb im Verlaufe der zahlreichen Modellprojekte zur Kooperation von Jugendeinrichtungen und Schulen in den einzelnen Bundesländern[26] bisher im Unklaren, ob und inwiefern über Appelle hinaus der bildungspolitische Wille besteht, neue Strukturen für dauerhafte Kooperationen zu schaffen. Dabei ist zu bedenken, dass Deutschland mit der Entwicklung von „gemischten Systemen" (Hurrelmann 1996) im pädagogischen Bereich hinter der internationalen Entwicklung zurück ist.[27]

Aber auch hierzulande mangelt es nicht an Konzeptvorschlägen,[28] und so muss es verwundern, dass eine Zusammenarbeit von schulischer und außerschulischer Pädagogik bisher so wenig institutionalisiert ist. Der Grund für eine erneute Empfehlung an dieser Stelle liegt darin, dass diese so nahe liegenden und einfachen Konzepte bisher von der Bildungs- und Jugendpolitik nur unzureichend aufgegriffen und daher nicht dauerhaft in die Praxis umgesetzt wurden. Wenn die Schul- und Jugendpolitik „gemischte Systeme" und Ganztagsangebote im pädagogischen Bereich einrichten wollte, dann wäre das relativ leicht zu bewerkstelligen:

Die kommunale Jugendbildung könnte in Form einer arbeitsteiligen Trägerschaft institutionalisiert werden. Darin würde wie bisher vormittags der verpflichtende Schulunterricht stattfinden und am späteren Nachmittag die freiwillige Jugendarbeit. In der ‚Zwischenzeit' würden (möglichst in den Räumen der Jugendeinrichtung[29]) ein Mittagessen, Freizeitmöglichkeiten und Hausaufgabenbetreuungen angeboten. Diese Elemente müssten durch Teilzeitbeschäftigte aus beiden Bereichen auf Honorarbasis oder durch Vollzeitbeschäftigte gegen Stunden- bzw. Arbeitszeitentlastung pädagogisch betreut werden. Dabei ist m. E. von äußerster Wichtigkeit, dass diese gemeinsame Brücke zwischen Schule und Jugendarbeit wegen der notwendigen kommunalen und institutionellen Einbindung ohne externe Kräfte organisiert wird. Zusätzlich wäre ein Austausch der Mitarbeiter und damit eine inhaltliche Verzahnung der beiden Bereiche zu sichern, beispielsweise über Projektunterricht, der von Erziehern/Sozialpädagogen in der Schule durchgeführt bzw. über Förderangebote, die von Lehrern in der Jugendeinrichtung angeboten würde. Das gesamte Arrangement müsste in räumlicher Nähe stattfinden und fest und dauerhaft insti-

---

26 Für einen Überblick siehe den entsprechenden Abschnitt im Handbuch von Hartnuß/Maykus (2004).
27 Siehe dazu den demnächst erscheinenden Band „Ganztägige Bildungssysteme im internationalen Vergleich", herausgegeben von Otto/Coelen und eine erste Synopse der Systeme in Finnland, Frankreich und den Niederlanden in Coelen (2004b).
28 Siehe dazu beispielsweise Deinet (1996).
29 Untersuchungen zum sozialräumlichen Verhalten Jugendlicher zeigen, dass aus ihrer Sicht die Jugendarbeit am besten nicht im Schulgebäude stattfinden sollte.

tutionalisiert sein, damit es nicht zur kommunalpolitischen Manövriermasse werden kann.[30]

Das – hier lediglich sehr grob skizzierte – Gedankenmodell konkretisiert eine dauerhafte Kooperation von Jugendeinrichtungen und Schulen und berücksichtigt eine möglichst gleichgewichtige Verteilung der gemeinsamen Aufgaben. Das Konzept würde drei Lösungen umfassen:

1. Die wechselseitige Anerkennung der unterschiedlichen Prinzipien von Verpflichtung in der Schule und Freiwilligkeit in der Jugendarbeit.
2. Eine dauerhafte Kooperation von Lehrern und Sozialpädagogen auf sozialräumlicher Ebene.
3. Ein Ganztagsangebot für Kinder und Jugendliche.

Als Pointe bietet sich eine Institutionalisierung der Trägerschaft in Form eines Vereins an, dessen Mitglieder sowohl natürliche Personen (Lehrer, Erzieher, Sozialpädagogen, Eltern, Kinder und Jugendliche) als auch juristische Personen (Schulverein, Förderverein, Trägerverein, Schulverwaltungsstelle, Jugendamt) sein könnten. Der Vereinszweck wäre die Förderung der Zusammenarbeit zwischen bestimmten Schulen und Jugendeinrichtungen und könnte in der Absicherung der ‚Brückenzeit' aus Mittagessen, Freier Zeit und Hausaufgabenhilfe ihren praktischen Ausdruck finden.

Warum aber ein Verein? Die Institution des Vereins bietet die Chance einer gleichrangigen, lebensweltlichen und demokratischen Verständigung aller Beteiligten (vgl. Zimmer 1996) über Ziele, Inhalte und Formen einer solchen Ganztagsangebots. In der Institution eines Vereins würde die Pädagogik der kommunalen Jugendbildung in öffentlicher Debatte auf lokaler Ebene diskutiert. Somit käme zum Ausdruck, was Dewey (1993) als performatives Prinzip von Demokratie umrissen hat: Der Vorgang selbst ist zugleich auch Ziel und Ergebnis. Mit einer vereinsrechtlichen Trägerschaft würden neben den materialen Demokratieansprüchen pädagogischer Institutionen[31] auch die formalen Grundprinzipien der Demokratie gestärkt und ausgeweitet und gleichzeitig zur Grundlage zukunftsweisender ganztägiger Bildungsinstitutionen gemacht.

Zur Umsetzung des Modells empfiehlt sich die Umverteilung schulischer, aber außerunterrichtlicher Ressourcen (Schulsozialarbeit im engeren Sinne, Neigungskurse, AG's u. Ä.) in den fachlich dafür angemessenen Bereich der außerschulischen Pädagogik. Aus den so frei werdenden Mitteln könnte ein lokaler ‚dritter Topf' neben den reinen Schul- und Jugendhilfemitteln gebildet werden, über den der Trägerverein entscheidet oder der von Stadtteilkonferen-

---

30 Man kann sich dieses Modell bildlich in Anlehnung an das Ying-Yang-Symbol vorstellen: Nur zusammen ergeben die beiden Segmente etwas Rundes, und in jedem ist ein Element des anderen enthalten.
31 Siehe dazu Sünker im vorliegenden Band.

zen o. Ä. verwaltet werden könnte.[32] An die Mittelverteilung wären zunächst drei Auflagen zu knüpfen:

1. Für Schulen und Jugendeinrichtungen würde die Aufgabe gestellt, innerhalb eines bestimmten Zeitraumes mindestens eine entsprechende lokale Partnereinrichtung zu finden, mit deren Hilfe außerunterrichtliche Angebote am Nachmittag eingerichtet werden können.
2. Je nach Größe der Schule würden einige Lehrer von einem Teil ihrer Unterrichtswochenstunden zu Gunsten von Beratung, Einzelfallhilfe, Unterstützung und Stadtteilkoordination entlastet (denn Lehrer sind in den meisten Fällen die – nach den Eltern – wichtigsten Kontaktpersonen für Kinder und Jugendliche).
3. Die Einrichtungen der Jugendarbeit müssten schulbezogene Freizeitangebote schaffen, für die sie Mittel aus den bisherigen außerunterrichtlichen Zuwendungen für Schulen erhalten.

Ein solches Vorgehen hätte mehrere, sich gegenseitig verstärkende Effekte:

- Beide Institutionen konzentrierten sich auf ihre Hauptaufgaben: den Unterricht bzw. die Jugendarbeit.
- Beide Institutionen hielten in Form ihrer Zusammenarbeit das Moment von Verpflichtung wach, ohne das Prinzip von Freiwilligkeit preiszugeben.
- Situativ kümmerten sich einzelne engagierte Lehrer nach wie vor außerhalb des Unterrichts um einzelne, zeitweilig unterstützungsbedürftige Schüler.
- Systematisch setzte sich das schulpädagogische Personal mit dem außerschulischen Umfeld ihrer Schüler auseinander und das sozialpädagogische Personal mit dem Schulthema im Alltag ihrer Klientel.
- Schulen und Jugendeinrichtungen würden wechselseitig Einfluss aufeinander nehmen.
- Das erzielte höhere finanzielle und statusbezogene Gleichgewicht spiegelte die bildungstheoretische Gleichrangigkeit der Institutionen wider.

In einer solchen Form der arbeitsteiligen oder vereinsrechtlichen Trägerschaft wäre die kommunale Jugendbildung als gemeinsame Basis und Aufgabe schulischer und außerschulischer Pädagogik institutionalisiert.

Das könnte man dann auch „Ganztagsbildung" nennen.

---

32 Voraussetzung wäre natürlich die längst überfällige Angleichung der Grenzen von Schulverwaltungsbezirken und Jugendhilfeplanungsregionen u. Ä. Zur Kommunalisierung von Schulen aus bildungstheoretischer Sicht siehe Meyer (2003).

Literatur

Bäumer, G.: Die historischen und sozialen Voraussetzungen der Sozialpädagogik und die Entwicklung ihrer Theorie, in: H. Nohl, W. Pallat (Hg.), Handbuch der Pädagogik. Band 5, Weinheim 1929/1966, 3-26.

Braun, K.-H.: Schule und Sozialarbeit in der Modernisierungskrise, in: Neue Praxis, 1994, Heft 1, 107-118.

Brenner, G.: Jugendarbeit und Schule, in: Deutsche Jugend, 1999, Heft 6, 273-283.

Brumlik, M./Brunkhorst, H. (Hg.): Gemeinschaft und Gerechtigkeit, Frankfurt a. M. 1993.

Bundesjugendkuratorium: Zukunftsfähigkeit sichern! Für ein neues Verständnis von Bildung und Jugendhilfe, in: R. Münchmeier, H.-U. Otto, U. Rabe-Kleberg (Hg.), Bildung und Lebenskompetenz, Opladen 2002, 159-174.

Coelen, T.: Kommunale Jugendbildung. Raumbezogene Identitätsbildung zwischen Schule und Jugendarbeit, Frankfurt a. M. 2002a.

Coelen, T.: „Ganztagsbildung". Ausbildung und Identitätsbildung von Kindern und Jugendlichen durch die Zusammenarbeit von Schulen und Jugendeinrichtungen, in: Neue Praxis, 2002b, Heft 1, 53-66.

Coelen, T.: Kommunale Jugendbildung. Vernetzung von Jugendhilfe und Schule als kommunales Angebot, in: B. Hartnuß, S. Maykus (Hg.), Handbuch zur Kooperation von Jugendhilfe und Schule, 2004a, 242-263 (i. D.).

Coelen, T.: Synopse ganztägiger Bildungssysteme. Organisation und Personal in Frankreich, Finnland und den Niederlanden. Zwischenbilanz eines Forschungsprojekts, in: S. Appel, u. a. (Hg.), Jahrbuch Ganztagsschule 2005. Neue Chancen für die Bildung, Schwalbach 2004b (i. V.).

Coleman, J.: Die asymmetrische Gesellschaft. Vom Aufwachsen mit unpersönlichen Systemen, Weinheim und Basel 1986.

Deinet, U. (Hg.): Schule aus – Jugendhaus? Praxishandbuch. Ganztagskonzepte und Kooperationsmodelle in Jugendhilfe und Schule, Münster 1996.

Deinet, U.: Sozialräumliche Jugendarbeit. Eine praxisbezogene Anleitung zur Konzeptentwicklung in der Offenen Kinder- und Jugendarbeit, Opladen 1997.

Dewey, J.: Demokratie und Erziehung. Eine Einleitung in die philosophische Pädagogik (Nachdruck der 3. Aufl.), Weinheim 1993.

Dewey, J.: Die Öffentlichkeit und ihre Probleme, Bodenheim 1996.

Flösser, G./Otto, H.-U./Tillmann, K.-J. (Hg.): Schule und Jugendhilfe. Neuorientierung im deutsch-deutschen Übergang, Opladen 1996.

Giesecke, H.: Das Ende der Erziehung. Neue Chancen für Familie und Schule, Stuttgart 1996.

Greverus, I.-M.: Kultur und Alltagswelt. Eine Einführung in die Kulturanthropologie, Frankfurt a. M. 1987.

Gudjons, H.: „Das Leben in die Schule holen" – oder ist es schon da? Unterricht – Schulleben – Schulöffnung, in: Pädagogik, 1996, Heft 2, 4-9.

Gutberger, J.: Volk, Raum und Sozialstruktur: Sozialstruktur- und Sozialraumforschung im „Dritten Reich", Münster 1996.

Habermas, J.: Faktizität und Geltung. Beiträge zur Diskurstheorie des Rechts und des demokratischen Rechtsstaats, Frankfurt a. M. 1992.

Habermas, J.: Strukturwandel der Öffentlichkeit. Untersuchungen zu einer Kategorie der bürgerlichen Gesellschaft. Mit einem Vorwort zur Neuaufl. 1990, Frankfurt a. M. 1962/1993.
Habermas, J.: Theorie kommunikativen Handelns. 2 Bände, Frankfurt a. M. 1981/1995.
Hartnuß, B./Maykus, S. (Hg.): Handbuch zur Kooperation von Jugendhilfe und Schule, Frankfurt a. M. 2004 (i. D.).
Heiner, M.: Training in Community Organizing, in: M. Bitzan, T. Klöck (Hg.), Jahrbuch Gemeinwesenarbeit. 5. Politikstrategien – Wendungen und Perspektiven, München 1994, 295-297.
Hentig, H. von: Die Schule neu denken. Anmerkungen zum Schicksal der Bildungsreform, in: Neue Sammlung, 1991, Heft 3, 436-448.
Homfeldt, H. G./Schulze-Krüdener, J. (2001): Schulsozialarbeit: eine kritisch-konstruktive Bestandsaufnahme, in: Neue Praxis, 2001, Heft 1, 9-28.
Honneth, A. (Hg.): Kommunitarismus: eine Debatte über die moralischen Grundlagen moderner Gesellschaften, Frankfurt a. M. 1993.
Hornstein, W.: Bildungsplanung ohne sozialpädagogische Perspektiven, in: Zeitschrift für Pädagogik, 1971, Heft 3, 285-314.
Hurrelmann, K.: Beide Seiten profitieren. Vorteile bei der Kooperation von Jugendarbeit und Schule, in: Sozialmagazin, 1996, Heft 1, 16-21.
Kessl, F./Otto, H.-U./Ziegler, H.: Einschließen oder Aufmachen? Der Raum, sein Kapital und deren Nutzer, in: M. Riege, H. Schubert (Hg.), Sozialraumanalysen. Grundlagen – Methoden – Praxis, Opladen 2002, 177-190.
Klafki, W.: Studien zur Bildungstheorie und Didaktik, Weinheim u. a. 1963.
Krappmann, L.: Soziologische Dimensionen der Identität. Strukturelle Bedingungen für die Teilnahme an Interaktionsprozessen, Stuttgart 1978.
Lindner, W./Sturzenhecker, B. (Hg.): Vom Bildungsanspruch zur Bildungspraxis (Reihe: Praxishilfen für die Jugendarbeit), Weinheim und München 2004 (i. E.).
Löw, M.: Raumsoziologie, Frankfurt a. M. 2001.
Marotzki, W.: Bildung als Herstellung von Bestimmtheit und Ermöglichung von Unbestimmtheit, in: W. Marotzki (Hg.), Diskurs Bildungstheorie. Band 1, Weinheim 1988, 311-333.
Meyer, M.: Kommunale Schulpädagogik für Europa? Ein problemgeschichtlicher Rückblick auf das pädagogische Werk Friedrich Daniel Ernst Schleiermachers, in: L. Peters, T. Coelen, E. Mohr (Hg.), Kommune heute. Lokale Perspektiven der Pädagogik, Frankfurt a. M. u. a. 2003.
Mohr, E./Riekmann, W.: Vereine im Hamburger Stadtteil Horn. Ergebnisse einer Vereinsbefragung (Ms.), Hamburg 2000.
Mollenhauer, K.: Nachdenken über Erziehung – Schwierigkeiten mit der Moderne, in: G. Grossenbacher, u. a. (Hg.), Schule und Soziale Arbeit in gefährdeter Gesellschaft, Bern u. a. 1997, 15-39.
Otto, H.-U./Rauschenbach, T. (Hg.): Bildung ist mehr als Schule, Wiesbaden 2004.
Prüß, F./Bettmer, F.: Schule und Jugendhilfe – neue Kooperationschancen im Osten?, in: G. Flösser, H.-U. Otto, K.-J. Tillmann (Hg.), Schule und Jugendhilfe. Neuorientierung im deutsch-deutschen Übergang, Opladen 1996, 238-252.
Reinhardt, K.: Öffnung der Schule. Community Education als Konzept für die Schule der Zukunft? Weinheim 1992.
Richter, H.: Sozialpädagogik – Pädagogik des Sozialen. Grundlegungen – Institutionen – Perspektiven der Jugendbildung, Frankfurt a. M. u. a. 1998.

Richter, H.: Kommunalpädagogik. Studien zur interkulturellen Bildung, Frankfurt a. M. u. a. 2001.
Richter, H./Coelen, T.: Raumbezogene Identitätsbildung. Zur Sozialisierung des Territorialen, in: F. Kessl, H.-U. Otto (Hg.), Territorialisierung des Sozialen, Programmierung und Regierungsstrategien, Wiesbaden 2004 (i. E.).
Richter, H. u. a.: Handlungspausenforschung – Sozialforschung als Bildungsprozess. Aus der Not der Reflexivität eine Tugend machen, in: H.-U. Otto, G. Oelerich, H.-G. Micheel (Hg.), Empirische Forschung und Soziale Arbeit. Ein Lehr- und Arbeitsbuch, Neuwied 2003, 45-62.
Röhrs, H.: Die Reformpädagogik und ihre Perspektiven für eine Bildungsreform, in: J. Petersen, G.-B. Reinert (Hg.): Reihe Schule und Unterricht, Donauwörth 1991.
Thiersch, H.: Bildung und Soziale Arbeit, in: H.-U. Otto, T. Rauschenbach (Hg.), Bildung ist mehr als Schule, Wiesbaden 2004.
Zimmer, A.: Vereine – Basiselement der Demokratie. Eine Analyse aus der Dritte-Sektor-Perspektive, Opladen 1996.

Autorinnen und Autoren

Andresen, Sabine, 1966, PD Dr., Privatdozentin am Pädagogischen Institut – Fachbereich Pädagogik-Sozialpädagogik der Universität Zürich (Schweiz), Arbeitsschwerpunkte: Kindheits- und Jugendforschung, Geschichte der Reformpädagogik, historische und systematische Bildungsforschung

Casale, Rita, 1968, Dr., wissenschaftliche Oberassistentin am Pädagogischen Institut – Fachbereich Allgemeine Pädagogik der Universität Zürich (Schweiz), Arbeitsschwerpunkte: vergleichende historische Bildungsforschung, Erziehungsphilosophie und Geschlechterforschung

Coelen, Thomas, 1966, Dr., Post-Doktoranden-Stipendiat im DFG-Graduiertenkolleg „Jugendhilfe im Wandel" an der Universität Bielefeld, Arbeitsschwerpunkte: ganztägige Bildungssysteme, Jugendhilfe und Schule, sozialwissenschaftliche Raumtheorie, Methodologie pädagogischer Sozialforschung

Diehm, Isabell, 1957, PD Dr., Hochschuldozentin am Fachbereich Erziehungswissenschaften der Johann Wolfgang Goethe-Universität Frankfurt am Main, Arbeitsschwerpunkte: Erziehung und Migration/Differenz, schulische und außerschulische Pädagogik

Groppe, Carola, 1964, PD Dr., Privatdozentin am Institut für Pädagogik der Ruhr-Universität Bochum, Arbeitsschwerpunkte: Erziehungs- und Bildungstheorie und -geschichte, historische Sozialisationsforschung, Kindheits-, Jugend- und Familienforschung

Höhne, Thomas, 1962, Dr., wissenschaftlicher Mitarbeiter an der Justus-Liebig Universität Gießen, Arbeitsschwerpunkte: Wissens- und Lernforschung, Medientheorie, qualitative Methoden (speziell Diskursanalyse)

Krüger, Heinz-Hermann, 1947, Dr., Professor für Allgemeine Erziehungswissenschaft an der Universität Halle-Wittenberg, Arbeitsschwerpunkte: Bildungs- und Schulforschung, Kindheits- und Jugendforschung, Theorien und Methoden der Erziehungswissenschaft

Ludwig, Harald, 1940, Dr., Professor an der Universität Münster, Institut für Schulpädagogik und Allgemeine Didaktik, Arbeitsschwerpunkte: Schultheorie, Ganztagsschule, Reformpädagogik, Montessori-Pädagogik

Marotzki, Winfried, 1950, Dr., Professor für Allgemeine Pädagogik an der Otto-von-Guericke-Universität Magdeburg, Arbeitsschwerpunkte: Lern- und Bildungstheorie, Anthropologie, Internet-Research, audio-visuelle Kommunikation

Oelkers, Jürgen, 1947, Dr., Professor für Allgemeine Pädagogik an der Universität Zürich (Schweiz), Arbeitsschwerpunkte: Theorie der Bildung, Geschichte der Pädagogik, Demokratie und Erziehung

Otto, Hans-Uwe, 1940, Dr. Dr. h. c., Professor für Erziehungswissenschaft mit dem Schwerpunkt Soziale Arbeit, Arbeitsschwerpunkte: Professionstheorie, personenbezogene soziale Dienstleistungen, Jugendhilfetheorie, Internetforschung

Overwien, Bernd, 1953, Dr., Leiter der Arbeitsstelle „Globales Lernen und Internationale Kooperation" an der Technischen Universität Berlin, Arbeitsschwerpunkte: informelles Lernen, Internationalisierung von Forschung und Lehre

Scherr, Albert, 1958, Dr., Professor an der Pädagogischen Hochschule Freiburg, Arbeitsschwerpunkte: Theorien der Sozialen Arbeit, Bildungstheorie, Jugendforschung, Rechtsextremismus und Rassismus

Sting, Stephan, 1958, PD Dr., Hochschuldozent am Institut für Sozialpädagogik, Sozialarbeit und Wohlfahrtswissenschaften der Technischen Universität Dresden, Arbeitsschwerpunkte: sozialpädagogische Bildungstheorie, Prävention und Gesundheitsförderung, Migration, frühkindliche Bildung

Sünker, Heinz, 1948, Dr., Professor für Sozialpädagogik im Fachbereich Bildungswissenschaften der Bergischen Universität Wuppertal, Arbeitsschwerpunkte: Gesellschafts- und Bildungstheorie, Theorie und Geschichte Sozialer Arbeit, Kindheitsforschung, Kinder- und Jugendhilfe

Tillmann, Klaus-Jürgen, 1944, Dr., Professor für Schulpädagogik an der Universität Bielefeld, wissenschaftlicher Leiter der Laborschule, Arbeitsschwerpunkte: empirische Schul- und Sozialisationsforschung, Reformentwicklungen der Sekundarschule, Schul- und Unterrichtstheorien

Treptow, Rainer, 1954, Dr., Professor für Erziehungswissenschaft mit dem Schwerpunkt Sozialpädagogik an der Universität Tübingen, Arbeitsschwerpunkte: international vergleichende Sozialarbeit, Bildung und Soziale Arbeit, kulturelle Bildung

Vogel, Peter, 1947, Dr., Professor für Allgemeine Pädagogik im Fachbereich Erziehungswissenschaft und Soziologie an der Universität Dortmund, Arbeitsschwerpunkte: Systematik des erziehungswissenschaftlichen Wissens, Theoriegeschichte der Erziehungswissenschaft

MIX
Papier aus verantwortungsvollen Quellen
Paper from responsible sources
FSC® C105338

If you have any concerns about our products,
you can contact us on
ProductSafety@springernature.com

In case Publisher is established outside the EU,
the EU authorized representative is:
**Springer Nature Customer Service Center GmbH
Europaplatz 3, 69115 Heidelberg, Germany**

Printed by Libri Plureos GmbH
in Hamburg, Germany